WISSEN FÜR DIE PRAXIS

Weiterführend empfehlen wir:

Datenschutz in der Kinder- und Jugendhilfe
ISBN 978-3-8029-7279-9

Kinderschutz nach dem Kinder- und Jugendstärkungsgesetz
ISBN 978-3-8029-7606-3

Das KJSG – Besserer Kinderschutz, mehr Partizipation und Teilhabe für ALLE
ISBN 978-3-8029-7615-5

Kinder- und Jugendstärkungsgesetz: Weiterentwicklung des SGB VIII
ISBN 978-3-8029-7602-5

Das gesamte Kinder- und Jugendrecht
ISBN 978-3-8029-5332-3

Wir freuen uns über Ihr Interesse an diesem Buch. Gerne stellen wir Ihnen zusätzliche Informationen zu diesem Programmsegment zur Verfügung.

Bitte sprechen Sie uns an:

E-Mail: WALHALLA@WALHALLA.de
http://www.WALHALLA.de

Walhalla Fachverlag · Haus an der Eisernen Brücke · 93042 Regensburg
Telefon 0941 56 84-0 · Telefax 0941 56 84-111

WALHALLA

Hundt · Leitner

Praxis-Handbuch Kinderschutz und Datenschutz

Handlungssicherheit gewinnen und sichere Entscheidungen treffen

Bibliografische Information der Deutschen Nationalbibliothek

Die Deutsche Nationalbibliothek verzeichnet diese Publikation in der Deutschen Nationalbibliografie; detaillierte bibliografische Daten sind im Internet über www.dnb.de abrufbar.

Zitiervorschlag:
Hundt/Leitner, Praxis-Handbuch Kinderschutz und Datenschutz
Walhalla Fachverlag, Regensburg 2024

Hinweis: Unsere Werke sind stets bemüht, Sie nach bestem Wissen zu informieren. Alle Angaben in diesem Buch sind sorgfältig zusammengetragen und geprüft. Durch Neuerungen in der Gesetzgebung, Rechtsprechung sowie durch den Zeitablauf ergeben sich zwangsläufig Änderungen. Bitte haben Sie deshalb Verständnis dafür, dass wir für die Vollständigkeit und Richtigkeit des Inhalts keine Haftung übernehmen.
Bearbeitungsstand: Juli 2024

Produktion: Walhalla Fachverlag, 93042 Regensburg
Printed in Germany
ISBN 978-3-8029-7405-2

SBL-CPI-0924-31698-Q

Schnellübersicht

Gesamtinhaltsübersicht

Vorwort

Im praktischen Alltag treffen Kinderschutz und Datenschutz unmittelbar aufeinander, was zu komplexen Situationen und damit zu Verunsicherungen bei allen Beteiligten führen kann. Einerseits sind bei der Zusammenarbeit verschiedener Akteure die Datenschutzrechte der Betroffenen zu respektieren. Andererseits können bei Verdachtsfällen von Kindeswohlgefährdung die Gesundheit und sogar das Leben der Kinder bzw. Jugendlichen auf dem Spiel stehen. Gleichzeitig sind Fachkräfte auf eine vertrauensvolle Zusammenarbeit mit den Betroffenen angewiesen, um sachgerechte Gefährdungseinschätzungen und tragfähige Lösungswege zu erarbeiten, gefährliche Umstände zu beenden und zukünftige Risiken zu minimieren. Dieses „Spannungsfeld" begleitet die Fachkräfte in der täglichen Praxis und muss immer wieder im Einzelfall gelöst werden. Ein solches Einschätzen und Entscheiden sind jedoch nicht immer einfach. Fachkräfte sind unsicher und haben Sorge, etwas falsch zu machen und dies mit vermeintlich fatalen Folgen für betroffene Kinder oder Jugendliche bzw. für sich selbst.

Ziel des Handbuchs ist es, diesen Ängsten zu begegnen und die Handlungssicherheit der Fachkräfte zu stärken. Praxisnah wird beschrieben, wie die datenschutzrechtlichen Bestimmungen zur Sicherung des Kindeswohls in den verschiedenen Arbeitsfeldern regelkonform angewendet werden und damit zu einem besseren Kinderschutz beitragen können.

Die Erstellung des Praxis-Handbuches wurde von der Identifizierung der einzelnen Bedarfe über die Einbringung von konkreten Praxisbeispielen und Diskussionen von Lösungen von einer Landesarbeitsgruppe aller Jugendämter des Landes Mecklenburg-Vorpommern unter Beteiligung des Ministeriums für Soziales, Gesundheit und Sport, des Landesbeauftragten für Datenschutz und Informationsfreiheit, des Kommunalen Spitzenverbandes, des Landkreistages und des Städte- und Gemeindetages aktiv begleitet. Dafür gebührt dem Engagement aller Mitwirkenden ein großer Dank. Das Gleiche gilt für die Ermöglichung dieses Projektes durch Finanzierung des Ministeriums für Soziales, Gesundheit und Sport des Landes Mecklenburg-Vorpommern.

Prof. Marion Hundt und Hans Leitner
Berlin, im Juli 2024

Autor*innen

Marion Hundt

Professorin für Öffentliches Recht an der Evangelischen Hochschule Berlin (EHB)

zuvor Richterin am Verwaltungsgericht Berlin

Fachbuchautorin und Referentin

Hans Leitner

Dipl. Päd., Heimerzieher, Lehrer, Straßenbauer

Leiter der Fachstelle Kinderschutz im Land Brandenburg,

bis 2021 wiss. Mitarbeiter im Bündnis Kinderschutz Mecklenburg-Vorpommern,

langjährig Geschäftsführer der Start gGmbH

Fachbuchautor und Referent

Abkürzungsverzeichnis

ABl.	Amtsblatt
Abs.	Absatz
AdVermiG	Adoptionsvermittlungsgesetz
AEMR	Allgemeine Erklärung der Menschenrechte
AEUV	Vertrag über die Arbeitsweise der Europäischen Union
AGJ	Arbeitsgemeinschaft für Kinder- und Jugendhilfe
Alt.	Alternative
Anh.	Anhang
ASD	Allgemeiner Sozialer Dienst
AsylG	AsylG
AufenthG	Aufenthaltsgesetz
AZR	Ausländerzentralregister
AZRG	Gesetz über das Ausländerzentralregister
BAGLJÄ	Bundesarbeitsgemeinschaft Landesjugendämter
BAföG	Bundesausbildungsförderungsgesetz
BAMF	Bundesamt für Migration und Flüchtlinge
BDSG	Bundesdatenschutzgesetz
BeckOK	Beck'scher Online-Kommentar
BFH	Bundesfinanzgerichtshof
BfJ	Bundesamt für Justiz
BGB	Bürgerliches Gesetzbuch
BGBl.	Bundesgesetzblatt
BGH	Bundesgerichtshof
BGHSt	Entscheidungssammlung des Bundesgerichtshofes in Strafsachen
BHP	Berufs- und Fachverbands Heilpädagogik
BKiSchG	Bundeskinderschutzgesetz

BRat	Bundesrat
BSG	Bundessozialgericht
BT-Drs.	Bundestagsdrucksache
Buchst.	Buchstabe
BVerfG	Bundesverfassungsgericht
BVerfGE	Entscheidungssammlung des Bundesverfassungsgerichts
BVerwG	Bundesverwaltungsgericht
BVerwGE	Entscheidungssammlung des Bundesverwaltungsgerichts
BZRG	Bundeszentralregistergesetz
CRC	Committee on the Rights of the Child
DGSv	Deutsche Gesellschaft für Supervision und Coaching
d. h.	das heißt
DIJuF	Deutsches Institut für Jugendhilfe und Familienrecht e. V.
DIM	Deutsches Institut für Menschenrechte
Drs.	Drucksache
DSG-EKD	EKD-Datenschutzgesetz
DSGVO	Datenschutzgrundverordnung
EGGVG	Einführungsgesetz zum Gerichtsverfassungsgesetz
EGMR	Europäischer Gerichtshof für Menschenrechte
Einl.	Einleitung
EKD	Evangelische Kirche Deutschlands
e. V.	eingetragener Verein
E-Mail	electronic mail (elektronische Post)
EMRK	Europäische Menschenrechtskonvention
ErwGr	Erwägungsgründe der Datenschutzgrundverordnung
EStG	Einkommensteuergesetz

etc.	et cetera
f.	folgende
FamFG	Gesetz über das Verfahren in Familiensachen und in den Angelegenheiten der freiwilligen Gerichtsbarkeit
FamRZ	Zeitschrift für das gesamte Familienrecht
FGKiKP	Familien-Gesundheits- und Kinderkrankenpflegende
ff.	fortfolgende
FPR	Zeitschrift Familie, Partnerschaft, Recht
gem.	gemäß
GerStrukGAG M-V	Gesetz zur Ausführung des Gerichtsstrukturgesetzes
GG	Grundgesetz
GRCh	Grundrechtscharta
HebG	Hebammengesetz
HinSchG	Hinweisgeberschutzgesetz
IFG	Informationsfreiheitsgesetz
IFG M-V	Informationsfreiheitsgesetz M-V
IntFamRVG	Internationalen Familienrechtsverfahrensgesetzes
IPbpR	Internationaler Pakt über bürgerliche und politische Rechte (Zivilpakt)
i. S. d.	im Sinne des
i. V. m.	in Verbindung mit
JA	Juristische Arbeitsblätter (Fachzeitschrift)
JAmt	Das Jugendamt (Fachzeitschrift)
JGG	Jugendgerichtsgesetz
jurisPR-Compl	juris PraxisReport Compliance & Investigations
Jugendhilfe	Fachzeitschrift Jugendhilfe
JVKostG	Gesetzes über Kosten in Angelegenheiten der Justizverwaltung

Kap.	Kapitel
KDG	Gesetz über den Kirchlichen Datenschutz
KICK	Kinder- und Jugendhilfeweiterentwicklungsgesetz
Kita	Kindertageseinrichtungen
KiföG M-V	Kindertagesförderungsgesetz
KJHG-Org M-V	Landesjugendhilfeorganisationsgesetz
KJSG	Kinder- und Jugendstärkungsgesetz
KKG	Gesetz zur Kooperation und Information im Kinderschutz
KPG M-V	Kommunalprüfungsgesetz
LAGuS	Landesamt für Gesundheit und Soziales
LOG M-V	Landesorganisationsgesetz
LPrG M-V	Landespressegesetz M-V
m. w. N.	mit weiteren Nachweisen
MiStra	Anordnung über Mitteilungen in Strafsachen
M-V	Mecklenburg-Vorpommern
NJOZ	Neue Juristische Online-Zeitschrift
NJW	Neue Juristische Wochenzeitschrift
Nr.	Nummer
NStZ	Neue Zeitschrift für Strafrecht
NSZ	Neue Zeitschrift für Sozialrecht
No.	Numero
NVwZ	Neue Zeitschrift für Verwaltungsrecht
NVwZ-RR	NVwZ Rechtsprechungs-Report
NZFam	Neue Zeitschrift für Familienrecht
ÖGDG M-V	Gesetz über den Öffentlichen Gesundheitsdienst im Land Mecklenburg-Vorpommern
OVG	Oberverwaltungsgericht
PetBüG	Petitions- und Bürgerbeauftragtengesetz
RelKErzG	Gesetzes über die religiöse Kindererziehung

RL	Richtlinie
Rn.	Randnummer
S.	Seite
SchulDSVO	Schuldatenschutzverordnung
SchulGesPflVO	Schulgesundheitspflege-Verordnung
SchulG M-V	Schulgesetz für das Land Mecklenburg-Vorpommern
SGB	Sozialgesetzbuch
SGB I	Sozialgesetzbuch (SGB) Erstes Buch (I) – Allgemeiner Teil –
SGB IV	Sozialgesetzbuch (SGB) Viertes Buch (IV) – Gemeinsame Vorschriften für die Sozialversicherung –
SGB V	Sozialgesetzbuch (SGB) Fünftes Buch (V) – Gesetzliche Krankenversicherung –
SGB VIII	Sozialgesetzbuch (SGB) Achtes Buch (VIII) – Kinder- und Jugendhilfe –
SGB IX	Sozialgesetzbuch (SGB) Neuntes Buch (IX) – Rehabilitation und Teilhabe von Menschen mit Behinderungen –
SGB X	Zehntes Buch Sozialgesetzbuch – Sozialverwaltungsverfahren und Sozialdatenschutz –
Sog.	Sogenannte, sogenannter, sogenanntes
SOG M-V	Gesetz über die öffentliche Sicherheit und Ordnung in Mecklenburg-Vorpommern
StGB	Strafgesetzbuch
StPO	Strafprozessordnung
TG	Themengutachten
u. a.	unter anderem
UN-BRK	UN-Behindertenrechtskonvention
UN-KRK	UN-Kinderrechtskonvention
UN-Zivilpakt	Internationaler Pakt über bürgerliche und politische Rechte

usw.	und so weiter
Urt.	Urteil
Verf M-V	Verfassung des Landes Mecklenburg-Vorpommern
VG	Verwaltungsgericht
VGH	Verwaltungsgerichtshof
Vgl.	vergleiche
VwGO	Verwaltungsgerichtsordnung
VwKostG M-V	Verwaltungskostengesetz des Landes Mecklenburg-Vorpommern
VwVfG MV	Verwaltungsverfahrens-, Zustellungs- und Vollstreckungsgesetz des Landes Mecklenburg-Vorpommern
WRV	Weimarer Reichsverfassung
z. B.	zum Beispiel
ZFSH SGB	Zeitschrift für die sozialrechtliche Praxis
ZJJ	Zeitschrift für Jugendkriminalrecht und Jugendhilfe
ZKJ	Zeitschrift für Kindschaftsrecht und Jugendhilfe
ZPO	Zivilprozessordnung

I. Grundlagen, Begriffserklärungen und Rechtsvorschriften

I. Grundlagen, Begriffserklärungen und Rechtsvorschriften

I

1.1 Datenschutz – (k)ein Hindernis im Kinderschutz?

1.1.1 Kinderschutz und Datenschutz ein Spannungsfeld

Das **Verhältnis von Kinderschutz und Datenschutz** stellt sich in der Praxis häufig sehr spannungsvoll dar. Auf der einen Seite steht der **Persönlichkeitsschutz**[1] **der betroffenen Personen**, z. B. der Familie mit deren Kindern oder Jugendlichen. Das sog. **Recht auf informationelle Selbstbestimmung**[2] **stellt eine Ausprägung des verfassungsrechtlich geschützten Persönlichkeitsrechts dar**, dessen Schutz umso intensiver wird, je näher die Daten der Intimsphäre des Betroffenen stehen. Auf der anderen Seite sind bei dem Verdacht einer Kindeswohlgefährdung möglicherweise **Leben und Gesundheit von Kindern und Jugendlichen** betroffen.[3] Diese stehen ebenfalls verfassungsgemäß unter dem besonderen staatlichen Schutz. Über die Wahrnehmung des Rechts und der Pflicht der Eltern auf Erziehung und Pflege des Kindes wacht die staatliche Gemeinschaft (sog. Wächteramt).[4] Dieses Wächteramt verpflichtet allerdings unterschiedliche Akteure. Im Mittelpunkt der vom Wächteramt abgeleiteten gesetzlichen Schutzverpflichtungen stehen die Jugendämter und Familiengerichte. Die staatliche Gemeinschaft ist aber nicht auf diese beiden Institutionen beschränkt, sondern sieht die Einbeziehung unterschiedlicher Personengruppen in einem **Netzwerk Kinderschutz** vor. Dabei hat der Gesetzgeber diejenigen, die bei Ausübung ihrer beruflichen Tätigkeit eine besondere Nähe zu Kindern und Jugendlichen und deren Familien aufweisen, ebenfalls zum Schutz verpflichtet. Kinderschutz ist dementsprechend auf besondere Weise auf die Zusammenarbeit und den Austausch der unterschiedlichen Akteure angewiesen.

Gleichzeitig sind die Fachkräfte, die als maßgebliche Akteure verpflichtet oder in die Gemeinschaft zum Kinderschutz eingebunden sind, im Rahmen ihrer beruflichen Tätigkeit auf die **vertrauensvolle Zusammenarbeit mit den betroffenen Familien sowie deren Kin-**

---

[1] Vgl. das allgemeine Persönlichkeitsrecht (Art. 2 Abs. 1 GG) und der Unantastbarkeit der Menschenwürde (Art. 1 Abs. 1 GG).

[2] Vgl. hierzu das sog. Volkszählungsurteil des BVerfG sowie Kapitel 1.4.

[3] Vgl. Art. 2 Abs. 2 GG.

[4] Vgl. Art. 6 Abs. 2 Satz 2 GG sowie Kapitel 2.2.1.

dern und Jugendlichen angewiesen. Nur auf diese Weise können sie unmittelbar von den gewichtigen Anhaltspunkten für eine Kindeswohlgefährdung erfahren, mit den betroffenen Familien gemeinsam eine Gefährdungseinschätzung, Prognoseentscheidung und Lösungen erarbeiten und letztlich die gefährdenden Situationen für die Kinder und Jugendliche abstellen und zukünftige Gefährdungen verhindern. Das bedeutet, dass in diesem Zusammenhang das durch den **Datenschutz geschützte Vertrauensverhältnis** die Grundlage für einen professionellen Umgang der Fachkräfte mit den Familien darstellt und schließlich eine **qualitätssichernde Funktion** beinhaltet. In der Zusammenarbeit mit den betroffenen Personen hat die Einstellung, die teilweise noch immer in der Praxis zu finden ist, dass nur Fachkräfte mit ihrem professionellen Wissen „über die Köpfe" der betroffenen Personen hinweg agieren, fachlich keinen Platz. Die für das Vertrauensverhältnis erforderliche **Beziehungsarbeit** basiert auf Achtung und Förderung des Selbstbestimmungsrechts einer jeden betroffenen Person und beinhaltet eine partizipative sozialpädagogische Perspektive. Datenschutz besteht also nicht nur aus der Anwendung von Rechtsregelungen, sondern beinhaltet eine **fachlich-ethische Haltung** der jeweiligen Fachkräfte[5] und stellt eine Ausformung des für die sozialpädagogische Arbeit **fachlich wichtigen Vertrauensschutzes** dar.[6] Alles zusammen genommen macht deutlich, dass es im Rahmen des **Spannungsfeldes „Kinderschutz und Datenschutz"** kein entweder oder gibt, sondern anhand der jeweiligen gesetzlichen Rollenzuschreibung zu unterscheiden ist, wer mit wem welche Informationen austauschen darf und sollte. Dabei steht die Zielsetzung im Kinderschutz, nämlich drohende oder vorhandene Kindeswohlgefährdung im Sinne der betroffenen Kinder und Jugendlichen nachhaltig zu beenden, im Fokus der entsprechenden professionellen Aktivitäten aller Akteure.

Hinweis

„Kinderschutz bricht Datenschutz" – Ist diese Aussage zutreffend?

Wie durch die entsprechenden Rechtsgrundlagen für die Zusammenarbeit im Kinderschutz deutlich wird, stehen sich Kinderschutz und Datenschutz „auf Augenhöhe", also gleichrangig gegenüber. Wenn es im Einzelfall für den Kinderschutz erforderlich ist, tritt der Datenschutz nach

[5] Vgl. hierzu Hundt, Datenschutz in der Kinder- und Jugendhilfe, S. 22 f.
[6] Smessaert/Binder, Themengutachten, DIJuF-Rechtsgutachten, TG 1143, Rn. 1.

I

den entsprechenden gesetzlichen Regelungen zurück. Umgekehrt ist der Datenschutz für die vertrauensvolle Zusammenarbeit mit den betroffenen Personen die wichtigste Grundlage, so dass er auch während des Kinderschutzverfahrens nicht etwa pauschal „außer Kraft" gesetzt, sondern entsprechend der gesetzlichen Maßgaben einzuhalten ist. Es handelt sich um ein Spannungsfeld, welches jeweils auf den Einzelfall bezogen zu betrachten und entsprechend der rechtlichen Vorgaben aufzulösen ist, und durch keine verallgemeinernde Redensart abgebildet werden kann. Es gibt z. B. im Falle einer kinderschutzrelevanten Situation keine datenschutzrechtliche Regelung, die es verbietet, Daten zum unmittelbaren Schutz von Leib und Leben eines Kindes an mit der Sicherung des Kindeswohls beauftrage Stellen (insbesondere Jugendamt, Polizei, Familiengericht) weiterzugeben.

1.1.2 Kooperation erfordert ein klares Rollenverständnis und Regeln

Die Zusammenarbeit zwischen Fachkräften unterschiedlicher Professionen und Institutionen im Kinderschutz wird als wesentlicher Bestandteil gelingender Kinderschutzarbeit betrachtet. Eine Bedingung für die **multidisziplinäre Zusammenarbeit** findet sich in der klaren Haltung und konkreten **Rollenklärung** der jeweiligen handelnden Fachkraft. Im Rahmen der **Kooperation** ist deshalb von entscheidender Bedeutung, wer welche Aufgaben und Kompetenzen hat und ob in diesem Zusammenhang ein Austausch von Daten rechtlich vorgesehen ist. Die **Prozesse** werden auf diese Weise nachvollziehbar, Aufgaben und Ziele für die Beteiligten geklärt und für die betroffenen Familien mit den Kindern und Jugendlichen verständlich. Damit wird nach innen und nach außen für alle Beteiligte **Transparenz** hergestellt und insoweit eine erfolgreiche (Zusammen-) Arbeit gewährleistet. Defizite beim Austausch von Informationen und Schwierigkeiten in der Zusammenarbeit verschiedener Akteure stellen bei einer rückblickenden **Aufarbeitung** das wohl am häufigsten identifiziertes Problem bei der **„fehlgeschlagenen Bearbeitung" von Kinderschutzfällen** dar.[7]

[7] Kepert in: Kepert/Dexheimer/Feist-Ortmanns/Kepert/Macsenaere, Praxishandbuch Kinderschutz für Fachkräfte und insoweit erfahrene Fachkräfte, S. 164 unter Hinweis auf Kindler/Gerber/Lillig, Wissenschaftliche Analyse zum Kinderschutzhandeln des Allgemeinen Sozialen Dienstes im Landkreis Breisgau-Hochschwarzwald im Todesfall des Kindes A., S. 21.

Hinweis

Unterscheide die Begriffe „Vernetzung" und „Kooperation"

Vernetzung: „Vernetzung als weitestgehende Form der Verknüpfung beinhaltet das organisierte Zusammenwirken verschiedener aufeinander abgestimmter Angebote in einer Versorgungsregion innerhalb eines Versorgungssystems (...)."[8]

Kooperation: „Der Begriff Kooperation hingegen wird als „(...) eine problembezogene, zeitlich und sachlich abgegrenzte Form der gleichberechtigten arbeitsteilig organisierten Zusammenarbeit zu festgelegten Bedingungen an einem von allen Beteiligten in einem Aushandlungsprozess abgestimmten Ziel mit definierten Zielkriterien verstanden (...).[9] Es gibt dabei fallbezogene und fallübergreifende Kooperationen.

1.1.3 Begriffsklärung und Abgrenzung Datenschutz und Schweigepflicht

Häufig wird in der Praxis der **Begriff des Datenschutzes** und der **strafbewehrten Schweigepflicht gleichbedeutend** verwendet und nicht zwischen diesen beiden Begriffen unterschieden. Beide Rechtsinstitutionen bezwecken zwar den Schutz des verfassungsrechtlichen Rechts, selbst zu entscheiden, wann und in welchen Grenzen persönliche Lebenssachverhalte Dritten offenbart werden dürfen. Sie stehen allerdings nebeneinander[10] und regeln auf unterschiedliche Weise den **Vertrauensschutz**.

---

8 Schönecker/Dittmann-Wolf/Lillig/Gerber/Meysen, Expertise: Wie kann im Kinderschutz ein Austausch verschiedener Akteurinnen und Akteure vor dem Hintergrund der bestehenden datenschutzrechtlichen Regelungen ermöglicht werden?, S. 2 unter Hinweis auf van Santen/Seckinger, Kooperation: Mythos und Realität einer Praxis. Eine empirische Studie zur interinstitutionellen Zusammenarbeit am Beispiel der Kinder- und Jugendhilfe, S. 27.

9 Schönecker/Dittmann-Wolf/Lillig/Gerber/Meysen, Expertise: Wie kann im Kinderschutz ein Austausch verschiedener Akteurinnen und Akteure vor dem Hintergrund der bestehenden datenschutzrechtlichen Regelungen ermöglicht werden?, S. 2 unter Hinweis auf van Santen/Seckinger, Kooperation: Mythos und Realität einer Praxis. Eine empirische Studie zur interinstitutionellen Zusammenarbeit am Beispiel der Kinder- und Jugendhilfe, S. 27.

10 Vgl. die andere Auffassung hierzu: Mörsberger in: Richter/Krappmann/Wapler, S. 452, der in der Schweigepflicht im Hinblick auf das Datenschutzrecht kein „aliud" sieht, sondern ein „plus" bzw. eine lex specialis sieht.

Definition: Datenschutz

Der Begriff des Datenschutzes[11] umschreibt den Schutz des sog. Rechtes auf informationelle Selbstbestimmung, welcher allen Bürger*innen verfassungsgemäß zusteht und die Befugnis gewährleistet, grundsätzlich selbst über die Preisgabe und Verwendung der persönlichen Daten zu bestimmen. Das Datenschutzrecht beinhaltet als Sammelbegriff also alle rechtlichen Grundlagen für die Gewährleistung des Rechtes auf informationelle Selbstbestimmung. Für die Einhaltung des Datenschutzes ist der rechtlich Verantwortliche im Sinne von Art. 4 Nr. 7 DSGVO (natürliche oder juristische Person, Behörde, Einrichtung oder andere Stelle) zuständig. Die einzelne Fachkraft ist über den Arbeitsvertrag verpflichtet, den Datenschutz einzuhalten. Bei Verstößen können arbeitsrechtliche (z. B. Abmahnung), zivilrechtliche (z. B. Schadensersatz) Konsequenzen oder auch Bußgelder drohen.

Definition: Schweigepflicht

Die Schweigepflicht[12] ist die rechtliche Verpflichtung bestimmter Berufsgruppen, ihnen anvertraute Geheimnisse nicht unbefugt an Dritte weiterzugeben. Sie wird im Strafgesetzbuch (StGB) geregelt und deren Verletzung stellt also einen Straftatbestand dar. Angehörigen bestimmter Berufsgruppen sowie Amtsträger*innen und amtsnahen Personen, die typischerweise in Ausübung ihrer beruflichen Tätigkeiten mit Privatgeheimnissen in Berührung kommen, wird besonderes Vertrauen entgegengebracht, welches unter strafrechtlichen Schutz gestellt worden ist (§ 203 StGB, Verletzung von Privatgeheimnissen). Dieser Straftatbestand richtet sich immer direkt an die sozialpädagogische Fachkraft, da sich nur natürliche Personen und keine Organisationen strafbar machen können. Die Schweigepflicht kann auch im Arbeitsvertrag geregelt werden, so dass eine Verletzung der Schweigepflicht neben der Strafbarkeit auch arbeitsrechtliche Konsequenzen nach sich ziehen.

---

11 Vgl. zu den rechtsgeschichtlichen Anfängen des Begriffes des Datenschutzrechts: Rüpke/v. Lewinski/Eckhardt, Datenschutzrecht, S. 19 sowie den kritischen Ausführungen: Mörsberger, in: Richter/Krappmann/Wapler, S. 455 („Schutz von Betroffenen, nicht von Daten").

12 Vgl. hierzu ausführlich Kapitel 1.15.

Hinweis

Im Sozialdatenschutzrecht ist der besondere Vertrauensschutz in der persönlichen und erzieherischen Hilfe (§ 65 SGB VIII) im Sinne einer Verschwiegenheitspflicht umfassend geregelt.[13] Eine Erlaubnis zur Weitergabe/Übermittlung der anvertrauten Informationen darf nur unter den engen Voraussetzungen des § 65 Abs. 1 Satz 1 Nr. 1 bis 6 SGB VIII geschehen. Dennoch besteht daneben die strafbewehrte Schweigepflicht als Schutz der anvertrauten Geheimnisse gegenüber den Fachkräften in der Kinder- und Jugendhilfe, die entweder als Berufsgeheimnisträger*innen (staatlich anerkannte Sozialarbeiter*innen oder staatlich anerkannte Sozialpädagog*innen) unter § 203 Abs. 1 StGB oder bei einer anderen beruflichen Qualifikation als Angehörige des öffentlichen Dienstes unter § 203 Abs. 2 StGB) einzuordnen sind. Beide Schutzvorschriften für den besonderen Vertrauensschutz sind also nebeneinander zu beachten.

Dementsprechend ist auch zwischen einer **datenschutzrechtlichen Einwilligung** und einer **Schweigepflichtentbindungserklärung** (Anlage) zu unterscheiden. Die inhaltlichen und formalen Anforderungen an eine Einwilligung sind vor allem in der DSGVO (Art. 4 Nr. 11, Art. 7) und gegebenenfalls bei biometrischen, genetischen oder Gesundheitsdaten daneben im deutschen Sozialdatenschutz (§ 67b Abs. 2 Satz 2 SGB X) zu finden.[14] Die Erklärung zur Entbindung von der strafbewehrten Schweigepflicht unterliegt keiner besonderen Formvorschriften.[15] Es genügt eine Erklärung, aus der sich ergibt, dass das anvertraute zum persönlichen Lebensbereich gehörende Geheimnis oder ein Betriebs- oder Geschäftsgeheimnis an eine dritte Person offenbar werden darf. Häufig wird in der Praxis nur eine der beiden Begriffe in der entsprechenden Erklärung genannt, obwohl gleichzeitig sowohl eine datenschutzrechtliche Einwilligung als auch eine Schweigepflichtentbindungserklärung erteilt werden soll. Dies ist rechtlich unproblematisch: Auf die **Bezeichnung** „Einwilligung" und „Entbindung von der Schweigepflicht" kommt es letztlich nicht an, wenn der **Inhalt der Erklärung** deutlich ist.

---

[13] Vgl. hierzu ausführlich Kapitel 1.11.2.

[14] Vgl. hierzu ausführlich Kapitel 1.8.3.

[15] Vgl. hierzu ausführlich Kapitel 1.15.5.

1.2 Überblick über das System im Datenschutz und die DSGVO

1.2.1 Die Datenschutzgrundverordnung

I

Die Datenschutzgrundverordnung (DSGVO) bildet seit dem 25. Mai 2018 das Fundament des europäischen Datenschutzrechts. Seither gilt mit all ihren Regelungen die DSGVO in allen Mitgliedsstaaten der Europäischen Union unmittelbar und prägt das jeweilige nationale Recht. Die DSGVO ist ab dem Inkrafttreten, wie in den anderen Mitgliedsstaaten auch in Deutschland, unmittelbares anwendbares Recht geworden. Damit soll weitgehend ein europaeinheitliches Datenschutzniveau gewährleistet werden.[16] Die DSGVO schützt nach Art. 1 Abs. 2 DSGVO die Grundrechte und Grundfreiheiten natürlicher Personen, insbesondere deren Recht auf Schutz personenbezogener Daten.

1.2.2 Anwendbarkeit und Verhältnis zum deutschen Recht

Aufgrund der unmittelbaren Geltung steht die DSGVO in einem **Anwendungsvorrang gegenüber dem nationalen Recht**, also deutschem Recht. Soweit die DSGVO Regelungen vorsehen, welche keine Öffnungsklausel beinhalten, gelten diese Regelungen unmittelbar und abschließend. Es finden sich in der DSGVO allerdings auch Konkretisierungs- und Öffnungsklauseln sowie Regelungsaufträge und Ausnahmevorschriften zugunsten des nationalen Rechts. Diese Art von Regelungstechnik der DSGVO „führt zu einem in dieser Form neuen Ineinandergreifen von Unionsrecht und nationalem Datenschutzrecht".[17] Dies bedeutet im Datenschutzrecht ein **gestuftes Verfahren**: Soweit die DSGVO-Regelungen keine Öffnungsklausel vorsieht, ist wie bereits ausgeführt auf sie für die Rechtsanwendung unmittelbar und abschließend zurückzugreifen. Eine nähere Konkretisierung durch das deutsches Recht ist nur auf der zweiten Stufe für die nach der DSGVO eröffneten Regelungsbereiche möglich.

---

[16] Nach Erwägungsgrund 2 zur DSGVO (ErwGr DSGVO, ABl. Nr. L 119 vom 4. Mai 2016) ist wesentliches Ziel der DSGVO in den Mitgliedstaaten der EU ein weitgehend einheitliches Datenschutzniveau zu etablieren, um das primärrechtlich verankerte Grundrecht auf Datenschutz (Art. 8 GRCh, Art. 16 AEUV) unionsweit zu gewährleisten und so zur Verwirklichung des Raums der Freiheit, der Sicherheit und des Rechts beizutragen.

[17] Paal/Pauly, Datenschutz-Grundverordnung, Bundesdatenschutz, Einl. Rn. 20 unter Hinweis auf Kühling, NJW 2017, 1985, 1986.

Beispiel:

Für die Erteilung einer Einwilligung zur Übermittlung von persönlichen Daten von einer sozialpädagogischen Fachkraft an eine externe Stelle gilt die DSGVO abschließend. Eine Einwilligung hat sich an der Definition und den dort beschriebenen Voraussetzungen in der DSGVO rechtlich zu orientieren.[18]

Bei der Verarbeitung von genetischen, biometrischen oder Gesundheitsdaten oder Betriebs- oder Geschäftsgeheimnissen wurde durch das deutsche Sozialdatenschutzrecht das besondere Erfordernis eingeführt, dass in diesem Falle eine Einwilligung schriftlich oder elektronisch zu erfolgen hat, soweit nicht wegen besonderer Umstände eine andere Form angemessen ist.[19]

Wird in deutschen Sozialgesetzen auf Regelungen in der DSGVO verwiesen, wird die amtliche Bezeichnung verwandt. Diese lautet nicht nur „DSGVO", sondern die amtliche Bezeichnung lautet: „Verordnung (EU) 2016/679 des Europäischen Parlaments und des Rates vom 27. April 2016 zum Schutz natürlicher Personen bei der Verarbeitung personenbezogener Daten, zum freien Datenverkehr und zur Aufhebung der Richtlinie 95/46/EG (Datenschutz-Grundverordnung)".

1.2.3 Wichtige Grundsätze in der DSGVO

Die **allgemeinen Grundsätze** für die Verarbeitung personenbezogener Daten in Art. 5 DSGVO prägen alle Vorschriften der DSGVO und sind bei deren Anwendung zu beachten. Sie sind Antworten auf die Frage, welche Bedingungen bei der Verarbeitung personenbezogener Daten gegeben sein müssen, um das Grundrecht auf Datenschutz zu gewährleisten.[20] Sie sind bei der Auslegung der einzelnen Bestimmungen der DSGVO zu berücksichtigen und stellen **verbindliche Regelungen** für die Praxis dar. Die Verbindlichkeit der Grundsätze wird besonders daran deutlich, dass gem. Art. 83 Abs. 5 Buchst. b DSGVO bei Verstößen gegen diese Grundsätze als Sanktionen Geldbußen verhängt werden können. Sie sind damit auch **rechtsverbindliche Handlungsanweisungen für alle in der Kinder- und Jugendhilfe** und anderen Bereichen Tätigen.

18 Art. 4 Nr. 11 DSGVO, Art. 7 DSGVO.

19 § 67b Abs. 2 S. 2 SGB X; vgl. zur Einwilligung allgemein Kapitel 1.8.3.

20 Roßnagel, Das neue Datenschutzrecht, § 3 Rn. 43.

Beispiel:

Die in Art. 5 DSGVO formulierten Vorgaben gelten für Verantwortliche, wie z. B. die Geschäftsleitung eines freien Trägers. Die Geschäftsleitung hat als datenschutzrechtlich Verantwortliche sicherzustellen, dass personenbezogene Daten grundsätzlich unter Beachtung der Grundsätze zu verarbeiten sind.

Folgende **Grundsätze** für die Verarbeitung personenbezogener Daten (Art. 5 DSGVO) sind verbindlich zu berücksichtigen:

- **„Rechtmäßigkeit, Verarbeitung nach Treu und Glauben, Transparenz“**: personenbezogene Daten müssen auf rechtmäßige Weise, nach Treu und Glauben und in einer für die betroffene Person nachvollziehbaren Weise verarbeitet werden;
- **„Zweckbindung“**: personenbezogene Daten müssen für festgelegte, eindeutige und legitime Zwecke erhoben werden und dürfen nicht in einer mit diesen Zwecken nicht zu vereinbarenden Weise weiterverarbeitet werden;
- **„Datenminimierung“**: personenbezogene Daten müssen dem Zweck angemessen und erheblich sowie auf das für die Zwecke der Verarbeitung notwendige Maß beschränkt sein;
- **„Richtigkeit“**: personenbezogene Daten müssen sachlich richtig und erforderlichenfalls auf dem neuesten Stand sein; es sind alle angemessenen Maßnahmen zu treffen, damit personenbezogene Daten, die im Hinblick auf die Zwecke ihrer Verarbeitung unrichtig sind, unverzüglich gelöscht oder berichtigt werden;
- **„Speicherbegrenzung“**: personenbezogene Daten müssen in einer Form gespeichert werden, die die Identifizierung der betroffenen Personen nur so lange ermöglicht, wie es für die Zwecke, für die sie verarbeitet werden, erforderlich ist;
- **„Integrität und Vertraulichkeit“**: personenbezogene Daten müssen in einer Weise verarbeitet werden, die eine angemessene Sicherheit der personenbezogenen Daten gewährleistet, einschließlich Schutz vor unbefugter oder unrechtmäßiger Verarbeitung und vor unbeabsichtigtem Verlust, unbeabsichtigter Zerstörung oder unbeabsichtigter Schädigung durch geeignete technische und organisatorische Maßnahmen;
- **„Rechenschaftspflicht“**: Der Verantwortliche ist für die Einhaltung dieser Grundsätze verantwortlich und muss dessen Einhaltung nachweisen können.

1.3 Die wichtigsten Begriffe im Datenschutzrecht

1.3.1 Begriffsdefinitionen in Art. 4 DSGVO

Neben den allgemeinen Grundsätzen im Datenschutzrecht beinhaltet die DSGVO auch konkrete Begriffsdefinitionen. Es reicht mithin nicht aus, sich in der Praxis der sozialpädagogischen Arbeit im Kinderschutz ausschließlich mit dem Sozialdatenschutz nach dem SGB zu beschäftigen. Vielmehr bedarf es auch des Rückgriffs auf die datenschutzrechtlichen Grundlagen in der DSGVO, welche vorrangig zu berücksichtigen sind und an welche unmittelbar alle in der Kinder- und Jugendhilfe Tätigen gebunden sind.

Für die Anwendung in der Praxis bedeutet dies folgendes: Sind Begriffsdefinitionen nicht im SGB zu finden, muss auf die **Definitionen aus der DSGVO** zurückgegriffen werden. Dabei ist insbesondere **Art. 4 DSGVO** von besonderer Relevanz, so dass vorliegend daraus die wichtigsten Definitionen aufgeführt werden sollen.[21] Im Sinne dieser Verordnung bezeichnet der Ausdruck:

- „**Personenbezogene Daten**" sind alle Informationen, die sich auf eine identifizierte oder identifizierbare natürliche Person (im Folgenden „betroffene Person") beziehen. Als identifizierbar wird eine natürliche Person angesehen, die direkt oder indirekt, insbesondere mittels Zuordnung zu einer Kennung wie einem Namen, zu einer Kennnummer, zu Standortdaten, zu einer Online-Kennung oder zu einem oder mehreren besonderen Merkmalen, die Ausdruck der physischen, physiologischen, genetischen, psychischen, wirtschaftlichen, kulturellen oder sozialen Identität dieser natürlichen Person sind, identifiziert werden kann.
- „**Verarbeitung**" ist jeder mit oder ohne Hilfe automatisierter Verfahren ausgeführter Vorgang oder jede solche Vorgangsreihe im Zusammenhang mit personenbezogenen Daten wie das Erheben, das Erfassen, die Organisation, das Ordnen, die Speicherung, die Anpassung oder Veränderung, das Auslesen, das Abfragen, die Verwendung, die Offenlegung durch Übermittlung, Verbreitung oder eine andere Form der Bereitstellung, den Abgleich oder die Verknüpfung, die Einschränkung, das Löschen oder die Vernichtung.

[21] Vgl. hierzu ausführlich Hundt, Datenschutz in der Kinder- und Jugendhilfe, S. 39 ff.

- „**Einschränkung der Verarbeitung**" ist die Markierung gespeicherter personenbezogener Daten mit dem Ziel, ihre künftige Verarbeitung einzuschränken.
- „**Profiling**" ist jede Art der automatisierten Verarbeitung personenbezogener Daten, die darin besteht, dass diese personenbezogenen Daten verwendet werden, um bestimmte persönliche Aspekte, die sich auf eine natürliche Person beziehen, zu bewerten, insbesondere um Aspekte bezüglich Arbeitsleistung, wirtschaftliche Lage, Gesundheit, persönliche Vorlieben, Interessen, Zuverlässigkeit, Verhalten, Aufenthaltsort oder Ortswechsel dieser natürlichen Person zu analysieren oder vorherzusagen.
- „**Pseudonymisierung**" ist die Verarbeitung personenbezogener Daten in einer Weise, dass die personenbezogenen Daten ohne Hinzuziehung zusätzlicher Informationen nicht mehr einer spezifischen betroffenen Person zugeordnet werden können, sofern diese zusätzlichen Informationen gesondert aufbewahrt werden und technischen und organisatorischen Maßnahmen unterliegen, die gewährleisten, dass die personenbezogenen Daten nicht einer identifizierten oder identifizierbaren natürlichen Person zugewiesen werden.
- „**Dateisystem**" ist jede strukturierte Sammlung personenbezogener Daten, die nach bestimmten Kriterien zugänglich sind, unabhängig davon, ob diese Sammlung zentral, dezentral oder nach funktionalen oder geografischen Gesichtspunkten geordnet geführt wird.
- „**Verantwortlicher**" ist die natürliche oder juristische Person, Behörde, Einrichtung oder andere Stelle, die allein oder gemeinsam mit anderen über die Zwecke und Mittel der Verarbeitung von personenbezogenen Daten entscheidet. Sind die Zwecke und Mittel dieser Verarbeitung durch das Unionsrecht oder das Recht der Mitgliedstaaten vorgegeben, so kann der Verantwortliche beziehungsweise können die bestimmten Kriterien seiner Benennung nach dem Unionsrecht oder dem Recht der Mitgliedstaaten vorgesehen werden.
- „**Auftragsverarbeiter**" ist eine natürliche oder juristische Person, Behörde, Einrichtung oder andere Stelle, die personenbezogene Daten im Auftrag des Verantwortlichen verarbeitet.
- „**Empfänger**" ist eine natürliche oder juristische Person, Behörde, Einrichtung oder andere Stelle, der personenbezogene Daten

offengelegt werden, unabhängig davon, ob es sich bei ihr um einen Dritten handelt oder nicht. Behörden, die im Rahmen eines bestimmten Untersuchungsauftrags nach dem Unionsrecht oder dem Recht der Mitgliedstaaten möglicherweise personenbezogene Daten erhalten, gelten jedoch nicht als Empfänger. Die Verarbeitung dieser Daten durch die genannten Behörden erfolgt im Einklang mit den geltenden Datenschutzvorschriften gemäß den Zwecken der Verarbeitung.

- „**Dritter**" ist eine natürliche oder juristische Person, Behörde, Einrichtung oder andere Stelle, außer der betroffenen Person, dem Verantwortlichen, dem Auftragsverarbeiter und den Personen, die unter der unmittelbaren Verantwortung des Verantwortlichen oder des Auftragsverarbeiters befugt sind, die personenbezogenen Daten zu verarbeiten.
- „**Einwilligung**" der betroffenen Person ist jede freiwillig für den bestimmten Fall, in informierter Weise und unmissverständlich abgegebene Willensbekundung in Form einer Erklärung oder einer sonstigen eindeutigen bestätigenden Handlung, mit der die betroffene Person zu verstehen gibt, dass sie mit der Verarbeitung der sie betreffenden personenbezogenen Daten einverstanden ist.
- „**Verletzung des Schutzes personenbezogener Daten**" ist eine Verletzung der Sicherheit, die, ob unbeabsichtigt oder unrechtmäßig, zur Vernichtung, zum Verlust, zur Veränderung, oder zur unbefugten Offenlegung von bzw. zum unbefugten Zugang zu personenbezogenen Daten führt, die übermittelt, gespeichert oder auf sonstige Weise verarbeitet wurden.
- „**genetische Daten**" sind personenbezogene Daten zu den ererbten oder erworbenen genetischen Eigenschaften einer natürlichen Person, die eindeutige Informationen über die Physiologie oder die Gesundheit dieser natürlichen Person liefern und insbesondere aus der Analyse einer biologischen Probe der betreffenden natürlichen Person gewonnen wurden.
- „**biometrische Daten**" sind mit speziellen technischen Verfahren gewonnene personenbezogene Daten zu den physischen, physiologischen oder verhaltenstypischen Merkmalen einer natürlichen Person, die die eindeutige Identifizierung dieser natürlichen Person ermöglichen oder bestätigen, wie Gesichtsbilder oder daktyloskopische Daten.

- „**Gesundheitsdaten**" sind personenbezogene Daten, die sich auf die körperliche oder geistige Gesundheit einer natürlichen Person, einschließlich der Erbringung von Gesundheitsdienstleistungen, beziehen und aus denen Informationen über deren Gesundheitszustand hervorgehen.

1.3.2 Datenklassifizierung für besonders sensible Daten

Personenbezogene Daten lassen sich in sog. **Datenklassen** einstufen. Dabei geht es um das „Gewicht" der Daten in Bezug auf die **Integrität der Persönlichkeit** und den entsprechenden Umgang hiermit. Personenbezogene Daten, die ihrem Wesen nach hinsichtlich der Grundrechte und Grundfreiheiten **sensibel** sind, verdienen einen besonderen Schutz, da im Zusammenhang mit ihrer Verarbeitung erhebliche Risiken für die Grundrechte und Grundfreiheiten der betroffenen Personen auftreten können.[22] In der DSGVO werden die sensiblen Daten als „besondere Kategorien personenbezogener Daten" bezeichnet. Erfüllen personenbezogene Daten nicht diese besonderen Kategorien werden sie als „einfache personenbezogene Daten" bezeichnet.

Definition: Sensible Daten

- Die „besondere Kategorie personenbezogener Daten" sind solche, aus denen die rassische und ethnische Herkunft, politische Meinungen, religiöse oder weltanschauliche Überzeugungen oder die Gewerkschaftszugehörigkeit hervorgehen, sowie genetische Daten, biometrische Daten zur eindeutigen Identifizierung einer natürlichen Person, Gesundheitsdaten oder Daten zum Sexualleben oder der sexuellen Orientierung einer natürlichen Person.[23]
- Zu diesem Bereich zählt noch als selbständige Regelung die Verarbeitung von personenbezogenen Daten über strafrechtliche Verurteilungen, Straftaten oder damit zusammenhängende Sicherungsmaßregeln.[24]

---

22 Vgl. ErwGr 51 Satz 1 zur DSGVO.
23 Vgl. Art. 9 Abs. 1 DSGVO i. V. m. Art. 4 Nr. 13 und Nr. 14 DSGVO.
24 Vgl. Art. 10 DSGVO.

1.3.3 Pseudonymisierte und anonymisierte Daten[25]

Pseudonymisierung stellt die Verarbeitung personenbezogener Daten in einer Weise dar, dass die personenbezogenen Daten ohne Hinzuziehung zusätzlicher Informationen nicht mehr einer spezifischen betroffenen Person zugeordnet werden können, sofern diese zusätzlichen Informationen gesondert aufbewahrt werden und technischen und organisatorischen Maßnahmen unterliegen, die gewährleisten, dass die personenbezogenen Daten nicht einer identifizierten oder identifizierbaren natürlichen Person zugewiesen werden.[26] In der DSGVO wird lediglich der Begriff der Pseudonymisierung und nicht der der Anonymisierung erläutert.

Anonymisieren ist das Verändern personenbezogener Daten derart, dass die hinter den Einzelangaben über persönliche oder sachliche Verhältnisse stehende betroffene Person nicht bzw. nicht mehr identifiziert werden kann.[27] Die Grundsätze des Datenschutzrechtes sind auf anonyme Daten nicht anwendbar.[28] Die Anonymisierung ist mithin ein „Mehr" gegenüber der Pseudonymisierung.

1.3.4 Sozialdaten

„**Sozialdaten**" sind nach der Definition im Gesetz personenbezogene Daten, die von einer in §35 SGB I (Sozialgeheimnisse) genannten Stelle im Hinblick auf ihre Aufgaben nach diesem Gesetzbuch verarbeitet werden.[29] Das personenbezogene Datum wird also dadurch zum Sozialdatum, dass es von einer SGB-Stelle bei Wahrnehmung ihrer Aufgaben erhoben oder verwendet wird. Die von anderen Stellen erhobenen Daten sind per definitionem keine Sozialdaten. Soweit nach dieser Definition keine Sozialdaten vorliegen, ist regelmäßig auf die allgemeinen Datenschutzbestimmungen des Bundesdatenschutzgesetzes (BDSG) oder der Landesdatenschutzgesetze Rückgriff zu nehmen.

---

25 Vgl. u.a. für die Kinder- und Jugendhilfe die Regelungen in § 64 Abs. 2a, 2b und 3 SGB VIII sowie § 4 Abs. 2 Satz 2 KKG.

26 Vgl. Art. 4 Nr. 5 DSGVO.

27 Vgl. ErwGr 26 Satz 5 DSGVO.

28 Vgl. ErwGr 26 Satz 5 DSGVO.

29 Vgl. 67 Abs. 2 Satz 1 SGB X.

I

Beispiel:

Sind Gesundheitsdaten, die Ärzte oder schulbezogene Daten die Lehrkräfte erhoben haben, „automatisch" Sozialdaten?[30]

Bei niedergelassenen Ärzten oder Lehrkräften in der Schule handelt es sich um **keine der in § 35 SGB I genannten Stellen**. Bei sensitiven Daten, wie z. B. der Erhebung von Gesundheitsdaten führt dies zunächst nur zu einem besonderen Schutz nach Art. 9 DSGVO. Erst im Fall der Übermittlung an eine in § 35 Abs. 1 SGB I genannte Stelle, z. B. an das zuständige Jugendamt im Rahmen des Kinderschutzes (§ 4 Abs. 3 KKG), werden die **Gesundheitsdaten bzw. schulbezogene Daten** sodann auch **zu Sozialdaten**.

Was gilt für Gerichte?[31]

Gerichte (z. B. das Familiengericht[32]) werden ebenfalls nicht in § 35 SGB I genannt. Daher unterfallen die von ihnen selbst erhobenen Daten nicht dem Zweiten Kapitel des SGB X. Es gelten vielmehr die DSGVO, das Prozessrecht und das BDSG bzw. die Landesdatenschutzgesetze, soweit letztere auf Gerichte anzuwenden sind.[33] Lediglich § 78 SGB X erweitert in den dort aufgeführten Situationen den Sozialdatenschutz auf die Gerichte. Werden z. B. einem Familiengericht durch das Jugendamt Daten übermittelt, hat es im Umgang mit diesen Daten die sog. **Verlängerung des Sozialdatenschutzes** bei Übermittlung von Daten an weitere Dritte zu beachten. Das heißt konkret, dass das Familiengericht ihm durch das Jugendamt übermittelte Daten nur zu dem Zweck verarbeiten darf, zu dem sie ihm befugt übermittelt wurden, und dass es die Daten im selben Umfang geheim zu halten hat wie das Jugendamt selbst.[34]

---

30 Beispiel nach Engelke/Kipker/Voskamp, in: Kipker/Voskamp, Sozialdatenschutz in der Praxis, S. 42.

31 Beispiel nach Leopold in: Rolf/Körner/Krasney/Mutschler, beck-online.GROSSKOMMENTAR, § 67 SGB X Rn. 102.

32 Vgl. hierzu Kapitel 3.8.

33 Teilweise wird vertreten, dass der Gewährleistungsgehalt des Grundrechts auf informationelle Selbstbestimmung hier insoweit Wirkung ausstrahlt, als dass die Vorschriften der Prozessordnungen einschränkend auszulegen sind, damit der gerichtliche Datenaustausch dem Verhältnismäßigkeitsgrundsatz genügt (Kipker, in: Plagemann, Münchener Anwaltshandbuch Sozialrecht, § 48 Rn. 7 m. w. N.).

34 Vgl. Hoffmann in: Ernst/Lohse, Praxishandbuch Familiengerichtlicher Kinderschutz, S. 265.

1.3.5 Betriebs- und Geschäftsgeheimnisse

Betriebs- und Geschäftsgeheimnisse sind alle betriebs- oder geschäftsbezogenen Daten, auch von juristischen Personen, die Geheimnischarakter haben[35], wie z. B. die Betriebs- und Geschäftsgeheimnisse freier Träger (z. B. Angaben über Angestellte oder Vertragsinhalte). Sie sind Sozialdaten gleichgestellt.[36]

I

1.3.6 Nicht öffentliche Stellen

Nicht-öffentliche Stellen sind natürliche und juristische Personen, Gesellschaften und andere Personenvereinigungen des privaten Rechts, soweit sie nicht unter § 81 Abs. 3 SGB X fallen. Darunter sind auch Träger der freien Jugendhilfe[37] einzuordnen.

1.4 Verfassungsrechtliche Grundlagen

Der Datenschutz ist durch das **Grundrecht auf informationelle Selbstbestimmung** verfassungsrechtlich garantiert. Nach der Rechtsprechung des Bundesverfassungsgerichts (BVerfG) umfasst das allgemeine Persönlichkeitsrecht aus Art. 2 Abs. 1 GG in Verbindung mit der Menschenwürde aus Art. 1 Abs. 1 GG auch das Recht auf informationelle Selbstbestimmung.[38] Hiervon ausgehend wird vom BVerfG ausgeführt, dass jeder das Recht habe, „selbst zu entscheiden, wann und innerhalb welcher Grenzen persönliche Lebenssachverhalte offenbart werden." Das BVerfG macht deutlich, dass der Schutz umso intensiver wird, je näher die Daten der Intimsphäre des Betroffenen stehen, die als unantastbarer Bereich privater Lebensgestaltung gegenüber aller staatlicher Gewalt Achtung und Schutz beansprucht. **Psychosoziale Daten** sind mithin sogar stärker geschützt als rein medizinische Befunde.[39] Aus dem Sozialstaatsprinzip des Grundgesetzes kann die Verpflichtung des Staates zur Hilfe von Menschen abgeleitet werden: „die Fürsorge für Hilfebedürftigen gehört zu den selbstverständlichen Verpflichtungen eines Sozialstaats."[40] In diesem Zusammenhang wird verdeutlicht, dass

---

[35] Vgl. die Legaldefinition in § 67 Abs. 2 Satz 2 SGB X.
[36] Vgl. 35 Abs. 4 SGB I.
[37] Im Weiteren meint freie Jugendhilfe sowohl Jugendhilfe in freier als auch in privater Trägerschaft (vgl. § 3 Abs. 2 SGB VIII).
[38] BVerfGE 65, 1 f. (sog. Volkszählungsurteil von 1983).
[39] BVerfGE 89, 69.
[40] BVerfGE 35, 202, 236; 40, 121, 133; 43, 13, 19.

persönliches Vertrauen für die soziale Hilfe von grundlegender Bedeutung ist. Das BVerfG hat in einem Urteil zur Beschlagnahme von Patientenakten einer Suchtberatungsstelle ausgeführt, dass für die Arbeit solcher Beratungsstellen unabdingbare Voraussetzung die Bildung eines Vertrauensverhältnisses ist.[41] Müssen Klient*innen damit rechnen, dass ihre während der Beratung gemachten Äußerungen Dritten zugänglich gemacht werden, so werden sie regelmäßig gar nicht erst bereit sein, von der Möglichkeit sich beraten zu lassen Gebrauch zu machen.

Das Recht auf informationelle Selbstbestimmung ist im gleichen Sinne ebenfalls als Grundrecht in der **Verfassung des Landes Mecklenburg-Vorpommern** festgeschrieben (Art. 6 Verf M-V).

1.5 Rechtlicher Rahmen im Sozialgesetzbuch

1.5.1 Sozialgeheimnis in § 35 SGB I

Ausgangspunkt im deutschen Sozialdatenschutz bildet die Definition des **Sozialgeheimnisses** gem. § 35 SGB I, wonach jede Person einen Anspruch darauf hat, dass die sie betreffenden Sozialdaten von den Leistungsträgern nicht unbefugt verarbeitet werden. Im Sozialleistungsbereich werden Daten, häufig sehr sensible Daten zur Gesundheit und anderen intimsten Lebensumständen, nahezu der gesamten Bevölkerung verarbeitet, weshalb sie einem besonderen Schutz unterliegen. Das Sozialgeheimnis ist die spezial-gesetzliche Ausformung des Grundrechts auf informationelle Selbstbestimmung für den Sozialleistungsbereich.[42] Die Wahrung des Sozialgeheimnisses umfasst die Verpflichtung, auch innerhalb des Leistungsträgers sicherzustellen, dass die Sozialdaten nur Befugten zugänglich sind oder nur an diese weitergegeben werden. Diese Vorschrift regelt den Schutzbereich des Datenschutzes in Inhalt und Umfang und außerdem die Adressat*innen des Sozialdatenschutzes. § 35 Abs. 2 Satz 1 SGB I normiert ein sog. **gesetzliches Verbot mit Erlaubnisvorbehalt.**[43] Das meint, dass die Verarbeitung von Sozialdaten grundsätzlich nur nach den Rechtsvorschriften unter dem Erlaubnisvorbehalt der DSGVO sowie des Zweiten Kapitels des SGB X (Schutz der Sozialdaten) und der übrigen Bücher des SGB erlaubt sind.

41 Vgl. BVerfGE 44, 353 f.

42 Kunkel in: Kunkel/Kepert/Pattar, SGB VIII, § 61 Rn. 20.

43 Vgl. hierzu ausführlich Kapitel 1.8.2.

1.5.2 Überblick der Regelungen im SGB X

Konkretere Vorgaben, wie genau die Wahrung des Sozialgeheimnisses im Sozialrecht zu verwirklichen ist, finden sich – soweit nicht Regelungen in der DSGVO vorhanden sind oder konkretisiert werden sollen – im **Sozialgesetzbuch X im zweiten Kapitel** („Schutz der Sozialdaten" in den §§ 67 bis 85 a SGB X). Diese Vorschriften gelten für alle öffentlichen Sozialleistungsträger und alle Sozialleistungsbereiche. Das **Bundesdatenschutzgesetz** (BDSG) ist nur so weit anwendbar als über §§ 67 bis 85a SGB X[44] unmittelbar eine Bezugnahme erfolgt.[45] Das gleiche gilt für das jeweilige **Landesdatenschutzgesetz**. Es ist nur dann heranzuziehen, wenn eine Bezugnahme erfolgt. Dies ist der Fall für die Bestellung eines Landesdatenschutzbeauftragten (§ 81 Abs. 1 Nr. 2 und Abs. 2 Satz 2 SGB X).

1.5.3 Spezialgesetzliche Regelungen in der Kinder- und Jugendhilfe

Für den **spezifischen Bereich der öffentlichen Kinder- und Jugendhilfe** enthält das SGB VIII besondere Vorschriften zum Datenschutz, die zu den allgemeinen Bestimmungen des Sozialdatenschutzes hinzutreten.[46] Zu dem Ausgangspunkt des Sozialdatenschutzes in § 35 SGB I, den konkreten Vorschriften zum Schutz von Sozialdaten für alle Sozialgesetzbücher in den §§ 67 bis 85a SGB X, kommen noch die für die Kinder- und Jugendhilfe spezifischen Datenschutzvorschriften in den §§ 61 bis 68 SGB VIII (Schutz von Sozialdaten) hinzu, der den allgemeinen Sozialdatenschutz voraussetzt und ergänzt. Allerdings gilt dies nur, wenn durch die öffentliche Jugendhilfe Aufgaben nach dem SGB VIII wahrgenommen werden bzw. gem. § 76 SGB VIII anerkannte Träger der freien Jugendhilfe an der Wahrnehmung anderer Aufgaben beteiligen oder diese ihnen zur Ausführung übertragen. Die Träger der öffentlichen Jugendhilfe bleiben für die Erfüllung der Aufgaben aber dennoch verantwortlich. Das schließt in diesem Sinne auch die Wahrung des Datenschutzes ein,

---

44 Begriffsbestimmungen, Verarbeitung von Sozialdaten, Rechte der betroffenen Person, Beauftragte für Datenschutz.

45 Vgl. Hundt, Datenschutz in der Kinder- und Jugendhilfe, S. 45 sowie Engelke/Kipker/Voskamp in: Kipker/Voskamp, Sozialdatenschutz in der Praxis, S. 53 („Die Konzeptionierung des Sozialdatenschutzes als sog. „Vollregelung" hat zur Folge, dass das allgemeine BDSG im Bereich der Nutzung von Sozialdaten über keinen eigenen Anwendungsbereich verfügt ...").

46 Vgl. § 61 Abs. 1 SGB VIII.

was über den Abschluss entsprechender Vereinbarungen sicherzustellen ist.[47]

Diese spezielleren Datenschutzregelungen im SGB VIII sind im Verhältnis zu den allgemeinen Sozialdatenschutzregelungen vorrangig anzuwenden und verdrängen insoweit die allgemeinen Regelungen im SGB X.

1.6 Datenschutzrechtliche Regelungen in anderen Bundesgesetzen

Daneben finden sich auch in anderen **Bundesgesetzen datenschutzrechtliche Bestimmungen,** die im Rahmen der sozialpädagogischen Arbeit im Bereich Kinderschutz eine Rolle spielen. Nachfolgend werden einige wichtige Regelungen aufgeführt, die im Rahmen der Arbeitshilfe – jeweils thematisch eingebettet – nochmals ausführlich erörtert werden. Die nachfolgende Auflistung dient einer ersten **Übersicht** mit einigen **Beispielen für die Anwendung der jeweiligen Vorschrift.**

- **Gesetz zur Kooperation und Information im Kinderschutz (KKG)**

  Mit dem Gesetz zur Kooperation und Information im Kinderschutz (KKG) hat der Gesetzgeber sehr unterschiedliche Regelungsinhalte in einem Gesetz zusammengefasst.[48] Das KKG regelt insbesondere, dass die in § 4 Abs. 1 Nr. 1 bis 7 KKG genannten Berufsgeheimnisträger*innen zur Weitergabe von Informationen an das Jugendamt befugt sind, wenn sie ein Tätigwerden des Jugendamtes für erforderlich halten, um eine Gefährdung des Wohls eines Kindes oder eines Jugendlichen abzuwenden. Mit dem Kinder- und Jugendstärkungsgesetz (KJSG) wurde zudem mit § 4 Abs. 3 Satz 3 KKG neben der bereits bestehenden Informations-

[47] Vgl. hierzu die gesetzlich vorgesehene Gesamtverantwortlichkeit der öffentlichen Jugendhilfe (§ 79 SGB VIII). Die Gesamtverantwortung der Träger der öffentlichen Jugendhilfe im Verhältnis zu den Trägern der freien Jugendhilfe bedeutet, dass der öffentliche Jugendhilfeträger etwa beim Abschluss von Leistungs-, Entgelt- und Qualitätsentwicklungsvereinbarungen nach den §§ 78a ff. SGB VIII, bei Leistungs- oder Zuwendungsverträgen nach den §§ 74, 77 SGB VIII, bei der Erteilung von Zuwendungsbescheiden nach dem § 74 SGB VIII oder beim Schutz von Kindern und Jugendlichen in Einrichtungen (§§ 45 ff. SGB VIII) sicherstellen muss, dass die freien Träger die von ihnen wahrgenommenen Aufgaben entsprechend der rechtlichen und fachlichen Vorgaben und Standards des SGB VIII erfüllen (Tamen in: Münder/Meysen/Trenczek, Frankfurter Kommentar SGB VIII, § 79 Rn. 9).

[48] Vgl. hierzu statt Vieler: Meysen in: Münder/Meysen/Trenczek, Frankfurter Kommentar SGB VIII, Anh. I, Rn. 1.

befugnis eine spezifische Informationspflicht für die unter § 4 Abs. 1 Nr. 1 KKG genannten Berufsgeheimnisträger*innen, also für Angehörige der dort aufgeführten Heilberufe, eingeführt, wenn nach ihrer Einschätzung eine dringende Gefahr für das Wohl eines Kindes oder Jugendlichen das Tätigwerden des Jugendamtes erfordert.

Mit § 5 KKG (Mitteilungen an das Jugendamt) wurde darüber hinaus eine erweiterte Mitteilungspflicht für Strafverfolgungsbehörden und Gerichte an die Jugendämter bzw. überörtlichen Träger der Jugendhilfe (i. d. R. Landesjugendämter) eingeführt, wenn in einem Strafverfahren gewichtige Anhaltspunkte für die Gefährdung des Wohls eines Kindes oder eines Jugendlichen bekannt werden.

- **Strafgesetzbuch (StGB)**

§ 34 Rechtfertigender Notstand:

Es handelt sich um einen gesetzlichen Rechtfertigungsgrund, der beispielsweise einer möglichen Verletzung der strafrechtlichen Schweigepflicht ihre Rechtswidrigkeit nimmt und zur Offenbarung von Geheimnissen befugt, wenn die besonderen Voraussetzungen vorliegen, so z. B. im Rahmen einer Rechtsgüterabwägung zwischen Elternrecht und Sicherung des Kindeswohls zu Gunsten der Abwendung einer drohenden oder bestehenden Kindeswohlgefährdung. In diesem Sinne bleibt eine Straftat straffrei.

§ 138 Nichtanzeige geplanter Straftaten:

Erfährt eine sozialpädagogische Fachkraft z. B. im Arbeitsbereich der Jugendarbeit oder Jugendsozialarbeit glaubhaft von einem geplanten Vorhaben oder der geplanten Ausführung von bestimmten sehr schwerwiegenden Delikten (z. B. Vorbereitung eines Angriffskrieges, Geld- oder Wertpapierfälschung, Mord, Totschlag usw.), besteht für sozialpädagogische Fachkräfte (wie für alle Bürger*innen) eine Anzeigepflicht an die Ermittlungsbehörden nach § 138 StGB. Nach § 71 Abs. 1 Nr. 1 SGB X[49] wird die Übermittlung von Sozialdaten zur Abwendung einer Straftat nach § 138 StGB ausdrücklich erlaubt, insoweit tritt der Sozialdatenschutz hier zurück.

49 Übermittlung für die Erfüllung besonderer gesetzlicher Pflichten und Mitteilungsbefugnisse.

I

§ 203 Verletzung von Privatgeheimnissen:

Angehörige bestimmter Berufsgruppen sowie Amtsträger*innen und bestimmte amtsnahe Personen, die typischerweise mit Geheimnissen und der Privatsphäre in Berührung kommen, wird besonderes Vertrauen entgegengebracht, welches unter strafrechtlichen Schutz gestellt worden ist (**strafbewehrte Schweigepflicht**).

- **Strafprozessordnung (StPO**

§ 53 Zeugnisverweigerungsrecht der Berufsgeheimnisträger:

Eine Pflicht zur Aussage im Strafverfahren besteht (ausnahmsweise) nicht, wenn eine Person sich auf ein Zeugnisverweigerungsrecht beruft. Neben dem Zeugnisverweigerungsrecht aus persönlichen Gründen, ist vorliegend vor allem das Zeugnisverweigerungsrecht aus beruflichen Gründen von Bedeutung. Der in § 53 Abs. 1 Satz 1 StPO enthaltene Katalog für das Zeugnisverweigerungsrecht ist abschließend und sozialpädagogische Fachkräfte sind dort nicht aufgeführt, so dass diese Berufsgruppe sich nicht auf ein entsprechendes Zeugnisverweigerungsrecht berufen kann.

- **Jugendgerichtsgesetz (JGG)**

§ 37a Zusammenarbeit in gemeinsamen Gremien:

Sowohl fallübergreifend als auch einzelfallbezogen ist eine Kooperation der Akteure ausdrücklich erwünscht (§ 52 SGB VIII). § 37a JGG trifft eine entsprechende Regelung für das Jugendgericht und die Jugendstaatsanwaltschaft, wobei nur letztere zu einer Teilnahme an einzelfallbezogenen Fallkonferenzen aufgefordert ist.

§ 38 Jugendgerichtshilfe:

Die Jugendgerichtshilfe wird von den Jugendämtern im Zusammenwirken mit den Vereinigungen für Jugendhilfe ausgeübt. Das Jugendamt hat die am Jugendgerichtsverfahren beteiligten Behörden, sprich die Jugendstaatsanwaltschaft und das Jugendgericht, durch Erforschung der Persönlichkeit, der Entwicklung und des familiären, sozialen und wirtschaftlichen Hintergrundes des Jugendlichen zu unterstützen.

- **Gesetz über das Verfahren in Familiensachen und in den Angelegenheiten der freiwilligen Gerichtsbarkeit (FamFG)**

  § 162 Mitwirkung des Jugendamts:

  Mit der formellen Beteiligung des Jugendamts hat der Gesetzgeber diesem weitreichende Rechte eingeräumt, um insbesondere auf die Gestaltung der Ermittlungen und damit auf die konkrete Entscheidung Einfluss zu nehmen.

- **Aufenthaltsgesetz (AufenthG)**

  § 87 Übermittlungen an Ausländerbehörden:

  Öffentliche Stellen (z. B. Jugendämter) sind unter Berücksichtigung von § 88 AufenthG verpflichtet bestimmte aufgeführte Daten an die Ausländerbehörden weiterzuleiten.

  Ausdrücklich ausgenommen von der Übermittlungspflicht an die Ausländerbehörden sind folgende öffentliche Stellen: Schulen, Bildungs- und Erziehungseinrichtungen. Damit fallen alle von der öffentlichen Hand getragenen allgemeinbildenden, weiterbildenden und berufsbildenden Schulen sowie Kindertageseinrichtungen und Kindertagespflegestellen und alle Kinder- und Jugendeinrichtungen, die entsprechende Leistungen nach dem SGB VIII anbieten, unter die Ausnahmevorschrift.

  § 88 Übermittlungen bei besonderen gesetzlichen Verarbeitungsregelungen:

  Alle Daten, die aufgrund des besonderen Vertrauensschutzverhältnisses in der persönlichen und erzieherischen Hilfe nach § 65 SGB VIIII geschützt sind, fallen nicht unter § 87 AufenthG und die dort geregelte Verpflichtung. Schließlich genießen auch die Berufsgeheimnisse nach § 88 Abs. 1 AufenthG durch die dort genannten Berufsgeheimnisträger*innen einen Vorrang vor der Übermittlungspflicht. Die Übermittlungspflicht ist danach ausdrücklich ausgeschlossen, wenn den genannten Personen ein Geheimnis in ihrer Eigenschaft als Angehörige ihrer Berufsgruppe anvertraut oder sonst bekannt geworden ist.

- **Gesetz über das Ausländerzentralregister (AZRG)**

  § 18d Datenübermittlung an die Jugendämter:

  Das Jugendamt kann von der Registerbehörde unter Beachtung den Grundsätzen der Erforderlichkeit und der Zweckbindung um die Übermittlung der Grunddaten sowie weiterer Daten ersuchen.

- **Bürgerliches Gesetzbuch (BGB)**

§ 1597a Verbot der missbräuchlichen Anerkennung der Vaterschaft:

Erkennt die für die Beurkundung der Vaterschaftsanerkennung zuständige Behörde bzw. Urkundsperson konkrete Anhaltspunkte für eine missbräuchliche Vaterschaftsanerkennung, setzt sie das Anerkennungsverfahren aus und legt es unter Weitergabe der entsprechenden Daten der zuständigen Ausländerbehörde zu entsprechenden Prüfung vor (§ 85a AufenthG).

§ 1666 Gerichtliche Maßnahmen bei Gefährdung des Kindeswohls

Wenn das körperliche, geistige oder seelische Wohl des Kindes oder sein Vermögen gefährdet ist und die Eltern nicht gewillt oder nicht in der Lage sind, die Gefahr abzuwenden, muss das Familiengericht die Maßnahmen treffen, die zur Abwendung der Gefahr erforderlich sind. Zu den gerichtlichen Maßnahmen gehören beispielsweise Gebote, wie öffentliche Hilfen zum Beispiel Leistungen der Kinder- und Jugendhilfe und der Gesundheitsfürsorge in Anspruch zu nehmen oder auch Verbote, wie beispielsweise Verbindung zum Kind aufzunehmen oder ein Zusammentreffen mit dem Kind herbeizuführen bis hin zur Ersetzung von Erklärungen des Inhabers der elterlichen Sorge oder die teilweise oder vollständige Entziehung der elterlichen Sorge.

Bei diesen Maßnahmen handelt es sich um einen erheblichen Eingriff in das Elternrecht, weshalb bei Anordnung der Maßnahmen neben Kindeswohlgesichtspunkten der Grundsatz der Verhältnismäßigkeit zu beachten ist.

§ 1758 BGB Offenbarungs- und Ausforschungsverbot:

Die Norm sichert die Herauslösung des Kindes aus seiner bisherigen Familie durch die Aufstellung eines umfassenden Nachforschungs- und Offenbarungsverbots (Adoptionsgeheimnis).

- **Anordnung über Mitteilungen in Strafsachen (MiStra)**

Nr. 35 Mitteilungen zum Schutz von Kindern und Jugendlichen:

Werden in einem Strafverfahren – gleichgültig, gegen wen es sich richtet – Tatsachen bekannt, deren Kenntnis aus der Sicht der übermittelnden Stelle zur Prüfung gewichtiger Anhaltspunkte für die Gefährdung des Wohls eines Kindes oder Jugendlichen erforderlich ist, sind diese unverzüglich der zuständigen öffentlichen Stelle (Jugendamt) mitzuteilen.

- **Einführungsgesetz zum Gerichtsverfassungsgesetz (EGGVG)**

  § 13 Abs. 2 i. V. m. § 17 Nr. 5 (Verfahrensübergreifende Mitteilungen von Amts wegen):

  Die Übermittlung personenbezogener Daten durch die ordentliche Gerichtsbarkeit ist zulässig an das Jugendamt, wenn die Kenntnis der Daten aus deren Sicht zur Prüfung gewichtiger Anhaltspunkte für die Gefährdung des Wohls eines Kindes oder einer bzw. eines Jugendlichen erforderlich ist.

In der praktischen Anwendung soll immer mit dem spezielleren vor dem allgemeineren Gesetz bei einer Prüfung begonnen werden, was z. B. für die Kinder- und Jugendhilfe zunächst die Beachtung der datenschutzrechtlichen Bestimmungen aus §§ 61 ff. SGB VIII bedeutet.

1.7 Landesrechtliche Vorschriften (am Beispiel Mecklenburg-Vorpommern)

Zudem finden sich auch in **landesrechtlichen Regelungen** datenschutzrechtliche Bestimmungen, die im Einzelfall für die (sozialpädagogische) Arbeit im Kinderschutz zu beachten sind oder eine Rolle spielen können. Die nachfolgende Auflistung – hier am Beispiel des Landes Mecklenburg-Vorpommern – dient auch an dieser Stelle einer ersten Übersicht zu gesetzlichen Regelungen, die im Rahmen gesetzlich verpflichtender Kooperation und Netzwerkarbeit einen entsprechenden Datenaustausch erforderlich macht.

- **Kindertagesförderungsgesetz (KiföG M-V)**

  § 1 Ziele

  Im Rahmen der Förderung wird dem Schutz des Kindes in besonderer Weise Rechnung getragen.

  § 4 Kinderschutz

  Danach haben die Träger der Kindertageseinrichtungen und die Tagespflegepersonen das Wohl des Kindes in der Kindertagesförderung zu gewährleisten. Werden durch das pädagogische Personal der Kindertageseinrichtung oder die Tagespflegeperson gewichtige Anhaltspunkte für die Gefährdung des Wohls eines Kindes wahrgenommen, ist ein sofortiges Handeln gemäß § 8a Abs. 4 SGB VIII erforderlich. Sollten sich Hinweise auf eine Beeinträchtigung des Wohls eines Kindes außerhalb des Verfahrens nach § 8a Abs. 4 SGB VIII ergeben, entscheidet die Leitung der Kindertageseinrichtung oder die Tagespflegeperson unter Mitwirkung der Eltern über die unverzügliche Information des örtlichen Trägers der öffentlichen Jugendhilfe über diese Hinweise.

§ 17 Ausbildungsplatzplanung, Aus-, Fort- und Weiterbildung

Die Träger der Kindertageseinrichtungen haben dafür zu sorgen, dass das pädagogische Personal regelmäßig in angemessenem Umfang an Fort- und Weiterbildungsmaßnahmen teilnimmt und von der Fach- und Praxisberatung unterstützt wird. Die Maßnahmen sollen auch Qualifizierungen im Bereich Kinderschutz und Frühe Hilfen berücksichtigen.

- **Schulgesetz für das Land Mecklenburg-Vorpommern (SchulG M-V)**

§ 4 Grundsätze für die Verwirklichung des Auftrags der Schulen

Das Wohl der Schülerinnen und Schüler erfordert es, jedem Anschein von Vernachlässigung, Misshandlung oder anderen Gefährdungen des Kindeswohls nachzugehen. Die Schule entscheidet rechtzeitig über die Einbeziehung des Jugendamtes oder anderer zuständiger Stellen.

§ 55 Informationsrechte der Erziehungsberechtigten und der Schülerinnen und Schüler

Schülerinnen und Schüler und ihre Erziehungsberechtigten sind in allen wichtigen Schulangelegenheiten zu informieren und zu beraten.

§ 58 Verpflichtungen zu besonderen Untersuchungen

Soweit zur Vorbereitung einer Entscheidung nach diesem Gesetz **schulärztliche Untersuchungen, schulpsychologische oder diagnostische Feststellungen** erforderlich werden, sind Kinder, Jugendliche sowie volljährige Schülerinnen und Schüler verpflichtet, sich untersuchen zu lassen und an wissenschaftlich anerkannten Testverfahren teilzunehmen. Eingriffe in die körperliche Unversehrtheit sind nur mit Zustimmung der Erziehungsberechtigten oder der volljährigen Schülerin oder des volljährigen Schülers zulässig.

§ 59 Sozialpädagogische Beratung

Die sozialpädagogische Beratung, Begleitung und Betreuung durch den örtlichen Träger der öffentlichen Jugendhilfe in Zusammenarbeit mit den jeweiligen Lehrkräften, insbesondere den Klassen- und den Beratungslehrkräften, dient der Unterstützung von Schülerinnen und Schülern und Erziehungsberechtigten bei der Überwindung von Lernschwierigkeiten, Erziehungsproblemen und beim Übergang in die berufliche Bildung und während der beruflichen Bildung. Die Schulen und die Stellen der Schulverwaltung haben mit den Trägern der öffentlichen Jugendhilfe zusammenzuarbeiten.

§ 59a Kooperative Erziehungs- und Bildungsangebote

Im Einvernehmen mit den örtlichen Trägern der öffentlichen Jugendhilfe können an Schulen **kooperative Erziehungs- und Bildungsangebote** eingerichtet werden, die zusätzlich **Leistungen der Jugendhilfe** umfassen. Schülerinnen und Schüler, die durch Schulverweigerung, Schul- oder Unterrichtsabwesenheit auffällig sind, können durch kooperative Erziehungs- und Bildungsangebote zeitweilige Möglichkeiten zur Wiedereingliederung erhalten, wenn diese Angebote die geeignete Hilfe darstellen. Die Teilnahme an kooperativen Erziehungs- und Bildungsangeboten wird auf die Erfüllung der Schulpflicht angerechnet.

§ 70 Umgang mit personenbezogenen Daten

In dieser Vorschrift werden die Rahmenbedingungen für den Umgang mit den personenbezogenen Daten der Schüler*innen geregelt.

- **Schuldatenschutzverordnung (SchulDSVO M-V)**

  Diese Verordnung regelt im Einzelnen den Umgang mit personenbezogenen Daten der Schüler*innen, Erziehungsberechtigten, Lehrkräften und sonstigem Schulpersonal.

- **Schulgesundheitspflege-Verordnung – SchulGesPflVO M-V**

  Diese Verordnung regelt Art, Umfang und Zeitpunkt der schulärztlichen und zahnärztlichen Untersuchungen.

- **Verwaltungsvorschrift „Gesundheitserziehung, Sucht- und Gewaltprävention an Schulen Mecklenburg-Vorpommerns"**

  Die Ziele und Aufgaben der Gesundheitserziehung, Sucht- und Gewaltprävention an Schulen, die Zusammenarbeit mit Beratungsstellen und zuständigen Einrichtungen sowie die **Gesundheitsbeauftragte** an den Staatlichen Schulämtern werden in dieser Verwaltungsvorschrift geregelt.

- **Verwaltungsvorschrift zum „Umgang mit Notfällen an den öffentlichen Schulen M-V"**

  Durch diese Verwaltungsvorschrift werden alle Notfälle an öffentlichen Schulen erfasst. Dies gilt insbesondere für Gewaltvorfälle (Mord, Totschlag, Suizid, Körperverletzungen, Extremismus, Geiselnahme, Amok, Raub, Erpressung, Sexualdelikte) sowie deren Androhung und Sachbeschädigung/Vandalismus (zum Beispiel Brandstiftung, Graffiti).

- **Gesetz über den Öffentlichen Gesundheitsdienst für das Land Mecklenburg-Vorpommern (ÖGDG M-V)**

  § 15b Förderung der Teilnahme an Kinderuntersuchungen nach § 26 SGB V

  Alle Ärzte und Krankenhäuser im Land Mecklenburg-Vorpommern, die eine Kindervorsorgeuntersuchung durchführen, müssen dies der Servicestelle für **Kinder-Früherkennungsuntersuchungen** des Landesamtes für Gesundheit und Soziales (LAGuS) melden. Die Servicestelle gleicht die eingegangenen Teilnahmemeldungen mit den Daten der Einwohnermeldeämter ab. Wird anhand der vorliegenden Daten ermittelt, dass ein Kind im angegebenen Zeitraum seine Untersuchung nicht wahrgenommen hat bzw. diese noch nicht gemeldet wurde, versendet die Servicestelle ein Erinnerungsschreiben an die Sorgeberechtigten. Bis zur Kinderuntersuchung U5 nach Abschnitt B der Kinder-Richtlinien weist die Servicestelle auf die nächstfolgende Kinderuntersuchung hin; ab der Kinderuntersuchung U6 erinnert sie daran, die Kinderuntersuchung nachzuholen. Gehen trotz Erinnerung der Eltern durch die Servicestelle wiederum keine Teilnahmebestätigungen ein, ist die Servicestelle verpflichtet, das **zuständige Gesundheitsamt zu informieren**.

- **Gesetz über die öffentliche Sicherheit und Ordnung in Mecklenburg-Vorpommern (SOG M-V)**

  § 36, §§ 39 – 39h Speicherung, Übermittlung und sonstige Verarbeitung personenbezogener Daten

  Diese Vorschriften beinhalten die Rechtsgrundlagen für die Speicherung, Übermittlung und sonstige Verarbeitung personenbezogener Daten durch die **Polizei**.

§ 52 Platzverweisung und Wegweisung

Nach einem erfolgten Polizeieinsatz bei **häuslicher Gewalt** und eventueller Wegweisung des Täters oder der Täterin bzw. **Aussprechen eines Betretungsverbotes** erhält die Interventionsstelle von der Polizei die Kontaktdaten der betroffenen Person. An alle fünf Interventionsstellen sind spezielle Kinder- und Jugendberatungsstellen angegliedert, an die die entsprechenden Daten weiterübermittelt werden.

§ 46b Benachrichtigung über die Speicherung personenbezogener Daten von Kindern und unter Betreuung stehenden Personen

Werden personenbezogene Daten von Kindern ohne Kenntnis der Sorgeberechtigten von der Polizei verarbeitet, sind die Sorgeberechtigten durch die verantwortliche Stelle zu benachrichtigen, sobald die Aufgabenerfüllung hierdurch nicht mehr gefährdet wird. Die Benachrichtigung kann zurückgestellt werden, solange die Sorge besteht, dass die Benachrichtigung zu erheblichen Nachteilen für das Kind führt.

- **Gesetz zur Regelung des Zugangs zu Informationen für das Land Mecklenburg-Vorpommern (Informationsfreiheitsgesetz – IFG M-V)**

  Zweck des Informationsfreiheitsgesetzes ist es, den freien Zugang zu in den Behörden vorhandenen Informationen sowie die Verbreitung dieser Informationen zu gewährleisten und die grundlegenden Voraussetzungen festzulegen, unter denen derartige Informationen zugänglich gemacht werden sollen.

1.8 Verarbeitung von Sozialdaten in der Kinder- und Jugendhilfe

1.8.1 Begriffsdefinition Verarbeitung

Bei dem Begriff „Verarbeitung" in der DSGVO handelt es sich um den Oberbegriff, der zahlreiche Datenverarbeitungsvorgänge umfasst (Art. 4 Nr. 2 DSGVO). Zu den aufgeführten Verarbeitungsvorgängen gehören insbesondere:

- **Erheben/Erfassen**: das Beschaffen von Daten, d. h. das zielgerichtete Einholen von Daten, unabhängig von der Art und Weise des Vorgehens bzw. des verwendeten Aufnahmeverfahrens (z. B. mittels direkter Befragung, durch Ausgabe eines Vordrucks, den die betroffene Person eigenhändig ausfüllt oder durch Informationsgewinnung über andere Stellen bzw. Personen). Ein Erheben ist hingegen zu verneinen bei nur zufälliger Kenntniserlangung ohne eigene Absicht und/oder Aktivität.

- **Speichern**: das Aufbewahren von Daten auf Datenträgern (analog oder digital).
- **Offenlegung durch Übermittlung**: das Weitergeben von Daten an andere.
- **Einschränkung**: die Markierung gespeicherter personenbezogener Daten mit dem Ziel, ihre künftige Verarbeitung einzuschränken (Art. 4 Nr. 3 DSGVO).
- **Löschen**: das irreversible Unkenntlichmachen gespeicherter Daten (z. B. Löschen von Dateien inkl. Leeren des „Papierkorbes", Vernichten von Akten).
- **Verwendung**: alle Arten des zweckgerichteten Gebrauches oder der internen Nutzung von Daten, die nicht bereits von den übrigen Beispielen umfasst sind.

Bei der **Verarbeitung** von personenbezogenen Daten kommt es nicht darauf an, ob dies automatisiert, also mit Hilfe von informationstechnischen Systemen (z. B. Notebook, Tablet, Smartphone und entsprechender Software oder unter Einsatz von KI) oder konventionell auf Papier erfolgt.

1.8.2 Einwilligung oder gesetzliche Grundlage für jede Verarbeitung

Nach der DSGVO ist die Datenverarbeitung nur rechtmäßig, wenn entweder die betroffene Person ihre **Einwilligung** zu der Verarbeitung der sie betreffenden personenbezogenen Daten für einen oder mehrere Zwecke abgegeben hat oder Tatbestandsvoraussetzungen einer **Rechtsgrundlage** in dem betreffenden Einzelfall vorliegt.[50] Will die (sozialpädagogische) Fachkraft Informationen zu einer Person verarbeiten, z. B. erhalten oder weitergeben, benötigt sie also eine Erlaubnis dafür. Das kann in dem betreffenden Einzelfall sowohl eine Einwilligung der betroffenen Person sein als auch eine Rechtsgrundlage. Sehr häufig[51] wird deshalb darauf verwiesen,

---

50 Vgl. zu Art. 6 DSGVO ausführlich Hundt, Datenschutz in der Kinder- und Jugendhilfe, S. 51 – 53.

51 Vgl. zum Meinungsstand ausführlich Pehl/Knödler, Datenschutz und Schweigepflicht in der Sozialen Arbeit, S. 25 f.

dass der DSGVO das rechtliche Prinzip des sog. **Verbots mit Erlaubnisvorbehalts** zugrunde liegt. Damit ist im Hinblick auf das Datenschutzrecht gemeint, dass jedwede Verarbeitung personenbezogener Daten verboten ist, es sei denn die betroffene Person erteilt ihre Einwilligung in die Verarbeitung oder eine entsprechende Rechtsgrundlage erlaubt dies.

1.8.3 Einwilligung

1.8.3.1 Definition in der DSGVO

Eine Verletzung des Grundrechtes auf informationelle Selbstbestimmung[52] liegt nicht vor, wenn der Betroffene durch seine Einwilligung selbst über seine Daten verfügt. Denn ein Eingriff in das Recht auf Schutz personenbezogener Daten ist nicht nur dann nicht rechtswidrig, wenn der Eingriff auf einer gesetzlichen Grundlage erfolgt, sondern auch, wenn eine Einwilligung der betroffenen Person vorliegt.[53] Die Einwilligung richtet sich direkt nach den Vorschriften der DSGVO.

Definition: Einwilligung

Der Begriff der „Einwilligung" der betroffenen Person wird in Art. 4 Nr. 11 DSGVO definiert: „jede freiwillig für den bestimmten Fall, in informierter Weise und unmissverständlich abgegebene Willensbekundung in Form einer Erklärung oder einer sonstigen eindeutig bestätigenden Handlung, mit der die betroffene Person zu verstehen gibt, dass sie mit der Verarbeitung der sie betreffenden personenbezogenen Daten einverstanden ist."

Aus dieser Definition in der DSGVO sind folgende Voraussetzungen für eine rechtmäßige Einwilligung abzuleiten:

- Eine Einwilligung ist dann **freiwillig**, wenn die betroffene Person eine echte freie Wahl hat und somit in der Lage ist, die Einwilligung zu verweigern oder auch wieder zurückzuziehen, ohne Nachteile zu erleiden.[54] Die Einwilligung gilt nicht als freiwillig

52 Vgl. Art. 8 GRCh, Art. 2 Abs. 1 i. V. m. Art. 1 Abs. 1 GG sowie Kapitel 1.4.
53 Vgl. Art. 8 Abs. 2 GRCh, Art. 6 Abs. 1 Satz 1 Buchst. a DSGVO
54 ErwGr 42 Satz 5 DSGVO.

erteilt, wenn zu verschiedenen Verarbeitungsvorgängen von personenbezogenen Daten nicht gesondert eine Einwilligung erteilt werden kann, obwohl dies im Einzelfall angebracht ist.[55]

- Damit die betroffene Person **in Kenntnis der Sachlage** ihre Einwilligung geben kann (in informierter Weise), sollte sie mindestens wissen, wer verantwortlich ist und für welche Zwecke die personenbezogenen Daten verarbeitet werden sollen.[56]
- Die Einwilligung wird zu **einem oder mehreren bestimmten Zwecken** erteilt. Der Zweck der beabsichtigten Datenverarbeitung muss zudem „festgelegt, eindeutig und legitim"[57] sein. Eine **pauschale Einwilligung** ist somit unwirksam. Wenn die Verarbeitung mehreren Zwecken dient, soll für alle diese Verarbeitungszwecke eine Einwilligung gegeben werden.[58] Die Einwilligung muss sich zudem auf einen **konkreten Fall** beziehen. Für jeden Verarbeitungsvorgang muss eine gesonderte Einwilligung eingeholt werden.[59] **„Blanko-Einwilligungen"** z. B. für die gesamte Dauer eines Kita- oder Schulbesuches oder einer Hilfe zur Erziehung sind **unwirksam**.

Beispiel:

In einem Hilfeplangespräch im Jugendamt wird den Eltern eine Einwilligungserklärung „für alle erforderlichen Gespräche mit der Klassenlehrerin im kommenden Schuljahr" von der zuständigen sozialpädagogischen Fachkraft mit der Bitte um Unterzeichnung vorgelegt. Diese Einwilligung bezieht sich nicht auf einen konkreten Fall, sondern gleicht einer „General-Vollmacht" und ist deshalb nicht rechtmäßig. Für die betroffenen Eltern muss sich aus der Einwilligungserklärung und der Aufklärung hierzu ergeben, wie oft, zu welchem Zweck und zu welchem konkreten Thema ein Gespräch mit der Klassenlehrerin erfolgen soll.

55 ErwGr 43 Satz 2 DSGVO.
56 ErwGr 42 Satz 4 DSGVO.
57 Art. 5 Abs. 1 Buchst. b DSGVO.
58 ErwGr 32 Satz 5 DSGVO.
59 ErwGr 43 DSGVO.

Hinweis

Bei der Einholung einer Einwilligung und deren möglichen Schwierigkeiten in der Praxis sollte als **Alternative zur Erteilung einer Einwilligung** immer mitgedacht werden, ob eine gemeinsame Erklärung von Fachkraft und Eltern, in geeigneten Fällen zusammen mit den betroffenen Kindern abgegeben werden kann. Warum fordern z. B. Jugendämter eine Einwilligung an, um an Gutachten zu kommen und drängen die Familie damit in eine passive Rolle, statt sie in der Form eines gemeinsamen Schreibens als gleichermaßen Verantwortliche ins Spiel zu bringen?[60] Auf diese Weise können die Fachkräfte sowohl den Grundprinzipien des Datenschutzrechts (insbesondere im Sinne informationeller Selbstbestimmung, Zweckbindung und Datensparsamkeit) als auch den methodischen Maximen der Sozialarbeit (Hilfe zur Selbsthilfe, der Klient als Subjekt und nicht als Objekt) und Pädagogik (Erziehung zur Selbständigkeit und Selbstverantwortung) eher entsprechend gerecht werden.[61]

1.8.3.2 Form der Einwilligung

Die Einwilligung kann **schriftlich**, aber auch **mündlich** oder mit anderem (eindeutigen) Verhalten (**konkludent**) erfolgen. Denn **eine bestimmte Form** für die Abgabe der Einwilligung wird in Art. 4 Nr. 11 DSGVO nicht zur Voraussetzung für eine Einwilligung gemacht.[62] Die Erklärung der Einwilligung, egal in welcher Form, muss unmissverständlich zu verstehen geben, dass die betroffene Person mit der Verarbeitung ihrer Daten einverstanden ist. **Stillschweigen oder Untätigkeit** können mithin **keine Einwilligung** darstellen.[63]

Nur für eine Einwilligung in die Verarbeitung sog. **sensibler Daten**[64] bedarf es **einer ausdrücklichen Einwilligung**.[65] Solche sensiblen Daten sind personenbezogene Daten, solche aus denen die rassische und ethnische Herkunft, politische Meinungen, religiöse oder weltanschauliche Überzeugungen oder die Gewerkschaftszugehörigkeit hervorgehen, sowie genetische Daten, biometrische Daten zur ein-

---

60 Mörsberger, in: Richter/Krappmann/Wapler, Kinderrechte, S. 464.
61 Mörsberger, in: Richter/Krappmann/Wapler, Kinderrechte, S. 464.
62 Etwas anderes lässt sich auch nicht aus Art. 7 DSGVO, der die Bedingungen einer Einwilligung regelt, entnehmen, vgl. hierzu Hoffmann, JAmt 2018, 2.
63 ErwGr 32 DSGVO.
64 Vgl. hierzu Kapitel 1.3.2.
65 Vgl. Art. 9 Abs. 2 Buchst. a DSGVO.

deutigen Identifizierung einer natürlichen Person, Gesundheitsdaten oder Daten zum Sexualleben oder der sexuellen Orientierung einer natürlichen Person.[66]

Neben den Regelungen in der DSGVO sieht das SGB X für die Sozialdaten noch einen verstärkten Schutz vor: Für die Einwilligung zur Verarbeitung von **genetischen, biometrischen** oder **Gesundheitsdaten** oder **Betriebs- oder Geschäftsgeheimnissen** wird bestimmt, dass diese schriftlich oder elektronisch zu erfolgen hat, soweit nicht wegen besonderer Umstände eine andere Form angemessen ist.[67]

1.8.3.3 Einwilligung von Minderjährigen

> **Hinweis**
>
> **Einwilligung durch Minderjährige**
>
> Vorab wird in den Erwägungsgründen zur DSGVO[68] ausdrücklich darauf hingewiesen: Kinder verdienen bei ihren personenbezogenen Daten besonderen Schutz, da Kinder sich der betreffenden Risiken, Folgen und Garantien und ihrer Rechte bei der Verarbeitung personenbezogener Daten möglicherweise weniger bewusst sind.

Eine wirksame Einwilligung der betroffenen Person setzt voraus, dass diese im Hinblick auf die konkret anstehende Verletzung ihres Rechts auf Schutz ihrer persönlichen Daten einsichts- und urteilsfähig oder in anderen Worten beschrieben einwilligungs- bzw. entscheidungsfähig ist. Es wird angenommen, dass durchschnittlich entwickelte **Minderjährige** in der Regel mit Vollendung des 14. Lebensjahrs (also ab dem **14. Geburtstag**) selbst einwilligungsfähig sind, jedoch im Einzelfall auch vor Vollendung des 14. Lebensjahrs einwilligungsfähig sein können.[69] Grundsätzlich ist bei der Einwilligung

---

66 Vgl. Art. 9 Abs. 1 DSGVO.

67 § 67b Abs. 2 Satz 2 SGB X.

68 Vgl. ErwGr 38 Satz 1 DSGVO.

69 Vgl. hierzu ausführlich Kepert, Sozialdatenschutz in der Kinder- und Jugendhilfe, S. 31, 32 mit Beispielen, die einen Hinweis auf eine frühere Einwilligungsfähigkeit geben: § 5 Satz 2 des Gesetzes über die religiöse Kindererziehung (RelKErzG) und dem Verbot zur Erziehung in einem religiösen Bekenntnis gegen den Willen des/der Minderjährigen bereits ab Vollendung des 12. Lebensjahres bzw. Art. 8 Abs. 1 Satz 3 DSGVO mit der Möglichkeit die Einwilligungsfähigkeit bereits ab Vollendung des 13. Lebensjahres für den dort geregelten Fall einzuführen. Im SGB gilt die Vollendung des 15. Lebensjahres als Maßstab für die Handlungsfähigkeit (§ 36 SGB I).

von ihrer Höchstpersönlichkeit auszugehen, weshalb eine **Vertretung nur bei Minderjährigen**, die **noch nicht einwilligungsfähig** sind, oder betreuten Personen zulässig ist.

Hinweis

Einwilligung durch gesetzliche Vertretung bei nicht einwilligungsfähigen Personen

Geht es um eine Einwilligung einer nicht einwilligungsfähigen betroffenen Person (z. B. einem Kind unter 14 Jahren, das aufgrund seines persönlichen Reifezustandes noch nicht insoweit entscheidungs- und einwilligungsfähig ist), haben die Personensorgeberechtigten über die Erteilung der Einwilligung zu entscheiden.

Wie ist mit der Situation umzugehen, wenn ein sorgeberechtigtes Elternteil die Einwilligung zur datenschutzrechtlichen Verarbeitung einer Information, die sich auf eine datenschutzrechtliche nicht einwilligungsfähige Person bezieht, verweigern sollte?[70]

Nach § 1626 Abs. 1 Satz 1 BGB haben die Eltern die Pflicht und das Recht, für das minderjährige Kind zu sorgen. Die elterliche Sorge umfasst die tatsächliche Sorge für alle persönlichen Angelegenheiten des Kindes.[71] Auch die Entscheidung über die Erteilung einer Einwilligung ist damit Teil der Personensorge.[72] Das Familiengericht kann nach § 1666 Abs. 3 Nr. 5 BGB bei einer festgestellten Kindeswohlgefährdung sowie beim Vorliegen der weiteren Voraussetzungen nach § 1666 BGB die Erklärungen des Inhabers der elterlichen Sorge ersetzen.[73]

Eine andere Frage ist, ob die Sorgeberechtigten ihre Einwilligung auch gegen den Willen des Kindes erklären können. Hier fordert die Höchstpersönlichkeit der datenschutzrechtlichen Einwilligungserklärung, dass abhängig von Verarbeitungssituation und Einsichtsfähigkeit der minderjährigen Person zusätzlich deren Einwilligung erforderlich ist.[74] Dies gilt insbesondere bei besonders sensitiven Verarbeitungen (z. B. im Gesundheitsbereich), welche stark in das Persönlichkeitsrecht eingreifen können.[75] Ggf. ist auch hier in der Abwägung von Kindeswille und Kindeswohl eine familiengerichtliche Entscheidung geboten.

---

70 Kepert, Sozialdatenschutz in der Kinder- und Jugendhilfe, S. 32, 33.

71 Götz, in: Palandt, BGB, § 1626 BGB, Rn. 8.

72 Kepert, Sozialdatenschutz in der Kinder- und Jugendhilfe, S. 32, 33 unter Hinweis auf Veit in: Hau/Poseck, BeckOK BGB, 1626 Rn. 50.

73 Kepert, Sozialdatenschutz in der Kinder- und Jugendhilfe, S. 33 m. w. N.

74 Gierschmann, in: Gierschmann/Schlender/Stentzel/Veil, Kommentar Datenschutz-Grundverordnung, Art. 8 Rn. 36 m. w. N.

75 Gierschmann, in: Gierschmann/Schlender/Stentzel/Veil, Kommentar Datenschutz-Grundverordnung, Art. 8 Rn. 36 unter Hinweis auf die Rechtsprechung des BGH.

I

1.8.3.4 Nachweispflicht

In der DSGVO[76] sind noch weitere Anforderungen für eine rechtmäßige Einwilligung geregelt: Beruht die Verarbeitung auf einer Einwilligung, muss nachgewiesen werden können, dass die betroffene Person in die Verarbeitung ihrer personenbezogenen Daten eingewilligt hat.[77] Diese **Nachweispflicht** gilt unabhängig von der Form, in der die Einwilligung erklärt wurde.[78] Die Nachweispflicht umfasst alle Vorgaben für eine wirksame Einwilligung und somit Teil einer ordnungsgemäßen Aktenführung.[79]

1.8.3.5 Widerrufsmöglichkeit

Die betroffene Person hat das Recht, ihre Einwilligung jederzeit zu widerrufen. Durch den **Widerruf der Einwilligung** wird die Rechtmäßigkeit, der aufgrund der Einwilligung bis zum Widerruf erfolgten Verarbeitung nicht berührt.[80] Sie gilt nur für die **Zukunft**. Die betroffene Person muss vor Abgabe der Einwilligung hierüber informiert sein.

Bei Erforderlichkeit weiterer Verarbeitung von personenbezogenen Daten nach dem Widerruf einer Einwilligung ist ggf. die Anrufung des Familiengerichtes mit dem Ziel der Ersetzung der Einwilligung erforderlich. Dies gilt nur, wenn eine gesetzliche Regelung dies nicht ohne Einwilligung zulässt (z. B. bei der Datenerhebung ohne Mitwirkung der betroffenen Person gem. § 62 Abs. 3 SGB VIII oder im Falle des rechtfertigenden Notstands gem. § 34 StGB).

---

[76] Vgl. Art. 7 DSGVO.

[77] Hoffmann, NSZ 2017, 807, 808.

[78] Hoffmann, JAmt 2018, 2, 4 unter Hinweis auf Sydow, Europäischen Datenschutzgrundverordnung, Art. 7 Rn. 53.

[79] Vgl. zur Aktenführung Kapitel 1.10.1.

[80] Art. 7 Abs. 3 DSGVO, § 67b Abs. 2 SGB X.

1.9 Erhebung von Sozialdaten

1.9.1 Grundsätze zur Erhebung von Sozialdaten

§ 62 SGB VIII regelt die **Erhebung von Sozialdaten** in der Kinder- und Jugendhilfe.

I

Exkurs

Daneben stellt § 67a SGB X allgemein für die Sozialleistungsträger die Rechtsgrundlage zur Datenerhebung dar, die über § 61 Abs. 1 Satz 1 SGB VIII zur Anwendung kommen soll. § 62 SGB VIII weicht teils von der allgemeinen Regelung zur Datenerhebung in § 67a SGB X ab. Deshalb ist das Verhältnis zwischen § 62 SGB VIII und § 67a SGB X zu klären: Nach § 37 Satz 1 SGB I ist § 62 SGB VIII als Spezialvorschrift vorrangig in der Kinder- und Jugendhilfe anzuwenden und § 67a SGB X kommt nur insoweit ergänzend in Betracht.[81]

Die **Erhebung von Sozialdaten** ist nur zulässig, wenn und soweit die Kenntnis der Daten zur Erfüllung einer konkret anstehenden Aufgabe der Kinder- und Jugendhilfe **erforderlich** ist (§ 62 Abs. 1 SGB VIII). Die Aufgaben der Kinder- und Jugendhilfe sind in § 2 SGB VIII in einem Katalog aufgelistet und umfassen Leistungen (Abs. 2) und andere Aufgaben (Abs. 3) zugunsten junger Menschen und Familien.

Definition: Erforderlich

Erforderlich heißt nicht etwa nützlich, sondern **notwendig**, um die eigene gesetzliche Aufgabe zu erfüllen. Da es nach dem Wortlaut der gesetzlichen Vorschrift auf die Erfüllung „der jeweiligen Aufgabe" ankommt, muss die erhobene Information für die Erfüllung einer Aufgabe im **konkreten Einzelfall** erforderlich sein. Damit ist eine sog. **Vorratsdatenerhebung** auf evtl. anfallende zukünftige Aufgaben unzulässig. Die zu erhebenden Daten sollen im Hinblick auf den Grundsatz der Datenminimierung[82] begrenzt werden.

81 Dies ist strittig; vgl. zum Meinungsstand Walther in: Wiesner/Wapler, SGB VIII, § 62 Rn. 4.

82 Art. 5 Abs. 1 Buchst. c DSGVO.

Unter Erheben von Sozialdaten ist das **Beschaffen von Daten über die betroffene Person** zu verstehen. Sie stellt eine besondere und vorrangige Form der **Amtsermittlung** gem. § 20 (Untersuchungsgrundsatz) und § 21 (Beweismittel) SGB X dar (vgl. § 37 Satz 1 SGB I).

Für das Jugendamt besteht – wie für alle Sozialbehörden – eine Verpflichtung alle relevanten Umstände zu ermitteln. Die Aufgabe den Sachverhalt ausreichend zu ermitteln, wird durch die **Mitwirkungspflichten**, die die betroffene Person innehat, ergänzt.[83] Das Beschaffen von Daten verlangt ein zielgerichtetes Vorgehen und kann durch Fragen, Gespräche, das Ausfüllen eines Fragebogens oder eines Formulars mit Fragestellungen, aber auch durch Beobachten oder Untersuchungen etc. erfolgen. Ein Erheben von Sozialdaten ist hingegen zu verneinen bei nur zufälliger Kenntniserlangung z. B. bei einem nicht geplanten Treffen der betroffenen Familie in der Öffentlichkeit oder im persönlichen Umfeld der sozialpädagogischen Fachkraft.

Sollten diese zufällige Kenntniserlangung Sachverhalte beinhalten, die kinderschutzrelevant sind, stellen diese „Daten" zunächst Anhaltspunkte bzw. möglicherweise sogar gewichtige Anhaltpunkte im Kontext einer Gefährdung des Kindeswohls dar. Eine Erhebung weiterer Daten zur Gefährdungseinschätzung ist dem Verfahren gemäß § 8a SGB VIII und den damit verbundenen Beteiligungsrechten der Betroffenen und datenschutzrechtlichen Reglungen vorbehalten.[84]

Beispiel:

Im Rahmen eines Beratungsgesprächs offenbart eine Klientin unaufgefordert einen Lebenssachverhalt. Erst wenn die sozialpädagogische Fachkraft nachfragt, um abzuklären, ob ggf. Leistungen oder andere Aufgaben der Kinder- und Jugendhilfe betroffen sind, beginnt die (aktive) Datenerhebung.

Die Sozialdaten dürfen grundsätzlich nur **bei der betroffenen Person selbst** oder mit deren Mitwirkung erhoben werden (sog. „Direkterhebung" – also „nicht hinter dem Rücken der betroffenen Person").[85] Eine **Ausnahme** von dem Grundsatz, dass personenbezogene Daten bei der betroffenen Person oder mit deren Einwilligung

[83] §§ 60 ff. SGB I.

[84] Vgl. hierzu Kapitel 2.3.2.1.

[85] § 62 Abs. 2 Satz 1 SGB VIII.

bei einer dritten Person zu erheben sind (sog. Dritterhebung oder Fremddatenerhebung), ist in § 62 Abs. 3 SGB VIII geregelt.

Zusammenfassung

Ausnahme vom Grundsatz der Direkterhebung

Ohne Mitwirkung der betroffenen Person ist eine Erhebung der Sozialdaten in der Kinder- und Jugendhilfe nur möglich, wenn

- eine gesetzliche Bestimmung dies vorschreibt oder erlaubt oder
- ihre Erhebung beim Betroffenen nicht möglich ist oder
- die jeweilige Aufgabe ihrer Art nach eine Erhebung bei anderen erfordert, die Kenntnis der Daten aber erforderlich ist für die Feststellung der Voraussetzungen oder für die Erfüllung einer Leistung nach diesem Buch oder die Feststellung der Voraussetzungen für die Erstattung einer Leistung nach § 50 SGB X (Erstattung zu Unrecht erbrachter Leistungen) oder die Wahrnehmung einer Aufgabe nach den §§ 42 bis 48a SGB VIII (Vorläufige Maßnahmen zum Schutz von Kindern und Jugendlichen und Schutz von Kindern und Jugendlichen in Familienpflege und in Einrichtungen) und nach § 52 SGB VIII (Mitwirkung in Verfahren nach dem Jugendgerichtsgesetz) oder die Erfüllung des Schutzauftrags bei Kindeswohlgefährdung nach § 8a SGB VIII oder
- die Erhebung beim Betroffenen einen unverhältnismäßigen Aufwand erfordern würde und keine Anhaltspunkte dafür bestehen, dass schutzwürdige Interessen des Betroffenen beeinträchtigt werden oder
- die Erhebung bei dem Betroffenen den Zugang zur Hilfe ernsthaft gefährden würde.

Nach § 62 Abs. 1 Satz 2 SGB VIII sind die Betroffenen über die Rechtsgrundlage der Erhebung von Sozialdaten in der Kinder- und Jugendhilfe sowie die Zweckbestimmungen der Erhebung und Verwendung aufzuklären, soweit diese nicht offenkundig sind. Die Aufklärungspflicht entfällt also, wenn Rechtsgrundlage und Erhebungszweck offenkundig sind, also den Betroffenen schon bekannt oder die Aufklärung entfällt, weil die Betroffenen zum Schutz der Kinder oder Jugendlichen über die Datenerhebung nicht informiert werden sollen. In Bezug auf den letztgenannten Tatbestand sind die Gründe aktenkundig zu machen.

1.9.2 Informationspflichten bei Datenerhebung

Zur **Informationspflicht** bei der Erhebung von Sozialdaten sind neben § 62 Abs. 1 Satz 2 SGB VIII durch die DSGVO und die Anpassung des SGB X weiteren Regelungen getroffen. Durch die Erhebung von Daten entstehen umfangreiche Informationspflichten durch die Verantwortlichen.[86] Die DSGVO unterscheidet im Hinblick auf die Informationspflichten, ob die personenbezogenen Daten bei der betroffenen Person selbst (Direkterhebung)[87] oder nicht bei der betroffenen Person (Dritterhebung)[88] erhoben werden. Die Informationspflicht ist im datenschutzrechtlichen Sinne als Ausdruck einer **fairen und transparenten Verarbeitung von personenbezogenen Daten** zu verstehen.[89] Die Verantwortlichen haben geeignete Maßnahmen zu treffen, um der betroffenen Person die Informationen in präziser, transparenter, verständlicher und leicht zugänglicher Form in einer klaren und einfachen Sprache zu übermitteln.[90]

Zusammenfassung

Informationspflichten bei der Direkterhebung

Bei der Direkterhebung[91] sind grundsätzlich zum Zeitpunkt der Erhebung an die betroffene Person vor allem folgende Angaben mitzuteilen:

- Name, Kontaktdaten der Verantwortlichen,
- Kontaktdaten des/der Datenschutzbeauftragte*n,
- Zwecke der Verarbeitung, Rechtsgrundlagen,
- Empfänger*innen und Kategorien von Empfängern der personenbezogenen Daten,
- Speicherdauer,
- Betroffenenrechte (wie das Auskunftsrecht, Recht auf Berichtigung, Recht auf Löschung etc.),
- bei Einwilligung Hinweis auf das Widerrufsrecht,
- Beschwerderecht bei Aufsichtsbehörde und

---

86 Vgl. Art. 13 und 14 DSGVO.
87 Art. 13 DSGVO.
88 Art. 14 DSGVO.
89 Vgl. Art. 13 Abs. 2, Art. 14 Abs. 2 DSGVO.
90 Vgl. Art. 12 Abs. 1 Satz 1 DSGVO.
91 Art. 13 DSGVO.

- Hinweis auf gesetzliche oder vertragliche Verpflichtung zur Bereitstellung der Daten und Folgen der Nichtbereitstellung (wie z. B. auf die Folgen der mangelnden Mitwirkung im Rahmen eines Leistungsantrages nach den §§ 60 ff. SGB I).

Diese **Informationspflichten** gegenüber der betroffenen Person werden allerdings sowohl durch die DSGVO als auch durch das SGB X wieder spezifisch **eingeschränkt**. Danach ist eine Informationspflicht bei Personen, bei denen selbst die personenbezogenen Daten erhoben werden, nicht erforderlich, wenn die betroffene Person bereits über die Informationen verfügt.[92] Die Informationspflicht entfällt danach allerdings nur, wenn die betroffene Person tatsächlich im Sinne einer positiven Kenntnis über die Informationen verfügt, wie z. B. durch die gemeinsame Hilfeplanung nach § 36 SGB VIII[93] oder durch die Belehrung über die Mitwirkungspflichten nach §§ 60 ff. SGB I. Sie entfällt auch dann, wenn sich die Unterrichtung der betroffenen Person als unmöglich erweist oder mit unverhältnismäßigem Aufwand verbunden ist.[94] In diesem Sinne ist vorsorglich ein entsprechend ggf. aktenkundiger Nachweis zu führen, der den ergebnislosen Versuch der Information dokumentiert.

Zudem besteht gegenüber der betroffenen Person eine entsprechende Informationspflicht, wenn die personenbezogenen Daten nicht bei der betroffenen Person selbst erhoben werden (sog. **Dritterhebung**).[95] Die Voraussetzungen entsprechen in wesentlichen Teilen denen in Art. 13 DSGVO. Bei den im Rahmen der Informationspflicht erforderlichen Angaben kommt vor allem die **Informationsquelle der personenbezogenen Daten** hinzu.[96] Ähnlich wie bei der Direkterhebung gibt es auch bei der Dritterhebung Ausnahmen und Sonderregelungen im SGB X: So sieht Art. 14 Abs. 5 Buchst. b DSGVO einen Ausschluss bei Unmöglichkeit und bei einem unverhältnismäßigen Aufwand vor. § 82a Abs. 1 Nr. 2 SGB X[97] greift in Ergänzung zu Art. 14 Abs. 5 Buchst. d DSGVO eine Regelung auf, wonach eine Auskunftserteilung unterbleibt, wenn die Daten ihrem

---

92 Art. 13 Abs. 4 DSGVO.

93 Zudem sind in diesem Zusammenhang im Speziellen die §§ 36b (Zuständigkeitsübergang), 37c (Hilfen außerhalb der Familie) und 38 (Auslandsmaßnahmen) zu beachten.

94 ErwGr 62 Satz 1 DSGVO.

95 Art. 14 DSGVO.

96 Vgl. Art. 14 Abs. 2 Buchst. f DSGVO.

97 Informationspflicht, wenn Sozialdaten nicht bei der betroffenen Person erhoben werden.

Wesen nach, insbesondere wegen der **überwiegenden berechtigten Interessen eines Dritten**, geheim gehalten werden müssen. Dadurch wird sichergestellt, dass vertrauliche Informationen (z. B. im Rahmen des **Kinderschutzes**) an die öffentliche Verwaltung (z. B. das Jugendamt) gegeben werden können, die für die Beurteilung der Leistungspflicht eines Sozialleistungsträgers wesentlich sind, ohne dass die meldende Person die Offenlegung ihrer Identität zu befürchten hat. Die Ausnahme von der Informationspflicht gilt aber nur, wenn überwiegende berechtigte Interessen eines Dritten an der Geheimhaltung vorliegen und deswegen das Interesse der betroffenen Person an der Informationserteilung zurücktreten muss.[98]

1.10 Speicherung

1.10.1 Allgemeines zur Aktenführung

Akten sind ein wichtiges und notwendiges Hilfsmittel administrativen Handelns – auch in der öffentlichen Jugendhilfe: **Fachgerechte Aktenführung** dient als Erinnerungsstütze, Ordnungshilfe und Beweismittel und spielt für die Fachlichkeit, die Transparenz, den Datenschutz und die Selbstkontrolle eine ausschlaggebende Rolle.[99] Im Rahmen der Organisationshoheit regelt der Träger der öffentlichen Jugendhilfe die Einzelheiten der Aktenführung, Aktenaufbewahrung einschließlich entsprechender Fristen und Aktenvernichtung.[100]

Hinweis

Beweiskraft von Akten als öffentliche Urkunden

In Gerichtsverfahren können Behördenakten im Wege des **Urkundenbeweises** verwertet werden. Eine Urkunde stellt im Rechtssinne die schriftliche Verkörperung eines Gedankens dar. Eine Akte ist eine geordnete Sammlung von Urkunden (Paginierung, also Seitennummerierung der Schriftstücke). Beim Urkundenbeweis dreht sich alles um die in einem Dokument verkörperten gedanklichen Inhalte, z. B. Erklärungen oder die Wiedergabe der Wahrnehmung von Tatsachen. Mithin ist es wichtig

98 Vgl. hierzu BT-Drs. 18/12611, S. 119.

99 Vgl. Stadt Essen Jugendamt, Aktenführung und Methodisches Arbeiten in den Sozialen Diensten, S. 3.

100 Walther in: Wiesner/Wapler, SGB VIII, § 63 Rn. 4.

zwischen eigenen und fremden Eindrücken und Einschätzungen sowie belegbaren Fakten bei der Dokumentation zu unterscheiden. Im Verwaltungs- und Zivilprozess genießen die in den Akten enthaltenen Inhalte „öffentlichen Glauben" und haben damit eine **besondere Beweiskraft** (vgl. § 98 VwGO, § 415, § 417, § 418 ZPO). Im Einzelfall können Behördenakten auch sogenannte **Augenscheinobjekte** sein. So kann z. B. ein in einer Akte enthaltenes Dokument in Augenschein genommen werden, um festzustellen, ob die **Unterschrift unter diesem Dokument echt** ist.

Das zur Amtsermittlung zuständige **Verwaltungsgericht** hat im Rahmen des Amtsermittlungsgrundsatzes den Sachverhalt selbst zu ermitteln, welcher sodann rechtlich zu würdigen ist. In Gerichtsverfahren der Verwaltungsgerichtsbarkeit haben die an dem Rechtsstreit beteiligten Behörden ihre Akten bzw. Verwaltungsvorgänge dementsprechend zwingend vorzulegen.[101] Der Inhalt der Behördenakte wird also **zur Grundlage einer Sachverhaltsermittlungen** gemacht, was bedeutet: Das Gericht geht erst einmal davon aus, dass das, was in den Akten dokumentiert ist, sich auch so zugetragen hat. Wenn dort also berichtet wird, dass Fachkräfte des Jugendamtes einen Hausbesuch gemacht haben, bei welchem festgestellt wurde, dass Kleinkinder nicht über eine kindgerechte und sichere Schlafstelle in der Familie verfügen, wird dies vom Gericht bei einer Klage gegen eine Inobhutnahme z. B. hinterfragt, wenn der widersprechende Vortrag der Familie Anlass dazu gibt.

Nach der Rechtsprechung gilt: „Es entspricht einem allgemein im Recht der Dokumentationspflichten anerkannten Rechtsgrundsatz – der auch auf die Verwaltungsaktenführung anzuwenden ist –, dass eine dem äußeren Anschein nach **ordnungsgemäß geführte Dokumentation** grundsätzlich die **Vermutung der Vollständigkeit und Richtigkeit** für sich hat, und zwar bis zum Beweis des Gegenteils."[102] Umgekehrt kann eine offenbar **nicht entsprechende Aktenführung** im Einzelfall rechtfertigen, die **Beweislast umzukehren.**[103]

1.10.2 Datenträger

Für die Datenspeicherung bestimmt § 63 SGB VIII unter welchen Voraussetzungen die Speicherung von Daten in der Kinder- und Jugendhilfe zulässig ist: Sozialdaten dürfen demnach nur gespeichert werden, soweit dies für die Erfüllung der jeweiligen Aufgabe **erforderlich**

[101] Vgl. § 99 VwGO.
[102] OVG Koblenz, NVwZ 1992, 384; BFH, Beschluss vom 18.03.2008 – VB 243/07.
[103] OVG Greifswald, Beschluss vom 22.12.2000 – 2 L 38/99, NVwZ 2002, 104.

ist (**keine Vorratsspeicherung**). Die Speicherung meint das Aufbewahren, insbesondere auf einem analogen oder digitalen Datenträger zum Zwecke der weiteren Verarbeitung. Datenträger sind Akten in Papierform, in elektronischer Form, und sonstige Formen der Verfestigung von personenbezogenen Daten.[104] Es können z. B. auch handschriftliche Notizen, Karteikarten, Fotos und Zeichnungen hierzu gehören.

1.10.3 Gebot der getrennten Aktenführung

In der Kinder- und Jugendhilfe ist für die Speicherung von Daten das **Gebot der getrennten Aktenführung** aufgestellt.[105] Daten, die zur Erfüllung unterschiedlicher Aufgaben der öffentlichen Jugendhilfe erhoben worden sind, dürfen z. B. in einer Akte nur zusammengeführt werden, wenn und solange dies wegen eines unmittelbaren Sachzusammenhangs erforderlich ist.[106] Daten, die zu Leistungszwecken[107] und Daten, die für andere Aufgaben[108] erhoben worden sind, dürfen nur zusammengeführt werden, soweit dies zur **Erfüllung der jeweiligen Aufgabe erforderlich** ist.

Beispiel:

Im **Kinderschutz** ist es einer Fachkraft möglich, Sozialdaten, die sie zur Erfüllung unterschiedlicher Aufgaben erhoben hat, immer dann in einer Akte zusammenzuführen, wenn dies zur Erfüllung des Schutzauftrages von Bedeutung ist.[109] Zum Beispiel dürfen Sozialdaten der **Inobhutnahme**[110] und der **Gefährdungseinschätzung**[111] mit Sozialdaten der **Hilfe zur Erziehung**[112] in einer Akte verbunden werden, weil die Gewährung einer Hilfe zur Erziehung die Inobhutnahme in der Regel abschließt[113] und dabei auf die Informationen der Gefährdungseinschätzung für die Erstellung eines passenden Schutzkonzeptes zurückzugreifen ist.[114]

---

104 Übersicht bei Walther in: Wiesner/Wapler, SGB VIII, § 63 Rn. 15.
105 Vgl. § 63 Abs. 2 SGB VIII.
106 Vgl. § 63 Abs. 2 Satz 1 SGB VIII.
107 Im Sinne des § 2 Abs. 2 SGB VIII.
108 Im Sinne des § 2 Abs. 3 SGB VIII.
109 Vgl. Radewagen, Vertrauensschutz im Kinderschutz, S. 14.
110 Vgl. § 42 SGB VIII.
111 Vgl. § 8a SGB VIII.
112 Vgl. §§ 27 ff. SGB VIII.
113 Vgl. § 42 Abs. 4 Nr. 2 SGB VIII.
114 Beispiel nach Lehmann in: Möller, Praxiskommentar SGB VIII, § 63 Rn. 5.

Daten aus Akten der **Trennungs- und Scheidungsberatung**[115] dürfen nur dann mit Daten aus Akten der **Mitwirkung im familiengerichtlichen Verfahren**[116] zusammengeführt werden, wenn ansonsten die Aufgabe der Familiengerichtshilfe nicht oder nicht fachgerecht erfüllt werden kann.[117]

Personenbezogene Daten einzelner Familienmitglieder dürfen zusammengeführt werden, wenn die notwendige und geeignete Hilfe zur Erziehung nur im Kontext der gesamten Familie erbracht werden kann, so z. B. im Rahmen einer Sozialpädagogischen Familienhilfe gem. § 31 SGB VIII in einem gemeinsamen Hilfeplanverfahren nach § 36 SGB VIII.

1.10.4 Unzulässige Speicherung

Werden Sozialdaten in der Kinder- und Jugendhilfe **unzulässig** erhoben, dürfen diese Daten nicht gespeichert werden und sind gegebenenfalls unverzüglich zu **löschen.**[118] Die Rechtswidrigkeit der Erhebung setzt sich folgend auf allen Ebenen der Verarbeitung (insbesondere Speicherung und Übermittlung) fort.[119] Zudem besteht ein **Verwertungsverbot** für unzulässig erhobene und gespeicherte Sozialdaten.[120] Dies könnte z. B. sensible personenbezogene Daten betreffen, die spezifische Freizeitinteressen oder sexuelle Neigungen einer Person betreffen, aber zur Erfüllung einer Aufgabe nach dem SGB VIII z. B. bei Beantragung von Unterhaltsvorschuss keine Relevanz haben.

1.11 Übermittlung/Nutzung

1.11.1 Begriffsklärung und Grundsätze in § 64 SGB VIII

Unter **Datenübermittlung** als Unterfall der Datenverarbeitung[121] ist das Bekanntgeben von personenbezogenen Daten zur Kenntnis eines Dritten außerhalb des Verantwortlichen zu verstehen.[122] Eine

115 Vgl. § 17 SGB VIII.
116 Vgl. § 50 SGB VIII.
117 Beispiel nach Walter in: Wiesner/Wapler, SGB VIII, § 63 Rn. 21.
118 Vgl. Art. 17 Buchst. d DSGVO.
119 Vgl. VGH Kassel, NVwZ-RR 2015, 258 (Fremderhebung von Sozialdaten durch ein Jugendamt).
120 Walter in: Wiesner/Wapler, SGB VIII, § 63 Rn. 25.
121 Nach Art. 4 Abs. 2 DSGVO wird Übermitteln als Unterfall der Verarbeitung als „Offenlegung durch Übermittlung, Verbreitung oder eine andere Form der Bereitstellung" definiert.
122 § 67 Abs. 1 SGB X i. V. m. Art. 4 Nr. 10 DSGVO.

Datenübermittlung kann z. B. mündlich, telefonisch, per E-Mail, durch die Weitergabe oder Einsichtnahme von Akten(teilen) oder Überspielen von Daten oder Überreichen von Datenträgern, aber auch durch Zeichengeben oder vielsagende Gesten bzw. Blicke erfolgen.

Die Weitergabe von Daten **innerhalb einer verantwortlichen Stelle** z. B. im Rahmen des gesetzlich bestimmen Zusammenwirkens mehrerer Fachkräfte im Kinderschutz (§ 8a Abs. 1 SGB VIII) oder einer Vertretung ist hingegen keine Übermittlung im Sinne des Datenschutzrechts. Ob jemand der verantwortlichen Stelle zu zuordnen ist, hängt im Einzelfall von der Funktion ab.[123] Keine Datenübermittlung stellt deshalb der Austausch innerhalb einer **„Funktionseinheit"** dar. Grundsätzlich trägt die Verantwortung für die Zulässigkeit der Übermittlung an einen Dritten die verantwortliche Stelle, also **die nach der Geschäftsverteilungsplan zuständigen sozialpädagogischen Fachkräfte.**[124] Die sozialpädagogischen Fachkräfte sind fachlich für die Prüfung zuständig und ihnen obliegt als verantwortliche Stelle eine Einschätzungs- und Entscheidungsbefugnis, ob eine Datenübermittlung erfolgen kann oder nicht.

Hinweis

Grundsätzlich trägt die Verantwortung für die **Zulässigkeit der Übermittlung** an einen Dritten die verantwortliche Stelle beim Jugendamt (§ 67d Abs. 1 Satz 1 SGB X). Erfolgt die Übermittlung auf Ersuchen eines Dritten, an den die Daten übermittelt werden, trägt dieser die Verantwortung für die **Richtigkeit der Angaben** in seinem Ersuchen (§ 67d Abs. 1 Satz 2 SGB X). Die datenführende Stelle beim Jugendamt, die von einer anderen Stelle um die Übermittlung von personenbezogenen Daten ersucht wird, ist mithin dafür rechtlich verantwortlich, eine Übermittlung entweder mit einer **Einwilligung** oder aufgrund einer **zulässigen Rechtsgrundlage**, so z. B. im Kinderschutz mit Verweis auf § 8a Abs. 6 SGB VIII, vorzunehmen. Sollte bei einem Ersuchen weder eine Einwilligung vorliegen noch eine solche Rechtgrundlage erkennbar sein, darf keine Übermittlung erfolgen.

Die Begriffe der **„Nutzung oder Verwendung"** von Sozialdaten umfasst jede Art des zweckgerichteten Gebrauchs der Daten.[125]

[123] Ernst in: Paal/Pauly, DSGVO, Art. 4 Rn. 60.
[124] Vgl. § 67d Abs. 1 SGB X sowie Kapitel 3.3.1.
[125] Ernst in: Paal/Pauly, DSGVO, Art. 4 Rn. 29.

Nach § 64 Abs. 1 SGB VIII dürfen Sozialdaten zu dem **Zweck übermittelt** oder genutzt werden, zu dem sie erhoben worden sind (Zweckbindung).[126] Dieser Grundsatz bestimmt, dass jeder Umgang mit personenbezogenen Daten nur dann erlaubt ist, wenn dieser zu einem bestimmten vorher festgelegten Zweck erforderlich ist.[127]

Eine Übermittlung von personenbezogenen Daten zu einem anderen Zweck bedarf entweder einer Einwilligung oder einer ausdrücklichen gesetzlichen Befugnis.[128] Hierzu sind die Tatbestände für eine zulässige **Übermittlung** nach den §§ 68 – 75 SGB X zu prüfen, danach ist die Übermittlung von Sozialdaten in folgenden Fällen zulässig:

- Übermittlung mit **Einwilligung** der betroffenen Person.[129]
- Übermittlung von sog. Standarddaten für Aufgaben der **Polizeibehörden**, der **Staatsanwaltschaft, Gerichte** und der **Behörden der Gefahrenabwehr** auf deren Ersuchen.[130]
- Übermittlung für die **Erfüllung sozialer Aufgaben**.[131] Danach dürfen Sozialdaten an eine andere verantwortliche Stelle in folgenden Fällen übermittelt werden:
- die Übermittlung ist erforderlich zur Erfüllung der **Zwecke**, für die die **Sozialdaten erhoben** wurden,[132]
- die Übermittlung ist erforderlich zur Erfüllung einer **gesetzlichen Aufgabe** der verantwortlichen Stelle des **Jugendamts**,[133]
- die Übermittlung ist erforderlich zur Erfüllung von Aufgaben eines **anderen Sozialleistungsträgers**,[134]
- die Übermittlung ist erforderlich zur Durchführung eines **gerichtlichen oder Strafverfahrens**, das im Zusammenhang mit einer Aufgabe der verantwortlichen Stelle oder eines Sozialleistungsträgers steht,[135]

---

126 Vgl. Kapitel 1.2.3.
127 Diese Regelung zur Übermittlung und Nutzung von Daten ist inhaltlich teilweise identisch mit der des § 67c Abs. 1 Satz 1 SGB X.
128 § 67c Abs. 2 Nr. 1 SGB X; vgl. auch Kapitel 1.8.2.
129 § 67b SGB X.
130 Vgl. § 68 SGB X sowie Kapitel 3.9.2.
131 Vgl. § 69 SGB X.
132 Vgl. § 69 Abs. 1 Nr. 1, 1. Alt. SGB X.
133 Vgl. § 69 Abs. 1 Nr. 1, 2. Alt. SGB X.
134 Vgl. § 69 Abs. 1 Nr. 1, 3. Alt. SGB X.
135 Vgl. § 69 Abs. 1 Nr. 2 SGB X.

- die Übermittlung ist erforderlich, um **unrichtige Tatsachenbehauptungen** der betroffenen Person richtigzustellen,[136]
- die Übermittlung zur Erfüllung der gesetzlichen **Aufgaben der Rechnungshöfe** und der anderen Stellen, auf die § 67c Abs. 3 Satz 1 SGB X anzuwenden ist.[137]
- Übermittlung für die Durchführung des **Arbeitsschutzes.**[138]
- Übermittlung für die Erfüllung besonderer **gesetzlicher Pflichten und Mitteilungsbefugnisse.**[139]
- Übermittlung für den **Schutz der inneren oder äußeren Sicherheit.**[140]
- Übermittlung zur **Durchführung eines Strafverfahrens.**[141]
- Übermittlung bei **Verletzung der Unterhaltspflicht** und beim Versorgungsausgleich.[142]
- Übermittlung zur **Durchsetzung öffentlich-rechtlicher Ansprüche** und im **Vollstreckungsverfahren.**[143]
- Übermittlung von Sozialdaten für die **Forschung und Planung.**[144]

Die Übermittlung dieser Sozialdaten ist aber einschränkend nur dann zulässig, wenn hierdurch der **Leistungserfolg nicht in Frage gestellt** wird.[145] Diese **Einschränkung** gilt gegenüber den oben genannten Übermittlungsbefugnissen nach § 69 SGB X. Ob der Erfolg einer Jugendhilfeleistung nach § 62 Abs. 2 SGB VIII gefährdet ist, obliegt der Einschätzung der jeweils zuständigen sozialpädagogischen Fachkraft, die auch die Verantwortlichkeit für die Zulässigkeit der Bekanntgabe von Sozialdaten durch ihre Weitergabe an einen Dritten trägt.[146] Dies stellt eine Konkretisierung des Verhältnismäßigkeitsgrundsatzes dar.[147]

---

136 Vgl. § 69 Abs. 1 Nr. 3 SGB X.
137 Vgl. § 69 Abs. 5 SGB X.
138 Vgl. § 70 SGB X.
139 Vgl. § 71 SGB X.
140 Vgl. § 72 SGB X.
141 Vgl. § 73 SGB X.
142 Vgl. § 74 SGB X.
143 Vgl. § 74a SGB X.
144 Vgl. § 75 SGB X.
145 Vgl. § 64 Abs. 2 SGB VIII.
146 Vgl. § 67d Abs. 1 Satz 1 SGB X.
147 Vgl. Kirchhoff in: Luthe/Nellissen, jurisPK-SGB VIII, § 64, Rn. 25.

Beispiel:

Das Jobcenter möchte gerne Auskünfte zu den häuslichen und familiären Verhältnisse einer im Leistungsbezug stehenden Familie (Hilfe zur Erziehung) von der zuständigen sozialpädagogischen Fachkraft im Jugendamt erhalten, die gerade einen Hausbesuch durchgeführt und hierüber einen ausführlichen Vermerk zur Dokumentation angefertigt hat. Das Jobcenter bezieht sich bei seiner Anfrage auf §69 Abs. 1 Nr. 1, 3. Alt. SGB X und ist der Rechtsauffassung, dass die Fachkraft im Jugendamt aufgrund dieser Rechtsvorschrift zur Übermittlung der Anfrage verpflichtet ist. Die Informationen sind für die Sozialleistungsbezug relevant. Die Familie ist nicht mit der Weitergabe von Informationen zu ihren häuslichen und familiären Verhältnissen aufgrund der Hilfe zur Erziehung einverstanden, so dass keine Einwilligung vorliegt. Die zuständige sozialpädagogische Fachkraft fragt sich, ob sie trotz fehlender Einwilligung datenschutzrechtlich zur Übermittlung des Vermerks zum letzten Hausbesuch verpflichtet ist.

Nach §64 Abs. 2 SGB VIII ist die zuständige sozialpädagogische Fachkraft verpflichtet, vor einer Übermittlung für den konkreten Einzelfall die möglichen Wirkungen der Weitergabe der Informationen zu den häuslichen und familiären Verhältnisse der betroffenen Familie aus sozialpädagogischer Sicht einzuschätzen (sog. Einschätzungsprärogative[148]).[149] Dabei ist ausführlich die Situation zu begutachten und abzuschätzen, ob durch die Übermittlung der Daten der Erfolg der Jugendhilfeleistung gefährdet sein könnte („[...] soweit dadurch der Erfolg einer zu gewährenden Leistung nicht in Frage gestellt wird"), z. B. wenn dadurch das Vertrauensverhältnis zwischen der Familie und der sozialpädagogischen Fachkraft gestört wird oder wenn sogar die gesamte Kooperation mit der Familie auf dem Spiel stehen könnte und die Hilfe in Folge beendet wird. Erschwerend würde ggf. noch der Umstand hinzukommen, dass durch die Beendigung der Hilfe zur Erziehung das Kindeswohl nicht mehr sichergestellt werden könnte. Diese fachliche Einschätzung ist zu dokumentieren.

Außerdem muss vor einer Übermittlung abgewogen werden, ob die zu erfüllende Aufgabe auch dann erfüllt werden kann, wenn die Daten **anonymisiert** oder **pseudonymisiert**[150] würden.[151] Dies kommt

148 Einschätzungsvorrecht.
149 Walter in: Wiesner/Wapler, SGB VIII, §64 Rn.
150 Vgl. zu den beiden Begriffen Kapitel 1.3.3.
151 Vgl. §64 Abs. 2a SGB VIII.

z. B. bei der sozialpädagogischen Arbeitsmethode der **kollegialen Beratung** außerhalb des verantwortlichen Teams in Betracht.[152] Die Sozialdaten sind allerdings nur zu anonymisieren oder zu pseudonymisieren, soweit die Aufgabenerfüllung dies zulässt.

I

Beispiel:

Soll z. B. eine Kinderärztin der Frage nachgehen, ob Verletzungen eines Kindes durch Faustschläge hervorgerufen sein könnten, und wird ihr dazu ein Foto mit den Verletzungen gezeigt, dann bedarf es nicht der Offenlegung des Namens und weiterer persönlicher Angaben des Kindes. Hier können die Daten geschützt und der Fall anonymisiert vorgelegt werden. Es kann aber nicht darauf verzichtet werden, das Foto mit unverdecktem Gesicht vorzulegen, weil die Ärztin die Verletzungen sonst nicht erkennen und begutachten kann.[153]

1.11.2 Einschränkungen bei sog. anvertrauten Daten

Für die Weitergabe oder Übermittlung im Kontext persönlicher und erzieherischer Hilfen[154] sind durch § 65 SGB VIII für sog. **anvertraute Daten** weitere Voraussetzungen vorgesehen. Mit dem besonderen **Vertrauensschutz** wird die vertrauensvolle Beziehung zwischen den Fachkräften im Jugendamt und den betroffenen Personen in besonderer Weise gewürdigt und geschützt.[155] Der Gesetzgeber bringt mit dieser gesetzlichen Regelung zum Ausdruck, dass die vertrauensvolle Beziehung zwischen Fachkräften und betroffenen Personen ein zentrales Qualitätsmerkmal der Kinder- und Jugendhilfe ist.[156] Diese Regelung gilt nicht nur für die **Datenweitergabe intern im Jugendamt (Weitergabe)**, sondern auch bei der **Datenübermittlung an externe Stellen (Übermittlung)**.

Anvertraut sind nicht nur personenbezogene Sozialdaten, die die betroffene Person ausdrücklich so bezeichnet, sondern auch solche, bei denen die Fachkraft davon ausgehen muss, dass ihr die Informationen aufgrund des Vertrauensverhältnisses zugänglich gemacht wurden, mithin in der Erwartung mitgeteilt worden sind, dass sie

152 Vgl. hierzu Kapitel 3.3.1.
153 Beispiel nach Kirchhoff in: Luthe/Nellissen, jurisPK-SGB VIII, § 64, Rn. 52.
154 Zu dem Begriff: Kepert, Sozialdatenschutz in der Kinder- und Jugendhilfe, S. 64, 65.
155 Vgl. hierzu ausführlich Kapitel 1.1.1
156 Vgl. Radewagen, Vertrauensschutz im Kinderschutz, S. 36.

Dritten nicht zugänglich sind.[157] Der Begriff des „Anvertrauens" ist lebenspraktisch zu interpretieren.[158] Das Tatbestandsmerkmal des Anvertrauens setzt z. B. nicht voraus, dass die Information verbal geäußert worden ist. Unter den Schutzbereich des § 65 SGB VIII als anvertraute Daten fallen vielmehr auch Beobachtungen, die die sozialpädagogische Fachkraft nur deshalb machen konnte, weil zwischen ihm und der betroffenen Person ein aus dem Beratungs- und Hilfeverhältnis resultierendes besonderes Vertrauensverhältnis besteht.[159]

Beispiel:

Während eines Hausbesuchs nehmen die Kindesmutter und die sozialpädagogische Fachkraft im Wohnzimmer zu einem Gespräch Platz. Der Fachkraft fallen Briefe auf, die auf dem Wohnzimmertisch geöffnet verteilt sind. Die Fachkraft kann ohne Weiteres Teile der Briefe, deren Absender etc. erkennen, insbesondere dass einige Briefe Mahnungen sind und es sich teilweise um Gerichtspost handelt. Die betroffene Mutter äußert ihre Sorge wegen der vielen Probleme – auch finanzieller Art –, die die Familie derzeit habe und zeigt auf die umfangreiche Post, ohne konkret auf die vorliegenden Mahnungen und Gerichtsverfahren einzugehen und ohne explizit um Vertraulichkeit zu bitten. Die Mahnungen und Gerichtsverfahren stellen in diesem Fall Informationen dar, die durch den Hausbesuch und der Gesprächssituation offenbart worden sind. Um als „anvertraute" Informationen besonderen Schutz zu erfahren, müssen die konkreten Informationen nicht ausdrücklich verbalisiert werden. Hat die Fachkraft Zweifel, ob es sich um „anvertraute" Informationen handelt, müsste sie sich bei der Kindesmutter entsprechend erkundigen. Insofern teilt sie im Sinne des Transparenzgebotes ihre Beobachtungen und fordert so eine aktive Reaktion der Mutter zum weiteren Umgang mit den durch die Beobachtung gewonnen Informationen.

Nicht alle Daten, die bekannt geworden sind, unterliegen diesem ganz besonderen Vertrauensschutz, da ansonsten die Regelung zu einer **generellen Übermittlungssperre** für alle Daten führen würde.[160] Das bedeutet, dass nicht automatisch alle Informationen und Wahr-

[157] Kunkel/Vetter in: Kunkel/Kepert/Pattar, SGB VIII, § 65 Rn. 10.
[158] Lehmann in: Möller, Praxiskommentar SGB VIII, § 65 Rn. 1.
[159] Mann in: Schellhorn/Fischer/Mann/Kern, SGB VIII, § 61 – 68 Rn. 87 m. w. N.
[160] Vgl. hierzu Walther in: Wiesner/Wapler, SGB VIII, § 65 Rn. 14 m. w. N.

nehmungen, als anvertraute Daten dieser Regelung unterfallen. Ist die Situation für die Beteiligten nicht klar, muss die Fachkraft die betroffene Person über die besonderen Schutzpflichten aufklären und den gleichzeitig den Gehalt der Informationen, deren Bedeutung für die Leistungserbringung und deren Vertraulichkeit klären.

Hinweis

Daten, die im Rahmen der Mitwirkung im familiengerichtlichen oder jugendgerichtlichen Verfahren erhoben werden, sind nicht anvertraut. Ein Anvertrauen liegt jedenfalls dann nicht vor, wenn die mitteilende Person weiß, dass die Fachkraft die mitgeteilten Daten im Rahmen ihrer Aufgabe Dritten, z. B. dem Familien- oder Jugendgericht mitzuteilen hat.[161]

Die **anvertrauten Daten** dürfen **nur übermittelt und weitergegeben** werden, wenn einer der in § 65 Abs. 1 Satz 1 SGB VIII abschließend **aufgezählten Fälle** vorliegt:

- mit der **Einwilligung** dessen, der die Daten anvertraut hat, oder
- dem **Familiengericht** zur Erfüllung der Aufgaben nach § 8a Abs. 2 SGB VIII, wenn angesichts einer Gefährdung des Wohls eines Kindes oder eines Jugendlichen ohne diese Mitteilung eine für die Gewährung von Leistungen notwendige gerichtliche Entscheidung nicht ermöglicht werden könnte,[162] oder
- Mitarbeitende, die auf Grund eines **Wechsels der Fallzuständigkeit** im Jugendamt oder eines **Wechsels der örtlichen Zuständigkeit** für die Gewährung oder Erbringung der Leistung verantwortlich sind, **wenn Anhaltspunkte für eine Gefährdung des Kindeswohls** gegeben sind und die Daten für eine Abschätzung des Gefährdungsrisikos **notwendig** sind,[163] oder
- an die Fachkräfte, die **zum Zwecke der Abschätzung des Gefährdungsrisikos** nach § 8a SGB VIII hinzugezogen werden, wobei in diesem Zusammenhang zu prüfen ist, ob die zu erfüllende Aufgabe auch dann erfüllt werden kann, wenn die Daten anonymisiert oder pseudonymisiert werden,[164] oder

---

[161] Kunkel/Vetter in: Kunkel/Kepert/Pattar, SGB VIII, § 65 Rn. 10.
[162] Vgl. hierzu Kapitel 3.8.
[163] Vgl. hierzu Kapitel 2.3.6.
[164] Vgl. § 64 Abs. 2a SGB VIII.

- unter den Voraussetzungen, unter denen eine zur Verschwiegenheit **verpflichtete Person**[165] bzw. eine **mitwirkende Person**[166] dazu befugt wäre oder
- wenn dies für die Durchführung bestimmter wissenschaftlicher Vorhaben zur Erforschung möglicher **politisch motivierter Adoptionsvermittlung in der DDR** erforderlich ist.

Sind die Voraussetzungen von § 65 Abs. 1 Satz 1 SGB VIII nicht erfüllt, dürfen die anvertrauten Sozialdaten schon aus diesem Grunde nicht weitergegeben oder übermittelt werden. Ansonsten bedarf es aller weiteren Voraussetzungen für die Übermittlung von personenbezogenen Daten sowie der Überprüfung möglicher weiterer Einschränkungen. Werden gemäß § 65 SGB VIII anvertraute Sozialdaten befugt weitergegeben oder übermittelt, so darf auch die Daten empfangende Person die Daten nur zu diesem Zweck weitergeben oder übermitteln.[167]

Schließlich wird mit dem Weitergabeverbot[168] sichergestellt, dass **keine Aussagepflicht, keine Zeugnispflicht und keine Pflicht zur Vorlegung oder Auslieferung von Schriftstücken**, nicht automatisiert erhobenen, verarbeiteten oder genutzten Sozialdaten besteht. Gerichtliche Maßnahmen, wie Zeugenvernehmungen oder Beschlagnahme von Akten bzw. Datenträgern, dürfen nicht zu einer Umgehung des Sozialdatenschutzes führen. Damit stellt diese Regelung klar, dass für eine Weitergabe oder Übermittlung von anvertrauten Daten nicht eine allgemeine Rechtsgrundlage[169] genügt, sondern immer auch eine der Fallgruppen des § 65 Abs. 1 SGB VIII erfüllt sein müssen.

1.11.3 Verlängerter Geheimnisschutz

Nach § 76 SGB X gilt ein sog. **verlängerter Geheimnisschutz**: Erlangt eine Fachkraft des Jugendamtes personenbezogene Daten von einer unter der Schweigepflicht stehenden Person (z. B. staatlich anerkannte Sozialarbeiter*in, Arzt oder Ärztin, Psychologe oder Psychologin etc.)[170], dürfen diese Daten nur weitergegeben oder

---

165 Vgl. § 203 Abs. 1 StGB bzw. Kapitel 1.15.
166 Vgl. § 203 Abs. 1 StGB bzw. Kapitel 1.15.
167 Vgl. § 65 Abs. 1 Satz 2 SGB VIII.
168 Vgl. § 65 Abs. 2 SGB VIII i. V. m. § 35 Abs. 3 SGB I.
169 Wie z. B. § 64 Abs. 1 SGB VIII i. V. m. § 69 SGB X.
170 Vgl. § 203 Abs. 1 und Abs. 4 StGB bzw. Kapitel 1.15.

I

übermittelt werden, wenn die Fachkraft eine **strafrechtliche Offenbarungsbefugnis**[171] besitzt. Mit dieser Vorschrift sollen sowohl das Arztgeheimnis als auch die sonstigen Berufsgeheimnisse, deren Verletzung nach dem StGB (insbesondere mit Verweis auf § 203) strafbewährt ist, auch dann gewahrt bleiben, wenn die zur Geheimhaltung verpflichteten Personen, die ihnen anvertrauten Daten entweder mit Einwilligung der betroffenen Personen oder aufgrund einer gesetzlichen Mitteilungspflicht an das Jugendamt übermittelt haben.

1.12 Betroffenenrechte

1.12.1 Einführung

Das **Grundrecht auf Datenschutz** kann nur verwirklicht werden, wenn die Rechte der betroffenen Personen gestärkt und präzise festgelegt werden und zugleich eine Verschärfung der Pflichten derjenigen erfolgt, die über die Datenverarbeitung entscheiden und hierfür verantwortlich sind.[172] Mit den Anforderungen an eine transparente Information und Kommunikation gegenüber der betroffenen Person sowie der Verfahrensregelungen für die Ausübung der **Betroffenenrechte** in Art. 12 DSGVO soll ein allgemeiner Rahmen für die Ausübung der Betroffenenrechte gesetzt werden.[173] Die Informationspflichten konkretisieren den Grundsatz der Transparenz.[174] Denn nur wenn die betroffene Person über die Existenz des Verarbeitungsvorgangs und seiner Zwecke unterrichtet wird, ist eine faire und transparente Verarbeitung möglich.[175] Dementsprechend hat die betroffene Person das Recht, von dem Verantwortlichen über Details der Datenverarbeitung informiert zu werden.[176] Es wird dabei differenziert, ob die personenbezogenen Daten bei der betroffenen Person direkt erhoben werden (sog. Direkterhebung) oder nicht (sog. Fremd- oder Dritterhebung). Die betroffene Person hat ein Recht auf Berichtigung[177], ein Recht auf Löschung[178], ein Recht auf Einschränkung der Verarbeitung („Sperren")[179] und ein Widerspruchsrecht[180].

---

171 Vgl. hierzu ausführlich Kapitel 1.15.5.
172 ErwGr 11 Satz 1 DSGVO.
173 Vgl. hierzu Kapitel 1.9.2.
174 Vgl. Art. 5 Abs. 1 Buchst. a DSGVO.
175 ErwGr 60 Satz 1 DSGVO.
176 Vgl. Art. 13 und Art. 14 DSGVO.
177 Art. 16 DSGVO.
178 Art. 17 DSGVO.
179 Art. 18 DSGVO.
180 Art. 21 DSGVO.

1.12.2 Berichtigung

Der Anspruch auf **Berichtigung**[181] umfasst die Berichtigung **unrichtiger personenbezogener Daten**, welche sich auf Tatsachen beziehen. Diesbezüglich können **unrichtig nur Tatsachenbehauptungen, nicht Werturteile sein.**[182] Im Sinne einer vertrauensvollen Zusammenarbeit können strittige Werturteile der Fachkraft jedoch durch Werturteile der betroffenen Person ergänzt werden, um so ggf. den bestehenden Dissens zu verdeutlichen, der für die weitere Leistungserbringung von Bedeutung sein kann.

Die Berichtigung erfolgt durch Korrektur, durch völliges oder teilweises Löschen, aber auch durch Vervollständigen bzw. Aktualisieren (unvollständiger) personenbezogener Daten.[183] Zu den Grundsätzen für die Verarbeitung personenbezogener Daten im Sinne einer objektiv-rechtlichen Verpflichtung gehört die „Richtigkeit" personenbezogener Daten dahingehend, dass sie „sachlich richtig und erforderlichenfalls auf dem neuesten Stand" sein müssen.[184] Dementsprechend bedarf es keines ausdrücklichen Antrags der betroffenen Person, sondern der Anspruch auf Berichtigung ist **von Amts wegen** als eigenständige Verpflichtung des Verantwortlichen zu erfüllen.

1.12.3 Löschung und Archivierung

Das Recht, von der verantwortlichen Stelle die **Löschung** („Recht auf Vergessenwerden") der personenbezogenen Daten zu verlangen, steht der betroffenen Person dann zu, wenn die Daten für die Zwecke, für die sie verarbeitet wurden, nicht mehr erforderlich sind,[185] es nach einem Widerruf einer Einwilligung durch die betroffene Person an einer anderweitigen Rechtsgrundlage für die Verarbeitung fehlt,[186] die betroffene Person Widerspruch gegen die Verarbeitung nach Art. 21 DSGVO einlegt hat[187] oder die personenbezogenen Daten unrechtmäßig verarbeitet wurden, z. B. durch eine **unzulässige Erhebung.**[188] Dies gilt nicht bei Archivzwecken.[189] Anstelle der Löschung

---

181 Vgl. hierzu auch Art. 8 Abs. 2 Satz 2 GRCh.

182 Hoffmann in: Münder/Meysen/Trenczek, Frankfurter Kommentar, § 61 SGB VIII Rn. 136 m. w. N.

183 Hoffmann in: Münder/Meysen/Trenczek, Frankfurter Kommentar, § 61 SGB VIII Rn. 136.

184 Vgl. Art. 5 Abs. 1 Buchst. d DSGVO.

185 Art. 17 Abs. 1 Buchst. a DSGVO.

186 Art. 17 Abs. 1 Buchst. b DSGVO.

187 Art. 17 Abs. 1 Buchst. b DSGVO.

188 Art. 17 Abs. 1 Buchst. b DSGVO.

189 Art. 17 Abs. 3 Buchst. d und § 84 Abs. 6 i. V. m. § 71 Abs. 1 Satz 3 SGB X.

tritt die **Einschränkung der Verarbeitung** („Sperren")[190], wenn die Löschung wegen der besonderen Art der Speicherung – etwa bei schriftlich geführten Akten[191] – nicht oder nur mit unverhältnismäßig hohem Aufwand möglich ist und das Interesse der betroffenen Person an der Löschung als gering anzusehen ist.[192] Diese Regelung erfolgt zum Schutz der sozialen Sicherheit[193], nämlich dem den Schutz der Verwaltung vor übermäßiger Belastung. Voraussetzung ist zudem, dass die Daten nicht unrechtmäßig verarbeitet wurden.[194]

1.13 Meldepflichten

Bei Verletzung des Schutzes personenbezogener Daten bestehen unterschiedliche Meldepflichten für die verantwortliche Stelle. Diese betreffen die:

- Meldung an die **Datenschutzaufsichtsbehörde**[195]
- Benachrichtigung der von der Datenpanne **betroffene Person**[196]
- Meldung gegenüber der für den Träger der öffentlichen Jugendhilfe zuständigen **Rechts- und Fachaufsicht**[197]

Die gesetzliche Verpflichtung, Verletzungen des Schutzes personenbezogener Daten unverzüglich zu melden, macht es erforderlich, dass in den Jugendämtern die Mitarbeitenden sensibilisiert und die Verantwortlichkeiten und organisatorische Verfahrensregelungen im Rahmen der Ablauforganisation geklärt sind.[198]

1.14 Datenschutz für Träger der freien Jugendhilfe

1.14.1 Rechtliche Grundlagen für Träger der freien Jugendhilfe

Leistungen der Jugendhilfe werden von **Trägern der öffentlichen Jugendhilfe** und **Träger der freien (und ggf. privaten) Jugendhilfe** erbracht.[199] Dazu sieht das SGB VIII in § 4 Abs. 2[200] ausdrücklich ein

190 Art. 18 DSGVO.
191 BT-Drs. 18/12611, 131.
192 Vgl. 84 Abs. 1 Satz 2 SGB X.
193 Art. 23 Abs. 1 Buchst. e DSGVO.
194 Vgl. § 84 Abs. 1 Satz 3 SGB X.
195 Art. 33 DSGVO.
196 Art. 34 DSGVO.
197 § 83a SGB X.
198 Vgl. hierzu Walther in: Wiesner/Wapler, Anh. 4 § 83a SGB X, Art 33 DSGVO, Art. 34 DSGVO, Rn. 24.
199 Vgl. § 3 Abs. 2 Satz 1 SGB VIII.
200 Zusammenarbeit der öffentlichen Jugendhilfe mit der freien Jugendhilfe.

Nebeneinander von öffentlichen und freien Trägern vor, um die Vielfalt von Trägern verschiedener Wertorientierungen und auch die Pluralität von Inhalten, Methoden und Arbeitsformen in der Kinder- und Jugendhilfe zu ermöglichen.[201] Als Träger der öffentlichen Jugendhilfe tragen die Landes- und kommunalen Jugendämter, die Jugendhilfeausschüsse auf kommunaler und Landesebene und die zuständigen Abteilungen in den Landesfachministerien die Gesamtverantwortung für ein ausreichendes, flächendeckendes und zugängliches Jugendhilfe-Angebot[202], haben aber bei der Leistungserstellung die Selbständigkeit der freien Jugendhilfeträger[203] zu berücksichtigen, sollen partnerschaftlich mit den freien Trägern der Jugendhilfe zusammenarbeiten[204] und ihnen sogar den Vorrang einräumen.[205] Es handelt sich bei der Subsidiarität und Pluralität der Jugendhilfe um ein Wesensmerkmal des SGB VIII[206], durch welches letztlich andere Prinzipien der Kinder- und Jugendhilfe, wie z. B. das Wunsch- und Wahlrecht[207] oder das Recht auf Beteiligung und Beschwerde, gewährleistet werden.

Allerdings sind Träger der freien Jugendhilfe **keine Sozialleistungsträger**[208] und **nicht-öffentliche Stellen**.[209]

Nach Art. 2 Abs. 1 DSGVO ist der **Anwendungsbereich der DSGVO** aber auch für nicht-öffentliche Stellen eröffnet, was sich aufgrund eines Umkehrschlusses aus den Ausnahmen in Art 2 Abs. 2 bis 4 DSGVO ergibt.[210]

Die Träger der freien Jugendhilfe unterliegen im Gegensatz zu den Trägern der öffentlichen Jugendhilfe nicht dem **Vorbehalt des Gesetzes**.[211] Ihr Verhältnis zu den Leistungsberechtigten bestimmt sich nicht nach dem öffentlichen Recht, sondern dem privaten Recht.

---

201 Vgl. § 3 Abs. 1 SGB VIII.
202 Vgl. § 79 SGB VIII.
203 Vgl. § 75 SGB VIII.
204 Vgl. § 4 Abs. 1 SGB VIII.
205 Vgl. § 4 Abs. 2 SGB VIII.
206 BT-Drs. 11/6748, S. 80.
207 Vgl. § 5 SGB VIII.
208 Im Sinne von § 35 SGB I i. V. m. § 27 Abs. 2 SGB I.
209 Im Sinne von § 67 Abs. 5 SGB X.
210 Ernst in: Paal/Pauly, Datenschutz-Grundverordnung, Bundesdatenschutzgesetz, Art. 2 Rn 2. Teilweise wird auch vertreten, dass eine unmittelbare Anwendung der DSGVO ausscheidet, da das EU-Recht wegen der Besonderheiten der freien Träger nicht auf diese anwendbar ist (Art. 2 Abs. 2 Buchst. a DSGVO). Diese Auffassung geht allerdings von einer entsprechenden Anwendbarkeit (§ 35 Abs. 2 Satz 2 SGB I) aus.
211 Vgl. § 31 SGB I.

Die Leistungsberechtigten haben wiederum aufgrund einer Leistungsnorm im Kinder- und Jugendhilferecht einen Anspruch gegen den Träger der öffentlichen Jugendhilfe, der mit dem Träger der freien Jugendhilfe entsprechende sozial-rechtlichen Vereinbarungen für die Dienstleistungen abgeschlossen hat (sog. **sozialrechtliches Dreiecksverhältnis**).

Die gesetzlichen Regelungen zum Sozialdatenschutz gelten (zunächst nur) für alle Stellen des Trägers der öffentlichen Jugendhilfe, soweit sie Aufgaben nach diesem Buch wahrnehmen.[212] Die dadurch entstehende Lücke wird durch § 61 Abs. 3 SGB VIII ausgefüllt. Nach dieser Vorschrift hat im Falle der Inanspruchnahme von Trägern der freien Jugendhilfe der Träger der öffentlichen Jugendhilfe sicherzustellen, dass der Schutz der personenbezogenen Daten bei der Erhebung und Verwendung in entsprechender Weise gewährleistet ist (sog. **Garantenstellung des öffentlichen Trägers der Jugendhilfe**).[213] Zudem rückt der Träger der freien Jugendhilfe, wenn er Daten vom Träger der öffentlichen Jugendhilfe erhalten hat, kraft Gesetzes[214] in dessen **datenschutzrechtliche Stellung** ein, indem er zum (abgeleiteten) Normadressaten des § 35 SGB I wird.[215] Es ist ein sog. **verlängerter Datenschutz** vorgesehen: Zum einen werden die Fachkräfte beim freien Träger verpflichtet, den mit der Übermittlung an sie verfolgten Zweck beizubehalten (Zweckbindung). Zudem wird als zusätzliche Voraussetzung für die Zulässigkeit der Übermittlung und der anschließenden Verarbeitung von Sozialdaten geregelt, dass eine Übermittlung von Sozialdaten an eine nichtöffentliche Stelle nur zulässig ist, wenn diese sich gegenüber der übermittelnden Stelle (vertraglich) verpflichtet hat, die zu übermittelnden Sozialdaten entsprechend nur für den Zweck zu verarbeiten, zu dem sie ihr übermittelt werden.[216] Es wird also eigens eine (schriftliche) **Verpflichtungserklärung** abverlangt.[217] Zum anderen wird der Datenschutz dadurch verlängert, dass die Träger der freien Jugendhilfe in dieselbe Schutzpflichtposition eingewiesen werden, die der übersendende Träger der öffentlichen Jugendhilfe innehatte. Auf diese Pflichten haben die Träger der öffentlichen Jugendhilfe nachweislich hinzuweisen.[218]

---

[212] Vgl. § 61 Abs. 1 Satz 2 SGB VIII.
[213] Rombach in: Hauck/Noftz, SGB VIII, § 61 SGB VIII Rn. 23.
[214] Vgl. § 78 Abs. 1 Satz 3 SGB X.
[215] Kunkel in: Kunkel/Kepert/Pattar, SGB VIII, § 61, Rn. 296.
[216] Vgl. BT-Drs. 18/12611, S. 113.
[217] Lehmann in: Möller, Praxiskommentar SGB VIII, § 61 Rn. 5.
[218] Vgl. § 78 Abs. 2 SGB X.

Neben den sozialrechtlich begründeten Pflichten zum Datenschutz von Betroffenen treten **zivilrechtliche Pflichten**: Im Rahmen der oben beschriebenen sozialrechtlichen Dreiecksbeziehung zwischen den Trägern der freien Jugendhilfe und den betroffenen Personen stellt der Schutz des allgemeinen Persönlichkeitsrechts auch ohne ausdrückliche Benennung im Hinblick auf deren zivilrechtlichen Beziehung eine vertragliche Nebenpflicht dar (§ 242 BGB). Wird dagegen schuldhaft verstoßen, haftet regelmäßig der Träger des Angebotes, des Dienstes oder der Einrichtung auch für seine Fachkräfte.[219]

1.14.2 Datenschutzregelungen für Träger in kirchlicher Trägerschaft

Die **Kirchen** und **Religionsgemeinschaften des öffentlichen Rechts** sind anerkannte Träger der freien Jugendhilfe[220] und öffentliche rechtlichen Körperschaften. Die Kirchen und Religionsgemeinschaften verfügen über das **kirchliche Selbstbestimmungsrecht**.[221] Danach ordnet und verwaltet jede Religionsgemeinschaft ihre Angelegenheiten selbstständig innerhalb der Schranken der für alle geltenden Gesetze.

In der DSGVO kommt ihnen eine Sonderstellung zu: Die Kirchen und religiösen Vereinigungen oder Gemeinschaften dürfen nach den Regelungen der DSGVO ihre bisherigen Datenschutzregeln weiterverwenden, sofern sie mit der DSGVO in Einklang gebracht werden.[222] Sowohl die evangelische Kirche in Deutschland als auch die Katholische Kirche haben eigene **kirchliche Datenschutzgesetze** beschlossen. Geregelt ist der Datenschutz im katholischen Bereich im Gesetz über den Kirchlichen Datenschutz (KDG). Für die Evangelische Kirche Deutschlands gilt das Gesetz über den Datenschutz der Evangelischen Kirche in Deutschland (EKD-Datenschutzgesetz, DSG-EKD). Damit besteht im kirchlichen Bereich das gleiche Datenschutzniveau wie im staatlichen Kontext.

Erbringen Kirchen oder Religionsgemeinschaften jedoch Leistungen nach dem SGB VIII ist datenschutzrechtlich mit Verweis auf § 61 Abs. 3 SGB VIII gleichermaßen wie bei freien Trägern zu verfahren und klare und ergänzende Vereinbarungen zum Datenschutz zu treffen.[223]

---

219 Vgl. § 278 BGB.
220 Vgl. § 75 Abs. 3 SGB VIII.
221 Art. 140 GG i. V. m. Art. 137 WRV.
222 Vgl. Art. 91 DSGVO.
223 Walther in: Wiesner/Wapler, SGB VIII, § 61 Rn. 16 m. w. N.

1.15 Strafbewehrte Schweigepflicht

1.15.1 Bedeutung für die sozialpädagogische Praxis

I

Angehörige bestimmter Berufsgruppen (sog. **Berufsgeheimnisträger*innen**), die typischerweise mit Geheimnissen in Berührung kommen und in Ausübung ihrer beruflichen Tätigkeit in die Privatsphäre eindringen, wird besonderes Vertrauen entgegengebracht, welches unter strafrechtlichen Schutz gestellt worden ist.[224] Gleiches gilt für die im öffentlichen Dienst Beschäftigten[225] sowie sog. mitwirkende Personen.[226]

Betroffene, die Beratung, Unterstützung und Hilfeleistungen in schwierigen Lebenssituationen benötigen, können sich in der Regel nicht selbst wirksam vor Indiskretion und Weitergabe von Informationen aus der Privat- und Intimsphäre durch die genannten Berufsgruppen schützen.

Die strafbewehrte Schweigepflicht ist Garant für das Klima der Offenheit und schützt damit neben dem individuellen Interesse mittelbar das der Allgemeinheit.[227] Für den Fall der **Verletzung der Schweigepflicht** wird durch § 203 StGB eine **Geld- oder Freiheitsstrafe** bis zu einem Jahr angedroht. Eine Strafverfolgung wegen Verletzung von Schweigepflichten setzt nach § 204 Abs. 1 StGB einen **Strafantrag** der betroffenen Person voraus, sofern die Strafverfolgungsbehörde nicht wegen eines besonders öffentlichen Interesses an der Strafverfolgung ein Einschreiten von Amts wegen für geboten hält (Amtsermittlungsgrundsatz).

Bei Fragen der Schweigepflicht geht es in der täglichen sozialpädagogischen Praxis allerdings in der Regel weniger um die Bedrohung als Strafvorschrift.[228] Vielmehr verdeutlicht die strafbedrohte Schweigepflicht die besondere Bedeutung und den besonderen Schutz des Vertrauensverhältnisses gegenüber den Betroffenen.[229] Unabhängig von der strafbewehrten Schweigepflicht wird der besondere Vertrauensschutz in der persönlichen und erzieherischen Hilfe auch datenschutzrechtlich geschützt: bei sog. anvertrauten Daten besteht

224 § 203 Abs. 1 StGB.
225 § 203 Abs. 2 StGB.
226 § 203 Abs. 4 S 1 StGB.
227 Kindhäuser/Hilgendorf, Strafgesetzbuch, § 203 Rn. 1.
228 Die praktische, kriminalpolitische Bedeutung der strafbewehrten Schweigepflicht nach § 203 StGB ist eher gering, Smessaert, DIJuF Themengutachten – 1156, Kap. 2.
229 Vgl. hierzu Kapitel 1.1.1.

in der Kinder- und Jugendhilfe eine besondere Verschwiegenheitspflicht.[230] Beide Schutzmechanismen bestehen nebeneinander.[231]

Daneben sind auch die Vertraulichkeit des Wortes[232], der höchstpersönliche Lebensbereich durch Bildaufnahmen[233], das Briefgeheimnis[234] und das Post- und Fernmeldegeheimnis[235] durch entsprechende Strafvorschriften in demselben Abschnitt des Strafgesetzbuches geschützt.

1.15.2 Personengruppe

Nach § 203 Abs. 1 StGB gehören u. a. neben Ehe-, Familien-, Erziehungs-, Jugend- oder Suchtberater*innen, auch **staatlich anerkannte Sozialarbeiter*innen** oder **staatliche anerkannte Sozialpädagog*innen** zu den sog. Berufsgeheimnisträger*innen, für die die strafbewehrte Schweigepflicht gilt.[236] Die staatliche Anerkennung von Sozialarbeiter*innen oder Sozialpädagog*innen im Sinne der Vorschrift setzt ein abgeschlossenes Hochschul- oder Fachhochschulstudium voraus. Diese Vorschrift gilt nur für staatlich anerkannte Sozialarbeiter*innen oder Sozialpädagog*innen, aber nicht für diese Berufsgruppe, wenn die staatliche Anerkennung fehlt oder für andere, ähnliche Berufsgruppen. Berufsgruppen, die in § 203 Abs. 1 StGB nicht ausdrücklich aufgeführt sind, wie z. B. Erzieher*innen, Diplom-Pädagog*innen, Heilpädagog*innen, Logopäd*innen, Soziolog*innen, Erziehungswissenschaftler*innen, Lehrkräfte etc., fallen nicht unter diese Rechtsvorschrift.

Sind Personen bei einem Träger der öffentlichen Jugendhilfe tätig, die nicht unter die besonderen Berufsgeheimnisträger*innen nach § 203 Abs. 1 StGB fallen, unterliegen sie dennoch der Schweigepflicht. Denn nach § 203 Abs. 2 StGB werden darüber hinaus u. a. **Amtsträger*innen** (Nr. 1) und **für den öffentlichen Dienst** besonders Verpflichtete (Nr. 2) erfasst. Damit sind alle **Beamten**[237] und alle **Angestellten im öffentlichen Dienst**[238] gemeint, die somit ebenfalls der beruflichen Verschwiegenheitspflicht und der strafbewehrten Schweigepflicht unterliegen.

---

[230] Vgl. hierzu Kapitel 1.11.2.
[231] Vgl. hierzu Kapitel 1.1.3.
[232] Vgl. § 201 StGB.
[233] Vgl. § 201a StGB.
[234] Vgl. § 202 StGB.
[235] Vgl. § 206 StGB.
[236] Vgl. § 203 Abs. 1 Nr. 6 StGB.
[237] Vgl. § 11 Abs. 1 Nr. 2 Buchst. a StGB.
[238] Vgl. § 11 Abs. 1 Nr. 4 StGB.

Schließlich sind auch sog. **mitwirkende Personen** selbst zur Schweigepflicht verpflichtet.[239] Darunter sind die **berufsmäßig tätigen Gehilfen** und die Personen, die bei dem Geheimnisträger*innen zur Vorbereitung auf den Beruf tätig sind, einerseits[240] und den sonstigen mitwirkenden Personen[241] andererseits zu verstehen. Mithin sind auch z. B. Aushilfskräfte, Büro-, Schreib- und Verwaltungskräfte als berufsmäßig tätige Gehilfen ebenso zur Geheimhaltung verpflichtet wie Praktikant*innen, Studierende während eines Praxissemesters oder nach Abschluss des Studiums im Anerkennungsjahr. Zudem sind auch sonstige mitwirkende Personen erfasst und damit der zur Verschwiegenheit verpflichtete Personenkreis auf **externe Dienstleister** erweitert. Damit sind neuerdings alle Mitarbeitende von **Trägern der freien Jugendhilfe**, die öffentliche Jugendhilfeleistungen erbringen, unabhängig von ihrem beruflichen Hintergrund entweder über § 203 Abs. 1 oder Abs. 3 Satz 1 StGB der strafbewehrten Schweigepflicht unterworfen.[242]

1.15.3 Anvertrautes oder sonst bekannt gewordenes Geheimnis

Der **Geheimnisbegriff** bei der strafbewehrten Schweigepflicht umfasst Tatsachen, die den **persönlichen Lebens- und Geheimbereich** eines anderen Menschen betreffen und nicht schon einem unbestimmten Personenkreis bekannt sind. Zu den **vertraulichen Tatsachen** können z. B. schon gehören: Name, Vorname, Adresse, Telefonnummer, Alter, Beruf, Familienstand, Noten, Krankheiten, Probleme, Verhaltensweisen, Charaktereigenschaften, aber auch Meinungen, Wertungen, Diagnosen und Prognosen sowie strafbare Handlungen einer Person.[243] Ebenso gehört dazu, ob sich gegebenenfalls eine Person in die Beratung durch eine der Schweigepflicht unterliegende Berufsgeheimnisträger*in begibt. **Betriebs- und Geschäftsgeheimnisse** betreffen Tatsachen im Zusammenhang mit einem Geschäftsbetrieb, an denen ein wirtschaftliches Interesse besteht.

Das Geheimnis muss der der Schweigepflicht unterliegenden Person **anvertraut oder sonst bekannt** geworden sein. **Anvertraut** ist das Geheimnis, wenn es der Person mündlich, schriftlich oder z. B. durch Vorzeigen derart mitgeteilt wurden, dass sich hieraus das Vertrauen auf das Schweigen ergibt.[244] Das Geheimnis ist anvertraut, wenn es

---

[239] Vgl. § 203 Abs. 4 Satz 1 StGB.
[240] Vgl. § 203 Abs. 3 Satz 1 StGB.
[241] Vgl. § 203 Abs. 3 Satz 2 StGB.
[242] Vgl. hierzu ausführlich: Hundt, Datenschutz in der Kinder- und Jugendhilfe, S. 181 f.
[243] Lehmann/Radewagen/Stücker, Jugendhilfe 2018, 429, 437.
[244] Tag in: Dölling/Duttge/Rössner, Gesamtes Strafrecht, § 203 StGB Rn. 38.

der Fachkraft **im Rahmen einer beruflichen Inanspruchnahme** mitgeteilt wurde.[245] Dabei kommt es nicht darauf an, ob die Mitteilung konkret im Zusammenhang mit einer erbetenen oder erbrachten Hilfeleistung steht.[246] Nur diejenigen Informationen fallen unter den Schutz, die Fachkräfte im Rahmen ihrer beruflichen Eigenschaft und Funktion und nicht als private Person anvertraut wurde oder sonst bekannt geworden ist. Dies ist im Sinne eines effektiven Vertrauensschutzes aus mutmaßlicher Sicht der betroffenen Person zu beurteilen, da es unter Umständen schwer einzuschätzen ist, ob die Fachkraft dienstlich oder privat angetroffen wird.[247]

I

Beispiel:

Informationen aus dem Sozialen Medien, die für alle zugänglich sind, stellen keine Geheimnisse dar.

Beobachtungen, die in der Öffentlichkeit gemacht wurden, z. B. zu den familiären Verhältnissen, stellen ebenfalls keine Geheimnisse dar.

1.15.4 Offenbaren

Offenbaren bedeutet in diesem Zusammenhang, die Mitteilung eines Geheimnisses oder einer Detailangabe an einen Dritten, der hiervon bisher keine oder keine umfassende Kenntnis hatte.[248] Kein **Offenbaren von Geheimnissen** liegt vor, wenn die zur Verschwiegenheit verpflichteten Personen die Geheimnisse den bei ihnen berufsmäßig tätigen Gehilfen oder den bei ihnen zur Vorbereitung auf den Beruf tätigen Personen zugänglich machen. Grundsätzlich ist also zu unterscheiden: die Heranziehung von Bediensteten im Behördenverkehr zur Bearbeitung und Erledigung eines Vorgangs, mit dem die Behörde oder der Träger ordnungsgemäß befasst ist, wird nicht als eine unter die Strafvorschrift fallende Offenbarung eingeordnet. Während die Weitergabe eines Geheimnisses an einen **funktionell unzuständigen Behördenangehörigen** oder an Dritte daher einen Geheimnisverrat darstellt, wobei grundsätzlich auf die Behörde oder den Träger als **Funktions- und nicht Organisationseinheit** abzustellen ist: die Einheit im Jugendamt, die nach dem jeweiligen

245 Kindhäuser/Hilgendorf, Strafgesetzbuch, § 203 Rn. 7 m. w. N.
246 Lehmann/Radewagen/Stücker, Jugendhilfe 2018, 429, 438.
247 Lehmann/Radewagen/Stücker, Jugendhilfe 2018, 429, 438.
248 Tag in: Dölling/Duttge/Rössner, Gesamtes Strafrecht, § 203 StGB Rn. 43.

Geschäftsverteilungsplan für die Erfüllung der konkreten Einzelaufgabe (intern) zuständig ist, ist in diesem Sinne die Funktionseinheit.[249] Die funktionale Einheit schließt die Bearbeitung eines Einzelfalls im **Fachteam** und die Möglichkeit der Vertretung, die Bearbeitung durch Fachkräfte in der sog. **Wirtschaftlichen Jugendhilfe** oder der Registratur usw. ein.[250] Allerdings ist auch hier die Erforderlichkeit der Datenweitergabe stets zu prüfen: z. B. ist keine vollständige Datenweitergabe der ASD-Akte an die Wirtschaftliche Jugendhilfe erforderlich, damit diese im Rahmen der Gewährung von Hilfe zur Erziehung in Bezug auf die Bescheiderteilung oder Kostenheranziehung tätig werden kann.[251] Die Schweigepflicht verhindert nicht eine Besprechung fachlicher Probleme im Rahmen der **kollegialen Beratung** oder z. B. in einer Supervision, Teamberatung etc. Denn dafür ist nicht erforderlich mit den „Klardaten" der Betroffenen umzugehen, die Daten sind, wie gesetzlich bestimmt zu **pseudonymisieren.**[252]

Strafrechtlich zwar tatbestandsmäßig, aber letztlich erlaubt (mithin nicht unbefugt, wie es das Gesetz fordert) ist das Offenbaren von fremden Geheimnissen gegenüber **sonstigen mitwirkenden Personen**, soweit dies für die Inanspruchnahme der Tätigkeit der mitwirkenden Personen erforderlich ist.[253] Damit sind **externe Dritte** gemeint, die von beruflich zum Schweigen Verpflichteten beschäftigt oder beauftragt werden. Wie dargestellt, können dies auch Mitarbeitende von freien Trägern der Jugendhilfe sein, welche Leistungen der Jugendhilfe für die Träger der öffentlichen Jugendhilfe auf der Grundlage des § 4 Abs. 2 SGB VIII i. V. m. § 76 SGB VIII anbieten.

1.15.5 Durchbrechung der Schweigepflicht und Offenbarungsbefugnisse

Die Schweigepflichtigen sind befugt ein Geheimnis zu offenbaren, soweit die betroffenen Personen der Offenbarung zugestimmt haben (**Schweigepflichtentbindungserklärung**, Anlage).[254]

---

[249] Smessaert, DIJuF Themengutachten – 1143, Kap. 3.4.

[250] Vgl. Kunkel in: Kunkel/Kepert/Pattar, SGB VIII § 61 Rn. 63.

[251] Smessaert, DIJuF Themengutachten – 1143, Kap. 3.4; Steinbüchel, Datenschutz zwischen ASD und wirtschaftlicher Jugendhilfe, 2013 sowie Kunkel/Kepert in: Kunkel/Kepert/Pattar, SGB VIII, § 36 Rn. 46.

[252] Vgl. hierzu Kapitel 1.3.3 sowie 3.3.1.

[253] Vgl. § 203 Abs. 3 Satz 2 StGB sowie BT-Drs. 18/11936, S. 28.

[254] Vgl. Kapitel 1.1.3 zur Unterscheidung zwischen Einwilligung und Schweigepflichtentbindungserklärung.

In besonders begründeten Fällen besteht sogar eine **Pflicht zum Bruch der Schweigepflicht**: Erfährt eine unter Schweigepflicht stehende Person von einem **geplanten Vorhaben oder der Ausführung** von bestimmten sehr schwerwiegenden Delikten (Mord, Totschlag, Brandstiftung usw.) besteht (nur) in diesem Fall eine Pflicht zur Durchbrechung der Schweigepflicht in Gestalt einer **Anzeige an die Ermittlungsbehörden** nach § 138 StGB (Nichtanzeige geplanter Straftaten).[255]

Im Rahmen des **Kinderschutzes** wird die strafbewehrte Schweigepflicht für die Berufsgeheimnisträger*innen durchbrochen oder besteht – umgekehrt ausgedrückt – eine sog. **Offenbarungsbefugnis**.[256]

Eine **Befugnis**, aber keine Verpflichtung **zur Offenbarung** besteht im Falle des **rechtfertigenden Notstandes** nach § 34 StGB, wenn:

- eine gegenwärtige Gefahr für Leben, Gesundheit, Freiheit, sexuelle Selbstbestimmung oder ein anderes wichtiges Rechtsgut besteht (hierzu ist eine fachliche Prognose erforderlich),
- eine Abwägung ergibt, dass das zu schützende Interesse wesentlich wichtiger ist als die Wahrung des anvertrauten Geheimnisses,
- der Geheimnisbruch zur Abwendung der Gefahr erforderlich ist.

Eine weitere höherrangige gesetzliche Mitteilungspflicht ergibt sich aus dem **verfassungsrechtlichen Elternrecht**[257], das die Schweigepflicht dann verdrängt, wenn es das Elternrecht erforderlich macht, dass die Eltern Kenntnis haben von einer Information, die ihr Kind der sozialpädagogischen Fachkraft in dem Jugendamt anvertraut hat. Denn um das Sorgerecht wahrnehmen zu können, wird den Eltern zwingend ein Informationsrecht über gegenüber ihrem Kind erbrachten Beratungsleistungen zugesprochen. Im Rahmen der sozialpädagogischen Arbeit sind die Kinder und Jugendlichen über diese Verpflichtung aufzuklären. Allerdings führt das aus dem Elternrecht hergeleitete allgemeine Informationsrecht nicht per se zu einer Offenbarung von geschützten Daten gegenüber Eltern(teilen).[258] Denn die verfassungsrechtlich geschützten **Persönlichkeitsrechte der**

---

255 Vgl. hierzu Kapitel 2.3.8.

256 Vgl. § 4 Abs. 3 KKG für bestimmte Berufsgeheimnisträger*innen sowie Kapitel 2.4. oder § 8a Abs. 6 SGB VIII für Fachkräfte der Jugendämter.

257 Vgl. Art. 6 Abs. 2 Satz 2 GG sowie Kapitel 2.2.1.

258 Wiesner/Wapler, SGB VIII, Anh. 4 Rn. 26 unter Hinweis auf die Rechtsprechung des VGH Mannheim, NJW 2020, 1985.

Kinder sowie ihre **Rechte in der UN-Kinderrechtskonvention** (UN-KRK) sind ebenfalls zu beachten, zudem stehen sich im Rahmen des elterlichen Erziehungsrechts ebenfalls Autonomieentwicklung und Fürsorgepflicht gegenüber, welche nach den familienrechtlichen Vorgaben im BGB gegeneinander abzuwägen sind.[259] Auch das Bundesverfassungsgericht (BVerfG) hat ein Schweigerecht dann anerkannt, wenn die Information der Eltern das Wohl des Kindes gefährden würde.[260] In diesem Zusammenhang sei auf den allgemeinen Rechtsanspruch von Kindern und Jugendlichen auf Beratung gemäß § 8 Abs. 3 SGB VIII hingewiesen, der auch ohne Kenntnis der Personensorgeberechtigten besteht, solange durch die Mitteilung an die Personensorgeberechtigten der Beratungsanspruch vereitelt würde.

Eine weitere Ausnahmeregelung mit einer **Offenbarungsbefugnis** ist im **Aufenthaltsgesetz** (AufenthG)[261] normiert: Danach sind Schweigepflichtige in folgenden Situationen berechtigt, personenbezogene Daten an die Ausländerbehörde zu übermitteln und verstoßen damit nicht gegen die Schweigepflicht:

- wenn dies zur Abwehr von erheblichen Gefahren für Leib und Leben des Ausländers oder von Dritten erforderlich ist, die ausländische Person die öffentliche Gesundheit gefährdet und besondere Schutzmaßnahmen zum Ausschluss der Gefährdung nicht möglich sind oder von der ausländischen Person nicht eingehalten werden oder
- wenn die ausländische Person Heroin, Kokain oder ein vergleichbar gefährliches Betäubungsmittel verbraucht und nicht zu einer erforderlichen seiner Rehabilitation dienenden Behandlung bereit ist oder sich ihr entzieht und deshalb ein schwerwiegendes Ausweisungsinteresse besteht und die Daten für die Feststellung erforderlich sind, ob diese Voraussetzungen vorliegen.

---

259 Vgl. hierzu ausführlich Wapler in: Richter/Krappmann/Wapler, Kinderrechte, S. 110. In den Ausführungen wird von einer „unsystematischen Rechtslage" gesprochen. Vgl. außerdem zum Beratungsanspruch nach § 8 Abs. 3 SGB VIII: Wapler in: Wiesner/Wapler, SGB VIII, § 8 Rn. 46.

260 BVerfGE 59, 360, 387; vgl. außerdem die in Wapler in: Richter/Krappmann/Wapler, Kinderrechte, S. 106 zitierte Rechtsprechung des BVerfG, wonach die elterlichen Rechte in dem Maße zurücktreten, in dem Kinder selbst in der Lage sind, über ihre Angelegenheiten zu entscheiden.

261 Vgl. § 88 Abs. 2 AufenthG sowie Kapitel 3.10.1.

II. Kinderschutz

II. Kinderschutz

2.1 Kindeswohl und Kindeswohlgefährdung

2.1.1 Kindeswohl und Kindeswohlgefährdung – unbestimmte Rechtsbegriffe

II

Für Rechtsnormen ist es kennzeichnend, dass sie **abstrakt-generelle Regeln aufstellen** und deshalb nicht nur für einen konkreten Einzelfall gelten sollen. Die in den Gesetzen verwendeten Rechts- oder auch Gesetzesbegriffe weisen dabei einen unterschiedlichen Grad an **inhaltlicher Bestimmtheit** auf. Manche Begriffe sind von sich heraus verständlich und unmittelbar anwendbar (bestimmte Rechtsbegriffe).

Beispiel:

Der Begriff „Jugendlicher" wird in § 7 Abs. 1 Nr. 2 SGB VIII für die Kinder- und Jugendhilfe definiert („wer 14, aber noch nicht 18 Jahre alt ist"). Es handelt sich um eine sog. Legaldefinition, also einer durch ein Gesetz gegebene Begriffsbestimmung. Damit ist die Begriffsbedeutung für die Kinder- und Jugendhilfe eindeutig definiert und in jeden Einzelfall gleichermaßen anwendbar.

Anders stellt es sich z. B. bei den Begriffen „Kindeswohl" und „Kindeswohlgefährdung" dar. Um der Vielgestaltigkeit der Lebenswirklichkeit gerecht zu werden und für Einzelfälle und neue Sachverhalte offen zu sein, werden häufig bewusst **unbestimmte Rechtsbegriffe** und **Generalklausel**[262] in den **Gesetzestexten** verwendet. Je allgemeiner und umfassender eine rechtliche Regelung sein soll, desto höher werden ihr Abstraktionsgrad und desto geringer die Bestimmtheit und Eindeutigkeit. Die Auslegung und Anwendung und vor allem die Prüfung, ob die Voraussetzungen eines unbestimmten Rechtsbegriffs im konkreten Einzelfall erfüllt sind, obliegt den **Entscheidungsträgern**, die **nach dem Gesetz darüber diese Aufgabe zugewiesen** erhalten haben.[263]

---

[262] Unbestimmte Rechtsbegriffe verfügen im Unterschied zu den Generalklauseln (wie z. B. „Treu und Glauben" in § 242 BGB) über einen sog. Begriffskern, der bei Anwendung mit methodischen Hilfsmitteln herausgearbeitet werden (vgl. hierzu Möllers, Juristische Methodenlehre, § 7 Rn. 8.)

[263] Im Falle des Kinderschutzes sind dies vor allem die sozialpädagogischen Fachkräfte in den Jugendämtern (vgl. Kapitel 2.3) und die Richter*innen in den Familiengerichten (vgl. Kapitel 3.7). Daneben gehören noch andere Berufsgruppen zum Netzwerk Kinderschutz, die im Rahmen eines „eigenen" Kinderschutzverfahrens" mit den Begriffen in der Praxis umgehen müssen, vgl. hierzu Kapitel 2.4.

Die Begriffe „Kindeswohl" und „Kindeswohlgefährdung" stellen solche unbestimmten Rechtsbegriffe dar, für die es in den entsprechenden Gesetzestexten **keine rechtsverbindlichen und abschließenden Definitionen** gibt.[264] Dies stellt manchmal die Praxis vor Situationen, die als unbefriedigend und/oder besonders herausfordernd wahrgenommen werden und immer wieder zu dem Wunsch nach einer scheinbar auf alle Praxisfälle anwendbare Legaldefinition führen. Würde der Gesetzgeber aber versuchen, die unbestimmten Rechtsbegriffe „Kindeswohl" und „Gefährdung des Kindeswohls" klar zu definieren, gäbe es zum einen die Gefahr, dass bestimmte Formen oder Aspekte nicht in der Definition gefasst sind – sei es, weil sie so noch nicht bekannt oder vorstellbar waren oder, weil sie in der Fülle der Möglichkeiten untergegangen sind. Zum anderen wird mit einer klaren Definition immer auch ein Raum jenseits dieser Definition geschaffen. Wenn festgeschrieben ist, was Kindeswohlgefährdung ist, ist damit auch festgeschrieben, was keine Kindeswohlgefährdung ist, nämlich alles, was die Definition nicht umfasst. Da dies nicht gewollt ist, müssen die Begriffe Kindeswohl und Kindeswohlgefährdung unbestimmt bleiben.[265] Die sprachliche Offenheit und bewusste „Ungenauigkeit" bei unbestimmten Rechtsbegriffen ist häufig ein Mittel, um eine **neue bzw. fallbezogene Entscheidungssituation** zu ermöglichen und auch **gesellschaftliche Wandlungen** aufzufangen. Unbestimmte Rechtsbegriffe unterliegen also auch den Wertvorstellungen des jeweiligen Zeitgeistes. Anschauungen und Wertungen und damit gesellschaftlich und politisch bedingte Anforderungen, welche für die Konkretisierung des unbestimmten Rechtsbegriffs erforderlich sind, können sich im Laufe der Zeit ändern.[266]

II

---

264 Vgl. zum Verzicht eine Legaldefinition des Begriffs der Kindeswohlgefährdung durch das KJSG einzuführen: BT-Drs 19/28870, S. 6.

265 Wagner in: Deutscher Kinderschutzbund Landesverband NRW e. V., Kinderschutz und Kinderrechte, S. 10.

266 Vgl. hierzu Hundt, Kindeswohlgefährdung erkennen und vermeiden, S. 11 f. sowie als Beispiel für die rechtsgeschichtlichen Entwicklung vom „Züchtigungsrecht des Vaters" über die Züchtigung als „Erziehungsmittel der Eltern" zu den Diskussionen und Anläufen ab 1971 ein Recht auf gewaltfreie Erziehung zu schaffen, bis hin zur Einführung des Gesetzes zum Schutz des Kindes vor Gewalt in der Erziehung vom 02.11.2000 (BGBl. I 2000, 1479) in: BT-Drs. 14/1247 S. 3 und 4.

Exkurs

Kindeswille

Vom Begriff des Kindeswohls und der Kindeswohlgefährdung ist der Begriff des **Kindeswille** abzugrenzen.[267] Als Kindeswille wird in der Familienrechtspsychologie die altersgemäß stabile und autonome Ausrichtung des Kindes auf erstrebte, persönlich bedeutsame Zielzustände verstanden.[268] Auch wenn Kindeswohl und Kindeswille nicht immer übereinstimmen müssen, ist der Wille des Kindes untrennbar mit dessen Wohl verbunden. Denn zum Wohl des Kindes gehört eine Erziehung, die es ihm ermöglicht, zu einer selbstbestimmten, eigenverantwortlichen und gemeinschaftsfähigen Persönlichkeit heranzuwachsen.[269]

In diesem Sinne gibt es sicher auch Situationen, in denen der Kindeswille dem Wohl sogar entgegensteht und zum Wohle des Kindes auch Entscheidungen gegen dessen Willen zu treffen sind.

2.1.2 Facetten eines Begriffs

Das Kindeswohl ist die zentrale Norm im **Kindschafts-** und Familienrecht sowie in der UN-Kinderrechtskonvention. Eine einheitliche Legaldefinition zum Begriff des Kindeswohls besteht in keiner der Rechtsgrundlagen.[270] Im Bürgerlichen Gesetzbuch (BGB) ist das Wohl des Kindes Leitprinzip der elterlichen Sorge[271] und Kernstück der gerichtlichen Maßnahmen bei Gefährdung des Kindeswohls in § 1666 BGB. § 1 Abs. 2 SGB VIII bezieht sich das staatliche Wächteramt auf die Sicherung des Kindeswohls. Die umfassenden Regelungen zur Kinder- und Jugendhilfe (SGB VIII) basieren auf der Prämisse, dass jeder junge Mensch ein „Recht auf Förderung seiner Entwicklung und auf Erziehung zu einer eigenverantwortlichen und gemeinschaftsfähigen Persönlichkeit" hat.[272] Kinder und Jugendliche vor Gefahren für ihr Wohl zu schützen, ist eines der Ziele.[273]

---

267 Vgl. hierzu z.B. Zitelmann, Kindeswohl und Kindeswille im Spannungsfeld von Pädagogik und Recht sowie Dettenborn, Kindeswohl und Kindeswille.

268 Dettenborn, Kindeswohl und Kindeswille, Kapitel 4.2.1.

269 Katzenstein in: Ernst/Lohse, Praxishandbuch Familiengerichtlicher Kinderschutz, Teil 1 Rn. 73.

270 Vgl. zur Übersicht der Rechtsgrundlagen zum Kindeswohlbegriff: Schott, Kritische Anmerkungen zu rechtstheoretischen Denkansätzen über das Kindeswohl, S. 77 ff.

271 Vgl. dazu auch § 1697a BGB.

272 Vgl. § 1 Abs. 1 SGB VIII.

273 Vgl. § 1 Abs. 3 Nr. 3 SGB VIII.

In der öffentlichen Jugendhilfe hat das Kindeswohl Leitbildfunktion bei der Gewährung von Hilfen zur Erziehung (§ 27 SGB VIII) oder z. B. bei der Einleitung von Maßnahmen zum Schutz des Kindes oder Jugendlichen im Rahmen der Wahrnehmung „Anderer Aufgaben der Jugendhilfe" (z. B. § 42 ff. SGB III).

Das grundgesetzlich bestimmte Wächteramt des Staates[274] wurde in diesem Ansatz über die zentrale Regelung des § 8a SGB VIII „Schutzauftrag bei Kindeswohlgefährdung eingebunden.[275] Mit dem Begriff der Kindeswohlgefährdung knüpft die Norm an den aus § 1666 BGB bekannten Fachbegriff an.[276] Deshalb wird davon ausgegangen, dass der **Gefährdungsbegriff** in § 8a SGB VIII dem in § 1666 BGB entspricht.[277] Gem. § 1666 Abs. 1 BGB ist das Kindeswohl gefährdet, wenn das körperliche, geistige oder seelische Wohl des Kindes oder sein Vermögen gefährdet ist und die Eltern nicht gewillt oder in der Lage sind, die Gefahr abzuwehren. Nach herrschender Rechtsprechung liegt eine Kindeswohlgefährdung dann vor, „wenn eine gegenwärtige oder zumindest unmittelbar bevorstehende Gefahr für die Kindesentwicklung abzusehen ist, die bei ihrer Fortdauer eine erhebliche Schädigung des körperlichen, geistigen oder seelischen Wohls des Kindes mit ziemlicher Sicherheit voraussehen lässt."[278]

2.2 Die Regelungen im System „Kinderschutz"

2.2.1 Verfassungsrechtliche Grundlagen in Art. 6 GG

Das Grundgesetz als ranghöchste innerstaatliche[279] Rechtsquelle enthält mehrere Verfassungsbestimmungen, die sowohl für die Eltern- als auch die Kinderrechte von großer Bedeutung sind. Eltern

274 Das „staatliche Wächteramt" beinhaltet die Aufgabe und die Pflicht der staatlichen Gemeinschaft zur Kontrolle der Wahrnehmung des Elternrechts und das Kindeswohl bei Gefährdung durch Bereitstellung von Hilfen bzw. vorläufige Interventionen zu schützen. Es verleiht dem Staat grundsätzlich kein eigenes Erziehungs- und Betreuungsrecht (s. hierzu auch die Ausführungen unten).

275 Coester in: Staudingers Kommentar zum BGB, § 1666, Rn. 16.

276 Wapler in: Wiesner/Wapler, SGB VIII, § 8a Rn. 13a.

277 Wapler in: Wiesner/Wapler, SGB VIII, § 8a Rn. 13a; Meysen in: Münder/Meysen/Trenczek, Frankfurter Kommentar, § 8a Rn. 14 und Winkler in: Rolfs/Giesen/Meßling/Udsching, BeckOK Sozialrecht, SGB VIII, § 8a Rn. 3; weiter z. B. Beckmann, Elterliche Selbstbestimmung im Kinderschutz, S. 293 m. w. N.

278 BGH FamRZ 1956, S. 351; NJW 2017, 1032; BVerfG NJW 2015, 223.

279 Vgl. auf europarechtlicher Ebene: Art. 24 GRCh sowie Art. 8 EMRK.

sind als Träger der Pflege und Erziehung verfassungsrechtlich besonders geschützt. In Art. 6 Abs. 2 Satz 1 GG wird Pflege, also die Sorge für das Kind und sein körperliches und geistiges Wohlbefinden, und Erziehung, d. h. die Anleitung der geistig-seelischen Persönlichkeitsentwicklung, die Vermittlung von Kenntnissen und Werthaltungen, als „natürliches Recht" der Eltern bestimmt.[280] Pflege und Erziehung werden überwiegend als Einheit verstanden und umfassen die Gesamtsorge und -verantwortung.[281] Denn das Elternrecht in Art. 6 Abs. 2 GG ist aber nicht nur ein Grundrecht und eine Richtlinie für die gesamte Rechtsordnung, sondern auch eine Pflicht der Eltern („und die zuvörderst ihnen obliegende Pflicht"). Diese Pflichtbindung unterscheidet das Elternrecht von allen anderen Grundrechten.[282] Das **Elternrecht** stellt also eine komplexe Verknüpfung von Rechten und Pflichten dar; dabei ist gerade auch die Pflicht wesensbestimmend und kann treffender als **Elternverantwortung**[283] bezeichnet werden. Eltern, die sich dieser Verantwortung entziehen, also nicht bereit sind oder dieser aus anderen Gründen nicht nachkommen können, ggf. nicht in der Lage sind, können sich gegenüber staatlichen Eingriffen zum Wohle des Kindes nicht diese zurückweisend auf das Elternrecht berufen.[284]

Beispiel:

Das Elternrecht umfasst die freie und vollumfassende Entscheidung über die Pflege, also die Sorge für das körperliche Wohl, beispielsweise Ernährung, Kleidung, Förderung der körperlichen Entwicklung, sowie die Erziehung, d. h. die Sorge für die seelische und geistige Entwicklung einschließlich der religiösen und weltanschaulichen Erziehung.[285] Dazu gehört u. a. die Sorge für die Gesundheit des Kindes einschließlich der Entscheidung über ärztliche Operationen[286] sowie die Entscheidung über die Erhebung und Verwertung der genetischen Daten des Kindes.[287] Es umfasst auch das Recht, dem Kind einen Namen zu geben sowie die Bildung und Ausbildung der minderjährigen Kinder

280 Uhle in: Epping/Hillgruber, GG, Art. 6 Rn. 51.
281 Uhle in: Epping/Hillgruber, GG, Art. 6 Rn. 51.
282 BVerfGE 24, 119, 143.
283 BVerfGE 24, 119, 143.
284 BVerfGE 24, 119, 143; 72, 155, 172.
285 BVerfGE 52, 223, 235 f.; 93, 1, 17; 108, 282, 301.
286 Uhle in: Epping/Hillgruber, GG, Art. 6 Rn. 51.
287 BVerfGE 117, 202, 229.

zu Hause und in der Schule. Das Wahlrecht der Eltern zwischen den verschiedenen Bildungswegen und Schulformen, die der Staat zur Verfügung stellt, darf nicht mehr als notwendig begrenzt werden.[288] Das Elternrecht umfasst den Umgang zwischen Eltern und Kind sowie die Entscheidung, wem Einfluss auf die Erziehung des Kindes zugestanden wird[289] und in welchem Ausmaß und mit welcher Intensität die Eltern sich selbst der Pflege und Erziehung widmen oder Dritten die Pflege und Erziehung teilweise überlassen.[290] Auch Aspekte der z. B. musischen, künstlerischen oder sportlichen Förderung eines Kindes oder Jugendlichen beinhaltet das Elternrecht.

Die Eltern können grundsätzlich frei von staatlichen Einflüssen und Eingriffen nach eigenen Vorstellungen darüber entscheiden, wie sie die Pflege und Erziehung ihrer Kinder gestalten und damit ihrer Elternverantwortung gerecht werden wollen.[291] Es ist primär die Aufgabe der Eltern, die konkreten Ziele für die Erziehung festzulegen. Das über Art. 6 Abs. 2 und Abs. 3 GG geschützte Elternrecht „beruht auf dem Grundgedanken, dass in aller Regel den Eltern das Wohl des Kindes mehr am Herzen liegt als irgendeiner anderen Person oder Institution."[292] Das Elternrecht in Art. 6 Abs. 2 GG ist die Reaktion des Grundgesetzes auf die Erfahrungen der nationalsozialistischen Zeit, in der Kinder zum Zwecke einer staatlichen Erziehung den Eltern entfremdet oder auch weggenommen worden sind.[293]

Durch Gesetz, vor allem durch das Familienrecht[294] im Bürgerlichen Gesetzbuches, werden Inhalt und Schranken der Rechte und Pflichten der Eltern im Verhältnis zum Kind festgelegt. Eignung und Neigung des Kindes sind von den Eltern zu berücksichtigen, ebenso wie

---

288 BVerfGE 34, 165, 184; 45, 400, 415; 96, 288, 306. Aber nach der neuesten Rechtsprechung des BVerfG folgt aus Art. 2 Abs. 1 i. V. m. mit Art. 7 Abs. 1 GG ein Recht der Kinder und Jugendlichen gegenüber dem Staat, ihre Entwicklung zu einer eigenverantwortlichen Persönlichkeit auch in der Gemeinschaft durch schulische Bildung zu unterstützen und zu fördern (Recht auf schulische Bildung): BVerfG, NJW 2022, 167.

289 BVerfGE 105, 313, 354.

290 BVerfGE 99, 216 (234).

291 BVerfGE 59, 360, 376.

292 BVerfG, NJW 2013, 1876, 1868.

293 Vgl. zur Entstehungsgeschichte: BVerfGE 24, 119, 140 sowie Zitelmann, S. 133 ff. zur politisch motivierten Instrumentalisierung staatlicher Erziehungsvorschriften.

294 Vgl. §§ 1626 ff. BGB.

die wachsende Fähigkeit und das wachsende Bedürfnis des Kindes zu selbständigem verantwortlichem Handeln überhaupt.[295] Die im Elternrecht wurzelnden Rechtsbefugnisse beginnen mit der Geburt, nehmen mit fortschreitendem Alter des Kindes ab und erlöschen mit der Volljährigkeit.[296] Ein **Eingriff in das Elternrecht** gem. Art. 6 Abs. 2 Satz 2 GG ist jede Maßnahme, die das elterliche Erziehungsrecht einschränkt, die das Kind den Eltern ganz oder teilweise entzieht oder – im schwersten Fall – die vorübergehende oder dauernde Trennung von Eltern und Kind zur Folge hat (Art. 6 Abs. 3 GG). Schranken des Elternrechts kommen bereits dadurch zum Ausdruck, dass in Art. 6 Abs. 2 GG dem Elternrecht eine Pflicht der Eltern zur Pflege und Erziehung der Kinder zur Seite stellt. Das Elternrecht ist kein eigennütziges Recht, sondern stets auf das Kind bezogen. Denn durch den Schutz der Eltern sind die Kinder aus Sicht des Grundgesetzes idealerweise geschützt.[297] Weitere spezifische Einschränkungen ergeben sich aus der grundgesetzlich bestimmten staatlichen Schulaufsicht und der sich z. B. daraus ergebenen Schulpflicht (Art. 7 GG i. V. m. Landesschulgesetzen).

Träger von Grundrechten ist grundsätzlich jede natürliche Person, sind also auch Kinder.[298] Die Eröffnung des Schutzbereichs der einzelnen Grundrechte ist nicht altersabhängig, allenfalls kann die Ausübung je nach Reifegrad eingeschränkt werden.[299] Bestimmte Grundrechte sind insofern an ein gewisses Alter der Person gebunden: So kann sich ein Säugling rein tatsächlich nicht mit anderen zu einer Demonstration versammeln oder einen Beruf ausüben.[300]

Die Grundrechte entfalten Wirkung in zwei Richtungen: Zum einen haben Kinder ein eigenes Recht auf den **Schutz** ihrer Familie (Art. 6 Abs. 1 GG) und ihres Privatlebens (Art. 2 Abs. 1 i. V. m. Art. 1 GG) als Abwehrrecht gegen Eingriffe des Staates.[301] Dies gilt z. B. wenn das Kind zwar gefährdet ist, die Eltern aber die Gefährdung abwenden,

---

295 Vgl. § 1631a, § 1626 Abs. 2 BGB.

296 BVerfGE 59, 360, 382; 72, 122, 137.

297 Heiderhoff in: Röthel/Heiderhoff, Mehr Kinderrechte – Nutzen und Nachteile, S. 11 unter Hinweis u. a. auf BVerfGE 61, 358, 371.

298 BVerfGE 24, 144, 47, 73 f.; 79, 163.

299 Lohse in: Ernst/Lohse, Praxishandbuch Familiengerichtlicher Kinderschutz, Teil 1 Rn. 4 sowie Rossa, Kinderrechte, S. 90 jeweils m. w. N.

300 Beispiel nach Lohse in: Ernst/Lohse, Praxishandbuch Familiengerichtlicher Kinderschutz, Teil 1 Rn. 4

301 Wapler in: Richter/Krappmann/Wapler, Kinderrechte, S. 74 mit Verweis auf die Rechtsprechung des BVerfG „Recht des Kindes auf staatliche Gewährleistung der elterlichen Erziehung" (BVerfGE 133, 59, 73 sowie NZFam 2019, 473).

indem sie beispielsweise öffentliche Hilfen in Anspruch nehmen. Zum anderen haben Kinder subjektive Rechte gegen den Staat auf Schutz vor ihren Eltern und allgemein vor Gefahren in ihrem privaten Lebensumfeld sowie auf Förderung außerhalb der Herkunftsfamilie, welche aus dem Wächteramt in Art. 6 Abs. 2 Satz 2 GG abgeleitet werden.[302] Dies gilt z. B. dann, wenn das Wohl des Kindes gefährdet ist und die Eltern diese Gefährdung nicht abwenden wollen oder können.

Der staatlichen Gemeinschaft[303] wird also gleichzeitig die Aufgabe zugewiesen, über die Betätigung der Eltern zu wachen. Dieses sog. Wächteramt wird schon im Grundrechtstext des Art. 6 Abs. 2 Satz 2 GG betont. Es ermöglicht und verpflichtet den Staat zur subsidiären Hilfe bzw. Intervention in Fällen des Elternrechtsmissbrauchs oder elterlichen Versagens. Das bedeutet aber nicht, dass jedes Versagen oder jede Nachlässigkeit den Staat berechtigt, die Eltern von der Pflege und Erziehung auszuschalten oder gar selbst diese Aufgabe zu übernehmen.[304] Es gehört auch nicht dazu, gegen den Willen der Eltern für eine das Kind bestmögliche Förderung zu sorgen.[305] Vielmehr ist eine nachhaltige Gefährdung des Kindes grundsätzlich „erforderlich".[306] Konkretisiert wird das Wächteramt vor allem durch die Regelungen z. B. in der Kinder - und Jugendhilfe (SGB VIII) und teilweise auch durch die Regelungen über das elterliche Sorgerecht und dessen Schranken im BGB. Im SGB VIII wird sogar der Wortlaut des Art. 6 Abs. 2 Satz 1 GG ausdrücklich wiederholt.[307] Durch die im SGB VIII formulierten Leistungsansprüche z. B. auf Hilfe zur Erziehung[308], werden Eltern darin unterstützt, ihrer Erziehungsverantwortung in notwendiger und geeigneter Weise nachzukommen. Erst wenn diese Hilfen nicht mehr ausreichen, sind weitergehende und intervenierende Maßnahmen möglich. Das Jugendamt, welches im Rahmen des Wächteramts die Gefährdungssituation ein-

---

302 Wapler in: Richter/Krappmann/Wapler, Kinderrechte, S. 74 mit Verweis auf die Rechtsprechung des BVerfG (FamRZ 2017, 524, Ziff. 41).

303 Die „staatliche Gemeinschaft" ist nicht mit dem Begriff Gesellschaft gleichzusetzen. Also ist damit nicht jede*r Einzelne gemeint, sondern eingeschränkt der Staat mit seinen staatlichen Institutionen, insbesondere in den verschiedenen Bereichen der Jugendhilfe, Gesundheit, Soziales, Bildung und Justiz. In diesem Sinne ist hier aber die Trennung von Staat und Kirche zu beachten, insofern nicht kirchliche Träger im staatlichen Auftrag Leistungen erbringen.

304 BVerfG, FamRZ 2015, 112.

305 BVerfG, NJW 2006, 1723.

306 BVerfGE 24, 119, 144 f; 60, 79, 91.

307 Vgl. § 1 Abs. 2 SGB VIII.

308 Vgl. §§ 27 ff. SGB VIII.

zuschätzen und ein mögliches Kinderschutzverfahren einzuleiten hat (§ 8a, § 42 SGB VIII), ist für die Information, Beratung und Gewährung von Hilfen und Schutz verantwortlich.

Gleichzeitig wird das Wächteramt durch die möglichen sorgerechtlichen Maßnahmen des Familiengerichts[309] näher bestimmt, durch welche im äußersten Fall die Einschränkung oder der Entzug der elterlichen Sorge und die Herausnahme des Kindes aus der Familie angeordnet werden kann. Wichtigster Bezugspunkt stellt die (mangelnde oder fehlende) Bereitschaft oder Fähigkeit der Eltern zur Gefahrenabwehr dar.

Auch das Gesetz zur Kooperation und Information im Kinderschutz (KKG) wiederholt den Wortlaut des Art. 6 Abs. 2 GG[310] und die staatliche Gemeinschaft wird nochmals für eine „staatliche Mitverantwortung" im Sinne einer Verantwortungsgemeinschaft adressiert. Dabei ist davon auszugehen, dass alle gesellschaftlichen Akteure gemeint sind, die für das Aufwachsen und die Entwicklung von Kindern und Jugendlichen eine besondere Verantwortung tragen, zumindest aber die im KKG insbesondere in § 4 Abs. 1, aber auch in § 3 Abs. 2 genannten Einrichtungen und Dienste.[311]

2.2.2 UN-Kinderrechtskonvention

2.2.2.1 Rechtsqualität der UN-KRK

In dem **Übereinkommen der Vereinten Nationen über die Rechte des Kindes** (UN-Kinderrechtskonvention – UN-KRK) sind in Ergänzung zu den Allgemeinen Menschenrechten besondere Rechte für Kinder bis zu 18 Jahren enthalten. Die UN-KRK ist für die Bundesrepublik Deutschland am 5. April 1992 in Kraft getreten.[312] Wie alle völkerrechtlichen Verträge genießt die UN-KRK den **Rang eines Bundesgesetzes.**[313] Nach der Rechtsprechung des BVerfG ist das Grund-

[309] Vgl. § 1666 BGB sowie die gerichtlichen Prüfpflichten (§§ 157, 166 Abs. 2 und 3 FamFG i. V. m. § 1696 BGB).

[310] Vgl. § 1 Abs. 2 KKG.

[311] Langreder in: Möller, Praxiskommentar zum SGB VIII, § 1 KKG, Rn. 6 unter Hinweis auf § 3 Abs. 2 KKG.

[312] BGBl. 1992 II S. 121. Die im Zuge des Ratifikationsprozesses abgegebenen fünf Erklärungen, die mehrheitlich auf eine Einschränkung der Verpflichtungen aus dem Übereinkommen zielten (vgl. BGBl. 1992 II S. 990 f.), sind am 15. Juli 2010 mit Wirkung vom 1. November 2010 zurückgenommen worden (Vgl. die Pressemitteilung des Bundesministeriums der Justiz vom 15. 7. 2010). Seither gilt die Konvention in Deutschland ohne jede Einschränkung.

[313] Vgl. Art. 59 Abs. 2 Satz 1 GG.

gesetz im Lichte der UN-KRK völkerrechtskonform auszulegen, so dass insbesondere der **Vorrang des Kindeswohls**[314] über Art. 6 GG ein besonderes Gewicht erhält.[315] Die UN-KRK kann als **Auslegungshilfe** für die Bestimmung von Inhalt und Reichweite der Grundrechte und rechtsstaatlichen Grundsätzen des Grundgesetzes herangezogen werden.[316]

Zusammenfassung

- Die UN-KRK gilt uneingeschränkt in Deutschland und hat rechtlich den Rang eines Bundesgesetzes.
- Das Grundgesetz ist im Lichte der UN-KRK völkerrechtskonform auszulegen und es ist insbesondere der Vorrang des Kindeswohls über Art. 6 GG besonders zu berücksichtigen.
- Die UN-KRK stellt eine wichtige Auslegungshilfe dar, indem die Wertungen bei der Bestimmung des Inhalts der Grundrechte herangezogenen werden müssen.

2.2.2.2 Eine Auswahl von für den Kinder- und Datenschutz besonders relevanter Vorschriften

Die UN-KRK umfasst insgesamt 54 Artikel, die in drei Teile gegliedert sind. Ausgangspunkt ist die **Stellung des Kindes** von Geburt an als **Subjekt und Träger eigener, unveräußerlicher Grundrechte**, welche nicht unter der Verfügungsgewalt Erwachsener stehen. Im Sinne der UN-KRK ist ein Kind jeder Mensch, der das achtzehnte Lebensjahr noch nicht vollendet hat, soweit die Volljährigkeit nach dem auf das Kind anzuwendende Recht nicht früher eintritt.[317] Die Rechte somit aller Kinder und Jugendlichen werden in den 27 konkret ausformulierten Kinderrechten der UN-KRK präzisiert: dies sind vor allem Schutzrechte (protection), Förderrechte (provision) und Beteiligungsrechte (participation).

314 Art. 3 UN-KRK, s. Kapitel 2.2.2.2.

315 BVerfG, NJW 2015, 3366, 3367.

316 BVerfGE 111, 307, 317; 128, 282, 306; 326, 368; BVerfG, BeckRS 2013, 53752, Rn. 21: „Dies verlangt allerdings keine schematische Parallelisierung der Aussagen des Grundgesetzes mit denen der Kinderrechtskonvention, sondern ein Aufnehmen ihrer Wertungen, soweit dies methodisch vertretbar und mit den Vorgaben des Grundgesetzes vereinbar ist."

317 Dies ist in einigen islamischen Ländern der Fall.

II

Wie bei allen Menschenrechten liegen den in der UN-Kinderrechtskonvention formulierten Kinderrechten **drei Kernprinzipien** zugrunde: „Sie sind **universell**, d. h. sie gelten für alle Kinder ohne Unterschied weltweit. Sie sind **unteilbar**, d. h. alle Kinderrechte sind sowohl Freiheitsrechte als auch Gleichheitsrechte, wobei die 54 Artikel der Konvention in keinem hierarchischen Verhältnis zueinanderstehen. Es lassen sich nicht einzelne Rechte wie in einem Katalog herausgreifen, sondern sie stehen in einem systematischen Zusammenhang zueinander. Das Prinzip der Unteilbarkeit wird ergänzt und erläutert durch ein drittes Kriterium, das auf die Verwobenheit der Menschenrechte miteinander abzielt: Menschenrechte und auch Kinderrechte sind **interdependent**, d. h. sie bedingen sich gegenseitig und können nur als Ganzes vollständig verwirklicht werden."[318]

Nach **Art. 3 Abs. 1 UN-KRK** ist bei allen Maßnahmen, die Kinder betreffen, gleichviel ob sie von **öffentlichen oder privaten Einrichtungen der sozialen Fürsorge, Gerichten**, Verwaltungsbehörden oder Gesetzgebungsorganen getroffen werden, das **Kindeswohl** ein Gesichtspunkt, der **vorrangig zu berücksichtigen** ist. Dem Kindeswohl kommt dabei kein absoluter Vorrang gegenüber anderen privaten wie öffentlichen Belangen, so z. B. dem Elternrecht gegenüber, zu.[319] Mit Art. 3 UN-KRK soll dem Kindeswohl eine herausragende Bedeutung für alle Entscheidungen über Kinder betreffende Maßnahmen zugesprochen werden.[320] Als sog. self-executing Norm ist die Vorschrift unmittelbar anwendbar.[321] Jede Entscheidung, die Kinder berührt, muss deren Belange mit Vorrang in die Interessen- und Rechtsgüterabwägung einbeziehen. Der Begriff des Kindeswohls findet sich noch an mehreren anderen Stellen in der UN-KRK.[322] Dadurch wird deutlich, dass es sich dabei für die gesamte Konvention um ein Leitmotiv und Grundprinzip handelt. Bei der Frage, wie die besten Interessen des Kindes jeweils zu ermitteln sind, ist der enge Zusammenhang zu Art. 12 UN-KRK von großer Bedeutung. Die Zusicherung, einem Kind, das fähig ist, sich eine eigene Meinung unabhängig von den Eltern zu bilden, **Gehör und seiner Meinung Gewicht** zu geben, hat auch bei der **Ermittlung des**

---

318 Lohrenscheidt in: Die Menschenrechte von Kindern und Jugendlichen stärken, S. 6, 7.
319 Schmahl, Kinderrechtskonvention, Art. 3 Rn. 7 m. w. N.
320 Vgl. hierzu auch CRC, General Comments No. 14, CRC/C/GC/14, 2013, Rn. 37, 39.
321 Vgl. Wapler, Kinderrechte und Kindeswohl, S. 242.
322 Art. 9 Abs. 1, Abs. 3 und Abs. 4, Art. 18 Abs. 1, Art. 20 Abs. 1, Art. 21, Art. 37c, Art. 40 Abs. 2b III UN-KRK.

Kindeswohls und der entsprechenden Beachtung der datenschutzrechtlichen Vorschriften zu gelten.[323]

In **Art. 5 UN-KRK** geht es um die Pflicht der Familie oder anderer für das Kind gesetzlich verantwortlicher Personen, **das Kind bei der Ausübung seiner Kinderrechte** nach der UN-KRK angemessen **zu leiten und zu führen**.

Art. 6 UN-KRK sichert das grundlegende **Recht jedes Kindes auf Leben, Überleben und Entwicklung**. Ohne die Gewährleistung und den Schutz des Rechts auf Leben und Entwicklung wären alle anderen Konventionsrechte bedeutungslos.[324] Während Deutschland als Mitgliedsstaat lediglich in größtmöglichem Umfang zur Entwicklung des Kindes beitragen muss, liegt die Hauptverantwortung für das Überleben und die Entwicklung des Kindes grundsätzlich zuvörderst bei den Eltern.[325]

Gem. **Art. 9 Abs. 1 UN-KRK** darf das Kind grundsätzlich nicht gegen den Willen seiner Eltern von ihnen getrennt werden. Außerdem werden der Fortbestand familiärer Kontakte im Trennungsfall (Umgangsrechte) in Art. 9 Abs. 3 UN-KRK geregelt.

Nach **Art. 11 UN-KRK** soll jedes rechtswidrige Verbringen von Kindern ins Ausland und jede rechtswidrige Nichtrückgabe bekämpft und verhindert werden.

Nach **Art. 12 der UN-KRK** hat jedes Kind das Recht, in allen Angelegenheiten, die es betreffen, unmittelbar oder durch einen Vertreter gehört zu werden. Die **Meinung des Kindes** muss angemessen und entsprechend seinem Alter und seiner Reife berücksichtigt werden (Beteiligung oder Partizipation). Insbesondere durch dieses Recht wird deutlich, dass Kindern einen „Subjektstatus" erhalten sollen und dies so eine **Schlüsselnorm der UN-KRK** darstellt.[326] Art. 12 Abs. 2 UN-KRK sichert dem Kind das **Recht auf rechtliches Gehör** vor der Verwaltung (wie z. B. den Jugendämtern) und den Gerichten zu.

Das in **Art. 16 der UN-KRK** vorgesehene Recht des Kindes auf Privatleben entspricht dem jedermann als allgemeines Menschenrecht[327] gewährleisteten entsprechenden Recht nach Art. 17 des Internatio-

323 Vgl. hierzu auch CRC, General Comments No. 12, CRC/C/GC/14, 2009.

324 Schmahl, Kinderrechtskonvention, Art. 6 Rn. 1.

325 Schmahl, Kinderrechtskonvention, Art. 6 Rn. 13.

326 Schmahl, Kinderrechtskonvention, Art. 12 Rn. 1; vgl. hierzu auch CRC, General Comments No. 12, CRC/C/GC/14, 2009.

327 Vgl. Art. 12 AEMR

nalen Paktes über bürgerliche und politische Rechte (IPbpR), wobei das Kind hier ausdrücklich als Rechtsträger benannt ist. Der Schutzbereich erfasst auch den Schutz vor Einmischung und Überwachung von Briefen bzw. E-Mails oder privaten Aufzeichnungen und Mitteilungen. Daneben ist der Schutz der Privatsphäre, der Familie, der Wohnung und der Korrespondenz in Art. 8 Europäischen Menschenrechtskonvention (EMRK) verankert.[328]

Gem. **Art. 18 UN-KR** sollen grundsätzlich die Eltern, und zwar beide Elternteile gemeinsam, die **Verantwortung für Erziehung und Entwicklung** des Kindes tragen. Dabei soll das **Kindeswohl** ihr Grundanliegen sein (Art. 18 Abs. 1 Satz 3 UN-KRK).

Art. 20 und Art. 21 UN-KRK behandeln die Situation des Kindes, das außerhalb der Familie betreut werden muss. Damit knüpfen diese Vorschriften teilweise an Art. 9 Abs. 1 UN-KRK an, der in Extremsituationen eine Trennung von Kind und Eltern zum Wohl des Kindes vorsieht.[329]

Art. 22 UN-KRK regelt den Schutz von Kindern, die als **Flüchtlinge** in ein fremdes Land gekommen sind.

Durch **Art. 23 UN-KRK** sowie dem **Übereinkommen über die Rechte von Menschen mit Behinderungen** (UN-BRK) werden die Vertragsstaaten verpflichtet zum einen **Kinder mit Behinderungen** nicht zu diskriminieren[330] und zum anderen diesen Kindern spezielle Hilfen zu leisten, mit denen ihre Selbstbestimmung und gleichberechtigte Teilhabe am gesellschaftlichen Leben gefördert und Benachteiligungen vermieden werden. Darüber hinaus enthält die UN-BRK verschiedene Bestimmungen, die sich spezifisch mit Kindern mit Behinderungen auseinandersetzen.

Soziale Sicherheit in **Art. 26 UN-KRK** ist ein unverzichtbares Gut zur Verwirklichung des Kindeswohls im Sinne von Art. 3 UN-KRK. **Art. 27 UN-KRK** enthält das **Recht des Kindes auf einen angemessenen Lebensstandard** und weist damit eine große Nähe zu Art. 26 UN-

[328] Der Europäische Gerichtshof für Menschenrechte (EGMR) bezieht im Rahmen von Art. 8 EMRK den prinzipiellen Vorrang des Kindeswohls aus Art. 16 und Art. 3 Abs. 1 UN-KRK in seine Prüfung mit ein (vgl. Schmahl, Kinderrechtskonvention, Art. 16 Rn. 9 m. w. N. sowie den Hinweis auf eine Entscheidung zum Schutz der Intimsphäre bei heimlichen Filmaufnahmen der minderjährigen Stieftochter im Bad: EGMR NJW 2014, 607 Rn. 82).

[329] Schmahl, Kinderrechtskonvention, Art. 21 Rn. 1.

[330] Vgl. auch Art. 2 UN-KRK.

KRK und Art. 6 UN-KRK auf.[331] Zweck des Art. 27 Abs. 2 UN-KRK, der den **Vorrang des Elternrechts** normiert, ist zum einen, Eltern oder andere für das Kind verantwortliche Personen vor übermäßigen Eingriffen von Seiten des Staates zu bewahren. Zum anderen soll verdeutlicht werden, dass die **Personensorgeberechtigten** die **Hauptverantwortung für die Lebensbedingungen und die Entwicklung des Kindes** tragen.[332]

Die Bestimmungen in **Art. 32 bis Art. 36 UN-KRK** schützen das Kind vor verschiedenen Formen der **Ausbeutung** und des **Missbrauchs**.

Zusammenfassung
Art. 3 UN-KRK (Garantie des Kindeswohls)
Art. 5 UN-KRK (Eltern- und Familienrechte)
Art. 6 UN-KRK (Recht auf Leben)
Art. 9 UN-KRK (Trennung von den Eltern)
Art. 11 UN-KRK (Internationale Kindesentführung)
Art. 12 UN-KRK (Mitspracherecht; rechtliches Gehör)
Art. 16 UN-KRK (Schutz der Privatsphäre)
Art. 18 UN-KRK (Erziehung durch die Eltern)
Art. 20 UN-KRK (Betreuung außerhalb der Familie)
Art. 21 UN-KRK (Adoption)
Art. 22 UN-KRK (Kinder als Flüchtlinge)
Art. 23 UN-KRK (Fürsorge für Kinder mit Behinderungen)
Art. 26 UN-KRK (Soziale Sicherheit)
Art. 27 UN-KRK (Entwicklung des Kindes)
Art. 32 UN-KRK (Arbeitsschutz)
Art. 33 UN-KRK (Schutz vor Drogen)
Art. 34 UN-KRK (Schutz vor sexuellem Missbrauch)
Art. 35 UN-KRK (Maßnahmen gegen Kinderhandel)
Art. 36 UN-KRK (Schutz vor Ausbeutung).

331 Schmahl, Kinderrechtskonvention, Art. 27 Rn. 1.
332 Schmahl, Kinderrechtskonvention, Art. 27 Rn. 4.

2.3 Kinderschutz im Sozialen Dienst im Jugendamt

2.3.1 Gesetzeshistorie

Ein grundlegender Baustein des Kinderschutzes befindet sich in dem durch **§ 8a SGB VIII vorgegebene rechtliche Rahmen**, welcher durch das Kinder- und Jugendhilfeweiterentwicklungsgesetz (KICK)[333] im Jahr 2005 eingeführt und durch das **Bundeskinderschutzgesetz** (BKiSchG)[334] 2012 grundlegend reformiert wurde. Auf der Grundlage von § 8a SGB VIII wurde ein Instrumentarium geschaffen, um (mögliche) Kindeswohlgefährdungen einzuschätzen.[335] Neben der interinstitutionellen Zusammenarbeit und dem Aufbau von fallübergreifenden Netzwerkstrukturen wurden damals vor allem sog. Berufsgeheimnisträger*innen, die professionell mit Kindern oder Familien in Kontakt kommen, eine Verpflichtung zur Durchführung eines „eigenen" Kinderschutzverfahrens in dem besonders dafür geschaffenen **Gesetz zur Kooperation und Information im Kinderschutz** (KKG) auferlegt und diese damit aktiv in den Kinderschutz einbezogen. Die Weitergabe der Informationen an das Jugendamt durch die Berufsgeheimnisträger*innen wurde durch eine eigene Befugnis normativ ermöglicht. Die gesetzlichen Regelungen für einen wirksamen Kinderschutz wurden durch das **Kinder- und Jugendstärkungsgesetz** (KJSG)[336] erneut überarbeitet und sind insoweit am 10. Juni 2021 in Kraft getreten. Mit dem KJSG wurde zum einen der Kreis der betreffenden Berufsgruppen nochmals aktualisiert und erweitert, zum anderen wurden neben einzelnen Veränderungen direkt zum Kinderschutzverfahren vor allem die Fragen der Zusammenarbeit der hierfür relevanten Akteure innerhalb der Verantwortungsgemeinschaft verbessert.[337] Insbesondere die Pflicht zur Regelung zur Rückmeldung durch das Jugendamt[338], die Pflicht zur unverzüglichen Information durch die Gesundheitsberufe, wenn eine dringende Gefahr für das Kindeswohl das Tätigwerden des Jugendamtes erfordert[339], und die Einbeziehung der Strafverfolgungsbehörden[340] dürften die wichtigsten Neuerungen sein.

---

[333] Gesetz zur Weiterentwicklung der Kinder- und Jugendhilfe (Kinder- und Jugendhilfeweiterentwicklungsgesetz – KICK) vom 08. September 2005 (BGBl I 2005, 2729).

[334] Gesetz zur Stärkung eines aktiven Schutzes von Kindern und Jugendlichen (Bundeskinderschutzgesetz – BKiSchG) vom 22. Dezember 2011 (BGBl. I S. 2975).

[335] Vgl. BT-Drs. 17/6256, S. 20.

[336] Gesetz zur Stärkung von Kindern und Jugendlichen (KJSG) vom 3. Juni 2021 (BGBl. 2021 I 1444).

[337] Vgl. BT-Drs. 19/26107, S. 2.

[338] Gem. § 8a Abs. 1 Nr. 2 SGB VIII

[339] Gem. § 4 Abs. 4 KKG

[340] Gem. § 5 KKG

Flankiert wurden die neuen Regelungen zur Prävention von Kindern durch das Gesetz zur Bekämpfung sexualisierter Gewalt gegen Kinder.[341] Die gesetzlichen Veränderungen betreffen vor allem die Verschärfung des Strafrechts sowie Regelungen zur effektiven Strafverfolgung im Bereich der sexualisierten Gewalt gegen Kinder. Zur Prävention wurden aber auch die Regelungen zu den erweiterten Führungszeugnissen und dem familiengerichtlichen Verfahren, z. B. bei der Anhörung des Kindes in Kindschaftssachen, verändert. Dazu kommen neue Qualifikationsanforderungen für Familien- und Jugendrichter*innen, Jugendstaatsanwält*innen sowie Verfahrensbeistände.

In diesem Sinne ist die Mehrzahl der gesetzlichen Neureglungen auf mehr fallbezogene Zusammenarbeit und Kooperation insbesondere zwischen den Bereichen Jugendhilfe und Gesundheit ausgerichtet und so mit einem Mehr an Informationsaustausch verbunden. Neben den damit verbundenen erweiterten datenschutzrechtlichen Bestimmungen kommt auch dem Vertrauensschutz so eine höhere Bedeutung zu, da insbesondere den sorgeberechtigten Eltern gleichermaßen mit einem höheren Maß an Transparenz und Information zu begegnen ist.

2.3.2 Ablauf des Kinderschutzverfahrens nach § 8a SGB VIII

2.3.2.1 Bekanntwerden von gewichtigen Anhaltspunkten für eine Kindeswohlgefährdung nach § 8a SGB VIII – Vorgehen

Die gesetzlich festgeschriebenen fachlichen **Standards für das Kinderschutzverfahren** und die einzelnen **Verfahrensschritte** sind für die sozialpädagogischen Fachkräfte in den Sozialen Diensten[342] im Jugendamt verbindlich in den § 8a und § 42 SGB VIII geregelt.[343]

Nach § 8a Abs. 1 SGB VIII wird der gesetzlich verpflichtende **Schutzauftrag des Jugendamts** ausgelöst, wenn ihm gewichtige Anhaltspunkte für die Gefährdung des Wohls eines **Kindes** bekannt werden. Das Jugendamt muss daher zunächst in einer ersten Risi-

---

341 Gesetz zur Bekämpfung sexualisierter Gewalt gegen Kinder vom 16. Juni 2021 (BGBl. I S. 1810).

342 Allgemeiner Sozialer Dienst (ASD), Regionaler Sozialer Dienst (RSD) oder spezialisierter Kinderschutzdienst.

343 Der nachfolgende Text wurde teilweise aus Hundt, Kinderschutz nach dem Kinder- und Jugendstärkungsgesetz, S. 17 ff. entnommen.

koeinschätzung klären, ob es sich bei bekannt gewordenen Umständen um **gewichtige Anhaltspunkte für eine Kindeswohlgefährdung** handelt. Gewichtige Anhaltspunkte für eine Kindeswohlgefährdung sind konkrete Hinweise[344] oder ernst zu nehmende Vermutungen für eine Gefährdung in einem konkreten Einzelfall, die in der Zusammenschau nicht nur entfernt auf eine potenzielle Gefährdung hindeuten.[345]

II

Beispiel:

- Häufig **verdichten** sich **unspezifische Hinweise** (z. B. schreiendes Kind, Alkoholkonsum von Eltern) erst durch weitere Erkenntnisse oder eine Inaugenscheinnahme zu gewichtigen Anhaltspunkten.
- **Nicht jede Information** ist ein konkreter Hinweis oder eine ernst zu nehmende Vermutung auf eine Kindeswohlgefährdung. In diesem Sinne stellt nicht jedes Risiko immer auch eine (mögliche) Gefährdung dar. Fachkräfte im Jugendamt sind nicht verpflichtet, überall eine Gefährdung von Kindern zu vermuten; sie sind auch nicht „immer im Dienst" und haben keine Pflicht, **privat erlangten Hinweisen** nachzugehen.[346]
- Werden gewichtige Anhaltspunkte im Rahmen der Gewährung von anderen Jugendhilfeleistungen festgestellt, z. B. ein „vermülltes Kinderzimmer", Gefahrenquellen oder keine säuglingsgerechten Betten bei einem Hausbesuch im Rahmen von Hilfe zur Erziehung, kann dies eine verpflichtende Aktivität im Rahmen von § 8a Abs. 1 SGB VIII auslösen.
- Bei einer eingehenden Information bzw. Mitteilung einer dritten Person kann das Notieren von **Namen und Telefonnummer** datenschutzrechtlich gerechtfertigt sein, wenn dies für die Erfüllung des Schutzauftrags erforderlich ist (vgl. hierzu die Speicherung von Daten nach § 63 SGB VIII). Dabei wird es darauf ankommen, welcher Kontakt bereits zwischen Jugendamt und betroffener Familie besteht und ob es vor dem Hintergrund der Sicherstellung des Kinderschutzes im

---

[344] Bei dem Schutzauftrag gegenüber Kindern vor sexualisierter Gewalt in Einrichtungen stellt diese Anforderung häufig ein Problem dar, da es sich teilweise um (noch) unbestimmte Gefährdungslagen, wie sie im Fall von Missbrauch in Institutionen typischerweise entstehen: vgl. hierzu Lohse/Beckmann/Ehlers, JAmt 2023, 98, 100 m. w. N.

[345] Meysen in: Münder/Meysen/Trenczek, Frankfurter Kommentar SGB VIII, § 8a, Rn. 15.

[346] Vgl. hierzu Meysen in: Münder/Meysen/Trenczek, Frankfurter Kommentar SGB VIII, § 8a, Rn. 15; Radewagen in: Möller, Praxiskommentar SGB VIII, § 8a Rn. 7 m. w. N.

Einzelfall wichtig erscheint, noch einmal mit der hinweisgebenden Person Kontakt aufnehmen zu können.[347]

- Erfüllt eine sozialpädagogische Fachkraft im Sozialen Dienst **unterschiedliche Aufgaben im Jugendamt**, können bei der Erfüllung der anderen Aufgaben gleichzeitig gewichtige Anhaltspunkte für eine Kindeswohlgefährdung zutage treten. So können sich z. B. bei einer Trennungs- und Scheidungsberatung[348] oder im Rahmen der Jugendhilfe im Strafverfahren[349] Hinweise auf eine Kindeswohlgefährdung ergeben. In solchen Fällen hat die sozialpädagogische Fachkraft über § 63 Abs. 2 Satz 1 und 2 SGB VIII die Befugnis, trotz des weiterhin geltenden Grundsatzes der getrennten Aktenführung, die Sozialdaten zur Kindeswohlgefährdung mit in einer bestehenden Akte der Hilfe zur Erziehung abzuspeichern. Voraussetzung dafür ist jedoch, dass diese Informationen zur fachgerechten Aufgabenerfüllung des Schutzauftrages benötigt werden. Ein Nutzen der Sozialdaten ist dann gem. § 67c Abs. 2 Nr. 1 SGB X bzw. eine Übermittlung gem. § 69 Abs. 1 Nr. 1 SGB X legitimiert.[350]
- Erhält dagegen eine **Fachkraft aus einem anderen Bereich**, z. B. dem Bereich der Erziehungsberatung nach § 28 SGB VIII Hinweise auf eine Kindeswohlgefährdung, hat sie analog dem Vorgehen freier Träger[351] gem. § 8a Abs. 4 SGB VIII zunächst einmal im Rahmen einer ersten Risikoeinschätzung zu überprüfen, ob es sich dabei um gewichtige Anhaltspunkte bezüglich einer Kindeswohlgefährdung handelt. Die Fachkräfte des Sozialen Dienstes des Jugendamtes sind immer dann zu informieren, wenn es zum Schutz des Kindes notwendig ist. In diesem Falle erfolgt die Übermittlung der Sozialdaten zur Kindeswohlgefährdung entweder mit Einverständnis der betroffenen Person oder sofern diese nicht vorliegt auf Grundlage von § 69 Abs. 1 Nr. 1 SGB X i. V. m. § 8a Abs. 4 Satz 3 SGB VIII. Sozialdaten, die unter den besonderen Vertrauensschutz nach § 65 SGB VIII bzw. die berufliche Schweigepflicht gem. § 203 StGB fallen, können gem. § 65 Abs. 1 Nr. 5 SGB VIII i. V. m. § 34 StGB übermittelt werden.[352]

II

347 DIJuF-Rechtsgutachten, JAmt 2013, 27.
348 Vgl. § 17 SGB VIII.
349 Vgl. § 52 SGB VIII.
350 Beispiel nach Radewagen, Vertrauensschutz im Kinderschutz, S. 15.
351 Vgl. Kapitel 2.4.2 oder 2.4.3.
352 Beispiel nach Radewagen, Vertrauensschutz im Kinderschutz, S. 15.

II

Exkurs

Pränataler Kinderschutz?[353]

Schwangere, die z. B. regelmäßig Drogen, insbesondere Alkohol, konsumieren, gefährden damit die **Entwicklung des ungeborenen Lebens.**[354]

Der Schutzauftrag des Jugendamts gem. § 8a SGB VIII bezieht sich auf die Gefährdung des Wohls eines „Kindes". In Anlehnung an § 1 BGB, der hinsichtlich der Rechtsfähigkeit einer Person auf die Vollendung der Geburt abstellt, ist vom Wortlaut her entsprechend der Begriffsbestimmung in § 7 Abs. 1 Nr. 1 SGB VIIII damit ausschließlich das **geborene Kind** gemeint. Dies gilt ebenso für die Regelung zum familiengerichtlichen Kinderschutz (§ 1666 BGB).[355]

Nach geltendem Recht gibt es für das Jugendamt keinen verpflichtenden Schutzauftrag für ungeborene Kinder. Dennoch gebietet es die Schutzpflicht für das ungeborene Leben dem Jugendamt, auch Hinweisen auf Gefährdungen ungeborener Kinder durch Alkohol- bzw. Drogenkonsum oder durch Eigengefährdung der werdenden Mutter nachzugehen und ihr analog § 8a Abs. 1 SGB VIII Hilfen anzubieten.[356]

Nach § 2 Abs. 1 KKG sollen werdende Eltern über Leistungsangebote im örtlichen Einzugsbereich zur **Beratung und Hilfe in Fragen der Schwangerschaft, Geburt und der Entwicklung des Kindes** in den ersten Lebensjahren informiert werden. In Ergänzung dazu soll werdenden Eltern nach § 16 Abs. 3 SGB VIII **Beratung und Hilfe** in Fragen der Partnerschaft und des Aufbaus elterlicher Erziehungs- und Beziehungskompetenzen angeboten werden. Daneben fördert § 1 Abs. 4 Satz 2 KKG einen **frühzeitigen Unterstützungsansatz für Schwangere und werdende Eltern**, in dem ein frühzeitiges, koordiniertes und multiprofessionelles Angebot (Frühe Hilfen) vorgehalten wird, um Entwicklungsmöglichkeiten von Kindern bestmöglich zu fördern, Risiken für ihr Wohl möglichst früh wahrzunehmen und Gefährdungen systematisch abzuwenden.

Die erste **Risikoeinschätzung** ist für die Verwirklichung eines wirksamen Kinderschutzes die wichtigste Eingangsaufgabe: es bedarf der Einschätzung, ob es sich bei den bekannt gewordenen Umständen um gewichtige Anhaltspunkte handelt oder nicht und der sich dar-

---

353 Goldberg/Radewagen, in: JAmt 2023, 258; Wissenschaftliche Dienste des Deutschen Bundestages, WD 9 – 3000 – 093/19 sowie Luciano, in ZKJ 2023, 129 f. jeweils m. w. N.

354 Nasciturus bezeichnet in der Rechtswissenschaft das bereits gezeugte, aber noch ungeborene Kind.

355 Luciano, in: ZKJ 2023, 129, Fußn. 33: „weitgehend ungelöste Frage" m. w. N.

356 Goldberg/Radewagen, in: JAmt 2023, 258,

aus ergebenen Abwägung, ob zum Schutz des Kindes (ggf. sofortige) Maßnahmen zu unternehmen sind oder ob zunächst noch weitere Informationen zu den konkreten Umständen gesammelt und ausgewertet werden. Die Einschätzung des Jugendamtes besteht also zum einen aus einer **Bewertung der Sachlage** anhand der vorliegenden Informationen und gleichzeitig muss für die **Zukunft eine Prognose** erstellt werden. Für die Aktivierung des gesetzlichen Schutzauftrages spielt es keine Rolle, **auf welche Art und Weise das Jugendamt** von den Anhaltspunkten **Kenntnis erlangt.**[357]

Exkurs[358]

- In **grenzüberschreitenden Fallkonstellationen** können über den Internationalen Sozialdienst (ISD), bzw. die Zentrale Behörde für Internationale Sorgerechtskonflikte (Bundesamt für Justiz), Kindeswohlgefährdungsmitteilung aus dem Ausland den Jugendämtern in Deutschland übermittelt werden. Auch können Kindeswohlgefährdungsmitteilung von deutschen Jugendämtern in das Ausland übermittelt werden; hierfür ist eine telefonische Vorabklärung mit dem Internationalen Sozialdienst bzw. der Zentralen Behörde zu empfehlen.
- Der Internationale Sozialdienst[359] berät Fachkräfte der Kinder- und Jugendhilfe in allen **Kindeswohlfragen mit Auslandsbezug**; dabei sind Beratungsschwerpunkte internationale Kindschaftskonflikte, Fragestellungen der länderübergreifenden Kinder- und Jugendhilfe sowie migrationsspezifischen Fallkonstellationen.

Eine klare gesetzliche Legaldefinition der maßgeblichen **„gewichtigen Anhaltspunkte"** auf eine **Kindeswohlgefährdung** gibt es nicht.[360] Die Frage nach dem Vorliegen einer Kindeswohlgefährdung ist immer eine Einzelfallentscheidung und jeweils situativ-individuell zu beurteilen.[361] Als wichtige Arbeitshilfe für die vorzunehmende Gefährdungseinschätzung und gleichzeitig als Dokumentation der Risikoabklärung dienen häufig standardisierte **Checklisten oder sog. Kinderschutzbögen**. Bei der Aufklärung des Sachverhalts im

---

357 Interne oder externe Informationen bzw. Mitteilungen; durch professionelle Akteure, ehrenamtlich Tätige oder Privatpersonen; anonym oder mit persönlichen Angaben.

358 Kößler in: Luthe/Nellissen, jurisPK-SGB VIII, § 8a, Rn. 28.

359 Kontakt: Internationaler Sozialdienst (ISD) im Deutschen Verein für öffentliche und private Fürsorge e. V., E-Mail: isd@iss-ger.de siehe www.issger.de abgerufen am 02.09.2023,

360 Vgl. zum unbestimmten Rechtsbegriff ausführlich Kapitel 2.1.1.

361 BT-Drs. 19/28870, S. 6.

II

Rahmen der Gefährdungseinschätzung handelt es sich um die Erhebung personenbezogener Daten, so dass die Regelungen in § 62 SGB VIII sowie die Informationspflichten nach Art. 13 (Direkterhebung) und 14 DS-GVO (Dritterhebung) zu beachten sind.[362] Diese personenbezogenen Daten im Sinne von Indikatoren zur Gefährdungseinschätzung beziehen sich im Einzelnen auf die Bereitschaft und Fähigkeit der Eltern zum Schutz ihrer Kinder, auf die Beschaffenheit des aktuellen Systems von Hilfe und Unterstützung in und um die Familie im Sinne vorhandener und zu aktivierender Ressourcen, aus dem Alter und der Resilienz der Kinder sowie auch die Intensität bzw. Chronizität der bekannten gewichtigen Anhaltspunkte i. S. e. unmittelbaren oder drohenden Kindeswohlgefährdung.

§ 8a Abs. 1 Satz 1 SGB VIII sieht als zentralen fachlichen Standard vor, dass die Gefährdungseinschätzung im Kinderschutz nicht nur auf der sozialpädagogischen Beurteilung einer Fachkraft beruht, sondern **mehrere Fachkräfte**[363] verpflichtend zu beteiligen sind (sog. „Vier-Augen-Prinzip“). Bei dieser gesetzlich vorgeschriebenen **kollegialen Beratung** im Rahmen der Gefährdungseinschätzung geht es um die gemeinsame Reflexion in einem strukturierten Verfahren.[364] Ein sozialpädagogischer Austausch über die Informationen des Falles zwischen mindestens zwei zu beteiligenden Fachkräften ist **nicht nur datenschutzrechtlich erlaubt**, sondern mithin ausdrücklich (verpflichtend) vorgesehen.

Hinweis

- Bei der Gefährdungseinschätzung im Zusammenwirken von mindestens zwei Fachkräften dürfen auch die besonders geschützten anvertrauten Daten[365] ausgetauscht werden: Die datenschutzrechtliche Vorschrift in § 65 Abs. 1 Satz 1 Nr. 4 SGB VIII erlaubt die Weitergabe anvertrauter Daten an Fachkräfte, die zum Zwecke der Gefährdungseinschätzung hinzugezogen werden.
- Ist die Weitergabe von Daten in anonymisierter oder pseudonymisierter Form möglich, ist die personenbezogene Weitergabe der Daten nicht zulässig (§ 65 Abs. 1 Satz 1 Nr. 4 i. V. m. § 64 Abs. 2a SGB VIII).

[362] Vgl. hierzu ausführlich Kapitel 1.9.1 und 1.9.2.

[363] Vgl. zu den Anforderungen an eine „Fachkraft“ das sog. Fachkräftegebot in § 72 SGB VIII.

[364] Vgl. zur kollegialen Beratung als zentrale Methode teambasierter Gefährdungseinschätzung ausführlich Tenhaken in: Schone/Tenhaken, Kinderschutz in Einrichtungen und Diensten der Jugendhilfe, S. 135 ff.; vgl. außerdem zur Supervision im Rahmen des Kinderschutzes: Thiesmeier/Schrapper, Supervision im Kinderschutz.

[365] Vgl. § 65 SGB VIII sowie Kapitel 1.11.2.

Soweit der wirksame Schutz dieses Kindes oder dieses Jugendlichen nicht in Frage gestellt wird, hat das Jugendamt die Personen- bzw. **Erziehungsberechtigten** sowie **Kinder oder Jugendliche** in die Gefährdungseinschätzung einzubeziehen.[366] Die Gründe für die Nichtbeteiligung sind aktenkundig zumachen.

Definition:

- **Erziehungsberechtigte** sind gem. § 7 Abs. 1 Nr. 6 SGB VIII die Personensorgeberechtigten und jede **sonstige Person** über 18 Jahre, soweit sie auf Grund einer Vereinbarung mit dem Personensorgeberechtigten nicht nur vorübergehend und nicht nur für einzelne Verrichtungen Aufgaben der Personensorge wahrnimmt. Mit dem Begriff der Erziehungsberechtigten adressiert das SGB VIII die **tatsächliche Verantwortungsübernahme für Kinder oder Jugendliche.**[367] Es reicht allerdings auch eine regelmäßige, nicht nur stundenweise Verantwortungsübernahme.[368] Dies ist aber nur möglich, wenn diese **Person volljährig** ist und die Personensorgeberechtigten mit ihr eine Vereinbarung getroffen hat, in der sie ihr einzelne Aufgaben der Personensorge zur Ausübung übertragen hat.[369]
- Unter **sonstige Personen** sind z. B. Stiefeltern, Partner*in eines Elternteils, Großeltern, Pflegepersonen oder Erzieher*innen in einer (teil-)stationären Kinder- und Jugendhilfeeinrichtung[370] zu verstehen.
- Ehegatten minderjähriger Verheirateter kommen als Erziehungsberechtigte indes nicht in Betracht.[371]

Die Verpflichtung der Einbeziehung der Personensorgeberechtigten (Beteiligungspflicht) ergibt sich schon aus deren verfassungsrechtlichen Stellung und entspricht der vorrangigen **Erziehungsverantwortung der Eltern.**[372] Gleichzeitig enthält die Erziehungsverantwortung auch die Pflicht, (weitere) Gefahren für das Kindeswohl abzuwenden

---

366 Vgl. § 8a Abs. 1 Satz 2 SGB VIII.
367 Vgl. § 1600 Abs. 3 Satz 2, § 1685 Abs. 2 Satz 2 BGB
368 Meysen, in: Münder/Meysen/Trenczek, Frankfurter Kommentar SGB VIII, § 7 Rn. 4.
369 Kunkel/Kepert, in: Kunkel/Kepert/Pattar, SGB VIII, § 7 Rn. 9.
370 Vgl. § 1688 Abs. 1 und 2 BGB unter Hinweis auf §§ 34, 35, 35a SGB VIII.
371 Vgl. für unbegleitete Minderjährige ausdrücklich: § 42a Abs. 1 Satz 2, 2. Halbs. SGB VIII.
372 Vgl. Kapitel 2.2.1.

II

bzw. bei der Abwendung aktiv mitzuwirken.[373] Die **Beteiligung des Kindes oder der bzw. des Jugendlichen** an der Gefährdungseinschätzung, welche ebenfalls – wie bereits dargestellt – verpflichtend vorgesehen ist, soweit deren wirksamer Schutz dadurch nicht in Frage gestellt wird, ist unmittelbar aus deren verfassungsrechtlichen Subjektstellung (Art. 1 Abs. 1 GG) sowie den Mitspracherechte aus Art. 12 UN-KRK herzuleiten.[374] **Beteiligungsrechte** und **Berücksichtigung des Kindeswillens** sind daher in § 8 Abs. 1 Satz 1 SGB VIII ausdrücklich normiert. Dementsprechend betont der Gesetzgeber, dass **Partizipation von Kindern und Jugendlichen** ein grundlegendes Ausgestaltungsprinzip der Kinder- und Jugendhilfe darstellt und seine gelingende Umsetzung essentiell für die Erfüllung ihres Auftrags der Förderung der Entwicklung junger Menschen ist, für die deren Akzeptanz und Mitwirkung konstitutiv sind.[375] Zur Stärkung der Rechtsposition von Kindern und Jugendlichen hat der Gesetzgeber außerdem einen uneingeschränkten **Anspruch auf Beratung der Kinder und Jugendlichen** auch ohne Kenntnis ihrer Personensorgeberechtigten eingeführt (§ 8 Abs. 3 SGB VIII) und gleichzeitig bestimmt, dass **Beteiligung und Beratung von Kindern und Jugendlichen in der Kinder- und Jugendhilfe** in einer für diese **verständlichen, nachvollziehbaren und wahrnehmbaren Weise** zu erfolgen hat.[376] Damit ist letztlich eine fachliche Selbstverständlichkeit aufgenommen: die Interaktion und Kommunikation der Fachkräfte mit den Kindern und Jugendlichen ist nicht nur **alters- und entwicklungsgerecht** zu gestalten, sondern muss die besondere Situation im Kinderschutz, nämlich die Sicherung des Kindeswohls und der Schutz vor Gefahren berücksichtigen. In Bezug auf Kinder und Jugendliche mit Behinderungen trägt die Regelung damit auch Art. 21 der UN-BRK Rechnung und erfasst insbesondere auch die sog. „Leichte Sprache".[377] In diesem Zusammenhang sollen im Verfahren gem. § 8a SGB VIII auch den spezifischen Schutzbedürfnissen von Kindern und Jugendlichen mit Behinderungen Rechnung getragen werden. Dazu müssen auch entsprechende personenbezogene Daten erhoben werden.

---

373 Wapler in: Wiesner/Wapler, SGB VIII, § 8a Rn. 18.

374 Vgl. hierzu Kapitel 2.2.2.2. sowie Müller, in: Deutscher Kinderschutzbund Landesverband NRW e.V., Kinderschutz im Wandelt, Kapitel 6: Beteiligungsrechte und Kinderschutz.

375 BT-Drs. 19/26107, S. 73; BT-Drs. 19/28870, S. 101.

376 Vgl. zum Beratungsanspruch nach § 8 Abs. 3 SGB VIII ausführlich Kapitel 2.3.7. Die Formulierung „verständlicher, nachvollziehbarer und wahrnehmbarer Weise" wurde erst auf Vorschlag des Bundesrates eingefügt (BT-Dr. 19/27481, S. 3).

377 BT-Drs. 19/26107, S. 73; BT-Drs. 19/28870, S. 101.

Hinweis

- Bei der **Beteiligungspflicht** der Erziehungsberechtigten und den betroffenen Kindern oder Jugendlichen spielen aus fachlicher Sicht **folgende Aspekte**[378] eine Rolle:
  - die Problemakzeptanz (Werden die Probleme selbst wahrgenommen?)
  - die Problemkongruenz (Stimmen die Wahrnehmungen mit der fachlichen Einschätzung überein?)
  - die Hilfeakzeptanz (Besteht eine Bereitschaft oder die Fähigkeit, die Hilfsangebote anzunehmen und zu nutzen?)
- Die **Informationen** sind in **präziser, transparenter, verständlicher und leicht zugänglicher Form in einer klaren und einfachen Sprache** zu übermitteln; dies gilt insbesondere für Informationen, die sich speziell an Kinder und in besonderer Weise an beeinträchtige und behinderte Kinder richten (Art. 12 Abs. 1 Satz 1 mit Verweis auf Art. 23 DSGVO). Die Übermittlung der Informationen erfolgt schriftlich oder in anderer Form, gegebenenfalls auch elektronisch, bzw. falls von der betroffenen Person verlangt, kann die Information mündlich erteilt werden (Art. 12 Abs. 1 Satz 2 und 3 DSGVO).
- Da die sozialpädagogischen Fachkräfte diesbezüglich die **Beweislast tragen**, empfiehlt sich dennoch eine (intern) Dokumentierung der mündlichen Informationserteilung in der Akte des Kinderschutzverfahrens.[379]

Sofern es nach der fachlichen Einschätzung der sozialpädagogischen Fachkräfte erforderlich ist, haben diese sich für die Gefährdungseinschätzung einen **unmittelbaren Eindruck** vom Kind und der persönlichen Umgebung zu verschaffen[380], z. B. durch einen **Hausbesuch**, bei dem die Wohn- und allgemeine familiäre Situation des Kindes durch Augenschein und Gespräche geklärt werden können.[381]

---

378 Wapler in: Wiesner/Wapler, SGB VIII, § 8a Rn. 18 m. w. N.

379 Hundt, Datenschutz in der Kinder- und Jugendhilfe, S. 121.

380 Vgl. § 8a Abs. 1 Satz 2 Nr. 1 SGB VIII.

381 Vgl. zur Zulässigkeit und der Verpflichtung von Hausbesuchen bei gewichtigen Anhaltspunkten einer Kindeswohlgefährdung: VG Freiburg, JAmt 2013, 651.

II

Hinweis

- Die Inaugenscheinnahme des Kindes und dessen Wohnsituation durch einen Hausbesuch ist dabei stets Mittel zum Ziel: Das Ziel besteht zum einen darin, einen Hilfezugang zu der Familie zu finden, zum anderen aber auch Informationen zu erhalten, die für die Einschätzung der Gefährdung erforderlich sind.[382]
- Diese Regelung konkretisiert die für die Jugendämter nach § 20 SGB X erforderlichen **Untersuchungspflicht** (Amtsermittlung) durch das mögliche Beweismittel der Inaugenscheinnahme (z. B. Hausbesuch).[383]
- Das Fertigen von **Fotoaufnahmen** ist – die Eignung und Zweckmäßigkeit vorausgesetzt – regelmäßig nur mit Einwilligung der Betroffenen erlaubt.[384] Fotos mit einem Mobiltelefon sind grundsätzlich möglich, wenn sie nach der Aufnahme gesichert und dann von dem Mobilgerät gelöscht werden. Datenschutzrechtlich einfacher ist eine gesonderte Digitalkamera. Allerdings sollten sich die sozialpädagogischen Fachkräfte in den Jugendämtern von einer Ermittlungsarbeit, wie sie Strafverfolgungsbehörden betreiben (vgl. z. B. § 81b StPO), im Hinblick auf ihre Aufgaben des Kinderschutzes und die dafür notwendigen Vertrauensbeziehungen bewusst abgrenzen.[385]
- Es gilt allerdings zu berücksichtigen, dass ein Hausbesuch wegen des verfassungsrechtlichen **Grundrechts der Unverletzlichkeit der Wohnung** (Art. 13 GG) und mangels einer ausdrücklichen Rechtsgrundlage nur durchgeführt werden kann, wenn die Eltern zustimmen.[386]
- Bei konkreter **Gefahr für Leib und Leben** des Kindes oder Jugendlichen muss das Jugendamt daher die **Polizei** einschalten.[387]

Erscheint es der zuständigen Fachkraft des Jugendamtes nach eigener fachlicher Einschätzung gem. § 8a Abs. 1 Nr. 2 SGB VIII für erforderlich, ist es daneben möglich die **Person nach § 4 Abs. 3 KKG, die die Kinderschutzmitteilung übermittelt** hat, in die **Gefährdungsein-**

382 Radewagen, Vertrauensschutz im Kinderschutz, S. 29.
383 Vgl. § 21 Abs. 1 Satz 2 Nr. 4 SGB X.
384 Wapler in: Wiesner/Wapler, SGB VIII, § 8a Rn. 23 m. w. N.
385 Vgl. die kritische Stellungnahme in: DIJuF-Rechtsgutachten, JAmt 2008, 23 f. zu Fotoaufnahmen im Rahmen des Kinderschutzes aus sozialpädagogischer Sicht. Anders stellt sich die Situation für die Sicherung der Beweise durch die Rechtsmedizinischen Institute der Universitätsmedizin Rostock bzw. Greifswald in der Opferambulanz dar.
386 Trenczek in: Münder/Meysen/Trenczek, Frankfurter Kommentar SGB VIII, Anhang I Rn. 30.
387 Vgl. BT-Drs. 17/6256, S. 21; vgl. zur Hilfe der Polizei bei der Inobhutnahme ausführlich Kapitel 2.3.3.

schätzung einzubeziehen.[388] Die Frage, ob mitteilende Berufsgeheimnisträger*innen nach § 4 Abs. 3 KKG in die Gefährdungseinschätzung einzubeziehen sind, unterliegt also der **fachlichen Einschätzung der zuständigen sozialpädagogischen Fachkräfte** des Jugendamtes im Einzelfall und der Voraussetzung, dass dadurch der wirksame Schutz des Kindes bzw. der Erfolg der in diesem Zusammenhang zu gewährenden Hilfe nicht in Frage gestellt[389] wird.

II

Hinweis

- Durch die gesetzliche Regelung ist mithin **nicht** etwa eine **regelhafte Einbeziehung** Dritter in die Gefährdungseinschätzung oder sogar weitergehend eine Verantwortungsgemeinschaft vorgesehen.
- Vielmehr erfolgt dies ausschließlich im Rahmen eines **konkreten Gefährdungsabwendungsprozesses** zum Zweck der Sicherstellung einer möglichst fundierten Erkenntnisgrundlage für die Einschätzung der Gefährdung eines Kindes oder Jugendlichen nach fachlicher Einschätzung der Fachkräfte des Jugendamtes.[390]
- Wenn beispielsweise für die Risikoeinschätzung des Jugendamtes die **medizinische Krankheitsgeschichte des Kindes** erheblich ist, könnte die Einbeziehung der **Kindermedizin** sinnvoll und erforderlich sein.
- Bereits vor Änderung des § 8a SGB VIII durch das KJSG waren die Fachkräfte verpflichtet, im Rahmen der Gefährdungseinschätzung die ihm von Dritten zugetragenen Informationen und Wertungen auf ihre Plausibilität und Nachvollziehbarkeit hin zu überprüfen. Dennoch sollte aus Sicht des Gesetzgebers zur **Rechtssicherheit für die handelnden Akteure diese explizite gesetzliche Grundlage** eingeführt werden.[391]

---

388 Vgl. § 8a Abs. 1 Satz 2 Nr. 2 SGB VIII.

389 Vgl. § 64 Abs. 2 SGB VIII

390 Vgl. BT-Drs. 19/26107, S. 74.

391 Für die Umsetzung der Beteiligung von Angehörigen der Heilberufe an der Gefährdungseinschätzung durch das Jugendamt wurde ein Kostenaufwand von 1,218 Mio. Euro veranschlagt (BT-Drs. 19/26107, S. 60) und in § 73c SGB V eine Rechtsgrundlage für Kooperationsvereinbarungen zum Kinderschutz und damit zur Abrechnung von Vertragsärzt*innen und Psychotherapeut*innen geschaffen.

II

Exkurs[392]

Es wird kritisiert, dass die datenschutzrechtliche Unsicherheit durch die Neuregelung nicht aufgelöst wird: Denn liegt keine Einwilligung der Betroffenen in die Einbeziehung vor, wäre in Bezug auf **anvertraute Daten** eine Weitergabe wohl nur über § 65 Abs. 1 Satz 1 Nr. 4 SGB VIII zu rechtfertigen, indem Berufsgeheimnisträger*innen auch **zu den Fachkräften gezählt werden**, die zur Einschätzung des Gefährdungsrisikos hinzugezogen werden.[393] In diesem Sinne bleibt offen, ob mit Fachkräften nur Personen gemeint sind, die nach dem SGB VIII das Fachkräftegebot erfüllen oder umfassend auch Fachkräfte anderer Bereiche gemeint sind. Die gleiche Fragestellung ergibt sich auch in Bezug auf die s. g. insoweit erfahrene Fachkraft.

Da § 65 Abs. 1 Satz 1 Nr. 4, 2. Halbs. SGB VIII darauf verweist, dass vor einer Übermittlung an eine **Fachkraft, die der verantwortlichen Stelle nicht angehört**, nach § 64 Abs. 2a SGB VIII zu prüfen ist, ob eine Gefährdungseinschätzung nicht bereits mit **anonymisierten oder pseudonymisierten Daten** erfolgen kann, ging die Regelung bisher auch schon davon aus, dass mit dem Begriff der „Fachkräfte" auch solche außerhalb des Sozialen Dienstes im Jugendamt gemeint sein können (und nicht nur die „zweite Fachkraft" im Rahmen der gemeinsamen Gefährdungseinschätzung). Insoweit wird durch die Neuregelung keine Veränderung eingeführt. Für die sozialpädagogischen Fachkräfte sollte im Falle einer Einbeziehung der meldenden Berufsgeheimnisträger*innen in die Gefährdungseinschätzung allerdings vor der Weitergabe von anvertrauten Daten jeweils ausführlich geprüft werden, ob dies wegen des gesteigerten Geheimhaltungsschutzes überhaupt für das weitere Verfahren erforderlich ist oder gegebenenfalls auch pseudonymisierte Informationen ausreichen.[394]

Darüber hinaus können **Akteure anderer Institutionen** (z. B. aus der Kita oder Schule) oder dritte Personen (z. B. Familienmitglieder, Nachbarn, Freunde), falls dies erforderlich und sozialpädagogisch geboten erscheint, auch **ohne Mitwirkung der Erziehungsberechtigten und der Kinder bzw. Jugendlichen** zur Klärung der Situation der gefährdeten Kinder oder der Familie von dem Jugendamt aufgesucht und

392 Teilweise entnommen aus: Hundt, Kinderschutz nach dem Kinder- und Jugendstärkungsgesetz, S. 35 f.

393 Beckmann/Lohse, JAmt 2021, 178.

394 Ebenso Meysen in: Münder/Meysen/Trenczek, Frankfurter Kommentar, § 8a Rn. 29; Radewagen in: Möller, Praxiskommentar SGB VIII, § 8a Rn. 11e; andere Auffassung: Kößler in: Luthe/Nellissen, jurisPK-SGB VIII, § 8a, Rn. 28; Wapler in: Wiesner/Wapler, SGB VIII, § 8a Rn. 24b.

angefragt werden, um das Gefährdungsrisikos konkret zu klären (§ 62 Abs. 3 Nr. 2 Buchst. d SGB VIII). Eine Datenerhebung ist datenschutzrechtlich insoweit zulässig. Allerdings ist genau fachlich zu abzuwägen, auf welche Weise einerseits eine mögliche Gefährdungssituation für Kinder oder Jugendliche am besten eingeschätzt und abgestellt werden kann und ob sich andererseits aus sozialpädagogischen Gründen wegen möglicher negativer Folgen für das Vertrauensverhältnis zur Familie ein solches Vorgehen als sinnvoll darstellt. Sofern die angefragte Person einer eigenen Verschwiegenheitsverpflichtung (z. B. strafrechtliche Schweigepflicht) unterliegt, benötigt sie für die Auskunftserteilung eine entsprechende Schweigepflichtentbindungserklärung.[395] Hält die sozialpädagogische Fachkraft nach entsprechender Abwägung die Einbeziehung ohne Mitwirkung der betroffenen Person für zielführend und erforderlich, ist zudem zu entscheiden, ob sie bei der Abwägung der unterschiedlichen Interessen gegenüber der betroffenen Person auskunftspflichtig über die Quelle der personenbezogenen Daten (Art. 14 Abs. 2 Buchst. f DSGVO) sind oder nicht. Denn § 82a Abs. 1 Nr. 2 SGB X sieht vor, dass eine **Auskunftserteilung** gegenüber der betroffenen Person unterbleibt, wenn die Daten ihrem Wesen nach, insbesondere wegen der **überwiegenden berechtigten Interessen eines Dritten, geheim gehalten** werden müssen. Durch diese Möglichkeit wird sichergestellt, dass vertrauliche Informationen, z. B. im Kinderschutz an die Jugendämter gegeben werden können, ohne dass die meldende Person die **Offenlegung seiner Identität** zu befürchten hat.[396] Wird also bei einer Kinderschutzmitteilung deutlich, dass die Personensorgeberechtigten bzw. Kinder oder Jugendliche die Identität dieser Person nicht erfahren sollen, sind diese Daten zu schützen.[397] Letzteres gilt allerdings nicht bei professionellen Akteuren aus dem Kinderschutznetzwerk, sondern nur bei „privaten" dritten Personen.

2.3.2.2 Entscheidungs- und Handlungsmöglichkeiten

Sind schließlich alle für die Gefährdungseinschätzung erforderlichen Personen beteiligt und die relevanten und erforderlichen Informationen zusammengetragen worden, folgt nun eine Entscheidung: Haben sich die gewichtigen Anhaltspunkte für die **Kindeswohlgefährdung nicht bestätigt**, hat das **Jugendamt insoweit**

[395] Ein entsprechendes Muster befindet sich unter den Anlagen.
[396] vgl. hierzu die Gesetzesbegründung: BT-Drs. 18/12611, S. 119.
[397] Hundt, Datenschutz in der Kinder- und Jugendhilfe, S. 122.

das (Verwaltungs-) Verfahren einzustellen und gegebenenfalls die **Erziehungsberechtigten und das Kind** sowie die **mitteilenden Personen** nach § 4 Abs. 3 KKG darüber entsprechend zu informieren.

Haben sich die gewichtigen Anhaltspunkte im Rahmen der **Gefährdungseinschätzung dagegen bestätigt**, haben die Fachkräfte über das weitere Vorgehen zu beraten und über die nächsten Schritte zu entscheiden. Falls dies nach der Gefährdungseinschätzung angezeigt ist, ist den **Erziehungsberechtigten Hilfe anzubieten.**[398]

Mit § 10a SGB VIII wurde eine eigenständige Regelung zur **Beratung** geschaffen, die einen verbindlichen Beratungsanspruch der möglichen Leistungsberechtigten beinhaltet. Dieser Rechtsanspruch soll im Vorfeld von spezifischen Beratungs-, Unterstützungs- und Hilfeprozessen erfolgen, um Zugänge zu diesen aufzuzeigen, Orientierung über Zuständigkeiten zu geben und auch über Ausgestaltung, Wirkungen und Abläufe zu informieren.[399] Mündet der Aufklärungs- und Beratungsprozess in einem **Hilfeplanungsprozess** und kann durch die Inanspruchnahme von Hilfeleistungen die Gefährdungssituation für das Kind abgestellt werden, ist anschließend über die Gewährung von Hilfeleistungen nach § 2 Abs. 2 SGB VIII zu entscheiden. Besteht die Gefährdungssituation hingegen weiter fort, ist im Rahmen eines **Schutzplanes**[400] über weitere oder andere Maßnahmen zur Abwendung der Kindeswohlgefährdung im Kinderschutzverfahren zu entscheiden. Grundsätzliche Aspekte einer solchen Schutzplanung können in einem Schutzkonzept z. B. wie im § 37b Abs. 1 SGB VIII für die Pflegekinderhilfe vorgesehen zusammengefasst sein.

Hält das Jugendamt aufgrund der Situation das **Tätigwerden des Familiengerichts**[401] für erforderlich, so **muss zwingend** das Gericht eingeschaltet werden.[402] Dies gilt insbesondere, wenn das Jugendamt nicht über ausreichend Möglichkeiten verfügt, die Gefährdung einzuschätzen bzw. abzuwenden, weil die Personen- bzw. Erziehungsberechtigten nicht bereit oder in der Lage sind, an der Einschätzung mitzuwirken oder geeignete und notwendige Hilfe anzunehmen oder Schutz zuzulassen, z. B. wenn Eltern die Zusammenarbeit mit

---

398 Vgl. § 8a Abs. 1 Satz 3 SGB VIII.
399 Vgl. BT-Drs. 19/26107, S. 77.
400 Vgl. hierzu ausführlich sowie zu der Bezeichnung als Auflage im Hilfeplanprozess: Radewagen/Lehmann/Stücker, JAmt 2018, 10 ff.
401 Vgl. hierzu Kapitel 3.5.3.
402 Vgl. § 8a Abs. 2 Satz 1 SGB VIII.

dem Jugendamt verweigern oder dazu schlichtweg nicht in der Lage sind.[403] Aus der gesetzlichen Regelung ergibt sich für das Jugendamt insoweit eine **Anrufungspflicht** und die Pflicht notwendige Informationen an das Gericht weiterzuleiten. Besteht eine dringende Gefahr und kann die Entscheidung des zuständigen Familiengerichts nicht abgewartet werden, ist das Jugendamt verpflichtet und berechtigt, Kinder oder Jugendliche unabhängig von einem Einverständnis des oder der Personensorgeberechtigten vorläufig in Obhut zu nehmen.[404] Da Familiengerichte über einen gerichtlichen Bereitschaftsdienst verfügen und eine gerichtliche Eilentscheidung[405] jederzeit möglich ist, kommt eine Inobhutnahme letztlich nur in besonders gelagerten akuten Gefährdungssituationen und auch nur in einem geringen zeitlichen Umfang in Betracht.[406] Personenbezogene Daten, die dem Jugendamt zum Zwecke persönlicher und erzieherischer Hilfe anvertraut worden sind, dürfen von diesem an das Familiengericht gem. § 65 Abs. 2 Nr. 2 SGB VIII zur Erfüllung der Aufgaben nach § 8a Abs. 2 SGB VIII auch ohne Zustimmung übermittelt werden, wenn angesichts einer Gefährdung des Wohls eines Kindes oder eines Jugendlichen ohne diese Mitteilung eine für die Gewährung von Leistungen notwendige gerichtliche Entscheidung nicht ermöglicht werden könnte.

Soweit zur **Abwendung der Gefährdung** das sofortige Tätigwerden anderer Leistungsträger, der Einrichtungen der **Gesundheitshilfe** oder der **Polizei notwendig** ist, hat das Jugendamt zunächst bei den Erziehungsberechtigten auf Einschaltung bzw. Inanspruchnahme der Unterstützung der anderen Stellen hinzuwirken.[407] Wirken die Erziehungsberechtigten nicht mit, so schaltet das Jugendamt die anderen zur Abwendung der Gefährdung zuständigen Stellen selbst ein und übermittelt auch entsprechend erforderliche Daten, damit diese anderen Stellen zum Schutz des Kindes tätig werden können.[408]

---

403 Vgl. § 8a Abs. 2 Satz 1 Halbs. 2 SGB VIII.
404 Vgl. §§ 8a Abs. 3 Satz 2, 42 Abs. 1 Satz 1 Nr. 2 b SGB VIII.
405 Vgl. hierzu § 157 Abs. 3 FamFG.
406 Vgl. OVG Berlin-Brandenburg, NJW 2017, 1974; OVG Greifswald, NVwZ-RR 2018, 663 sowie hierzu Kapitel 2.3.3.
407 Vgl. § 8a Abs. 3 Satz 1 SGB VIII.
408 Vgl. § 8a Abs. 3 Satz 2 SGB VIII.

II

Hinweis

Erfordert die Abwendung einer potentiellen oder festgestellten Gefährdung eines Kindes oder Jugendlichen die Weitergabe von personenbezogenen Daten, dürfen diese insoweit an die **erforderlichen anderen Leistungsträger** übermittelt werden (§ 69 Abs. 1 Nr. 1 Alt 2 SGB X).

Eine allgemeine **Einbeziehung der Strafverfolgungsbehörden** oder der Gesundheitsbehörden in die Sachverhaltsermittlung im Rahmen der Gefährdungseinschätzung (§ 20 SGB X) wäre hingegen unzulässig, da diese mit einem Datenaustausch ohne Rechtsgrundlage verbunden wäre.[409]

Zusammenfassung

Ablauf eines Kinderschutzverfahrens nach § 8a SGB VIII

- **Risiko- und Gefährdungseinschätzung**
  - im Zusammenwirken mehrerer Fachkräfte,
  - Einbeziehung der Erziehungsberechtigten sowie
  - Einbeziehung der Kinder oder Jugendlichen, soweit der wirksame Schutz des Kindes oder Jugendlichen dadurch nicht in Frage gestellt wird,
  - falls nach fachlicher Einschätzung erforderlich und soweit der wirksame Schutz des Kindes oder Jugendlichen dadurch nicht in Frage gestellt wird: unmittelbaren Eindruck vom Kind und der persönlichen Umgebung (z. B. Hausbesuch) verschaffen und
  - Einbeziehung der meldenden Personen nach § 4 Abs. 3 KKG.
- Entscheidung und mögliche weitere Maßnahmen (je nach Ergebnis der Gefährdungseinschätzung):
  - Einstellung des Verfahrens
  - Beratung über mögliche Hilfeleistungen (§ 10a SGB VIII) und Einleitung eines Hilfeprozesses und Entwicklung eines Schutzkonzeptes
  - Anrufung des Familiengerichts

[409] DIJuF-Rechtsgutachten DRG-1110, beck-online, Rn. 7 sowie zur Situation bei Radikalisierung von Jugendlichen: DIJuF-Rechtsgutachten, JAmt 2018, 560.

- Inobhutnahme bei dringender Gefahr und Eilbedürftigkeit
- Unterstützung durch andere Stellen (z. B. Einrichtungen der Gesundheitshilfe oder Polizei).

- Wenn sich das (möglicherweise) gefährdete Kind nicht oder nicht mehr im eigenen Zuständigkeitsbereich befindet, Information des Jugendamtes, in dessen Zuständigkeitsbereich sich dieses aktuell aufhält.

*2.3.2.3 Rückmeldung an die informierenden Berufsgeheimnisträger*innen*

Nach den Änderungen der Regelungen im Kinderschutz durch das Kinder- und Jugendstärkungsgesetz (KJSG)[410] sollen nunmehr **Berufsgeheimnisträger*innen**[411] im Sinne von § 4 Abs. 1 KKG, die das Jugendamt über eine Kindeswohlgefährdung informiert haben, von dort zeitnah neben einer regulären **Eingangsbestätigung** nun zudem auch eine entsprechende **Rückmeldung** erhalten.

Hinweis

- Die Rückmeldung soll nach dem Eingang der Informationen **zeitnah** erfolgen. Da häufig das Verfahren zur Gefährdungseinschätzung erst abgeschlossen sein muss, bevor das Jugendamt die Einschätzung zur Kindeswohlgefährdung teilen kann, kann dies eine Weile dauern.
- Bei der Rückmeldeverpflichtung nach § 4 Abs. 4 KKG handelt sich um eine „Soll-Verpflichtung", was bedeutet, dass **grundsätzlich eine Rückmeldung erfolgen muss** und nur ausnahmsweise in atypischen Fällen von der Rückmeldung abgesehen werden kann.[412]
- Die Rückmeldepflicht stellt eine **personengebundene Rückmeldepflicht** dar: sie besteht allein gegenüber der Person, die Berufsgeheimnisträger*in ist, nicht aber gegenüber der Institution.[413]
- Einbezogen in die Rückmeldepflicht sind Personen nach § 4 Abs. 1 KKG. Dabei handelt es sich um die sog. **Berufsgeheimnisträger*innen**, also Personen, die unter Nr. 1 bis Nr. 7 KKG aufgeführten Berufsgruppen fallen.

---

410 Vgl. hierzu ausführlich Kapitel 2.3.1.

411 Vgl. hierzu ausführlich Kapitel 2.4.1.1.

412 Vgl. zur Soll-Formulierung bei Ermessensregelungen: Spellbrink in: Rolfs/Körner/Krasney/Mutschler, beck-online.Grosskommentar, § 39 SGB I Rn. 9.

413 DIJuF-Rechtsgutachten, JAmt 2022, 99.

- **Andere Berufe**, wie z. B. der Erzieher*innen in der Kindertagesbetreuung, sind von der Berufsgeheimnisträgerschaft in § 4 Abs. 1 KKG nicht umfasst.[414]
- Eine gesetzliche Grundlage für die **pauschale Rückmeldung an Personen**, die nicht Berufsgeheimnisträger*innen sind und das Jugendamt über eine Kindeswohlgefährdung informiert haben, ist daher nicht gegeben.[415]

II

Konkret sollen nach dem Gesetzeswortlaut folgende **drei Umstände vom Jugendamt** an die mitteilenden Berufsgeheimnisträger*innen zeitnah zurückgemeldet werden[416]:

- ob das Jugendamt die **gewichtigen Anhaltspunkte** für die Gefährdung des Wohls des Kindes oder Jugendlichen **bestätigt** sieht, wobei die Einschätzung des Jugendamtes inhaltlich formell nicht zu begründen ist und
- ob es zur Abwendung der Gefährdung des Wohls des Kindes oder Jugendlichen **tätig geworden** ist, aber nicht in welchem Maße bzw. mit welchen Maßnahmen und
- ob die ergriffenen Maßnahmen **noch andauern**, aber nicht zu Art und Dauer der ergriffenen Maßnahmen.[417]

Eine weitere oder detaillierte Information der Berufsgeheimnisträger*innen, insbesondere auch zu Informationen, die nicht Gegenstand ihrer, sondern anderer Mitteilung gewesen sind, ist nicht zulässig, außer eine entsprechende Einwilligung der betroffenen Personen liegt vor. Diese sind vor der Rückmeldung auf die Rückmeldepflicht des Jugendamtes hinzuweisen, es sei denn, dass damit der wirksame Schutz des Kindes in Frage gestellt wird (§ 4 Abs. 4 Satz 2 KKG). Auch hier empfiehlt es sich die Gründe der Unterlassung aktenkundig zu machen.

Für die **Rückmeldung an die entsprechenden Berufsgeheimnisträger*innen** wurden durch das KJSG ausdrücklich die datenschutzrechtlichen Regelungen des SGB VIII angepasst. Denn als Sozialleistungsträger ist das Jugendamt gem. § 35 SGB I verpflichtet, bei der Verarbeitung von Sozialdaten die einschlägigen datenschutzrechtlichen Vorschriften des SGB zu beachten. Mithin bedarf es einer gesetzlichen Übermittlungsbefugnis. Dementsprechend wurde eine

---

[414] DIJuF-Rechtsgutachten, JAmt 2022, 99.
[415] DIJuF-Rechtsgutachten, JAmt 2022, 99, 100.
[416] Ein Beispiel für einen Rückmeldebogen des Jugendamtes ist als Anlage beigefügt.
[417] Vgl. BT-Drs. 19/26107, S. 121.

Rechtsgrundlage für die datenschutzrechtliche Übermittlung der Rückmeldung in § 64 Abs. 4 SGB VIII eingefügt. Nach § 64 Abs. 4 SGB VIII soll ein Träger der öffentlichen Jugendhilfe, wenn er gem. § 4 Abs. 3 KKG Informationen und Daten erhält, gegenüber der mitteilenden Person eine Rückmeldung (wie oben ausgeführt) geben. Dabei handelt es sich um eine Übermittlung von Sozialdaten, die erforderlich ist zur **Erfüllung einer gesetzlichen Aufgabe des Jugendamtes** (§ 69 Abs. 1 Nr. 1 SGB X).

Die Übermittlung dieser Sozialdaten nach § 69 SGB X ist allerdings nur zulässig, wenn hierdurch der **Leistungserfolg einer zu gewährenden Leistung nicht in Frage gestellt wird** (§ 64 Abs. 2 SGB VIII). Ob der Erfolg einer Jugendhilfeleistung zur Abwendung der Kindeswohlgefährdung (z. B. eine Hilfe zur Erziehung) in Frage gestellt wird und damit die sozialrechtliche Übermittlungsbefugnis eine Grenze erfährt, obliegt allein der **Einschätzung der jeweils zuständigen sozialpädagogischen Fachkraft des Jugendamtes**, die auch die Verantwortlichkeit für die Zulässigkeit der Bekanntgabe von Sozialdaten durch ihre Weitergabe an einen Dritten trägt (§ 67d Abs. 1 Satz 1 SGB X).

Trotz der in § 4 Abs. 4 KKG aufgenommenen Regelung kann und darf das Jugendamt den mitteilenden Berufsgeheimnisträger*innen also keine automatisierte Rückmeldung geben, sondern muss vielmehr in einem Abwägungsprozess zunächst einmal deren Folgen für den Erfolg einer zu gewährenden Leistung herausarbeiten. Die Rückmeldung zum Kinderschutzverfahren im Jugendamt an die betreffenden Berufsgeheimnisträger*innen ist nur dann möglich, wenn dadurch keine Leistung in Gefahr gerät.[418] In diesem Fall sollte allerdings eine Rückmeldung dahin erfolgen, dass mit Verweis auf § 64 Abs. 2 SGB VIII aus sozialpädagogischer und jugendhilferechtlicher Sicht **ausnahmsweise von einer weiteren Rückmeldung abgesehen** wird (Anlage: Muster für Rückmeldebogen).

Die Übermittlung von Daten im Zusammenhang mit der Rückmeldung des Jugendamtes an die mitteilende Person gem. § 4 Abs. 4 KKG hat zudem die Wirkung, dass die mitteilende Person im Falle eines Dissenses das Kindeswohl auf andere Weise sicherstellen kann, in dem sie sich z. B. unmittelbar an das Familiengericht wendet.

418 Goldberg/Radewagen, JAmt 2020, 622, 627.

Bei einem **Auskunftsbegehren** (Art. 15 DSGVO), beispielsweise über die **Identität der meldenden Person** (Familienmitglieder, Nachbarn, Freunde etc.) und den Inhalten der Information oder Mitteilung, sieht § 83 Abs. 1 Nr. 1, § 82a Abs. 1 Nr. 2 SGB X vor, dass eine Auskunftserteilung unterbleibt, wenn die Daten ihrem Wesen nach, insbesondere wegen der überwiegenden berechtigten Interessen eines Dritten, geheim gehalten werden müssen. Durch diese Möglichkeit soll sichergestellt werden, dass vertrauliche Informationen im Kinderschutz an die Jugendämter gegeben werden können, ohne dass die **meldende Person die Offenlegung ihrer Identität zu befürchten** hat.[419] Wird also bei einer Kinderschutzmitteilung deutlich, dass die betroffenen Personen die Identität der meldenden Person nicht erfahren sollen, sind diese Daten zu schützen. Dies gilt allerdings nur **bei privaten Informationen bzw. Mitteilungen** und **nicht bei professionellen Akteuren** (Berufsgeheimnisträger*innen, pädagogische Fachkräfte in Kitas etc.). Letztere sind im Rahmen des eigenen Kinderschutzverfahrens bereits verpflichtet mit den Erziehungsberechtigten und den Kindern oder Jugendlichen über das Kinderschutzverfahren und auch die Information bzw. Mitteilung an das Jugendamt zu sprechen, außer der wirksame Schutz des Kindes oder Jugendlichen wird in Frage gestellt.

Exkurs[420]

Wird eine Information oder Mitteilung anonym erfasst bzw. soll diese so erfasst werden, so ist diese auch entsprechend schriftlich in der Fallakte, ohne jegliche personenbezogenen Daten zu dokumentieren. Diesbezüglich ist die Erfassung u. a. von Namen, Adressen, Mail-Adressen, Telefonnummern zu unterlassen. Auch ein entsprechender Hinweis, dass eine Person unter Nennung ihres Namens um Anonymität gebeten hat, wäre datenschutzrechtlich z. B. mit Blick auf ein mögliches gerichtliches Verfahren problematisch. Werden personenbezogene Daten von informierenden bzw. mitteilenden Personen erfasst und diese wünschen aber, dass eine Weitergabe z. B. an die betroffenen Familien unterbleibt, sind diese vertraulich zu behandeln und vor dem Zugriff Dritter, z. B. im Rahmen einer Akteneinsicht, zu schützen. Die entsprechenden Aktenteile wären vor der Akteneinsicht zu schwärzen oder zu sperren.

---

419 Vgl. BT-Drs. 18/12611, S. 119.

420 Teilweise entnommen aus: Hundt, Kinderschutz nach dem Kinder- und Jugendstärkungsgesetz, S. 35 f.

2.3.3 Inobhutnahme von Kindern und Jugendlichen durch das Jugendamt

Die **Inobhutnahme von Kindern und Jugendlichen** durch das Jugendamt wird in § 42 SGB VIII geregelt.[421] Nach § 42 Abs. 1 Satz 1 SGB VIII ist das örtliche Jugendamt[422] berechtigt und verpflichtet zur Inobhutnahme, wenn **Kinder oder Jugendliche hierum bittet** (sog. Selbstmeldende) oder eine **dringende Gefahr für das Wohl des Kindes oder die bzw. den Jugendlichen die Inobhutnahme erfordert** und die Personensorgeberechtigten nicht widersprechen oder eine familiengerichtliche Entscheidung nicht rechtzeitig eingeholt werden kann oder ein ausländisches Kind oder ein ausländischer Jugendlicher unbegleitet nach Deutschland kommt und sich weder Personensorge- noch Erziehungsberechtigte im Inland aufhalten.[423] Bei der in der Praxis vor allem relevanten zweiten Fallalternative handelt es sich um eine öffentlich-rechtliche Notkompetenz in akuten, nicht anders abwendbaren Gefährdungssituationen (**Nachrangigkeit der Inobhutnahme**).[424] Die Inobhutnahme muss zur Beseitigung der dringenden Gefahr für das Kindeswohl erforderlich sein. Dass die Vorschrift eine Inobhutnahme nur dann gestattet, wenn eine familiengerichtliche Entscheidung nicht rechtzeitig eingeholt werden kann, verdeutlicht, dass diese Maßnahme zum einen nur vorübergehenden Charakter haben soll und zum anderen nachrangig gegenüber familiengerichtlichen Entscheidungen ist. Der Schutz des Kindes oder Jugendlichen darf ein Abwarten der Entscheidung des Familiengerichts nicht erlauben.[425]

Beispiel[426]:

Das Jugendamt muss die Eltern vor einer wegen dringender Kindeswohlgefährdung geplanten **Inobhutnahme aus der Geburtsklinik** heraus nicht einbeziehen, wenn dadurch der wirksame Schutz des Kindes infrage gestellt wäre. Der wirksame Schutz ist infrage gestellt, wenn die Gefahr besteht, dass das

---

421 Damit wird die Bestimmung in § 8a Abs. 2 Satz 2 SGB VIII konkretisiert und für die sozialpädagogische Krisenintervention eine Rechtsgrundlage geschaffen.

422 Die Inobhutnahme erfolgt durch den örtlichen Jugendhilfeträger, § 87 SGB VIII.

423 Das Verfahren zur Inobhutnahme bei unbegleitet eingereisten Minderjährigen wird in Kapitel 2.3.4 ausführlich dargestellt.

424 Trenzcek in: Münder/Meysen/Trenczek, Frankfurter Kommentar SGB VIII, § 42 Rn. 9.

425 OVG Berlin-Brandenburg, NJW 2017, 1974, 1975; OVG Greifswald, NVwZ-RR 2018, 663.

426 VGH Kassel, JAmt 2021, 43 f.; vgl. hierzu auch EGMR NJW 2004, 3401.

Kind im Fall einer Einbeziehung der Eltern der Beaufsichtigung durch das Jugendamt entzogen wird, etwa indem die Mutter mit dem Neugeborenen die Klinik und ggf. zudem mit unbekanntem Aufenthalt verlässt.

II

Eine dringende Gefahr im Sinne der genannten Bestimmung muss indes – angesichts des mit der Inobhutnahme bewirkten schwerwiegenden Eingriffs in das Elternrecht – stets eine **konkrete Gefahr** sein. Eine lediglich latente bzw. abstrakte Gefahr für das Kindeswohl reicht zur Rechtfertigung einer Inobhutnahme nach dem Grundsatz der Verhältnismäßigkeit hingegen nicht aus.[427]

Hinweis

Wahrung des Grundsatzes der Verhältnismäßigkeit:

Eine Trennung des Kindes von seinen Eltern darf nur unter strikter Beachtung des Grundsatzes der Verhältnismäßigkeit erfolgen. Dabei sind auch die negativen Folgen einer Trennung des Kindes von den Eltern und einer Fremdunterbringung z. B. im Sinne eines Bindungsabbruches oder einer Traumatisierung zu berücksichtigen.

Eine solche Situation ist u. a. in besonderer Weise bei häuslicher Gewalt im Kontext einer unmittelbaren Fluchterfahrung gegeben.

Die Folgen müssen durch die hinreichend gewisse Aussicht auf Beseitigung der festgestellten Gefahr aufgewogen werden, sodass sich die Situation des Kindes in der Gesamtbetrachtung verbessert.[428]

Eine Inobhutnahme ist grundsätzlich nur eine vorläufige intervenierende Maßnahme des Jugendamts zum Schutz des Kindes oder Jugendlichen vor einer dringenden Gefahr. Eine Inobhutnahme stellt einen Verwaltungsakt dar und umfasst im Sinne der zur Gefahrenabwehr notwendigen Ausübung der Personensorge die Befugnis, Kinder und Jugendliche von einer anderen Person wegzunehmen und ggf. bei einer geeigneten Person, in einer geeigneten Einrichtung oder in einer sonstigen Wohnform vorläufig unterzubringen. Aus den Bestimmungen wird also deutlich, dass die Inobhutnahme nicht nur eine vorläufige Unterbringung darstellt, sondern es sich

[427] OVG München, NJW 2017, 1976, 1977 unter Hinweis auf Kößler in: jurisPK-SGB VIII, § 8a Rn. 22.

[428] BVerfG, Beschluss vom 16. 09. 2022 – 1 BvR 1807/20, BeckRS 2022, 30954, Rn. 42.

dabei um eine sozialpädagogische Schutzmaßnahme in einer **akuten Krisen- bzw. Gefahrensituation** handelt.[429]

Nach § 42 Abs. 2 Satz 3 SGB VIII wird klargestellt, dass das Jugendamt während der Zeit der Inobhutnahme für das **Wohl der Minderjährigen** verantwortlich ist (Sicherstellung des Unterhalts und der Krankenhilfe). Das Jugendamt erhält die **Befugnis, alle Rechtshandlungen vorzunehmen**, die zum Wohl des Kinds oder Jugendlichen notwendig sind, hat jedoch bei seinen Entscheidungen den mutmaßlichen Willen der Personensorge- bzw. der Erziehungsberechtigten angemessen zu berücksichtigen.[430] Die Inobhutnahme verschafft dem Jugendamt eine Position, die das elterliche Sorgerecht für die gesamte Dauer der Inobhutnahme vorübergehend und teilweise **überlagert** und insoweit eine öffentlich-rechtliche **Notkompetenz**[431] verschafft. Dies alles beinhaltet auch das Recht des Jugendamtes notwendige familienbezogene Daten zu erheben und in vorläufiger Ausübung der Personensorge zu erhalten und weiterzugeben. Allerdings bewirkt die Inobhutnahme nicht den Verlust des Personensorgerechts der Eltern, solange es nicht durch das Familiengericht beschränkt oder entzogen ist, sondern ggf. nur eine zeitlich sehr begrenzte Einschränkung.

Das Jugendamt hat während der Inobhutnahme **unverzüglich**[432] Kinder oder Jugendliche **umfassend und in einer verständlichen, nachvollziehbaren und wahrnehmbaren Form** über diese Maßnahme **aufzuklären** und die **Situation**, die zur Inobhutnahme geführt hat, zusammen mit dem Kind **zu klären** sowie Möglichkeiten der **Hilfe und Unterstützung** aufzuzeigen.[433] Außerdem ist Kindern oder Jugendlichen unverzüglich Gelegenheit zu geben, eine **Vertrauensperson**[434] zu benachrichtigen. Dabei sind sie entsprechend ihres Alters und Entwicklungsstandes aktiv zu unterstützen.

Das Jugendamt hat bei der Inobhutnahme auch gegenüber den Personensorge- und Erziehungsberechtigten eine **Benachrichtigungs-**

429 Dürbeck in: Wiesner/Wapler, SGB VIII, § 42 Rn. 22.
430 Vgl. § 42 Abs. 2 Satz 4 SGB VIII.
431 Vgl. BVerfG, NJW 2007, 3560, 3562; BVerwG, JAmt 2013, 588, Rn. 12.
432 Unverzüglich bedeutet ohne schuldhaftes Zögern (§ 121 BGB).
433 Vgl. § 42 Abs. 2 Satz 1 SGB VIII.
434 Häufig dürfte es sich gerade um einen Konflikt mit den Erziehungsberechtigten handelt, so dass andere Vertrauenspersonen zu erfragen und möglicherweise als vermittelnde Person einzuschalten sind. Bei der Wahl der Vertrauensperson ist zu beachten, dass diese nach dem Gesetz dem Minderjährigen zusteht, aber im Einzelfall ggf. selbst minderjährig sein könnte oder auch eine Person sein kann, die im Kontext der bestehenden Gefährdung Ausgangspunkt dieser sein könnte. Hier können, wie bereits beschrieben, Kindeswille und Kindeswohl gegeneinander stehen. Die zuständige Fachkraft trifft hier unter Beteiligung des Kindes eine dem Kindeswohl zuträgliche Entscheidung.

II

und Informationspflicht.[435] Sie sind zunächst unverzüglich[436] von der Inobhutnahme zu unterrichten. Sie haben einen Anspruch darauf, schnellstmöglich von der Tatsache der Inobhutnahme durch das Jugendamt zu erfahren. Die Informationen haben in einer **verständlichen, nachvollziehbaren und wahrnehmbaren Form** zu erfolgen, sie sind **umfassend über die Maßnahme aufzuklären**. Zusätzlich ist mit dem Personensorge- oder Erziehungsberechtigten das Gefährdungsrisiko abzuschätzen.[437] Die Durchführung einer Inobhutnahme führt immer dazu, dass die entsprechenden **personenbezogenen Daten erhoben** werden, was nach § 62 Abs. 1, 3 Nr. 2 Buchst. c SGB VIII zulässig ist. Sollte die Benachrichtigungs-, Informations- und Beteiligungspflicht dem Kindeswohl entgegenstehen, kann im begründeten Einzelfall differenziert davon abgesehen werden und so z. B. aus Schutzgründen im Rahmen einer geschützten Unterbringung, der aktuelle Aufenthalt nicht mitgeteilt werden.

Widersprechen die Personensorge- oder Erziehungsberechtigten der Inobhutnahme, hat das Jugendamt Kinder oder Jugendliche den Personensorge- oder Erziehungsberechtigten in zwei Fallkonstellationen zu übergeben:[438]

- Sofern nach Einschätzung des Jugendamtes eine Gefährdung des Kindeswohls nicht besteht oder
- sofern die Personensorge- oder Erziehungsberechtigten bereit und in der Lage sind, die Gefährdung abzuwenden und ggf. einer notwendigen und geeigneten Hilfe zustimmen.[439] Andernfalls verbleiben weiterhin gefährdete Kinder bzw. Jugendliche in der Obhut des Jugendamtes, bis festgestellt ist, dass die Gefährdungssituation nicht besteht oder beseitigt ist.

Für den **Widerspruch**[440] der Eltern gegen eine Inobhutnahme gibt es keine Form- und Fristvorgaben, das bedeutet, dass während der gesamten Zeit der Inobhutnahme ein (auch mündlicher) Wider-

---

435 Vgl. § 42 Abs. 3 Satz 1 SGB VIII.

436 Unverzüglich bedeutet ohne schuldhaftes Zögern (§ 121 BGB).

437 Vgl. § 42 Abs. 3 Satz 1 SGB VIII.

438 Dies gilt auch für den Fall der selbstmeldenden Kinder oder Jugendlichen nach § 42 Abs. 1 Satz 1 Nr. 1 SGB VIII. Wenn keine Gefährdung des Kindeswohls zu erkennen ist und die Fachkräfte des Jugendamtes trotz Verlangen der Eltern das Kind nicht herausgeben, könnte ansonsten der Straftatbestand einer rechtswidrigen Entziehung Minderjähriger (§ 235 StGB) relevant sein.

439 Vgl. § 42 Abs. 3 Satz 2 Nr. 1 SGB VIII.

440 Widerspruch im Sinne von § 42 Abs. 3 Satz 2 SGB VIII; vgl. zum Widerspruch als förmlichen Rechtsbehelf Kapitel 3.4.2.

spruch möglich ist. Dieser ist ggf. im gemachten Wortlaut in den Akten zu dokumentieren.

Sind die Personensorge- oder Erziehungsberechtigten mit der Inobhutnahme nicht einverstanden, ist das Jugendamt verpflichtet, die **Entscheidung des Familiengerichts** unverzüglich[441] herbeizuführen, wenn es der Auffassung ist, dass der Personensorgeberechtigte nicht bereit oder in der Lage ist, die Gefährdung abzuwenden[442] oder wenn es den Personensorgeberechtigten oder den Erziehungsberechtigten nicht erreichen kann.[443] Die **familiengerichtliche Entscheidung** beinhaltet nicht, die Rechtmäßigkeit der Inobhutnahme zu überprüfen, sondern je nach Ausgangslage Verfahren auf Kindesherausgabe oder aber auch von den Eltern oder dem Jugendamt angeregten Verfahren wegen Kindeswohlgefährdung, die dem Gericht die Überprüfung gestatten, ob tatsächlich eine dringende Gefahr für das Kind besteht, und ob und inwieweit die Eltern nicht gewillt oder nicht in der Lage sind, Gefahren für das Kind abzuwenden[444], während das **Verwaltungsgericht** für die **Überprüfung der Rechtmäßigkeit der Inobhutnahme** zuständig ist.

Widersprechen die Personensorgeberechtigten der Inobhutnahme **nicht**, ist das Jugendamt bei Bedarf verpflichtet, ein Hilfeplanverfahren zur Gewährung einer Hilfe einzuleiten und über die Hilfe zu entscheiden, um damit die Inobhutnahme zu beenden.[445]

Nach § 42 Abs. 5 SGB VIII ist das Jugendamt berechtigt, Kinder oder Jugendliche **geschlossen unterzubringen**, wenn dies erforderlich ist, um eine Gefahr für Leib oder Leben dieser (Eigengefährdung) oder Dritter (Fremdgefährdung) abzuwenden. Diese Maßnahme ist nach der gesetzlichen Vorschrift wieder aufzuheben, wenn nicht spätestens um 24.00 Uhr des folgenden Tages eine gerichtliche Entscheidung vorliegt. Für die freiheitsentziehende Maßnahme bedarf es in der Folge eines gesonderten Verwaltungsakts.[446]

Die Befugnis zur Inobhutnahme beinhaltet nicht die Befugnis zur **Anwendung unmittelbaren Zwangs.**[447] Sollte es erforderlich sein, im

---

441 Im Sinne des BGB § 121 Abs. 1 Satz 1 ohne schuldhaftes Zögern.

442 Vgl. § 42 Abs. 3 Satz 2 SGB VIII.

443 Vgl. § 42 Abs. 3 Satz 3 SGB VIII.

444 Vgl. Zimmermann, NZFam 2021, 64, 71.

445 Aus dem Gesamtzusammenhang ergibt sich: die Personensorgeberechtigten widersprechen nicht und sind aber über die Inobhutnahme in Kenntnis gesetzt. Denn bei Nichterreichbarkeit müsste nach § 42 Abs. 3 Satz 3 SGB VIII eine Entscheidung des Familiengerichts herbeigeführt werden.

446 Winkler in: Rolfs/Giesen/Kreikebohm/Meßling/Udsching, BeckOK Sozialrecht, SGB VIII § 42, Rn. 56.

447 Vgl. § 42 Abs. 6 SGB VIII.

II

Rahmen der Inobhutnahme auf Personen oder Sachen durch körperliche Gewalt einzuwirken (Unterdrückung von Gegenwehr von Personen oder Aufbrechen der Wohnungstür oder Verhinderung von Eigen- und Fremdgefährdung), bedarf es der Hinzuziehung von **Beamten des allgemeinen Polizeivollzugsdienstes**. Die Fachkräfte des Jugendamtes selbst dürfen nur in der Ausnahmesituation des rechtfertigenden Notstandes[448] Gewalt einsetzen, also nur bei einer gegenwärtigen, also akuten, nicht anders abwendbaren Gefahr für Leib oder Leben des Kindes, andere Personen oder für sich selbst, wenn eine Abwägung der widerstreitenden Interessen ergibt, dass durch die Gewaltanwendung das hierdurch geschützte Interesse wesentlich überwiegt. Erfordert die Abwendung einer potenziellen oder festgestellten Gefährdung eines Kindes oder einer bzw. eines Jugendlichen (z. B. zur Aufenthaltsermittlung) die Weitergabe von personenbezogenen Daten, dürfen diese insoweit an die erforderlichen anderen Leistungsträger, wie z. B. die Polizeibehörden übermittelt werden.[449] Das Gleiche gilt für die Unterstützung einer Inobhutnahme durch die Polizei nach § 42 Abs. 6 SGB VIII.

Zusammenfassung

- Das Jugendamt ist zur Inobhutnahme berechtigt und verpflichtet,
  - wenn Kinder oder Jugendliche darum bitten,
  - wenn eine dringende Gefahr für das Wohl des Kindes oder die/den Jugendlichen besteht und die Personensorgeberechtigten nicht widersprechen oder eine familiengerichtliche Entscheidung nicht rechtzeitig eingeholt werden kann.
  - Die Inobhutnahme ist eine vorläufige Unterbringung eines Kindes bei einer geeigneten Person oder in einer Einrichtung oder sonstigen betreuten Wohnform.
  - Das Jugendamt ist während der Zeit der Inobhutnahme für das Wohl der Minderjährigen verantwortlich (Unterhalt und Krankenhilfe). Die gesetzliche sog. Notkompetenz überlagert das elterliche Sorgerecht.
  - Kinder oder Jugendliche sind unverzüglich umfassend und in einer verständlichen, nachvollziehbaren und wahrnehmbaren Form über diese Maßnahme aufzuklären und die Situation, die zur Inobhutnahme geführt hat, zusammen mit dem Kind zu klären sowie Möglichkeiten der Hilfe und Unterstützung aufzuzeigen sowie Gelegenheit zur Benachrichtigung einer Vertrauensperson zu geben.

[448] Vgl. § 34 StGB.
[449] Vgl. § 69 Abs. 1 Nr. 1, 2. Alt. SGB X.

- Die Personensorge- und Erziehungsberechtigten sind unverzüglich von der Inobhutnahme zu unterrichten und in einer verständlichen, nachvollziehbaren und wahrnehmbaren Form und umfassend über die Maßnahme aufzuklären. Mit ihnen ist gemeinsam das Gefährdungsrisiko einzuschätzen.
- Widersprechen die Personensorge- oder Erziehungsberechtigten der Inobhutnahme, hat das Jugendamt Kinder oder Jugendliche den Personensorge- oder Erziehungsberechtigten zu übergeben, sofern nach seiner Einschätzung eine Gefährdung des Kindeswohls nicht besteht oder die Personensorge- oder Erziehungsberechtigten bereit und in der Lage sind, die Gefährdung abzuwenden.
- Das Jugendamt muss die Entscheidung des Familiengerichts herbeiführen, wenn es der Auffassung ist, dass der Personensorgeberechtigte nicht bereit oder in der Lage ist, die Gefährdung abzuwenden oder wenn es den Personensorgeberechtigten oder den Erziehungsberechtigten nicht erreichen kann.
- Das Jugendamt ist verpflichtet, ein Hilfeplanverfahren zur Gewährung einer Hilfe einzuleiten und über die Hilfe zu entscheiden, um damit die Inobhutnahme zu beenden, wenn die Personensorgeberechtigten der Inobhutnahme nicht widersprechen und bereit und in der Lage sind Hilfe anzunehmen.
- Die Voraussetzungen für die geschlossene Unterbringung eines Kindes oder einer bzw. eines Jugendlichen sind in § 42 Abs. 5 SGB VIII geregelt.
- Ist bei der Inobhutnahme die Anwendung unmittelbaren Zwangs erforderlich, sind die dazu befugten Stellen (z. B. Polizei) hinzuzuziehen.

II

2. 3. 4 Inobhutnahme von unbegleiteten Minderjährigen

Alle **ausländischen Kinder und Jugendlichen**, die unbegleitet nach Deutschland einreisen, sind gem. §§ 42a ff. SGB VIII durch das örtliche Jugendamt in Obhut zu nehmen. Eine Vormundschaft wird in der Folge durch das Familiengericht beschlossen, wenn sich weder deren Personensorge – noch Erziehungsberechtigten im Inland aufhalten.[450] In diesem Sinne sind entsprechende Rechtshandlungen des Jugendamtes auch bereits in den s. g. Transitbereichen der Flughäfen in vollem Umfang rechtskräftig.

[450] Vgl. § 42 Abs. 1 Satz 1 Nr. 3 SGB VIII.

Es besteht damit zunächst eine ausschließliche Zuständigkeit des Jugendamtes für **Erstversorgung, Unterbringung, Clearingverfahren** und für die sich anschließenden Hilfeleistungen, sodass es keinen Raum für eine asylrechtliche Unterbringung gibt. Die spezialgesetzlichen Regelungen im SGB VIII gehen insoweit dem Asylgesetz vor.[451] Die Kinder oder Jugendlichen sind bei einer geeigneten Person, in einer geeigneten Einrichtung oder in einer sonstigen Wohnform **vorläufig unterzubringen;** ihnen soll unverzüglich möglichst unterstützend Gelegenheit gegeben werden, eine Person ihres Vertrauens zu benachrichtigen.[452] Im Rahmen der vorläufigen Inobhutnahme ist das Jugendamt zur Durchführung eines sog. **Erstscreenings zur Einschätzung der individuellen Situation des Betroffenen** verpflichtet.[453] Es soll eine Einschätzung erfolgen, ob die unbegleiteten Minderjährigen in das zentrale Verteilungsverfahren übergeben werden können bzw. ob eine Verteilung aus Kindeswohlgesichtspunkten ausgeschlossen ist.[454] Auf der Grundlage des Ergebnisses dieser **Einschätzung** entscheidet das Jugendamt über die Anmeldung der unbegleiteten Minderjährigen zur Verteilung oder den Ausschluss der Verteilung.[455] Das Jugendamt hat in diesem Zusammenhang einzuschätzen, ob die **Durchführung des Verteilungsverfahrens** im Hinblick auf die physische und psychische Belastung zu einer **Kindeswohlgefährdung führen würde.**[456] Nach Auffassung des Gesetzgebers ist eine Verteilung nicht möglich, wenn die körperliche oder seelische Verfassung der unbegleiteten Minderjährigen ihre Transportfähigkeit so stark beeinträchtigt, dass aus der Durchführung des Verteilverfahrens erhebliche Risiken einer körperlichen oder psychischen Störung resultieren würden. Zum anderen ist die Verteilung ausgeschlossen, wenn sich die Kinder oder Jugendlichen der Durchführung eines Verteilungsverfahrens verweigern und aufgrund ihres seelischen Zustands zu befürchten ist, dass eine Durchführung der Verteilung entgegen dieser starken Ablehnungshaltung mit hoher Wahrscheinlichkeit zu einer (Re-)Traumatisierung führen kann.[457] Das Jugendamt hat während der Inobhutnahme für das Wohl der Kinder oder Jugendlichen zu sorgen und dabei den

[451] Vgl. hierzu Hundt, Praxishandbuch Familie und Migration, Kapitel 7.2.
[452] Vgl. 42a Abs. 1 Satz 2, § 42 Abs. 1 Satz 2, Abs. 2 Satz 2 SGB VIII.
[453] Vgl. hierzu BT-Drs. 18/5921, S. 18.
[454] Vgl. § 42a Abs. 2, Abs. 6 SGB VIII.
[455] Vgl. § 42a Abs. 2 Satz 2 SGB VIII
[456] BT-Drs. 18/5921, S. 23.
[457] BT-Drs. 18/5921, S. 23.

notwendigen Unterhalt und die Krankenhilfe sicherzustellen.[458] Das Jugendamt ist kraft öffentlichen Rechts verpflichtet und befugt, während der vorläufigen Inobhutnahme die **Vertretung der Minderjährigen** zu übernehmen, um die Rechtshandlungen vorzunehmen, die zum Wohl der Kinder oder Jugendlichen notwendig sind.[459] Bei der **Wahrnehmung der Vertretung** muss der mutmaßliche Wille der Personensorgeberechtigten oder Erziehungsberechtigen angemessen Berücksichtigung finden. Bis zum familiengerichtlichen Beschluss zur Vormundschaft bleiben die Fachkräfte des Sozialen Dienstes des Jugendamtes zuständig.

Das Jugendamt ist in dieser Zeit uneingeschränkt berechtigt notwendige personenbezogene Daten zu erheben und zweckgebunden zur Sicherung des Kindeswohls weiterzugeben. Ein grundsätzlicher Datenaustausch z. B. zwischen Jugendamt und Ausländerbehörde ist nicht statthaft.[460]

Hinweis[461]

Die Jugendämter sind gesetzlich verpflichtet, dafür Sorge zu tragen, dass die unbegleiteten Minderjährigen bei **Zweifel an der Identität** unverzüglich durch eine der zur Registrierung befugten Behörden **erkennungsdienstlich behandelt** und die **Daten** an das Ausländerzentralregister (AZR) übermittelt werden. Die Registrierung erfolgt bei der Ausländerbehörde oder bei der Polizei am Ort der vorläufigen Inobhutnahme.[462] Zudem sind auch die Aufnahmeeinrichtungen im Sinne des § 44 des Asylgesetzes und die Außenstellen des Bundesamtes für Migration und Flüchtlinge (BAMF) befugt, bei Tätigwerden in Amtshilfe die erkennungsdienstlichen Maßnahmen bei ausländischen Kindern oder Jugendlichen, die unbegleitet in das Bundesgebiet eingereist sind, vorzunehmen.[463] Diese Maßnahmen sollen im Beisein des zuvor zur vorläufigen Inobhutnahme verständigten Jugendamtes und in kindgerechter Weise unter voller Achtung der Interessen des Kindes im Einklang mit der UN-KRK erfolgen.[464] Die erkennungsdienstlichen Maßnahmen sind also nur zulässig, wenn **das Kindeswohl dem nicht entgegensteht** und die Anwesenheit einer vertretungsberechtigten Begleitperson sicher-

458 Vgl. 42a Abs. 1 Satz 2, § 42 Abs. 2 Satz 3 SGB VIII.
459 Vgl. § 42a Abs. 3 SGB VIII.
460 Vgl. hierzu ausführlich Kapitel 3.10.
461 Entnommen aus Hundt, Praxishandbuch Familie und Migrationsrecht, S. 179.
462 Vgl. § 71 Abs. 4 Satz1 AufenthG.
463 Vgl. § 71 Abs. 4 Satz 3 AufenthG.
464 Vgl. BT-Drs. 19/8752, S. 75.

gestellt ist.[465] Unter den erkennungsdienstlichen Maßnahmen sind bei Kindern bis zur Vollendung des 6. Lebensjahres Lichtbilder zu verstehen, während von älteren Kindern und Jugendlichen neben den Lichtbildern auch Fingerabdrücke aller zehn Finger gemacht werden dürfen.[466] Die aufgenommenen Daten werden im AZR eingetragen. Sind die Jugendlichen bereits an einem anderen Ort in Deutschland ausländerrechtlich erfasst, prüft das Jugendamt, ob dort bereits eine jugendhilferechtliche Zuständigkeit bestand und ggf. bereits eine vormundschaftliche Entscheidung durch das Familiengericht getroffen wurde.

Das Jugendamt muss nicht nur Obhut gewähren und die Situation klären, sondern unverzüglich die **Bestellung der Vormundschaft** veranlassen.[467] Zudem ist das Jugendamt verpflichtet schon **vorher in eigener Zuständigkeit** zu prüfen, ob unverzüglich für die unbegleiteten Minderjährigen die Stellung eines Asylantrages vorzunehmen ist. Dies ist als **ausdrückliche Pflicht für das Jugendamt** in den Fällen vorgesehen, in denen Tatsachen die Annahme rechtfertigen, dass die Kinder oder Jugendliche **internationalen Schutz**[468] im Sinne des AsylG benötigt.[469] Damit ist keine pauschale Asylantragstellung durch die Jugendämter währen des Clearingverfahrens gemeint. Dies beinhaltet die umfangreiche Prüfung der aufenthalts- und asylrechtlichen Situation, welche durch intensive Gespräche und im Einklang mit den Kindern oder Jugendlichen erreicht werden kann.[470] Zeigt sich im Gespräch mit den Kindern und Jugendlichen, dass die Annahme gerechtfertigt ist, dass internationaler Schutz in Betracht kommen könnte, dann soll mit deren Einvernehmen **ein Asylantrag gestellt** werden. Es bedarf hierzu entsprechender migrationsrechtlicher Kenntnisse und der organisatorischen Vorkehrungen, dass das Asylverfahren mit allen Betreibens- und Mitwirkungspflichten, die gesetzlich für Asylsuchende, gewahrt werden müssen, durchgeführt werden kann. Alle **Informationen und Unterlagen** werden nach der Bestellung der Vormundschaft **unmittelbar weitergegeben.**[471] Die Vertretungen im Asylverfahren werden dann im Weiteren durch die Vormünder*innen übernommen.

---

465 Vgl. BT-Drs. 19/8752, S. 75.
466 Vgl. § 49 Abs. 8, 9 AufenthG.
467 Vgl. § 42 Abs. 3 Satz 4 SGB VIII
468 Im Sinne von § 1 Abs. 1 Nr. 2 AsylG.
469 Vgl. § 42 Abs. 2 Satz 5 SGB VIII.
470 Vgl. auch § 42 Abs. 2 Satz 5, 2. Halbs. SGB VIII.
471 Vgl. allgemein hierzu: Achterfeld, in: JAmt 2017, 349 f.

2.3.5 Akteneinsicht beim Sozialen Dienst im Jugendamt

2.3.5.1 Einführung

Die Akteneinsicht dient der Information der Beteiligten über den **Sach- und Rechtsstand eines Verwaltungsverfahrens**[472] und muss im Ergebnis die Betroffenen befähigen, den Hergang der Fall- bzw. der Aktenbearbeitung und den Entscheidungsprozess nachzuvollziehen sowie die Stelle zu erkennen, an die sie sich mit ihren Argumenten (Fragen, Einwendungen, Beschwerden) wenden können.

II

Definition:

Was ist unter einem Sozialverwaltungsverfahren zu verstehen?

Unter einem **Sozialverwaltungsverfahren** ist nur eine Behördentätigkeit zu verstehen, die auf die Prüfung der Voraussetzungen, die Vorbereitung und den Erlass eines Verwaltungsaktes oder den Abschluss eines öffentlich-rechtlichen Vertrages gerichtet ist.[473] Das Einsichtsrecht bezieht sich nur auf **Verfahrensakten**, das bedeutet es muss zunächst überhaupt ein entsprechendes anhängiges Sozialverwaltungsverfahren vorliegen. Bevor ein Verwaltungsverfahren eingeleitet worden ist, kann auch keine Akteneinsicht in dieses Verfahren erfolgen. Nicht alle Tätigkeiten von sozialpädagogischen Fachkräften im Jugendamt sind auf die Vorbereitung oder den Erlass eines Verwaltungsaktes gerichtet. Dies trifft z. B. nicht bei einer allgemeinen Beratung (sog. **„lose Vorgänge"**) über mögliche Leistungsansprüche zu. Gleiches gilt für die **Mitwirkung im familiengerichtlichen Verfahren**[474] oder der Jugendhilfe im Jugendstrafverfahren. Das Hilfeplanungsverfahren nach § 36 ff. SGB VIII enthält Teile des Sozialverwaltungsverfahrens, ist aber nicht identisch mit diesem.[475] Gegebenenfalls kommt in einem solchen Fall dann keine Akteneinsicht, sondern ein Anspruch auf Auskunft in Betracht.[476]

Grundsätzlich läuft ein Verwaltungsverfahren, bis es (durch Rücknahme, Bescheid oder andere Erledigungsgründe) abgeschlossen

---

[472] BSG, NJW 1995, 1447.

[473] Vgl. § 8 SGB X.

[474] Vgl. hierzu Kunkel, in: ZFSH SGB 2018, 624, 631 unter Hinweis auf VG Würzburg, Urteil vom 26. 01. 2017 – W 3 K 16.885.

[475] Kunkel/Kepert in: Kunkel/Kepert/Pattar, Sozialgesetzbuch VIII, Anhang 5 Rn. 1.

[476] Vgl. § 83 SGB X.

ist. Allerdings gilt es zu beachten, dass ein Widerspruchsverfahren ein neues eigenständiges Verwaltungsverfahren eröffnet, für das ebenfalls das Akteneinsichtsrecht nach § 25 SGB X gilt.[477]

2.3.5.2 Wer kann Akteneinsicht nehmen?

II

Beteiligten im Verwaltungsverfahren[478] ist Einsicht in die das Verfahren betreffenden Akten zu gestatten, soweit deren Kenntnis zur Geltendmachung oder Verteidigung ihrer rechtlichen Interessen erforderlich ist.[479] Schon das Wort „soweit" verdeutlicht dabei, dass nicht zwingend die gesamte Akte von der Behörde zur Verfügung gestellt werden muss, sondern nur der Teil, der zur Geltendmachung oder Verteidigung der rechtlichen Interessen notwendig ist. Ein **rechtliches Interesse** liegt dann vor, wenn die Einsichtnahme darauf abzielt, eine tatsächliche Unsicherheit zu beseitigen, ein rechtlich relevantes Verlangen nach dem Ergebnis der Einsichtnahme zu regeln oder eine gesicherte Grundlage für die Verfolgung eines Anspruchs zu erhalten (z. B. auf Kinder- und Jugendhilfeleistungen oder aus Amtspflichtverletzung).[480] Der Beteiligte kann sich im Rahmen der Akteneinsicht durch einen Bevollmächtigten vertreten lassen.[481]

Definition:

Können auch Minderjährige Akteneinsicht nehmen?

Das Akteneinsichtsrecht setzt als Verfahrenshandlung die Handlungsfähigkeit[482] voraus.[483] Minderjährige ab 15 Jahren können eigenständig Anträge auf Sozialleistungen stellen, wenn die Personensorgeberechtigten dies nicht durch schriftliche Erklärung einschränken. Mithin kann von Minderjährigen ab 15 Jahren auch das Akteneinsichtsrecht wahrgenommen werden.[484]

---

477 Kunkel/Kepert in: Kunkel/Kepert/Pattar, Sozialgesetzbuch VIII, Anhang 5 Rn. 1.

478 Vgl. § 12 Abs. 1 SGB X: erfasst sind Antragsteller*in und Antragsgegner*in (Nr. 1), diejenigen, an die die Behörde den Verwaltungsakt richten will oder gerichtet hat (Nr. 2) bzw. mit denen die Behörde einen öffentlich-rechtlichen Vertrag schließen will oder geschlossen hat (Nr. 3), sowie diejenigen, die von der Behörde zu dem Verfahren hinzugezogen worden sind, weil ihre rechtlichen Interessen berührt werden (Nr. 4 i. V. m. § 12 Abs. 2).

479 Vgl. § 25 Abs. 1 Satz 1 SGB X.

480 Vgl. Engel in: Mann/Sennekamp/Uechtritz, Verwaltungsverfahrensgesetz, § 29 Rn. 45.

481 Vgl. § 13 SGB X.

482 Anders als die Geschäftsfähigkeit ab dem 7. Lebensjahr gemäß § 104 BGB.

483 Vgl. § 11 Abs. 1 SGB X.

484 Vgl. § 11 Abs. 1 Nr. 2 SGB X i. V. m. § 36 Abs. 1 Satz 1, Abs. 2 SGB I.

2.3.5.3 Verfahren

Die Akteneinsicht erfolgt grundsätzlich **bei dem die Akte führenden Jugendamt**[485] bzw. in dem die Akten führenden Bereich dieses Jugendamtes. Gegenstand des Akteneinsichtsrechts sind grundsätzlich **alle Teile der Akte**, ausgenommen sind jedoch ausdrücklich Entwürfe zu Entscheidungen sowie die Arbeiten zu ihrer unmittelbaren Vorbereitung.[486]

II

Ein Anspruch auf Erläuterungen besteht grundsätzlich nicht. Zum Schutz der betroffenen Person kann es jedoch erforderlich sein, dass bei sog. „Schockdaten" medizinischer oder biographischer Art eine **einfühlsame Vermittlungsperson** einzuschalten, also während der Akteneinsicht anwesend ist.[487]

Beispiel:

Ein junger Volljähriger beantragt Akteneinsicht in seine eigenen Akten zur Aufarbeitung von biographischen Fragen. Im Rahmen von Kinderschutz- und Fremdunterbringung sollte die Akteneinsicht durch eine erfahrene sozialpädagogische Fachkraft vermittelt und begleitet werden, damit der junge Mensch nicht mit den für ihn schwierigen Akteninhalten, die seine Entwicklung und Entfaltung der Persönlichkeit beeinträchtigen könnten, allein gelassen wird.

Die Befürchtung, dass der junge Mensch durch die Kenntnis der Akten in seiner Entwicklung und Entfaltung der Persönlichkeit beeinträchtigt wird, schränkt das Recht auf Akteneinsicht aber ausdrücklich nicht ein.[488]

Soweit die Akteneinsicht zu gestatten ist, können die Beteiligten **Auszüge oder Abschriften der Akte** selbst fertigen oder sich **Ablichtungen** durch die Behörde erteilen lassen, für welche das Jugendamt in angemessenem Umfang Aufwendungsersatz gemäß gültiger Gebührenordnung der Verwaltung verlangen kann bzw. die dort geregelten Einsichtsmöglichkeiten in eine elektronisch geführte Akte wahrnehmen.[489]

485 Vgl. § 25 Abs. 4 Satz 1 SGB X.
486 Vgl. § 25 Abs. 1 Satz 2 SGB X.
487 Vgl. § 25 Abs. 2 SGB X.
488 Vgl. § 25 Abs. 2 Satz 4 SGB X.
489 Vgl. § 25 Abs. 5 SGB X.

2.3.5.4 Sozialdatenschutz und Akteneinsichtsrecht

Die Fachkräfte beim öffentlichen Jugendhilfeträger sind bei einem Begehren auf Akteneinsicht verpflichtet zu überprüfen, ob das **Sozialgeheimnis** tangiert wird und Vorgänge wegen der berechtigten Interessen der Beteiligten oder dritter Personen geheim gehalten werden müssen.[490] In einem solchen Fall sind die Fachkräfte nicht nur „nicht verpflichtet" Akteneinsicht zu gewähren,[491] sondern wegen der Pflicht zur Gewährleistung des Datenschutzes dazu nicht berechtigt, wenn berechtigte Interessen Beteiligter oder Dritter nicht geschützt werden können.

Definition:

Wie ist mit den Akteneilen, die Daten Dritter enthalten, bei der Akteneinsicht durch die betroffene Person umzugehen?

Bei der Akteneinsicht müssen die Aktenteile, die Daten Dritter enthalten, ausgesondert und durch ein sog. Fehlblatt gekennzeichnet werden („Blatt wurde aus Datenschutzgründen entnommen") oder kopiert und die relevanten Teile abgedeckt oder geschwärzt werden („Aktenteile wurden aus Datenschutzgründen unlesbar gemacht"), so dass die übrigen Aktenbestandteile noch von der betroffenen Person eingesehen werden kann. Dies gilt nur dann, wenn die dritte Person nicht seine Einwilligung in die Akteneinsicht gegeben hat und wenn ein berechtigtes Schutzbedürfnis des Dritten vorliegt. Originale Aktenbestandteile dürfen nicht verändert werden.

Beispiel:

Im Rahmen einer strittigen Trennung und Scheidung ist beispielsweise bei der Akteneinsicht durch einen der beiden personensorgeberechtigten Elternteile besonders darauf zu achten, dass dieser „nur" die Aktenteile, die das Kind und die eigene Person betreffen, einsehen kann.

Überwiegende berechtigte Interessen sind auch dann anzunehmen, wenn es sich um Daten handelt, die den Fachkräften in den Jugendämtern zum Zweck persönlicher und erzieherischer Hilfe **anvertraut**

[490] Vgl. § 35 Abs. 3 SGB I, § 25 Abs. 3 SGB X.
[491] Vgl. § 25 Abs. 3 SGB X.

wurden.[492] Bei diesen anvertrauten Daten wird regelmäßig eine **Einwilligung der betroffenen Person** Voraussetzung für eine Akteneinsicht sein.[493] Ohne Einwilligung ist auch insoweit das Akteneinsichtsrecht begrenzt und die entsprechenden Aktenteile sind zu entfernen.

Beispiel:

Wenn eine in der Jugendhilfe betreute Jugendliche Aktenteile einsehen möchte, in denen die psychische Erkrankung ihrer Mutter erläutert und in Bezug auf die Erziehung oder eine Sorgerechtsentscheidung von ihr thematisiert wird, bedarf es einer Einwilligung der Mutter. Denn es handelt sich um anvertraute Daten.[494]

II

2.3.5.5 Geheimhaltungsinteresse bei Kinderschutzfällen

Nach der Rechtsprechung des Bundesverwaltungsgerichts sind die Personalien von der **Person**, die einen **Hinweis im Rahmen eines Kinderschutzverfahrens** gegeben hat, **geschützte Sozialdaten**. Wie die Rechtsprechung ebenfalls herausstellt, sind die Jugendämter „auf die Anzeige von Verdachtsfällen durch Personen, die sich um das Wohlergehen von Kindern oder Jugendlichen sorgen, angewiesen, um zum Schutz der jungen Menschen eingreifen zu können. Die Tatsache, dass gerade nahestehende Personen wie Verwandte, Nachbarn, Freunde oder auch Familienangehörige über den dafür notwendigen Einblick in familieninterne Konfliktlagen verfügen, macht es nachvollziehbar, dass eine solche Anzeige entweder gänzlich anonym oder aber unter Angabe von Personendaten unter der Zusicherung erfolgt, dass diese vom Jugendamt nicht weitergegeben werden. Könnten die Jugendämter diese Vertraulichkeit nicht garantieren, wären sie eines wichtigen Mittels beraubt, um evtl. familiäre Probleme rechtzeitig zu entdecken und zu lösen [...]."[495]

Das Geheimhaltungsinteresse der hinweisgebenden Person überwiegt im Rahmen der Akteneinsicht allerdings nur dann das Informationsinteresse, wenn keine Anhaltspunkte dafür vorliegen, dass

---

492 Vgl. ausführlich zu „anvertrauten Daten" im Sinne von § 65 SGB VIII Kapitel 1.11.2.

493 Vgl. § 65 Abs. 1 Satz 1 Nr. 1 SGB VIII.

494 Beispiel entnommen aus Smessaert, DIJuF, Themengutachten 1129, Rn. 5; weiteres Beispiel VGH Mannheim, NJW 2020, 1985.

495 VG Oldenburg JAmt 2010, 152, 153; vgl. auch VG Schleswig JAmt 2010, 150, 151 f. unter Hinweis auf BVerwG 04.09.2003, 5 C 48.02.

diese **wider besseres Wissen** oder **leichtfertig falsche Behauptungen** aufgestellt hat.[496] In einem solchen Falle erlaubt § 69 Abs. 1 Nr. 2 SGB X die Übermittlung zur Durchführung eines Strafverfahrens (z. B. wegen Verleumdung nach § 187 StGB), so dass das Sozialgeheimnis der Akteneinsicht in diesem Fall nicht mehr im Wege steht.[497]

II

Beispiel:

Eine Situation i. S. d. § 69 SGB X ist z. B. gegeben, wenn im Rahmen eines Nachbarschaftsstreites oder einer Trennung bzw. Scheidung falsche Behauptungen aufgestellt werden, die sich zudem nach Prüfung durch das Jugendamt als nichtzutreffend bzw. falsch herausgestellt haben und außerdem noch zum Nachteil für Betroffene führen können oder bereits geführt haben.

Ganz allgemein gesprochen können immer dann **überwiegende berechtigte Interessen**, die zu einer Verweigerung der Akteneinsicht insoweit führen, angenommen werden, wenn das **Wohl eines Kindes oder eines Jugendlichen gefährdet** würde.

Anders stellt sich die Situation bei **hinweisgebenden Personen** dar, die selbst im Rahmen des **Netzwerkes Kinderschutz** eine **staatlich intendierte Rolle** gesetzlich zugeschrieben erhalten haben, wie z. B. Ärztinnen bzw. Ärzte oder Lehrkräfte an Schulen.[498] Informieren diese im Zusammenhang mit ihrer beruflichen Tätigkeit nach eigener Prüfung das Jugendamt über gewichtige Anhaltspunkte zur Kindeswohlgefährdung, sind sie sogar verpflichtet, vorab die Betroffenen über die beabsichtigte Datenweitergabe an das Jugendamt zu informieren, es sei denn, dass damit der wirksame Schutz des Kindes oder des Jugendlichen in Frage gestellt wird.[499] Dementsprechend bestehen bei einer Akteneinsicht auch keine Geheimhaltungsinteressen gegenüber der hinweisgebenden Person, die im Kinderschutz eine eigene – staatliche – Aufgabe erfüllt.

Beispiel:

Hat eine Lehrkraft dem Jugendamt eine Mitteilung über eine Kindeswohlgefährdung weitergeleitet, so kann diese im Rahmen einer Akteneinsicht durch die Betroffenen eingesehen werden.

---

496 BVerwGE 119, 11.
497 Kunkel in: Kunkel/Kepert/Pattar, SGB VIII, § 61 Rn. 116.
498 Vgl. § 4 Abs. 1 Nr. 1 und 7 KKG.
499 Vgl. § 4 Abs. 3 Satz 1 KKG sowie Kapitel 2.4.1.3.

Wurden die Betroffenen aus Gründen des Kinderschutzes vorab nicht über die Weitergabe der Informationen an das Jugendamt durch die Lehrkraft unterrichtet, sollte im Falle eines Antrages auf Akteneinsicht die Lehrkraft entsprechend informiert werden.

2.3.5.6 Ablehnung der Akteneinsicht

II

Die **Ablehnung** der Akteneinsicht stellt für die Betroffenen einen Verwaltungsakt dar, da über die Einsichtnahme ausdrücklich ablehnend und mit Außenwirkung entschieden wird.[500] Die Ablehnung der Akteneinsicht durch das Jugendamt kann aber nicht selbstständig, sondern nur mit dem Bescheid in der Sache (abschließende Sachentscheidung) angefochten werden.[501] Eine Verletzung des Akteneinsichtsrechts macht den daraufhin folgenden VA rechtswidrig, ohne die Möglichkeit einer Heilung gem. § 41 SGB X.

Nach **Abschluss eines Verwaltungsverfahrens** besteht nur noch ein Anspruch auf eine ermessensfehlerfreie Entscheidung der Behörde über den Antrag auf Gewährung von Akteneinsicht.[502]

2.3.5.7 Akteneinsichtsrecht im verwaltungsgerichtlichen Verfahren

Wird gegen eine Entscheidung des Jugendamtes, also dem Erlass eines Verwaltungsaktes nach § 31 SGB X gerichtliche Hilfe in Anspruch genommen, so fordert das Verwaltungsgericht die beklagte Behörde auf Basis des gerichtlichen Amtsermittlungsgrundsatzes im verwaltungsgerichtlichen Verfahren[503] dazu auf, die dem Verfahren zugrunde liegenden Akten an das Gericht zu übersenden.[504] Ab dem Zeitpunkt der Übersendung durch die Behörde kann die betroffene Person bei dem Jugendamt selbst keine Akteneinsicht mehr nehmen, da die Akte dort physisch nicht mehr vorliegt.[505] Nunmehr ist das **Verwaltungsgericht Ansprechpartner für die Akteneinsicht** in die behördliche Akte.[506]

---

500 BVerwGE 119, 11.
501 Rolf/Körner/Leitherer/Mutschler, beck-online.Grosskommentar, SGB X § 25 Rn. 22 m. w. N. insbesondere auf die Rechtsprechung des BSG und BVerwG; eine andere Auffassung vertritt: Siefert in: von Wulffen/Schütze/Siefert, SGB X, § 25 Rn. 47 m. w. N.
502 Rolf/Körner/Leitherer/Mutschler, beck-online.Grosskommentar, SGB X, § 25 Rn. 23.
503 Vgl. § 86 Abs. 1 VwGO.
504 Vgl. § 99 VwGO.
505 Schlingloff, in: JA 2022, 137, 138 m. w. N.
506 Vgl. § 100 VwGO.

Zusammenfassung

- Akteneinsicht dient der Information der Beteiligten über den Sach- und Rechtsstand eines Verwaltungsverfahrens.
- Gegenstand der Akteneinsicht können nur die das Verwaltungsverfahren betreffende Akten sein.
- Beteiligten ist Einsicht in die das Verfahren betreffenden Akten zu gestatten, soweit deren Kenntnis zur Geltendmachung oder Verteidigung ihrer rechtlichen Interessen erforderlich ist.
- Die Beteiligten können sich durch einen Bevollmächtigten vertreten lassen.
- Auch Minderjährige können ab dem 15. Lebensjahr Akteneinsicht nehmen.
- Gegenstand des Akteneinsichtsrechts sind grundsätzlich alle Teile der Akte, ausgenommen sind jedoch ausdrücklich Entwürfe zu Entscheidungen sowie die Arbeiten zu ihrer unmittelbaren Vorbereitung.
- Zum Schutz der beteiligten Person kann es jedoch erforderlich sein, dass der Inhalt der Akte durch eine erfahrene Fachkraft des Jugendamts vermittelt wird.
- Die Beteiligten können Auszüge oder Abschriften der Akte selbst fertigen oder sich Ablichtungen durch die Behörde erteilen lassen. Hierfür kann ein Aufwendungsersatz vom Jugendamt verlangt werden.
- Der Sozialdatenschutz begrenzt das Akteneinsichtsrecht.
- Bei der Akteneinsicht müssen Aktenteile, die Daten Dritter enthalten, ausgesondert oder abgedeckt werden, wenn der Dritte nicht seine Einwilligung in die Akteneinsicht gegeben hat, und wenn ein berechtigtes Schutzbedürfnis des Dritten vorliegt.
- Überwiegende berechtigte Interessen sind auch dann anzunehmen, wenn es sich um Daten handelt, die den Fachkräften in den Jugendämtern zum Zweck persönlicher und erzieherischer Hilfe anvertraut wurden.
- Personalien von einer Person, die einen Hinweis im Rahmen eines Kinderschutzverfahrens gegeben hat, stellen geschützte Sozialdaten dar.
- Anders stellt sich die Situation dar, wenn die hinweisgebende Person im Kinderschutz eine eigene staatliche Aufgabe erfüllt.
- Die Ablehnung der Akteneinsicht durch das Jugendamt kann nicht selbstständig, sondern nur zusammen mit der abschließenden Sachentscheidung angefochten werden.
- Im Rahmen eines verwaltungsgerichtlichen Verfahrens ist Akteneinsicht beim Verwaltungsgericht zu nehmen.

Exkurs

Verfassungsrechtliche Bedeutung der Akteneinsicht

- Die Akteneinsicht dient der Information aller Beteiligten über den Sach- und Rechtsstand eines Verwaltungsverfahrens[507] und letztlich der Verwirklichung der **grundrechtlichen Garantie effektiven Rechtsschutzes**. Daneben berührt ein fehlender Zugang zum Wissen Dritter über die eigene Person die verfassungsrechtlich geschützte **individuelle Selbstbestimmung**[508] und den **Anspruch auf rechtliches Gehör**[509], denn die Möglichkeit sich im gerichtlichen Verfahren zu äußern, setzt die Information über entscheidungsrelevante Tatsachen voraus. Dies gilt nicht nur im gerichtlichen Verfahren. Vielmehr müssen auch schon im Verwaltungsverfahren alle Betroffenen, die Möglichkeit haben, angemessen mitzuwirken.
- Das Recht auf Akteneinsicht spiegelt den Grundsatz des **fairen Verfahrens** wider, so dass das **Recht auf informationelle Selbstbestimmung** sowie das **Rechtsstaatsprinzip** ebenfalls tangiert ist. Auch die Aktenführungspflicht des Jugendamtes[510] ist Ausfluss des Rechtsstaatsprinzips, da nur eine geordnete Aktenführung einen rechtsstaatlichen Verwaltungsvollzug mit der Möglichkeit einer Rechtskontrolle durch Gerichte und Aufsichtsbehörden ermöglicht.[511] In der landesrechtlichen Verfassung findet sich in Art. 6 Abs. 2 Verf M-V ausdrücklich das Recht auf Auskunft über die eigene Person betreffende Daten wieder. Das Recht auf Auskunft über die eigenen Daten kann mit gleichem Rechtsbezug durch Bundesrecht, rechtlich geschützte Interessen Dritter oder überwiegende Interessen der Allgemeinheit eingeschränkt werden.

2.3.6 Zuständigkeitswechsel

Damit bei einem **Umzug der Familie während eines Kinderschutzverfahrens** keine Informationen verloren gehen und dadurch der Schutz der Kinder beeinträchtigt werden könnte, ist das Jugendamt bei einem Wohnorts- und damit verbundenen Zuständigkeitswechsel der Familie verpflichtet, bekannt gewordene gewichtige Anhaltspunkte für eine Kindeswohlgefährdung an das dann zuständige

507 BSG, NJW 1995, 1447.

508 Art. 2 Abs. 1 i. V. m. Art. 1 Abs. 1 GG; vgl. BVerfG, NJW 2006, 1116 (1117 Rn. 25).

509 Art. 103 Abs. 1 GG: „Vor Gericht hat jedermann Anspruch auf rechtliches Gehör“; vgl. BVerfG, NVwZ 2010, 954 ff.

510 Vgl. hierzu Kapitel 1.10.1.

511 Vgl. Troidl, Akteneinsicht im Verwaltungsrecht, S. 7, Rn. 29.

II

Jugendamt zu übergeben.[512] Die **„Fallübergabe"** soll im Rahmen eines **ausdrücklichen Übergabegesprächs** erfolgen, an welchem die Personenberechtigten sowie die Kinder bzw. Jugendlichen beteiligt werden sollen, soweit hierdurch deren wirksamer Schutz nicht in Frage gestellt wird. Auch hier ermöglicht die Beteiligung den Betroffenen nicht nur die neu zuständigen Fachkräfte kennenzulernen, sondern eine aktive Mitwirkung am Verfahren sowie Teilhabe an allen Informationen (Transparenzgebot), die übergeben werden. Dadurch sollen beim Zuständigkeitswechsel Informationslücken und Missverständnisse zwischen den verschiedenen Jugendämtern und auch den Betroffenen vermieden[513] und auch der bewusste Zuständigkeitswechsel durch eine Familie durch Wegzug (sog. Jugendamts-Hopping) auf diese Weise erschwert werden. Damit verbessert sich insbesondere die Möglichkeit Kindern und Jugendlichen, die sich in kindeswohlgefährdenden oder unklaren Situationen befinden, durchgängig zu helfen bzw. diese nachhaltiger zu schützen. Inhalt des Gesprächs und der Übergabe sind alle (noch) relevanten Sozialdaten. Länger zurückliegenden Vorgeschichten oder andere Umstände, die nicht (mehr) von Relevanz sind, sind dementsprechend für die Übergabe zu überprüfen. Die Übermittlung der relevanten Daten ist nach § 64 Abs. 2 i. V. m. § 69 Abs. 1 Nr. 1 Alt. 2 SGB X zulässig. Das gilt auch für die Übergabe von **anvertrauten Daten** im Sinne des § 65 SGB VIII[514] an die entsprechenden sozialpädagogischen Fachkräfte, die nunmehr für die Gewährung oder Erbringung der Leistung und den Kinderschutz verantwortlich sind, wenn gewichtige **Anhaltspunkte für eine Gefährdung des Kindeswohls** gegeben sind, diese ggf. auch noch einer Abklärung bedürfen und die Daten für eine **Einschätzung des Gefährdungsrisikos notwendig** sind (§ 65 Abs. 1 Satz 1 Nr. 3 SGB VIII).[515]

2.3.7 Garantenpflicht im Kinderschutz[516]

Der Schutzauftrag in der Kinder- und Jugendhilfe[517] begründet zugunsten des Kindeswohls allgemeine Schutz- und damit Handlungspflichten für die Mitarbeitenden der öffentlichen Jugendhilfe.

---

512 Vgl. § 8a Abs. 6, § 86c Abs. 2 SGB VIII.
513 BT-Drs. 17/6256, S. 38.
514 Vgl. ausführlich zu „anvertrauten Daten" im Sinne von § 65 SGB VIII Kapitel 1.11.2.
515 Vgl. hierzu ausführlich Eschelbach, in: JAmt 2020, 66.
516 Vertiefend zum Thema: Döhringer/Möhrsberger/Wapler, Garanten für den Kinderschutz.
517 Vgl. § 1 Abs. 3 Nr. 4, § 8a SGB VIII.

Fachkräfte, die bei einem Träger der öffentlichen Jugendhilfe Aufgaben nach dem SGB VIII wahrnehmen, werden sog. **Beschützergaranten**[518], indem sie aus dem in Art. 6 Abs. 2 Satz 2 GG bestimmten Wächteramt abgeleitet den staatlichen Schutzauftrag für ein Kind oder einen Jugendlichen übernehmen.[519]

Exkurs

Die Tatbestände des besonderen Teils des Strafgesetzbuchs (StGB) erfassen in erster Linie menschliches **Handeln**. Unter bestimmten Voraussetzungen steht auch ein **Unterlassen** unter Strafdrohung. Als Anknüpfungspunkt für die Strafbarkeit dient dabei nicht ein aktives Tun, sondern ein Unterlassen, also ein Nichttätigwerden. Dabei wird unterschieden zwischen sog. **„echten" Unterlassungsdelikten** (z. B. die Nichtanzeige geplanter Straftaten[520] oder unterlassene Hilfeleistung[521]) und sog. **„unechten" Unterlassungsdelikten** (z. B. die Nichteinhaltung eines verbindlich bzw. standardisiert vorgegebenen Verfahrensablaufes zur Abwendung einer Kindeswohlgefährdung gemäß § 8a Abs. 1 SGB VIII oder § 8a Abs. 4 SGB VIII oder § 4 KKG und einer sich daraus ergebenen Schädigung eines Kindes)

Bei echten Unterlassungsdelikten erschöpft sich das strafrechtliche Unrecht bzw. die Zuwiderhandlung in der Nichtvornahme der gesetzlich vorgeschriebenen Handlung.[522] Hat eine Person eine **„Garantenstellung"** inne, erwachsen daraus für sie bestimmte Verhaltenspflichten. Im Falle einer Verletzung der Verhaltenspflichten ist zu untersuchen, ob ein **vorwerfbares Unterlassen** in Gestalt eines „Begehens durch Unterlassen" (sog. „unechtes" Unterlassungsdelikt) gem. § 13 StGB vorliegt.

Wer ohne Garantenstellung unterlässt, unterliegt also allenfalls der Strafbarkeit eines echten Unterlassungsdelikts.

Mitarbeitende des Jugendamtes übernehmen bei Einsetzen des Schutzauftrages gem. § 8a SGB VIII im Rahmen ihrer Tätigkeit zugunsten der von ihnen betreuten Kinder bzw. Jugendlichen eine **Garantenpflicht** und sind dabei zu besonderer Sorgfalt bei der Abwehr

---

518 Vgl. zum Begriff: Bosch, in: Schönke/Schröder, StGB, § 13 Rn. 10;

519 Vgl. zur fachinternen Diskussion zum Stichwort „Garantenpflicht im Kinderschutz": Becker/Mörsberger, in: JAmt 2018, 178 sowie Döhringer/Möhrsberger/Wapler, Garanten für den Kinderschutz.

520 Vgl. § 138 StGB sowie hierzu Kapitel 2.3.8.

521 Vgl. § 323c StGB.

522 Tag in: Dölling/Duttge/Rössner, Gesamtes Strafrecht, § 13 StGB, Rn. 1.

von Gefahren für das Kindeswohl verpflichtet.[523] Auch das Innehaben einer Garantenstellung bzw. im konkreten Fall von Garantenpflichten bedeutet nicht, dass in einem solchen Fall von der Fachkraft verlangt würde, dass sie dafür „zu garantieren" hätte, dass das Kind keinen Schaden erleidet.[524] § 8a SGB VIII enthält **Verfahrens- und Sorgfaltspflichten**, die Handeln gebieten, wie z. B. die Einleitung des Prozesses der Einschätzung des Gefährdungsrisikos nach einer ersten Risikoeinschätzung zur Feststellung, ob gewichtige Anhaltspunkte für die Gefährdung eines Kindes oder Jugendlichen vorliegen. Diese Verpflichtungen im Rahmen des staatlichen Schutzauftrags, die Kindeswohlgefährdung abzuwenden bzw. Verletzungen der Rechtsgüter des Kindes oder Jugendlichen zu verhindern, wird durch gewichtige Anhaltspunkte für eine Kindeswohlgefährdung ausgelöst. Es bedarf mithin einer differenzierten Betrachtung des sich aus § 8a SGB VIII ergebenden „Pflichtenprogramms" und damit der auslösenden Momente für die Begründung einer Beschützer*innengarantenstellung.[525] Demzufolge sind entsprechend verbindliche **Verfahrensstandards** (per Gesetz oder z. B. per Dienstanweisung) Voraussetzung für die **Handlungssicherheit im Beratungsalltag**.[526] Bewegt sich das Verhalten der Fachkraft im Rahmen der rechtlich eingeräumten fachlichen Beurteilungsspielräume und verstößt auch nicht gegen interne Vorgaben zur Ausfüllung dieser Spielräume, so kann ihr eine **Pflichtwidrigkeit nicht vorgeworfen** werden.[527]

Zudem bedarf es einer Kausalität: Nur dann, wenn das erwartete Handeln (im Sinne des Schutzauftrages) den Erfolg (Schädigung des Kindes) hätte abwenden können, ist das Unterlassen dem Tun gleichzustellen. Es muss **Gewissheit** oder **an Gewissheit grenzende Wahrscheinlichkeit** dafür bestehen, dass die unterlassene Rettungshandlung zur Vermeidung der Schädigung des Kindeswohls geführt hätte (objektive Zurechnung).[528]

---

523 Kepert, in: Kepert/Dexheimer/Feist-Ortmann/Kepert/Macsenaere, Praxishandbuch Kinderschutz, Kap. 3, S. 58.

524 Vgl. hierzu Merchel/Meysen/Nonninger Handbuch Allgemeiner Sozialer Dienst (ASD), 2012, S. 134 ff.

525 Kößler in: jurisPK-SGB VIII, § 8a Rn. 81 unter Hinweis auf Mörsberger, in: ZKJ 2013, 21,

526 Kößler in: jurisPK-SGB VIII, § 8a Rn. 81; Wapler in: Wiesner/Wapler, SGB VIII, § 8a Rn. 90a.

527 Wapler in: Wiesner/Wapler, SGB VIII, § 8a Rn. 90a.

528 Kepert, in: Kepert/Dexheimer/Feist-Ortmann/Kepert/Macsenaere, Praxishandbuch Kinderschutz, Kap. 3, S. 58; vgl. auch Heghmanns, in: JAmt 2018, 230.

Hinweis[529]

Es existieren kaum Strafnormen, die sich speziell an Jugendamtsmitarbeitende richten, falls ein Kind in ihrem Zuständigkeitsbereich zu Schaden oder sogar zu Tode kommt. Der einzige ernsthaft im Raum stehende Vorwurf ist derjenige einer fahrlässigen Tötung (§ 222 StGB) durch Unterlassen. Denn auch die unterlassene Hilfeleistung (§ 323c Abs. 1 StGB) ist durchweg nicht einschlägig, weil es sich regelmäßig um keinen Unglücksfall (also eine plötzlich entstandene Gefahrensituation) gehandelt hat. Wird das überlebende Kind lediglich gesundheitlich beeinträchtigt, so mag alternativ eine fahrlässige Körperverletzung (§ 229 StGB) durch Unterlassen vorliegen.

Zudem kann selbst ein **pflichtwidriges Unterlassen strafrechtlich** nur dann relevant sein, wenn objektiv eine dringende Gefahr für das Kindeswohl bestand, die durch pflichtgemäßes Handeln hätte zweifelsfrei erkannt werden können.[530]

Zusammenfassung

Voraussetzungen für eine strafrechtliche Verantwortung sind:

- das Bestehen einer Garantenstellung,
- das Unterlassen bzw. die Verletzung einer Garantenpflicht,
- der Eintritt des „Erfolgs“ (hier: Schadens) im Sinne eines Strafgesetzes,
- die Kausalität der unterlassenen Handlung für den Erfolg bzw. Schaden,
- Vorsatz, d. h. mindestens billigendes Inkaufnehmen des Erfolgseintritts oder Fahrlässigkeit für den Straftatbestand der fahrlässigen Tötung (§ 222 StGB),
- objektive und subjektive Vorhersehbarkeit und Vermeidbarkeit im Fall der Fahrlässigkeit.

529 Heghmanns, in: JAmt 2018, 230.

530 Wapler in: Wiesner/Wapler, SGB VIII, § 8a Rn. 90a unter Hinweis auf die gegenteilige Auffassung durch OLG Hamm JAmt 2021, 46.

2.3.8 Pflicht zur Strafanzeige?[531]

Durch die Arbeit mit den Familien erfahren sozialpädagogische Fachkräfte in der Kinder- und Jugendhilfe mitunter von Straftaten, die diese selbst begangen haben oder deren Opfer sie wurden. Deshalb kommt in diesem Zusammenhang häufig die Frage auf, ob es insoweit eine Pflicht zur Strafanzeige gibt und wie sich die Rechtslage für die Fachkräfte darstellt.

II

Beispiel:

Strafanzeige durch das Jugendamt

Das Jugendamt entscheidet, ob es **gegen Dritte ein Strafverfahren einleitet** (z. B. wegen Unterhaltspflichtverletzung nach § 170 StGB, Verletzung der Erziehungspflicht nach § 171 StGB, sexuellen Missbrauchs nach § 176 StGB, Misshandlung von Schutzbefohlenen nach § 225 StGB, Beleidigung von Mitarbeitenden nach § 185 StGB, Hausfriedensbruch nach der Verhängung eines Hausverbotes gem. § 123 StGB oder wegen Sachbeschädigung nach § 303 StGB). Für eine Strafanzeige besteht in all diesen Fällen allerdings keine (strafbewehrte) Pflicht.

Das Jugendamt muss der Auffassung sein, dass die **Einleitung des Strafverfahrens** der Erfüllung ihrer Aufgaben nach dem SGB VIII dient (§ 69 Abs. 1 Nr. 1 und Nr. 2 SGB X). Dabei handelt es sich um eine sozialpädagogische Einschätzung. Bestimmend ist allein die Frage, ob eine Strafanzeige für die **Ziele der Jugendhilfe im Sinne von § 1 Abs. 3 SGB VIII dienlich** ist. Es geht also weder um die Aufgabe, dabei zu helfen, Straftaten aufzuklären und zu ahnden, noch um allgemeine moralische Erwägungen. Im Hinblick darauf, dass eine Straftat angezeigt und die entsprechenden Informationen an die Strafverfolgungsbehörden gegeben werden sollen, ist ausschließlich abzuwägen, inwieweit die Anzeige einer Straftat zur Erfüllung der Aufgaben in der Kinder- und Jugendhilfe dienlich ist. Dabei ist aus sozialpädagogischer Sicht insbesondere zu berücksichtigen, ob dadurch das für die Zusammenarbeit erforderliche Vertrauensverhältnis zu den betroffenen Familien belastet und letztlich damit der Hilfezugang zur Familie erschwert wird.

---

[531] Teilweise entnommen aus, Hundt, Datenschutz in der Kinder- und Jugendhilfe, S. 152 f.

Eine **Verpflichtung zur Strafanzeige** ist in besonders dramatischen Einzelfällen aus der **strafrechtlichen Garantenstellung** nach § 13 StGB der sozialpädagogischen Fachkräfte des Jugendamtes herzuleiten.[532] Nur wenn eine Strafanzeige die einzig gebotene und rechtlich zulässige Handlung der sozialpädagogischen Fachkraft ist, um eine Kindeswohlgefährdung zu verhindern, weil eigene Maßnahmen und Mittel nicht ausreichen die Gefährdung abzuwenden (z. B. bei Eigen- und Fremdgefährdung), könnte an eine Verpflichtung zur Strafanzeige aus dem **Gedanken des rechtfertigenden Notstands**[533] zu denken sein. Das bedeutet, dass die zur Verfügung stehenden Mittel und Maßnahmen, wie das Angebot einer entsprechenden Hilfe, eine Inobhutnahme und die Anrufung des Familiengerichts, nicht ausreichen, um die besondere Gefahrensituation für die betroffenen Kinder oder Jugendliche abzustellen und mithin eine Strafanzeige in einer für Leib und Leben bestehenden Gefahrensituation die einzige erfolgsversprechende Interventionsmöglichkeit im Rahmen des Schutzauftrages darstellt.[534]

II

Beispiel [535]:

Dies kann z. B. der Fall sein, wenn bei fortgesetzter Misshandlung oder sexuellem Missbrauch (auch Kindesentführung, Zwangsverheiratung, Prostitution ggf. in Verbindung mit Kindesentziehung) weiterhin eine schwerwiegende Gefahr für das Kind besteht, die nicht mit anderen Mitteln, wie z. B. Inobhutnahme oder Anrufung des Familiengerichts, abgewendet werden kann. Oder z. B. bei Fällen, in denen zu erwarten ist, dass ein Haftbefehl erlassen wird und nur hierdurch ein wirksamer Schutz sichergestellt werden kann oder in Situationen, in denen der Einsatz der Polizei zur Sicherung von Beweismitteln erforderlich ist, oder wenn ansonsten der Zugang zu Kindern oder Jugendlichen und damit zu weiteren potenziellen Opfern für die straffällig gewordene Person eröffnet wird.

Wenn Betroffene von sexueller Gewalt im familiären Bereich selbst ein Strafverfahren wünschen oder als hilfreich empfinden, kann es entlastend sein, wenn die Initiative zum Strafverfahren

532 Vgl. hierzu Kapitel 2.3.7.
533 Vgl. § 34 StGB: „in einer […] nicht anders abwendbaren Gefahr".
534 Vgl. hierzu DIJuF-Rechtsgutachten DRG-1110, beck-online, Rn. 6.
535 Vgl. hierzu DIJuF-Rechtsgutachten DRG-1110, beck-online, Rn. 6 m. w. N. sowie Blum-Maurice/Hiller/Ladenburger, in: JAmt 2020, 357, 358.

von der Kinder- und Jugendhilfe ausgeht und die Betroffenen nicht selbst einen vermeintlichen „Verrat" an der Familie begehen müssen, indem sie die Anzeige erstatten.

II

Anders stellt sich die Situation dar, wenn eine sozialpädagogische Fachkraft glaubhaft von einem **geplanten Vorhaben** oder **der geplanten Ausführung** von bestimmten **sehr schwerwiegenden Delikten** (z. B. Raub, Mord, Totschlag usw.) erfährt. In diesem Fall besteht für sozialpädagogische Fachkräfte (wie für alle Bürger*innen) eine **Anzeigepflicht** an die Ermittlungsbehörden nach § 138 StGB. Diese **Anzeigepflicht** besteht nur bei **geplanten Straftaten** und nicht etwa begangener, also zurückliegender Straftaten. In § 138 StGB wird ein Katalog abschließend aufgeführt, der die schwerwiegenden Straftaten aufzählt (sog. Katalogstraftaten), die eine Verpflichtung zur Anzeige auslösen.

Beispiel:

Einige der in dem Katalog aufgeführten Straftaten sind auch für die Jugendhilfe relevante Straftaten:[536]

- Raub (§§ 249 ff. StGB – z. B. durch sog. „Abziehen" unter Jugendlichen)
- räuberische Erpressung (§ 255 StGB)
- Menschenhandel (§ 232 Abs. 1 Nr. 1 Buchst. c), Abs. 3 Satz 2 StGB – z. B., wenn Minderjährige als sog. „Bettelkinder" ausgenutzt werden sollen, sie also einen wesentlichen Teil der Einnahmen an die Täter*innen abliefern müssen[537])
- Brandstiftung (§ 306 StGB)
- Gefährlicher Eingriff in den Straßenverkehr (§ 315 StGB – z. B. Steine von der Autobahnbrücke oder Laserstrahlen, die auf Piloten gerichtet sind)
- Bildung einer (in- oder ausländischen) terroristischen Vereinigung (§§ 129a und 129b StGB – wenn sich z. B. Jugendliche radikalisieren und eine Straftat im Rahmen der Mitgliedschaft in einer terroristischen Vereinigung planen.[538])

---

536 Vgl. hierzu auch Fritsch, ZJJ 2011, 393, 395.
537 vgl. BT-Drs. 18/9095, S. 28.
538 DIJuF-Rechtsgutachten, JAmt 2018, 560.

Für die sozialpädagogische Arbeit außerdem relevante Straftatbestände wie z. B. Körperverletzungen (§§ 223 ff. StGB), Straftaten gegen die sexuelle Selbstbestimmung (§§ 174 ff. StGB) oder Verletzung der Fürsorge- und Erziehungspflicht (§ 171 StGB) tauchen in der **Aufzählung des Straftatbestandes** von § 138 StGB hingegen gerade **nicht** auf. Hier besteht mithin insoweit gerade **keine Pflicht zur Strafanzeige**. Ein **glaubhaftes Erfahren** von den Katalogstraftaten liegt vor (z. B. „Ohrenzeuge" eines Gesprächs unter Jugendlichen in einer Jugendfreizeiteinrichtung oder „Mitleserin" in einem Chat Jugendlicher), wenn die sozialpädagogische Fachkraft subjektiv aufgrund von Informationen zur Überzeugung gelangt, dass jemand die Tat vorhabe bzw. sie ausführen will und die Tat objektiv geplant wird bzw. ausgeführt werden soll.[539]

Die strafrechtliche Regelung in § 138 StGB enthält keine **Übermittlungsbefugnis**, weshalb § 71 Abs. 1 Satz 1 Nr. 1 SGB X den sozialpädagogischen Fachkräften in den Jugendämtern eine solche ausdrücklich einräumt, damit sie insoweit ihrer gesetzlich geregelten Mitteilungspflicht gegenüber den Strafverfolgungsbehörden nachkommen können. Für die Übermittlung von **anvertrauten Daten** gilt zwar § 65 SGB VIII, der jedoch zur Erfüllung der Mitteilungspflicht nach § 138 StGB ebenfalls die Übermittlung dieser Daten zulässt (§ 65 Abs. 1 Satz 1 Nr. 5 SGB VIII). Der **Sozialdatenschutz tritt insoweit zurück**.

Exkurs

Nach § 139 Abs. 3 Satz 2 StGB sind bestimmte Berufsgruppen, z. B. psychologische Psychotherapeut*innen oder Kinder- und Jugendlichenpsy chotherapeut*innen, nicht verpflichtet anzuzeigen, was ihnen in ihrer beruflichen Eigenschaft anvertraut worden ist. Sozialpädagogische Fachkräfte sind allerdings **nicht** unter den dort genannten Berufsgruppen **aufgeführt**.

Da sozialpädagogische Fachkräfte gleichzeitig Berufsgeheimnisträger*innen gem. § 203 Abs. 1 Nr. 6 StGB sind, steht die Anzeigepflicht in § 138 StGB in einem Spannungsverhältnis zur Schweigepflicht, welches allerdings über § 71 Abs. 1 Satz 1 Nr. 1 SGB X im Sinne einer **vorrangigen Mitteilungspflicht nach § 138 StGB** gelöst wurde.[540] Das bedeutet, dass sich die sozialpädagogischen Fachkräfte im Kontext der Anzeigepflicht nach § 138 StGB **nicht auf die ihnen obliegende Schweigepflicht** berufen können.

539 Koch, in: Dölling/Duttge/Rössner, Gesamtes Strafrecht, § 138 StGB, Rn. 4.
540 Kunkel, in: Kunkel/Kepert/Pattar, SGB VIII, § 61 Rn. 211 m. w. N.

II

Die sozialpädagogischen Fachkräfte können sich bei vorheriger Kenntnis von geplanten Straftaten, die unter die oben genannten Katalogstraftaten fallen, allenfalls darauf berufen, dass die Ausführung oder der Erfolg der Tat anders als durch Anzeige abwendet werden kann (§ 139 Abs. 4 StGB). Unterbleibt die Ausführung oder der Erfolg der Tat ohne Zutun des zur Anzeige Verpflichteten, so genügt zu seiner Straflosigkeit sein ernsthaftes Bemühen, den Erfolg abzuwenden. Ergibt sich umgekehrt bei einer Anzeige zu einem späteren Zeitpunkt, dass die Voraussetzungen für eine Anzeigepflicht nicht vorgelegen haben und daher im Hinblick auf § 203 StGB keine Befugnis bestand, die personenbezogenen Daten an die Strafverfolgungsbehörden zu übermitteln, kann die Strafbarkeit entfallen, wenn ein sog. Erlaubnistatbestandsirrtum vorliegt.[541]

2.4 Das Kinderschutzverfahren anderer Berufsgruppen

2.4.1 Das Kinderschutzverfahren für Berufsgeheimnisträger*innen (KKG)

2.4.1.1 Verständnis von § 4 KKG[542]

§ 4 des Gesetzes zur Kooperation und Information im Kinderschutz (KKG) normiert für die in Abs. 1 genannten Berufsgeheimnisträger*innen die Wahrnehmung eines Schutzauftrags bei Kindeswohlgefährdung mit konkreten Aufgaben und der Aufforderung in Form eines mehrere Verfahrensschritte umfassendes **Kinderschutzverfahrens** durchzuführen an dessen Ende eine **Informationsübermittlung** an das das Jugendamt stehen kann, wenn die Gefährdung selbst nicht abzuwenden ist.

Dem Gesetzgeber ging es bei Einführung des § 4 KKG durch das Bundeskinderschutzgesetz (BKiSchG)[543] um eine bundeseinheitliche Regelung zur Beratung und ggf. Weitergabe von Informationen bei Kindeswohlgefährdung durch bestimmte Berufsgeheimnisträger*innen an das Jugendamt im Sinne einer Befugnisnorm.[544] Für die Gruppe der Gesundheitsberufe (§ 4 Abs. 1 Satz 1 Nr. 1 KKG) wurde

541 Fischer, StGB, § 16 Rn. 20 ff.
542 Teilweise entnommen aus Hundt, Kinderschutz nach dem Kinder- und Jugendstärkungsgesetz, S. 55, 56.
543 Vgl. hierzu Kapitel 2.3.1.
544 Vgl. BT-Drs. 17/6256, S. 19

der Grad der Informationspflicht mit in Kraft treten des Kinder- und Jugendstärkungsgesetzes (KJSG) 2021 verschärft: nunmehr sollen diese Berufsgruppen unverzüglich das Jugendamt informieren, wenn nach deren Einschätzung eine dringende Gefahr für das Wohl des Kindes oder der bzw. des Jugendlichen das Tätigwerden des Jugendamtes erfordert (§ 4 Abs. 3 Satz 3 KKG).

Die rechtliche Konstruktion des § 4 KKG ist dabei irritierend. Die Verfahrensschritte (Checkliste in der Anlage) sind für die Berufsgeheimnisträger*innen also im Falle von gewichtigen Anhaltspunkten für einen Kinderschutzfall im Regelfall („sollen“) zu durchlaufen, bevor die Befugnis zur **Durchbrechung der Schweigepflicht** greift und dadurch der Berufsgruppe ermöglicht werden soll, das Jugendamt zu informieren, ohne sich einer möglichen Strafbarkeit nach § 203 StGB auszusetzen. Bis zur Einführung des § 4 Abs. 3 KKG durch das BKiSchG waren die Berufsgeheimnisträger*innen darauf angewiesen, dass bei einer Weitergabe der personenbezogenen Daten zum Kinderschutzfall an das Jugendamt die Situation im Nachhinein als ein Fall des rechtfertigenden Notstands nach § 34 StGB eingestuft wurde und damit die Strafbarkeit entfallen ist.[545] Zudem gab es unterschiedliche Befugnisnormen in verschiedenen **Landesgesetzen zum Kinderschutz**, welche nunmehr wegen Art. 31 GG mit dem Grundsatz „Bundesrecht bricht Landesrecht“ verdrängt werden und damit eine bundeseinheitliche Rechtslage eingetreten ist.[546] Diese besondere Konstruktion in § 4 KKG, durch welche letztendlich die Offenbarungsbefugnis im Mittelpunkt steht und die einzelnen Verfahrensschritte im Regelfall als Voraussetzungen vorgeschaltet sind, ist offenbar vom Bundesgesetzgeber gewählt worden, da dieser für die Regelung der Angelegenheiten der in § 4 Abs. 1 KKG genannten Berufsgruppen nicht zuständig ist, sondern diese landesrechtlicher oder berufsständischer Regelungskompetenz unterliegen.[547]

2.4.1.2 Personenkreis

Nicht alle **Berufsgeheimnisträger*innen**, die nach § 203 StGB zu der zur Verschwiegenheit verpflichtete Personengruppe gehören, unterliegen der Regelung in § 4 KKG zum Kinderschutzverfahren. Der

---

545 vgl. BT-Drs. 17/6256, S. 20.

546 Meysen/Eschelbach, Das neue Bundeskinderschutzgesetz, Kap. 3 Rn. 55 f.

547 Wapler, in: Wiesner, SGB VIII, Anh. 1 § 4 KKG, Rn. 7 – 9; Meysen in: Münder/Meysen/Trenczek, Frankfurter Kommentar, Anhang I, KKG, Rn. 84 sieht die Gesetzgebungskompetenz des Bundes aus dem Titel der öffentlichen Fürsorge (Art. 72 Abs. 2 GG) abgeleitet.

Anwendungsbereich des § 4 KKG wurde auf solche Berufsgeheimnisträger*innen begrenzt, die von ihrer beruflichen Tätigkeit her regelhaft in einem unmittelbaren Kontakt zu Kindern und Jugendlichen stehen oder stehen können und von ihrer Ausbildung her zur Erörterung der einschlägigen Problemlagen mit den Eltern befähigt sind, also in erster Linie auf Ärzt*innen, Psycholog*innen, Psychotherapeut*innen und Sozialpädagog*innen bzw. Sozialarbeiter*innen.[548] Der Gesetzgeber war der Auffassung, dass eine noch weitergehende Differenzierung der Berufsgruppen nicht sachgerecht erscheine und gerade die für einen wirksamen Kinderschutz notwendige Rechtssicherheit und Rechtsklarheit gefährden würde.[549] Mit dem Kinder- und Jugendstärkungsgesetz (KJSG) wurde mit den Zahnärzt*innen[550] noch eine weitere Berufsgruppe in die Aufzählung der **Gesundheitsberufe** aufgenommen, während andere Anregungen (Heilpädagog*innen und Kindheitspädagog*innen)[551] nicht umgesetzt worden sind.

Mithin sind ausschließlich folgende Berufsgruppen aus dem Kreis der Berufsgeheimnisträger*innen nach § 203 StGB bei gewichtigen Anhaltspunkten für die Gefährdung des Wohls eines Kindes oder einer bzw. eines Jugendlichen gem. § 4 Abs. 1 KKG zu einem Kinderschutzverfahren aufgefordert:

1. **Ärzt*innen, Zahnärzt*innen, Hebammen oder Entbindungspfleger**[552] oder **Angehörige eines anderen Heilberufes**, der für die Berufsausübung oder die Führung der Berufsbezeichnung eine staatlich geregelte Ausbildung erfordert[553],
2. **Berufspsycholog*innen** mit staatlich anerkannter wissenschaftlicher Abschlussprüfung,
3. **Ehe-, Familien-, Erziehungs- oder Jugendberater*innen** sowie
4. **Berater*innen für Suchtfragen** in einer Beratungsstelle, die von einer Behörde oder Körperschaft, Anstalt oder Stiftung des öffentlichen Rechts anerkannt ist,

---

548 Vgl. BT-Drs. 17/6256, S. 19.
549 Vgl. BT-Drs. 17/6256, S. 19.
550 Auf Vorschlag des Bundesrates, BRat-Drs. 5/21 (Beschluss), Nummer 58.
551 Stellungnahme des Berufs- und Fachverbands Heilpädagogik (BHP) e. V. zum Referentenentwurf eines Gesetzes zur Stärkung von Kindern und Jugendlichen vom 05. Oktober 2020, S. 5.
552 Die Berufsbezeichnung „Hebamme" gilt inzwischen für alle Berufsangehörigen, § 3 Abs. 2 HebG.
553 Sog. Gesundheitsberufe.

5. **Mitgliedern oder Beauftragten** einer anerkannten Beratungsstelle nach den §§ 3 und 8 des **Schwangerschaftskonfliktgesetzes,**
6. staatlich anerkannten **Sozialarbeiter*innen** oder staatlich anerkannten **Sozialpädagog*innen** und
7. **Lehrer*innen** an öffentlichen und an staatlich anerkannten privaten Schulen.

Die Aufzählung der Berufsgruppen in § 4 Abs. 1 KKG ist **abschließend.**[554]

Exkurs

Der Kreis der Berufsgeheimnisträger*innen in § 4 Abs. 1 KKG weicht somit vom Kreis der Berufsgeheimnisträger*innen in § 203 Abs. 1 StGB ab. Einige Berufsgruppen, wie z. B. Rechtsanwält*innen, gehören nicht zu den Berufsgeheimnisträger*innen nach dem KKG. Zudem wird die Gruppe der Heilberufe eingeschränkt und spezifiziert, Berater*innen unter § 4 Abs. 1 Nr. 3 KKG werden unabhängig von der Beratungsstelle erfasst und Lehrer*innen an staatlichen Schulen oder staatlich anerkannten Privatschulen als Amtsträger*innen bzw. dem öffentlichen Dienst Verpflichtete aus § 203 Abs. 2 StGB als eigene Berufsgruppe mit aufgenommen.

2.4.1.3 Verfahren bei gewichtigen Anhaltspunkten für eine Kindeswohlgefährdung

§ 4 KKG sieht im Regelfall ein mehrstufiges Kinderschutzverfahren[555] (Anlage Checkliste) für Berufsgeheimnisträger*innen nach Abs. 1 vor, welches dann zu einer Offenbarungsbefugnis („Durchbrechung der Schweigepflicht") nach Abs. 3 gegenüber dem Jugendamt führt:

1. Stufe:

Bei gewichtigen Anhaltspunkten für eine Kindeswohlgefährdung müssen Berufsgeheimnisträger*innen mit dem Kind oder der bzw. dem Jugendlichen und den Erziehungsberechtigte[556] die Situation

[554] Vgl. BT-Drs. 17/6256, S. 19.
[555] Teilweise wurde der Text aus: Hundt, Kinderschutz nach dem Kinder- und Jugendstärkungsgesetz, S. 56 f. entnommen.
[556] Vgl. hierzu die Definition für „Erziehungsberechtigte" unten unter Stufe 3.

erörtern.[557] Das bedeutet, dass die Berufsgeheimnisträger*innen zunächst im Rahmen einer ersten eigenen Risikoeinschätzung festzustellen haben, ob gewichtige Anhaltspunkte für eine Kindeswohlgefährdung vorliegen, welche ihnen in Ausübung ihrer beruflichen Tätigkeit bekannt geworden sind.[558]

II

Hinweis

- Dabei entspricht das **Begriffsverständnis der „Kindeswohlgefährdung"** des KKG der im Rahmen des § 8a SGB VIII entwickelten Definition.[559]
- Bei den **„gewichtigen Anhaltspunkten"** sucht das KKG sprachliche Anlehnung an § 8a Abs. 1 Satz 1 SGB VIII. Der Schutzauftrag für die Berufsgeheimnisträger*innen ist somit aktiviert, wenn bei ihnen konkrete Hinweise oder ernst zu nehmende Vermutungen für eine Gefährdung tatsächlich ankommen. Die gewichtigen Anhaltspunkte für eine Kindeswohlgefährdung müssen bei den Berufsgeheimnisträger*innen tatsächlich **in Ausübung des von der Schweigepflicht des § 203 StGB umfassten Berufs zur Kenntnis** gelangt sein.[560]

2. Stufe:

Bei der Einschätzung der gewichtigen Anhaltspunkte für eine Kindeswohlgefährdung steht den Berufsgeheimnisträger*innen nach § 4 Abs. 2 Satz 1 KKG ein **Anspruch auf Fachberatung** durch eine **insoweit erfahrene Fachkraft** zu.[561] Anders als bei Fachkräften in Einrichtungen und Diensten freier und öffentlicher Träger der Kinder- und Jugendhilfe[562], die über Vereinbarungen nach § 8a Abs. 4 Satz 1 Nr. 2 SGB VIII zur Einbeziehung einer insoweit erfahrenen

557 Vgl. § 4 Abs. 1 KKG.

558 Zu dem Vorgehen bei gewichtigen Anhaltspunkten aus Sicht der Heilberufe: Heimann/Berthold/Clemens/Witt/Fegert, in: JAmt 2021, 68 f. sowie die Expertise zur Ärztlichen Versorgung Minderjähriger nach sexueller Gewalt ohne Einbeziehung der Eltern, Deutschen Institut für Jugendhilfe und Familienrecht e. V. (DIJuF).

559 Die Definition orientiert sich damit an § 1666 BGB, vgl. hierzu Kapitel 2.1.2.

560 Meysen, in: Münder/Meysen/Trenczek, Frankfurter Kommentar, Anhang I, § 4 KKG, Rn. 94, 95.

561 Vgl. § 4 Abs. 2 KKG und hierzu auch die Möglichkeit der Beratung für Fachkräfte aus den Bereichen Gesundheit, Kinder- und Jugendhilfe und Familiengerichtsbarkeit über die Medizinische Kinderschutzhotline (bundesweit, kostenlos und rund um die Uhr unter der Nummer 0800/192 10 00); hierzu ausführlich: Ahne/Witt/Fegert, in: JAmt 2021, 309 f.

562 Vgl. hierzu Kapitel 2.4.2.

Fachkraft verpflichtet sind, ist der Anspruch auf Fachberatung für die Berufsgeheimnisträger*innen nicht verpflichtend, sondern hat einen **Angebotscharakter**. Nicht günstig erscheinen in diesem Zusammenhang direkte Beratungsanfragen und Information an die sozialpädagogischen Fachkräfte in Sozialen Diensten der Jugendämter als „insoweit erfahrene Fachkräfte".[563] Denn es könnte die Situation auftreten, dass die Fachkräfte im Jugendamt sich nicht auf eine reine Fachberatung beschränken können, da durch die Anfrage gegebenenfalls der eigene Schutzauftrag nach § 8a Abs. 1 SGB VIII ausgelöst würde und es auf diese Weise zu einer **Rollenkollision** käme.

Wird im Rahmen des § 4 KKG die Fachberatung durch die insoweit erfahrene Fachkraft in Anspruch genommen, regelt Abs. 2 Satz 2 die Befugnis zur Übermittlung der dafür erforderlichen Daten sowie die Pflicht zuvor die Daten zu **pseudonymisieren**. Die Inanspruchnahme der Beratung dient der fachlich-inhaltlichen Notwendigkeit, im Kontext von Kindeswohlgefährdung eigene Wahrnehmungen und Vermutungen mit einer fachkompetenten Person zu reflektieren. Je nach Einschlägigkeit bezieht sich die Fachberatung auf die Erfüllung der Pflichten im Hinblick auf die einzelnen Verfahrensschritte sowie der Klärung der rechtlichen Frage, ob die Schwelle zur befugten Datenweitergabe ohne Einverständnis der Personensorgeberechtigten bereits erreicht ist.[564]

3. Stufe:

Mit den **Erziehungsberechtigten** und dem **Kind** oder der bzw. dem **Jugendlichen** ist dann die Situation zu erörtern, soweit hierzu der wirksame Schutz des Kindes oder der bzw. des Jugendlichen nicht in Frage gestellt wird. Die Gründe für eine Nichtbeteiligung sind aktenkundig zu machen, da dies eine Intervention in die elterliche Sorge darstellt und eine solche Entscheidung ggf. überprüfbar zu halten ist.

Durch das Kinder- und Jugendstärkungsgesetz (KJSG) wurde nunmehr auch der Begriff der Personensorgeberechtigten in den weiten **Begriff der Erziehungsberechtigten** in diesem Kontext abgeändert. Darunter sind neben den Personensorgeberechtigten jede sonstige Person über 18 Jahre zu verstehen, die auf Grund einer (auch münd-

---

[563] Meysen, in: Münder/Meysen/Trenzcek, Frankfurter Kommentar zum SGB VIII, § 8a Rn. 72.

[564] Vgl. Meysen, in: Münder/Meysen/Trenczek, Frankfurter Kommentar, Anhang I, § 4 KKG, Rn. 95 m. w. N.

lichen) Vereinbarung mit dem Personensorgeberechtigten nicht nur vorübergehend und nicht nur für einzelne Verrichtungen Aufgaben der Personensorge wahrnimmt.[565] Dies können z. B. Stiefeltern, Partner*in eines Elternteils, Großeltern, Pflegeeltern oder Erzieher*innen in einer (teil-)stationären Kinder- und Jugendhilfeeinrichtung sein.

Die Berufsgeheimnisträger*innen sind gesetzlich verpflichtet, ihre Vertrauensbeziehung zu den betroffenen Personen zu achten und zu nutzen sowie mit ihnen zu der kindeswohlgefährdenden Situation ins Gespräch zu kommen.[566] Im Rahmen des Gespräches sollte dann auch zunächst auf die **Inanspruchnahme von Hilfen** hingewirkt werden. Das soll den betroffenen Familien ermöglichen, von sich aus Hilfen zu suchen und anzunehmen. Ein solches Gespräch erfordert eine gute Vorbereitung und eine **sozialräumliche Vernetzung** bzw. **transdisziplinäre Informationszugänge über mögliche Unterstützungs- und Hilfeleistungen**. In diesem Zusammenhang kann der eigene vertrauensvolle Zugang zu den betroffenen Personen als „Türöffner" für andere Institutionen, insbesondere für mögliche Hilfeleistungen und die Unterstützung durch das Jugendamt fungieren.

Exkurs

Dabei spielen die verbindlichen Netzwerkstrukturen im Kinderschutz[567] eine besondere Rolle. In diesen Netzwerken sollen sich die Beteiligten über die Angebote informieren und das Verfahren abstimmen. Durch das KJSG ist das Netzwerk noch um die Leistungserbringer, mit denen Verträge nach § 125 SGB IX (Eingliederungshilfe) bestehen, sowie Mehrgenerationenhäuser erweitert worden (vgl. § 3 Abs. 2 KKG).

4. Stufe:

Wird während des Gesprächs mit den Erziehungsberechtigten und Kindern bzw. Jugendlichen oder im Anschluss hieran deutlich, dass eine Abwendung der Gefährdung ausscheidet oder ein weiteres Vorgehen erfolglos ist und halten die Berufsgeheimnisträger*innen

565 Vgl. hierzu ausführlich Kapitel 2.3.2.1.

566 Vgl. hierzu Meysen in: Münder/Meysen/Trenczek, Frankfurter Kommentar, Anhang I, § 4 KKG, Rn. 100 m. w. N.

567 Vgl. § 3 KKG., vgl. Kapitel 3.1.

aufgrund der Gefährdungssituation ein Tätigwerden des Jugendamtes für erforderlich, so **unterscheidet der Gesetzgeber**[568] neuerdings im Hinblick auf die Verbindlichkeit einer Mitteilung[569] eines Kinderschutzfalles beim Jugendamt:

Die Berufsgeheimnisträger*innen nach § 4 Abs. 1 **Nr. 2 bis 7** KKG sind in diesem Fall **befugt**[570] (**Informationsbefugnis**), das Jugendamt zu informieren, während die Gruppe der **Gesundheitsberufe**[571] nach § 4 Abs. 1 **Nr. 1** KKG **unverzüglich das Jugendamt informieren sollen**[572] (**Informationspflicht**), wenn nach deren Einschätzung eine dringende Gefahr für das Wohl der Kinder oder Jugendlichen das Tätigwerden des Jugendamtes erfordert. Für die Gesundheitsberufe kann damit nur in **Ausnahmefällen** von einer Mitteilung an das Jugendamt abgesehen werden, insbesondere wenn die betroffenen Berufsgeheimnisträger*innen zur Sicherstellung eines wirksamen Schutzes des Kindes oder der bzw. des Jugendlichen ein anderes Vorgehen für notwendig und wirkungsvoller halten.[573]

II

Exkurs

Die Informations**befugnis** in § 4 Abs. 3 Satz 1 KKG für die Berufsgeheimnisträger*innen nach § 4 Abs. 1 Nr. 2–7 KKG kann sich dann auf eine Informations**pflicht** verengen, wenn die jeweiligen Berufsgeheimnisträger*innen gleichzeitig eine **Garantenstellung** für die Kinder oder Jugendlichen innehaben.[574] Dies wäre z. B. bei Lehrer*innen in Bezug auf das Schulgesetz gegeben.[575]

---

568 Mit der Änderung in § 4 Absatz 3 KKG wird dem Anliegen des Bundesrates (vgl. BRat-Drs. 5/21 (Beschluss) Nr. 53) in Bezug auf Angehörige von Heilberufen, insbesondere Ärzt*innen, Rechnung getragen und für diese Berufsgeheimnisträger*innen eingeführt, bei einer aus deren Sicht dringenden Gefahr für das Kindeswohl unverzüglich das Jugendamt im Regelfall zu informieren, wenn sie dessen Tätigwerden zur Abwendung der Gefährdung für erforderlich halten (BT-Drs. 19/28870, S. 101, 102).

569 Das KKG verfolgt hiermit das Prinzip „Mitteilen statt Melden". Die Sorgen um Kinder oder Jugendliche sollen möglichst „mit" dem JA „geteilt" und nicht zusammen mit der Verantwortung an das JA abgegeben werden. „Aggressive Überweisungen" werden vermieden (Meysen, in: Münder/Meysen/Trenczek, Frankfurter Kommentar SGB VIII, Anhang I § 4 KKG, Rn. 109).

570 Vgl. § 4 Abs. 3 Satz 1 KKG.

571 Vgl. hierzu Kapitel 3.7.

572 Vgl. § 4 Abs. 3 Satz 3 KKG.

573 Vgl. BT-Drs. 19/28870, S. 102.

574 Walther, in: Wiesner/Wappler, SGB VIII, Anh. 1 § 4 KKG, Rn. 33 m. w. N.

575 Vgl. § 4 Abs. 5 Satz 6 und 7 SchulG M-V.; vgl. hierzu Kapitel 3.6.

Durch die Regelung des § 4 Abs. 3 KKG wird die **strafbewehrte Schweigepflicht aus § 203 StGB** für die Berufsgeheimnisträger*innen **durchbrochen** oder besteht – umgekehrt ausgedrückt – eine sog. **Offenbarungsbefugnis.** Die Offenbarungsbefugnis nach § 4 Abs. 3 KKG besteht ausschließlich gegenüber dem Jugendamt und nicht gegenüber anderen Berufsgeheimnisträger*innen, Institutionen, Beratungsstellen oder der Polizei. Die Weitergabe von Informationen an die Polizeibehörden sind nur über die Voraussetzungen des rechtfertigenden Notstandes (§ 34 StGB) zulässig, wenn z. B. eine akute Gefährdungssituation ein sofortiges Einschreiten der Polizeibehörden zur Gefahrenabwehr im Sinne der Polizeidienstvorschrift (PDV) 382[576] verlangt.

Aus Gründen der Transparenz und der eigenen Absicherung im Hinblick auf die strafbewehrte Schweigepflicht ist eine möglichst sorgfältige Dokumentation zum Verfahren und den jeweiligen Informationen und Entscheidungen anzufertigen. Die aus anderen gesetzlichen Vorschriften (zum Beispiel aufgrund strafrechtlicher Garantenpflichten oder landesrechtlicher Regelungen) oder aus nach § 8a Absatz 4 SGB VIII geschlossenen Vereinbarungen resultierenden Handlungspflichten für ggf. davon betroffene Berufsgeheimnisträger*innen bleiben unberührt.[577] **Datenschutzrechtlich** stellt für Berufsgeheimnisträger*innen, die neben der Schweigepflicht gleichzeitig sozialrechtlich dem **Sozialgeheimnis** nach § 35 SGB I unterliegen, neuerdings § 71 Abs. 1 Satz 6 SGB X die **Rechtsgrundlage für die datenschutzrechtlich zulässige Übermittlung** der entsprechenden Informationen und damit Sozialdaten an das Jugendamt dar.

Beispiel:

Einer Grundschullehrerin erfährt im Rahmen von gemeinsamen Aktivitäten von einem Schulkind, dass der alleinerziehende Elternteil ein Alkoholsuchtproblem hat, welches zur Vernachlässigung und teilweise auch zu Misshandlungen des Kindes führen. Der betroffene Elternteil zeigt bei dem gemeinsamen Gespräch keinerlei Problembewusstsein und macht deutlich, dass Beratungs- und Hilfeangebote nicht erwünscht sind. Die Lehrerin darf als Geheimnisträgerin[578] das Jugendamt informieren, da sie unter Berücksichtigung der ihr vorliegenden Kenntnisse hinsichtlich der Gefährdung des Kindes und der nicht vorhandenen

[576] Vgl. PDV 382 Bearbeitung von Jugendsachen, hier Kapitel 2.1.2.
[577] Vgl. BT-Drs. 19/28870, S. 102 sowie Kapitel 2.4.2.1.
[578] Vgl. § 13a SGB VIII, § 35 SGB I und § 203 StGB.

Bereitschaft (evtl. auch Fähigkeit) des Elternteils die Gefährdungssituation abzuwenden, die Tätigkeit des Jugendamtes für erforderlich hält (§§ 4 Abs. 3 Satz 1 und 2 KKG, § 203 Abs. 2 StGB).

Der Information des Jugendamtes durch die Berufsgeheimnisträger*innen muss zudem grundsätzlich **ein entsprechender Hinweis an die Betroffenen** (das sind die Erziehungsberechtigten und das Kind oder die bzw. der Jugendliche) vorausgehen, um die **Transparenz im Verfahren** zu gewährleisten. Eine Ausnahme besteht wiederum dann, wenn damit der wirksame Schutz des Kindes oder der bzw. des Jugendlichen in Frage gestellt wird[579], wobei die Gründe aktenkundig zu machen wären. Mit dem Hinweis auf eine Mitteilung an das Jugendamt wird zudem den Betroffenen noch eine Möglichkeit eingeräumt, sich gegenüber ihrem Kind künftig angemessener zu verhalten, angebotene Hilfe anzunehmen oder sich eigenständig an das Jugendamt zu wenden. Ein solches Vorgehen entspricht dem Grundsatz der Verhältnismäßigkeit.

Durch das KJSG werden nunmehr zwei **Reaktionen durch das Jugendamt auf die „Kinderschutzmeldung"** der Berufsgeheimnisträger*innen geregelt:

Zum einen ist nunmehr in § 8a Abs. 1 Satz 2 Nr. 2 SGB VIII vorgesehen, dass die mitteilenden Fachkräfte in die Gefährdungseinschätzung des Jugendamtes einbezogen werden, wenn dies nach fachlicher Einschätzung des Jugendamtes erforderlich ist.[580]

Zum anderen regelt § 4 Abs. 4 KKG eine zeitnahe Rückmeldung der Fachkräfte des Jugendamtes.[581] Die mitteilenden Berufsgeheimnisträger*innen sollen über das Ergebnis der Gefährdungseinschätzung und das weitere Vorgehen des Jugendamtes informiert werden (Anlage Rückmeldebogen). Konkret sollen nach dem Gesetzeswortlaut folgende drei Umstände vom Jugendamt an die mitteilenden Berufsgeheimnisträger*innen zeitnah zurückgemeldet werden:

- ob das Jugendamt die gewichtigen Anhaltspunkte für die Gefährdung des Wohls des Kindes oder Jugendlichen bestätigt sieht und

579 Vgl. § 4 Abs. 3 Satz 1, 2. Halbs. KKG.

580 Für die Umsetzung der Beteiligung von Angehörigen der Heilberufe an der Gefährdungseinschätzung durch das Jugendamt wurde ein Kostenaufwand von 1,218 Mio. Euro veranschlagt (BT-Drs. 19/26107, S. 60); vgl. hierzu auch § 73c SGB V, welcher Kooperationsvereinbarungen zum Kinder- und Jugendschutz für Vertragsärzt*innen bzw. Psychotherapeut*innen neu vorsieht, der allerdings nicht für die Kassenzahnärztliche Vereinigung und Zahnärzt*innen gilt; vgl. BT-Drs. 19/26107, S. 124.

581 Vgl. hierzu Kapitel 2.3.2.3.

- ob es zur Abwendung der Gefährdung des Wohls des Kindes oder Jugendlichen tätig geworden ist und
- ob die ergriffenen Maßnahmen noch andauern.

Diese **Rückmeldepflicht des Jugendamtes** gegenüber den mitteilenden Berufsgeheimnisträger*innen steht allerdings **unter dem Vorbehalt**, dass dadurch nicht der Erfolg einer Jugendhilfeleistung zur Abwendung der Kindeswohlgefährdung (z.B. einer Hilfe zur Erziehung) in Frage gestellt wird. Die zuständige sozialpädagogische Fachkraft des Jugendamtes hat vor einer Rückmeldung diese jugendhilferechtliche Einschränkung zu überprüfen.[582] Mithin kann von den Berufsgeheimnisträger*innen neben der Eingangsbestätigung in jedem Fall eine weitere Rückmeldung erwartet werden: entweder die standardisierte Mitteilung zur Gefährdungseinschätzung und dem weiteren Verfahren oder (zumindest), dass ausnahmsweise keine weitere Rückmeldung aus sozialpädagogischen Gründen möglich ist.

Zusammenfassung

Die Berufsgeheimnisträger*innen (§ 4 Abs. 1 Nr. 1 bis 7 KKG)

- nehmen eine eigene Einschätzung vor, ob gewichtige Anhaltspunkte für eine Kindeswohlgefährdung vorliegen (Risikoeinschätzung),
- haben Anspruch auf Fachberatung (Übermittlung von pseudonymisierten Daten),
- erörtern mit den Erziehungsberechtigten sowie dem Kind oder der bzw. dem Jugendlichen die Situation, soweit hierdurch der wirksame Schutz nicht in Frage gestellt wird,
- wirken bei den Erziehungsberechtigten auf die Inanspruchnahme von Hilfe hin und
- informieren das Jugendamt, falls die Gefährdung nicht anders abgewendet werden kann,
- Gesundheitsberufe nach § 4 Abs. 1 KKG: es gilt eine Informationspflicht bei einer dringenden Gefahr (unverzüglich, d. h. ohne schuldhaftes Zögern, Soll-Vorschrift),
- alle anderen Berufsgeheimnisträger*innen im KKG: Informationsbefugnis.

Vor der Information des Jugendamtes sind die Betroffenen hinzuweisen, es sei denn, dass damit der wirksame Schutz der Kinder oder Jugendlichen in Frage gestellt wird.

[582] Vgl. hierzu § 64 Abs. 2 SGB VIII.

Im Anschluss an die Mitteilung an das Jugendamt ist eine Einbeziehung in die Gefährdungseinschätzung möglich und eine zeitnahe Rückmeldung durch das Jugendamt zum Kinderschutzverfahren verbindlich zu erwarten (Anlage: Checkliste).

Exkurs

Datenerhebung durch sozialpädagogische Fachkräfte des Jugendamtes bei Berufsgeheimnisträger*innen im Rahmen der Gefährdungseinschätzung nach § 8a Abs. 1 SGB VIII[583]

Wie bei den Grundsätzen zur Datenerhebung in der Kinder- und Jugendhilfe[584] und im Rahmen des Kinderschutzverfahrens nach § 8a Abs. 1 SGB VIII[585] bereits ausgeführt, können durch die sozialpädagogischen Fachkräfte des Jugendamtes „ausnahmsweise" **Informationen im Rahmen der Gefährdungseinschätzung bei Dritten**, also **ohne Mitwirkung der jeweils betroffenen Person**, eingeholt werden.

Voraussetzung hierfür ist, dass die Erhebung der Daten bei der betroffenen Person nicht möglich ist oder die jeweilige Aufgabe ihrer Art nach eine Erhebung bei anderen erfordert, die Kenntnis der Daten, aber erforderlich ist für die Erfüllung des Schutzauftrags bei Kindeswohlgefährdung (§ 62 Abs. 3 Nr. 2 Buchst. d SGB VIII) oder dass die Erhebung der Daten bei der betroffenen Person den Zugang zur Hilfe ernsthaft gefährden würde (§ 62 Abs. 3 Nr. 4 SGB VIII). Aus diesen Gründen ist es rechtlich in einem ersten Schritt für die sozialpädagogischen Fachkräfte des Jugendamtes zulässig, auch ohne die betroffenen Personen bei den Berufsgeheimnisträger*innen, um Informationen nachzufragen. Werden diese **um Informationen zum betroffenen Kind gebeten**, liegt hierin gleichzeitig eine **Datenübermittlung** durch die sozialpädagogischen Fachkräfte vor, nämlich, dass das Jugendamt gewichtigen Anhaltspunkten für eine Gefährdung dieses Kindes nach § 8a Abs. 1 SGB VIII nachgeht. Diese sind datenschutzrechtlich nach § 69 Abs. 1 Nr. 1 Alt. 2 SGB X zulässig, soweit sie für die Erfüllung einer **sozialgesetzlichen Aufgabe des Jugendamts** (hier: Gefährdungseinschätzung) **erforderlich** ist.

Eine andere rechtliche Frage ergibt sich im Hinblick auf die **Übermittlung der angefragten Informationen durch die betroffenen Berufsgeheimnisträger*innen**. Diese unterliegen der gesetzlichen Schweigepflicht nach § 203 StGB.[586] Liegt keine Schweigepflichtentbindung vor (Anlage: Vordruck Entbindung von der Schweigepflicht), kann sich im Kontext

583 Teilweise entnommen aus: DIJuF-Stellungnahme, JAmt 2022, 546 f.
584 Vgl. hierzu ausführlich Kapitel 1.9.1.
585 Vgl. hierzu ausführlich Kapitel 2.3.2.1.
586 Vgl. hierzu ausführlich Kapitel 1.15.

des Kinderschutzes eine Offenbarungsbefugnis aus § 4 Abs. 3 KKG ergeben. Allerdings greift diese Befugnis – grundsätzlich nach Durchlaufen einer eigenen Gefährdungseinschätzung nach Maßgabe des § 4 Abs. 1 KKG – erst, wenn die Informationsweitergabe an das Jugendamt zur Gefährdungsabwendung **erforderlich** ist. Ob dies der Fall ist, müssen die **Berufsgeheimnisträger*innen selbst einschätzen**. Der Informationsbefugnis der Berufsgeheimnisträger*innen nach § 4 Abs. 3 KKG steht in diesem Zusammenhang nicht die Tatsache entgegen, dass die Berufsgeheimnisträger*innen sich nicht selbstinitiativ an das Jugendamt wendet, sondern das Jugendamt die Berufsgeheimnisträger*innen um Informationen zu einem bestimmten Kind bittet. Letztlich haben die Fachkräfte der Jugendämter aber keine Möglichkeit, die Berufsgeheimnisträger*innen zur Kooperation zu verpflichten, wenn diese der Auffassung sind, dass die unter die Schweigepflicht fallende Informationen, nicht zur Gefährdungsabwendung erforderlich sind und damit unter die Offenbarungsbefugnis fallen.

Beispiel:

Eine psychologische Psychotherapeutin erhält Kenntnis von sexualisierter Gewalt durch den Stiefvater eines neunjährigen Mädchens, das sich ihr im Rahmen der Therapiesitzungen anvertraut hat. Die Mutter der besten Freundin des Mädchens meldet sich mit dieser Information beim Jugendamt und bittet um Anonymität im Hinblick auf die Informationen durch sie und ihre Tochter. Die sorgeberechtigte Mutter des Mädchens blockt jede Zusammenarbeit mit dem Jugendamt ab und ist nicht bereit bei der Aufklärung mitzuarbeiten und/oder notwendige bzw. geeignete Hilfe zum Schutz ihres Kindes anzunehmen. Auch ohne die Mitwirkung der Mutter sind die sozialpädagogischen Fachkräfte befugt, sich im Rahmen der Gefährdungseinschätzung an die behandelnde Psychotherapeutin zu wenden und über die Notwendigkeit der erbetenen Informationen zu sexualisierter Gewalt durch den Stiefvater zu informieren. Dieses Verfahren ist auf Seiten des Jugendamtes für die Gefährdungseinschätzung im Rahmen des Kinderschutzverfahrens erforderlich und daher rechtlich zulässig (§§ 8a Abs. 1, 62 Abs. 3 Nr. 2 Buchst. d SGB VIII, § 69 Abs. 1 Nr. 1 Alt. 2 SGB X). Da es sich um Informationen handelt, die dringend zur Gefährdungsabwendung erforderlich sind, ist auch die behandelnde Psychotherapeutin berechtigt (§ 4 Abs. 3 KKG) diese Informationen an die sozialpädagogischen Fachkräfte des Jugendamtes zu offenbaren, auch wenn sie nicht von ihrer Schweigepflicht von der Mutter des Kindes entbunden wurde. Darüber ist die behandelnde Psychotherapeutin aufzuklären, falls diese die rechtliche Lage nicht kennt, und deshalb Bedenken haben sollte. Das Vorgehen ist auf beiden Seiten entsprechend zu dokumentieren.

2.4.2 Pädagogische Fachkräfte in Einrichtungen und Diensten der freien Kinder- und Jugendhilfe[587]

2.4.2.1 Vereinbarung zum Schutzauftrag[588]

Der **Schutzauftrag der Einrichtungen und Dienste der Kinder- und Jugendhilfe** in freier Trägerschaft oder von gewerblichen Anbietern[589] bei gewichtigen Anhaltspunkten für eine Kindeswohlgefährdung findet seine Rechtsgrundlagen im SGB VIII in Verbindung mit den entsprechend abgeschlossenen Vereinbarungen.[590] § 8a Abs. 4 SGB VIII sieht vor, dass mit den Trägern von Einrichtungen und Diensten der Jugendhilfe eine entsprechende **Vereinbarung[591] zum Schutzauftrag bei Kindeswohlgefährdungen** abzuschließen ist. Dieses Verfahren ist nur konsequent, denn nach § 3 Abs. 2 SGB VIII können und sollen Leistungen der Kinder- und Jugendhilfe von Trägern der freien Jugendhilfe vorrangig erbracht werden. Leistungsverpflichtungen, die durch das SGB VIII begründet werden, können sich allerdings nur an die Träger der öffentlichen Jugendhilfe richten.[592] Die Einrichtungen und Dienste in freier Trägerschaft, die durch die Vereinbarung verpflichtet werden, die fachlichen Standards nach § 8a Abs. 4 SGB VIII einzuhalten, geben diese Vorgaben intern an **alle ihre Mitarbeitenden** weiter. Dabei ist zu beachten, dass die sozialpä-

---

587 Damit sind gleichermaßen alle Einrichtungen und Dienste der Kinder und Jugendhilfe außer dem Jugendamt selbst gemeint, die über verschiedene freie (z. B. die Sozialpädagogische Familienhilfe), private (z. B. der niedergelassene Therapeut), aber auch öffentliche (z. B. die kommunale Kita) Trägerschaften vorgehalten werden.

588 Teile dieses Kapitels sind entnommen aus: Hundt, Kinderschutz nach dem Kinder- und Jugendstärkungsgesetz, S. 41 f.

589 Vgl. hierzu ausführlich zu der freien und öffentlichen Jugendhilfe in Kapitel 3.5. Die Kindertagespflegepersonen sind gesondert in § 8a Abs. 5 SGB VIII geregelt, s. hierzu Kapitel 2.4.3.

590 Vgl. hierzu ausführlich Kapitel 3.5.2.

591 Im Sinne eines öffentlich-rechtlichen Vertrages gem. §§ 53 ff. SGB X.

592 Vgl. § 3 Abs. 2 Satz 2 SGB VIII sowie allgemein für Träger von Sozialleistungen: §§ 12, 27 Abs. 2, 31 SGB I; vgl. hierzu ausführlich Hundt, in: AFET Bundesverband für Erziehungshilfen e. V., Richtig beteiligt? Rolle der Berufsgeheimnisträger*innen im Kinderschutz, S. 26 f.

II

dagogischen **Fachkräfte teilweise sowohl zu den Adressat*innen des § 8a Abs. 4 SGB VIII gehören als auch unter die Aufzählung der Berufsgeheimnisträger*innen** im Sinne von § 4 Abs. 1 Nr. 1 bis 7 KKG fallen (z. B. als staatlich anerkannte Sozialarbeiter*innen oder staatliche anerkannte Sozialpädagog*innen nach § 4 Abs. 1 Nr. 6 KKG, die in einer Einrichtung eines Trägers der freien Jugendhilfe tätig ist). In diesem Fall gelten dann die Regelungen beider Vorschriften, also das Verfahren nach § 8a Abs. 4 SGB VIII mit den dort verpflichtenden (engeren) Standards, an welche sie (als Mitarbeitende der Träger der freien Jugendhilfe) arbeitsrechtlich zu binden sind, als auch den Regelungen zur Durchbrechung der Schweigepflicht in § 4 Abs. 1 bis 4 KKG. Dies ist nur folgerichtig, da die **vertraglichen Vereinbarungen** zwischen den Trägern der freien Jugendhilfe und der öffentlichen Jugendhilfe in Bezug auf § 8a Abs. 4 SGB VIII **gerade keine Offenbarungsbefugnis im Rahmen der strafbewehrten Schweigepflicht** beinhalten kann.[593] Da das Kinderschutzverfahren von Fachkräften in Einrichtungen und Diensten der Jugendhilfe (§ 8a Abs. 4 SGB VIII) und das Kinderschutzverfahren für Berufsgeheimnisträger*innen (§ 4 KKG) in den unterschiedlichen Verfahrensschritten zwar nicht grundlegend, aber dennoch bei einzelnen Verpflichtungen[594] voneinander abweichen, ist es erforderlich zwischen den beiden Verfahren zu unterscheiden. Mithin kommt es darauf an, ob die Fachkräfte in einer Einrichtung und einem Dienst mit der entsprechenden Berufsausbildung und staatlichen Anerkennung beispielsweise als Erzieher*in oder als Sozialarbeiter*in tätig sind, da sie im letzteren Fall als Berufsgeheimnisträger*in nach § 203 Abs. 1 Nr. 6 StGB der strafbewehrten Schweigepflicht unterliegen und damit § 4 KKG die Rechtsgrundlage für die Offenbarungsbefugnis gegenüber dem Jugendamt darstellt.

---

[593] Hundt, in: AFET – Bundesverband für Erziehungshilfen e. V., Richtig beteiligt? Rolle der Berufsgeheimnisträger*innen im Kinderschutz, S. 27.

[594] Nach § 8a Abs. 4 SGB VIII haben die Fachkräfte im Rahmen der Gefährdungseinschätzung insoweit erfahrene Fachkräfte verpflichtend beratend heranzuziehen. Wurde ein entsprechendes Gefährdungsrisiko bei einem Kind festgestellt, für welches akuter Handlungsbedarf besteht, muss das Jugendamt informiert werden. Während nach § 4 Abs. 2 KKG die Berufsgeheimnisträger*innen im Kinderschutzverfahren nur einen Anspruch auf Beratung durch eine insoweit erfahrene Fachkraft besteht und die Berufsgeheimnisträger*innen bei einer Kindeswohlgefährdung befugt sind, das Jugendamt zu informieren bzw. sich die Regelung für die Gruppe der Gesundheitsberufe neuerdings in eine „Soll-Vorschrift" geändert hat, vgl. hierzu Kapitel 2.4.1.3.

Exkurs

Sinnentsprechend anzuwenden ist § 8a Abs. 4 SGB VIII auf Einrichtungen und Dienste in kommunaler Trägerschaft, die Leistungen nach dem SGB VIII erbringen, jedoch aus dem Jugendamt ausgegliedert sind.[595] Sind kreisangehörige Gemeinden bzw. Gemeindeverbände Träger von Einrichtungen oder Diensten, sind die Vereinbarungen mit diesen zu schließen; der Abschluss kann vom Landkreis ggf. im Wege der Fachaufsicht durchgesetzt werden.[596] Sind die Einrichtungen und Dienste organisatorisch dem Jugendamt zugewiesen, sind gegebenenfalls entsprechend der Vereinbarungen nach § 8a Abs. 4 im Wege von Dienstanweisungen verbindliche Regeln zur Umsetzung des Schutzauftrags durch amtsinterne Einrichtungen und Dienste festzuschreiben.[597]

II

2.4.2.2 Kinderschutzverfahren – Ablauf

Das **Kinderschutzverfahren für Fachkräfte** in einer z. B. **Kindertageseinrichtung** (Kita) wie auch in anderen Einrichtungen und Diensten der Jugendhilfe, welches in einer **Vereinbarung** verbindlich zu regeln ist, wird durch § 8a Abs. 4 SGB VIII vorgesehen. Landesrechtlich wird z. B. durch das Kindertagesförderungsgesetz (KiföG M-V) ebenfalls verpflichtend auf das Verfahren nach § 8a Abs. 4 SGB VIII für die pädagogischen Fachkräfte in einer Kita verwiesen.[598] Kinderschutz und die Verwirklichung von Kinderrechten bei der Förderung der Kinder in einer Kita sowie deren Beteiligung und Beschwerdemöglichkeiten sind neben dem Bundesrecht (SGB VIII) als feste Zielvorgaben im Kindertagesförderungsgesetz landesrechtlich verankert.[599]

Zusammenfassung

Die Fachkräfte haben bei Bekanntwerden **gewichtiger Anhaltspunkte für die Gefährdung** eines von ihnen betreuten Kindes oder eines bzw. einer Jugendlichen

- zunächst in Rahmen einer ersten **Risikoeinschätzung** die Gewichtigkeit der Anhaltspunkte die die Gefährdung eines Kindes oder Jugendlichen zu bewerten,

[595] Bringewat, in: Kunkel/Kepert/Pattar, SGB VIII, § 8a Rn. 114.
[596] Vgl. Meysen, in: Münder/Meysen/Trenczek, Frankfurter Kommentar SGB VIII, § 8a Rn. 59.
[597] Vgl. Bringewat, in: Kunkel/Kepert/Pattar, SGB VIII, § 8a Rn. 114.
[598] Vgl. § 4 KiföG M-V.
[599] Vgl. § 1 Abs. 4, Abs. 5 KiföG M-V.

- eine **Gefährdungseinschätzung** vorzunehmen,[600]
- bei der Gefährdungseinschätzung eine **insoweit erfahrene Fachkraft beratend** hinzuzuziehen,[601]
- die **Erziehungsberechtigten sowie Kinder oder Jugendliche** in die Gefährdungseinschätzung einzubeziehen, soweit hierdurch der wirksame Schutz nicht in Frage gestellt wird,[602]
- bei den Erziehungsberechtigten auf die **Inanspruchnahme von Hilfe hinwirken**, wenn sie diese für erforderlich halten,[603]
- und das **Jugendamt informieren**, falls die Gefährdung nicht anders abgewendet werden kann.[604]

Als fachliche Grundlage für die Gefährdungseinschätzung und gleichzeitig als **Dokumentationshilfe** für die Risikoabklärung durch das pädagogische Fachpersonal in Einrichtungen und bei Diensten der freien Kinder- und Jugendhilfe dienen auch hier häufig standardisierte **Checklisten oder Kinderschutzbögen**.

Bei der Gefährdungseinschätzung ist eine **im Kinderschutz erfahrene Fachkraft beratend** hinzuzuziehen. Entweder verfügt der Träger über eigene Fachkräfte, die u. a. eine vorgeschriebene Qualifikation durchlaufen haben, oder es besteht nach § 8b Abs. 1 SGB VIII ein Anspruch gegenüber dem örtlichen Träger der öffentlichen Jugendhilfe auf Beratung durch eine insoweit erfahrene Fachkraft.[605] Nach dem Kindertagesförderungsgesetz (KiföG M-V) sind Träger von Kitas verpflichtet die vorgesehenen Fort- und Weiterbildungsmaßnahmen auch für **Qualifizierungen im Bereich Kinderschutz** anzubieten oder zu organisieren.[606] Damit können Fachkräfte aus den Einrichtungen an Qualifizierungsmaßnahmen teilnehmen und selbst als insoweit erfahrene Fachkräfte für den Träger zur Verfügung stehen. Neu aufgenommen durch das Kinder- und Jugendstärkungsgesetz (KJSG) ist die **verpflichtende Qualifikation** der beratend bei der Gefährdungseinschätzung hinzuzuziehenden insoweit erfahrenen Fachkräfte im

600 Vgl. § 8a Abs. 4 Satz 1 Nr. 1 SGB VIII.
601 Vgl. § 8a Abs. 4 Satz 1 Nr. 2 SGB VIII.
602 Vgl. § 8a Abs. 4 Satz 1 Nr. 3 SGB VIII.
603 Vgl. § 8a Abs. 4 Satz 3 SGB VIII.
604 Vgl. § 8a Abs. 4 Satz 3 SGB VIII.
605 Nicht günstig erscheinen in diesem Zusammenhang eine direkte Beratungsanfrage und Information an die sozialpädagogischen Fachkräfte im Sozialen Dienst in den Jugendämtern als „insoweit erfahrene Fachkräfte", vgl. hierzu bereits Kapitel 2.4.1.3, 2. Stufe.
606 Vgl. § 17 Abs. 2 Satz 1 und Satz 2 KiföG M-V.

Hinblick auf die spezifischen Schutzbedürfnisse von **Kindern und Jugendlichen mit Behinderung**.[607] Es handelt sich bei der **Beratung durch eine insoweit erfahrene Fachkraft** nicht nur um ein Angebot zur Beratung, sondern um eine **rechtliche Verpflichtung** für die Fachkräfte der Jugendhilfe. Die insoweit erfahrene Fachkraft berät, unterstützt, strukturiert und begleitet einen fachlichen Bewertungsprozess und sorgt für die Einhaltung fachlicher und struktureller Standards, ohne etwa selbst die Fallverantwortung zu übernehmen. Grundsätzlich sind an die insoweit erfahrene Fachkraft die **Daten pseudonymisiert oder sogar anonymisiert** weiterzugeben. Es ist also gerade nicht erforderlich die „Klarnamen" des Kindes und der betroffenen Familie beim Beratungsgespräch mit der insoweit erfahrenen Fachkraft zu verwenden.[608]

Hinweis

Förderung von Kindern in einer Kita – Einordnung in das System des SGB VIII:

Die Förderung von Kindern in Kitas stellt eine Leistung der Kinder- und Jugendhilfe dar und ist in den §§ 2 Abs. 2 Nr. 3, 22 bis 25 SGB VIII im Einzelnen geregelt.

Dass bei dem Verdacht einer Kindeswohlgefährdung die Erziehungsberechtigten in die **Gefährdungseinschätzung und in die weiteren Entscheidungen einzubinden sind**, ergibt sich für die pädagogischen Fachkräfte in Kitas bereits aus dem **Zusammenarbeitsgebot** in § 22a Abs. 2 Satz 1 Nr. 1 SGB VIII. Die Zusammenarbeit ist als Bildungs- und Erziehungspartnerschaft für die Entwicklung des Kindes zu verstehen. Die Fachkräfte in den Kitas arbeiten mit den Erziehungsberechtigten zusammen, und zwar zum Wohl der Kinder und zur Sicherung der Kontinuität des Erziehungsprozesses. Zudem stellt § 22a Abs. 2 Satz 2 SGB VIII ausdrücklich klar, dass die Eltern an den Entscheidungen in **wesentlichen Angelegenheiten** der Erziehung, Bildung und Betreuung zu beteiligen sind und berücksichtigt auf diese Weise das verfassungsrechtlich geschützte Elternrecht.

Allerdings stellt die Einbeziehung der Erziehungsberechtigten im Rahmen des Kinderschutzes die Fachkräfte vor eine nicht immer einfach zu bewältigende Aufgabe. Diese kann erhebliches **Konfliktpotential** beinhalten: Die pädagogischen Fachkräfte sollen die Gefährdung des Kindes durch die Informationen, die sie im Gespräch von den Eltern erfragen, besser einschätzen können. Sie müssen also die Verdachtsmomente

607 Vgl. § 8a Abs. 4 Satz 2 SGB VIII.
608 Vgl. § 64 Abs. 2a SGB VIII.

offen und transparent im Hinblick auf die Gefährdung des Kindes in dem Gespräch ansprechen und abklären. Dabei geht es um die Einschätzung der Situation und in diesem Zusammenhang letztlich auch um die **Kontrolle der Erziehungsfähigkeit und -bereitschaft und zusammengefasst des elterlichen Verhaltens**, welche zu der ansonsten **bildungs- und erziehungspartnerschaftlichen** ausgestalteten **Beziehung** in einem **Spannungsfeld** steht.[609]

§ 8a Abs. 4 Satz 1 Nr. 3 SGB VIII sieht zudem vor, dass die **Kinder und Jugendlichen** in den Prozess der Gefährdungseinschätzung **einzubeziehen sind**, soweit hierdurch der wirksame Schutz des Kindes oder der bzw. des Jugendlichen nicht in Frage gestellt wird. Es kommt auch hier die gesetzliche Klarstellung durch das KJSG zum Tragen, dass Beteiligung und Beratung von Kindern und Jugendlichen in der Kinder- und Jugendhilfe in einer für **diese verständlichen, nachvollziehbaren und wahrnehmbaren Weise** zu erfolgen hat.[610] Die für die pädagogischen Fachkräfte in Diensten und Einrichtungen der Jugendhilfe herausfordernde Aufgabe die Kinder auf diese Weise in die Gefährdungseinschätzung einzubeziehen, ist deshalb **sorgfältig pädagogisch vorzubereiten**. Neben der Sensibilität für die besondere Situation des Kindes, Empathie, eine kindgerechte Kommunikation, in welcher die kindlichen Äußerungen gespiegelt werden und zu Gesprächen angeregt wird, ist auch eine **alters- und entwicklungsgerechte Beteiligung** an den Entscheidungen von großer Bedeutung.[611] Zudem ist wichtig das **Ziel des Gesprächs** zu reflektieren. Soll das Gespräch dem Ziel dienen, von z. B. Kindern Informationen über konkrete Erlebnisse oder über ihre Beziehungswahrnehmungen oder im Hinblick auf die sie betreffenden Kinderschutzentscheidungen zu erhalten oder sollen die Kinder selbst über etwas informiert werden.[612]

Liegen Verdachtsmomente für eine Kindeswohlgefährdung vor, die noch kein akutes Eingreifen des Jugendamtes erforderlich machen, sind die pädagogischen Fachkräfte verpflichtet, zunächst selbst im Gespräch mit den Eltern eine einvernehmliche Lösung zu finden. Sie haben die Aufgabe auf die **Inanspruchnahme von Hilfe** durch die

609 Vgl. Hundt, Kindeswohlgefährdung erkennen und vermeiden, S. 99.
610 Vgl. § 8 Abs. 3 SGB VIII.
611 Maywald, Kinderschutz in der Kita, S. 129–136.
612 Vgl. zu der Einteilung der Gesprächsformen: Kindler, in: Thole/Retkowski/Schäuble, Sorgende Arrangements, S. 203, 204.

Erziehungsberechtigten hinzuwirken.[613] Eine vertrauensvolle Beziehung und Gesprächssituation kann für ein Angebot der Zusammenarbeit und der Motivation zur Inanspruchnahme von Unterstützung genutzt werden. Im Rahmen der Unterstützung sollen Netzwerkangebote und weiterführende Hilfsangebote vermittelt werden, hier kommt den Einrichtungen und Diensten der Jugendhilfe im Kinderschutz ein wichtige **Lotsenfunktion** zu, insbesondere um **Hemmschwellen gegenüber der Unterstützung durch das Jugendamt** abzubauen. Dabei sollte zum Ausdruck kommen, dass die Arbeit der Jugendämter im Rahmen des SGB VIII von den Grundsätzen „Prävention vor Intervention" und „Hilfe vor Eingriff" geleitet wird.[614] Lehnen die Eltern das Gespräch und ihre Beteiligung ab oder sind nicht in der Lage angebotene Hilfe anzunehmen bzw. diese umzusetzen, ist von den betreffenden pädagogischen Fachkräften zu entscheiden, ob im Anschluss an die erste Gefährdungseinschätzung und anhand der vorliegenden Verdachtsmomente bereits das **Jugendamt informiert** und tätig werden muss. Nach § 8a Abs. 4 Satz 3 SGB VIII ist den Fachkräften ausdrücklich erlaubt, alle zusammengetragenen Informationen (z. B. dokumentiert im Kinderschutzbogen) dem Jugendamt zu offenbaren. Allerdings sind die betroffenen Personen über die Datenerhebung und Weitergabe zu informieren, soweit hierdurch der wirksame Schutz des Kindes oder Jugendlichen nicht in Frage gestellt wird.

Zu den Informationspflichten gegenüber den betroffenen Personen gehört auch der Hinweis auf das **Auskunftsrecht nach der DSGVO**. Die Informationen sind in präziser, transparenter, verständlicher und leicht zugänglicher Form in einer klaren und einfachen Sprache zu übermitteln (Art. 12 DSGVO). Hier eignen sich allgemeine Informationsschreiben, welche durch die Träger der Einrichtungen zur Verfügung gestellt werden können.

Die Verpflichtung des Jugendamtes neben einer einfachen **Eingangsbestätigung** zeitnah eine **Rückmeldung** (Anlage) über die eigene Gefährdungseinschätzung und das weitere Vorgehensweise[615] zu geben, bezieht sich ausdrücklich **nur auf sog. Berufsgeheimnisträger*innen** und deren Mitteilung nach § 4 Abs. 3 KKG und nicht auf eine Institution[616] oder einen Träger. Wie bereits dargestellt, sind

---

613 Vgl. § 8a Abs. 4 Satz 3 SGB VIII.

614 Vgl. Hundt, Kindeswohlgefährdung erkennen und vermeiden, S. 102 m. w. N.

615 Vgl. § 4 Abs. 4 KKG, § 64 Abs. 4 SGB VIII.

616 Vgl. hierzu Kapitel 2.3.2.3 sowie ausführlich DIJuF-Rechtsgutachten, JAmt 2022, 98 f. und DIJuF-Rechtsgutachten, JAmt 2023, 1 f.

die **Berufe der Kindheitspädagog*innen** oder **Heilpädagog*innen** nicht von der Berufsgeheimnisträgerschaft in § 4 Abs. 1 KKG umfasst, so dass das Jugendamt auf eine Information aus dieser Berufsgruppe lediglich als Rückmeldung „nur" eine Eingangsbestätigung versenden darf.[617]

II

Beispiel:

Eine Erzieherin, die nach § 8a Abs. 4 Satz 3 SGB VIII das Jugendamt über Anhaltspunkte für eine Kindeswohlgefährdung im Hinblick auf ein durch sie betreutes Kind informiert, erhält ausschließlich eine Eingangsbestätigung durch das Jugendamt. Anders wenn beispielsweise die Leiterin einer Kindertageseinrichtung, die als staatlich anerkannte Sozialarbeiterin ausgebildet ist und vom Träger der Einrichtung in dieser Funktion eingestellt wurde, das Jugendamt über eine Gefährdungssituation informiert. Sie erhält als Berufsgeheimnisträger*in vom Jugendamt eine entsprechende Rückmeldung nach § 4 Abs. 4 KKG, § 64 Abs. 4 SGB VIII.

Eine **Anzeigepflicht bei Kindeswohlgefährdung** gegenüber der Polizei oder Justiz gibt es wie bereits ausgeführt auch für die pädagogischen Fachkräfte in Einrichtungen oder Diensten der Jugendhilfe nicht.[618] Sie sind **ausschließlich** bei einer Kindeswohlgefährdung mit akutem Handlungsbedarf verpflichtet, **das Jugendamt zu informieren**. Im Hinblick auf eine Strafanzeige wegen Kindesmisshandlung oder Verletzung der Erziehungs- und Fürsorgepflicht ist zu bedenken, dass eine solche für die zukünftige pädagogische Zusammenarbeit mit den Eltern gegebenenfalls erheblich Auswirkungen haben kann, so dass eine Entscheidung die Polizei oder Justiz einzuschalten für die konkrete Situation gut überlegt sein will.

Deshalb stellt die direkte Einbeziehung der Polizei durch pädagogischen Fachkräfte in Einrichtungen oder Diensten der Jugendhilfe ausschließlich eine Option zur unmittelbaren Gefahrenabwehr dar (z. B. bei Hausfriedensbruch Gewaltandrohung bzw. Gewaltanwendung, Kindesentführung oder offensichtliches Fahren unter Alkohol- oder Drogeneinfluss).

617 Vgl. hierzu Kapitel 2.4.1.2.

618 Vgl. hierzu ausführlich Kapitel 2.3.8.

2.4.3 Kindertagespflege

(Kinder-) Tagespflegepersonen („Tagesmütter und Tagesväter") sind seit dem Inkrafttreten des Kinder- und Jugendstärkungsgesetzes (KJSG) ebenfalls **aktiv in den Kinderschutz** eingebunden. Auf landesrechtlicher Ebene war diese Personengruppe bereits über die Regelungen im Kindertagesförderungsgesetz M-V ausdrücklich zu einem Verfahren nach § 8a Abs. 4 SGB VIII im gleichen Umfang wie die Fachkräfte in einer Kita verpflichtet.[619]

Durch den **Abschluss entsprechender Vereinbarungen** mit dem örtlichen Träger der öffentlichen Jugendhilfe gilt nunmehr der Schutzauftrag ausdrücklich auch bei einer Kindeswohlgefährdung auch für Tagespflegepersonen.[620]

Hinweis[621]

Nach dem Gesetzeswortlaut entsprechen die Vereinbarungsinhalte grundsätzlich denen mit Trägern von Einrichtungen und Diensten nach § 8a Abs. 4 SGB VIII.

In der konkreten Ausgestaltung kann und sollte jedoch auf **Besonderheiten eingegangen werden, die sich für Angebote im Bereich der Tagespflege und/oder auch für die konkrete Tagespflegeperson** ergeben können. So wird auch für den Vereinbarungsabschluss mit Einrichtungen empfohlen, **keine Einheitsvereinbarungen**, sondern individuell gestaltete Vereinbarungen abzuschließen, in denen die jeweiligen Hilfekontexte sowie die Ausbildungen und professionellen Erfahrungen der dort tätigen Personen zu berücksichtigen sind. Für die Kindertagespflege können sich Besonderheiten insbesondere daraus ergeben, dass Kindertagespflegepersonen in der Regel keine Fachkräfte sind und daher im Kinderschutzkontext einen noch höheren Fortbildungs-, Beratungs- und Begleitungsbedarf haben können als Mitarbeitende in Einrichtungen z. B. der Kindertagesbetreuung.

Danach ist folgendes Verfahren von der Tagespflegeperson einzuhalten: Die Tagespflegepersonen haben bei Bekanntwerden **gewichtiger Anhaltspunkte für die Gefährdung** eines von ihnen betreuten Kindes:

---

619 Vgl. § 4 Abs. 2 KiföG M-V; der Bundesgesetzgeber spricht bei der Einführung von § 8a Abs. 5 SGB VIII von einer Klarstellung (BT-Drs. 19/27481, 5). Mithin waren auch bereits vorher Vereinbarungen mit Tagespflegepersonen nach § 8a Abs. 4 SGB VIII möglich.

620 Vgl. § 8a Abs. 5 Satz 1 SGB VIII.

621 Vgl. DIJuF-Rechtsgutachten, JAmt 2022, 155 f.

- zunächst im Rahmen einer ersten **Risikoeinschätzung** die Gewichtigkeit der Anhaltspunkte für die Gefährdung eines Kindes zu bewerten (hier empfiehlt es sich bereits ratsuchend und in anonymisierter oder pseudonymisierter Form fachliche Beratung in Anspruch zu nehmen),
- eine **Gefährdungseinschätzung** vorzunehmen[622] und
- bei der Gefährdungseinschätzung eine **insoweit erfahrene Fachkraft beratend hinzuzuziehen,**[623]
- die **Erziehungsberechtigten** sowie das **Kind** in die Gefährdungseinschätzung **einzubeziehen**, soweit hierdurch der wirksame Schutz nicht in Frage gestellt wird,[624]
- bei den Erziehungsberechtigten auf die **Inanspruchnahme von Hilfe hinzuwirken**, wenn sie diese für erforderlich halten,[625]
- und das **Jugendamt zu informieren**, falls die Gefährdung nicht anders abgewendet werden kann[626] und
- sich empfehlenswerterweise über den gesamten Prozess fachlich begleiten zu lassen.

Da der Prozess des Kinderschutzverfahrens mit den einzelnen Prüfungsschritten dem Kinderschutzverfahren in Kitas und anderen Einrichtungen und Diensten gesetzlich nachgebildet ist, wird insoweit auf die Ausführungen in Kapitel 2.4.2.2 verwiesen.

Exkurs

Die Kindertagespflege wird neben der Kindertagesbetreuung als gleichrangig angesehen und stellt ein **Alternativangebot zur Förderung der Kinder** in einer Einrichtung dar.[627] Die Kindertagespflege wird von einer **geeigneten Tagespflegeperson** in ihrem Haushalt, im Haushalt des Erziehungsberechtigten oder in anderen geeigneten Räumen geleistet.[628] Nutzen mehrere Tagespflegepersonen Räumlichkeiten gemeinsam, ist die vertragliche und pädagogische Zuordnung jedes einzelnen Kindes zu einer bestimmten Tagespflegeperson zu gewährleisten.[629] Für die weitere begriffliche **Abgrenzung** zwischen einer Kindertages-

[622] Vgl. § 8a Abs. 5 Satz 1, 1. Halbs. SGB VIII.
[623] Vgl. § 8a Abs. 5 Satz 1, 2. Halbs. SGB VIII.
[624] Vgl. § 8a Abs. 5 Satz 2 SGB VIII.
[625] Vgl. § 8a Abs. 5 Satz 3, Abs. 4 Satz 3 SGB VIII.
[626] Vgl. § 8a Abs. 5, Abs. 4 Satz 3 SGB VIII.
[627] Vgl. § 1 Abs. 2 KiföG M-V.
[628] Vgl. § 22 Abs. 1 Satz 2 SGB VIII, § 18 Abs. 1 KiföG M-V.
[629] Vgl. § 22 Abs. 1 Satz 3 SGB VIII.

einrichtung und der Kindertagespflege sieht § 22 Abs. 1 Satz 5 SGB VIII die Möglichkeit vor, dass dies durch die jeweiligen landesrechtlichen Ausführungsgesetze geregelt wird. Tagespflege ist eine familienunterstützende und -ergänzende Form der regelmäßigen Förderung von Kindern durch eine geeignete Tagespflegeperson in ihrem Haushalt, im Haushalt der Eltern oder in anderen geeigneten Räumen. Dies gilt insbesondere für Angebotsformen, wie z. B. die sog. **Kindertagesgroßpflegestelle.**[630] Nach § 43 SGB VIII bedarf es für die Tagespflege außerhalb des elterlichen Haushalts der Erteilung einer behördlichen Erlaubnis (Kindertagespflegeerlaubnis). Nach § 43 Abs. 4 SGB VIII haben **Erziehungsberechtigte und Tagespflegepersonen** einen **Anspruch auf Beratung** in allen Fragen der Kindertagespflege einschließlich Fragen zur Sicherung des Kindeswohls und zum Schutz vor Gewalt.

II

2.5 Führungszeugnisse und Ausschluss von einschlägig vorbestraften Personen

2.5.1 Datenschutzrechtliche Einordnung von Führungszeugnissen

Daten über strafrechtliche Verurteilungen und Straftaten sind **besonders sensible Daten.**[631] Das strafrechtliche Verfahren und die Verurteilung sind für die Beschuldigten bzw. Angeklagten einschneidende Maßnahmen, die für sie über die Bestrafung hinaus Folgen haben können; schon der Verdacht reicht aus, um die Betroffenen langfristig zu stigmatisieren.[632] Art. 10 Satz 1 DSGVO sieht vor, dass solche Daten in erster Linie **unter behördlicher Aufsicht** verarbeitet werden (sog. „Behördenvorbehalt“). Die Nationalstaaten haben allerdings die Befugnis, abweichend vom grundsätzlichen Behördenvorbehalt eine Verarbeitung von Daten über strafrechtliche Verurteilungen und Straftaten zu gestatten. Voraussetzung dafür ist, dass die Regelung „geeignete Garantien“ für die Rechte und Freiheiten der betroffenen Personen beinhaltet. Dementsprechend richtet sich die Verarbeitung personenbezogener Daten über strafrechtliche Verurteilungen und Straftaten im **deutschen Recht** nach dem **Bundeszentralregistergesetz (BZRG)** und sieht in **§ 72a Abs. 5 SGB VIII eine spezifische Regelung** für die **Vorlage von erweiterten Führungszeugnissen** und für den **Umgang** mit diesen vor.

630 Vgl. § 18 Abs. 2 KiföG M-V.
631 Vgl. zum Begriff der sensiblen Daten: Kapitel 1.3.2.
632 Vgl. hierzu Frenzel, in: Paal/Pauly, Datenschutz-Grundverordnung Bundesdatenschutzgesetz, Art. 10 Rn. 1.

2.5.2 Führungszeugnisse und das BZRG

Das Führungszeugnis ist eine **Form der Auskunftserteilung** aus dem Strafregister. Welche strafrechtlichen Verurteilungen und andere Informationen dort zu führen sind und wer und auf welche Weise Auskunft über die Einträge im Bundeszentralregister erhält, wird im Bundeszentralregistergesetz (BRZG) geregelt.

II

Definition:

Ein **Privatführungszeugnis** („einfaches Führungszeugnis") wird für persönliche Zwecke, z. B. bei Bewerbungen, auch bei einem Träger der freien Jugendhilfe, benötigt. Das Führungszeugnis wird durch das Bundesamt für Justiz (BfJ) ausgestellt und an die antragstellende Person übersandt.[633]

Das **Führungszeugnis zur Vorlage bei einer Behörde**, z. B. für eine Bewerbung bei einer Behörde, enthält neben strafgerichtlichen Entscheidungen auch bestimmte Entscheidungen von Verwaltungsbehörden (z. B. Widerruf einer Berufserlaubnis). Ein Führungszeugnis zur Vorlage bei einer deutschen Behörde wird der betreffenden Behörde unmittelbar übersandt.[634]

Ein Führungszeugnis muss persönlich bei der örtlichen Meldebehörde unter Vorlage des Personalausweises oder des Reisepasses beantragt werden. Das Führungszeugnis ist eine **Urkunde**, die auf grünem Spezialpapier mit abgebildetem Bundesadler für jede Person ab 14 Jahren vom Bundeszentralregister ausgestellt wird.

Das Bundeszentralregistergesetz wurde zum 1. Mai 2010 um den § 30a BZRG ergänzt und ein sog. **erweitertes Führungszeugnis** eingeführt. Damit soll sichergestellt werden, dass auch sexualstrafrechtliche Verurteilungen im **niedrigen Strafbereich**, die bislang nicht in das (einfache) Führungszeugnis aufgenommen worden sind, aufgenommen werden. Im Sinne der Resozialisierung der Betroffenen sieht § 32 Abs. 2 BZRG Umstände vor, unter denen bestimmte Eintragungen in reguläre Führungszeugnisse nicht aufgenommen werden. Diese Ausnahmen gelten für erweiterte Führungszeugnisse nicht, um dem Kinderschutz im Rahmen der Überprüfung des Personals in einschlägigen Tätigkeitsbereichen Rechnung zu tragen.

633 Vgl. § 30 BZRG.
634 Vgl. § 30 Abs. 5 BZRG.

Hinweis

Während gem. § 32 Abs. 2 BZRG im einfachen Führungszeugnis bestimmte Eintragungen nicht aufgenommen werden, sind diese gem. § 32 Abs. 5 BZRG im erweiterten Führungszeugnis für bestimmte Straftaten (§§ 171, 180 a, 181 a, 183 bis 184 g, 184 i bis 184 l, 201a Abs. 3 StGB, den §§ 225, 232 bis 233 a, 234, 235 StGB oder § 236 StGB) enthalten.

§ 30a Abs. 1 BZRG sieht vor, dass einer Person auf Antrag ein erweitertes Führungszeugnis erteilt wird, wenn die Erteilung entweder in gesetzlichen Bestimmungen unter Bezugnahme auf diese Vorschrift vorgesehen ist oder das Führungszeugnis benötigt wird für **eine berufliche oder ehrenamtliche Beaufsichtigung, Betreuung, Erziehung oder Ausbildung Minderjähriger** oder eine Tätigkeit, die in vergleichbarer Weise geeignet ist, **Kontakt zu Minderjährigen** aufzunehmen.

Personen aus einem anderen **Mitgliedstaat der europäischen Union**, die in der Bundesrepublik Deutschland in der Kinder- und Jugendhilfe tätig sein wollen, benötigen ebenfalls ein erweitertes Führungszeugnis. Nach § 30b BZRG können Eintragungen im Strafregister des Herkunftsmitgliedstaates in das hiesige Führungszeugnis aufgenommen werden (sog. **Europäischen Führungszeugnis**).

Exkurs

Um die **Resozialisierung von Verurteilten** zu erleichtern, werden die Eintragungen nach Ablauf von bestimmten Fristen nicht mehr geführt. Die **Länge der Fristen** richtet nach Art und Höhe der verhängten Strafen. Sind im Register mehrere Verurteilungen eingetragen, so ist die Tilgung einer Eintragung erst zulässig, wenn für alle Verurteilungen die Voraussetzungen für die Löschung vorliegen. Die Tilgungsfrist für bestimmte **Straftaten gegen die sexuelle Selbstbestimmung** beträgt bei einer Freiheitsstrafe oder Jugendstrafe von mehr als einem Jahr insgesamt 20 Jahre.[635] Nicht in das Führungszeugnis aufgenommen werden geringfügige Verurteilungen wie z. B. Freiheitsstrafen bis zu drei Monaten, Geldstrafen bis zu 90 Tagessätzen, Jugendstrafen bis zu zwei Jahren bei Strafaussetzung zur Bewährung. Insoweit ist das einfache Führungszeugnis im Hinblick auf einschlägige Vorstrafen nur begrenzt aussagekräftig. Die dargestellten Führungszeugnisse können Auskunft über **tatsächliche und einschlägige Verurteilungen** geben. Nicht aufgenommen

635 Vgl. § 46 Abs. 1 Nr. 3 BZRG.

werden beispielsweise Anzeigen, die nicht in Verfahren mündeten, eingestellte Verfahren, laufende Verfahren und Verfahren, die mit Freisprüchen geendet haben.

II

Die Erteilung eines Führungszeugnisses ist grundsätzlich **gebührenpflichtig.**[636] Die Gebühr beträgt derzeit 13 Euro. Sie wird bei der Antragstellung erhoben. Die **Gebührenpflicht gilt nicht**, wenn ein Führungszeugnis zur Ausübung einer ehrenamtlichen Betreuung oder einer **ehrenamtlichen Tätigkeit** benötigt wird, die für eine **gemeinnützige Einrichtung**, für eine Behörde oder im Rahmen eines der in § 32 Abs. 4 Nr. 2 Buchst. d EStG genannten Dienste (wie z. B. freiwilliges soziales Jahr etc.) ausgeübt wird. Das Vorliegen dieser Voraussetzungen ist nachzuweisen. Über die gesetzliche Gebührenbefreiung hinaus kann das Bundesamt für Justiz auf Antrag ausnahmsweise, wenn dies mit Rücksicht auf die wirtschaftlichen Verhältnisse des Zahlungspflichtigen (Mittellosigkeit) oder sonst aus Billigkeitsgründen geboten erscheint (besonderer Verwendungszweck), die **Gebühr ermäßigen** oder von der **Erhebung der Kosten absehen.**[637]

Beispiel[638]**:**

Gebührenbefreiung bei Mittellosigkeit:

Bezug von Bürgergeld, Bezug von Sozialhilfe, Bezug des Kindergeldzuschlags nach § 6a des Bundeskindergeldgesetzes, Bezug von Leistungen nach dem Asylbewerberleistungsgesetz, Schüler*innen, Studierende, Auszubildende, die BAföG-Leistungen erhalten. Bei Schüler*innen, Studierenden, Auszubildenden, die keine BAföG-Leistungen erhalten, kommt es auf die Einkommensverhältnisse der antragstellenden Person im Einzelfall und ggfs. auf die Einkommensverhältnisse möglicher unterhaltsverpflichteter Personen an.

Gebührenbefreiung bei einem besonderer Verwendungszweck:

Evtl. bei einer ehrenamtlichen Tätigkeit, die die Voraussetzungen der regelmäßigen Gebührenbefreiung nicht erfühlt (s. o.) oder auch bei Vollzeitpflegepersonen.

---

636 Vgl. Nummer 1130 der Anlage zu § 4 Abs. 1 des Gesetzes über Kosten in Angelegenheiten der Justizverwaltung (JVKostG).

637 Vgl. § 10 JVKostG.

638 Vgl. Bundesamt für Justiz, Merkblatt zur Erhebung von Gebühren für das Führungszeugnis, Stand: 13. März 2023.

Keine Gebührenbefreiung:

Kein Gebührenbefreiungstatbestand ist gegeben bei haupt- oder nebenamtlicher beruflicher Tätigkeit bei einer gemeinnützigen Einrichtung, Adoption oder Tagespflegeperson.

2.5.3 Intention des Tätigkeitsausschlusses von einschlägig vorbestraften Personen in der Kinder- und Jugendhilfe und Übersicht über die Regelung

Mit der Regelung zum **Tätigkeitsausschluss von einschlägig vorbestraften Personen**[639] geht es um die Verbesserung des Schutzes von Kindern und Jugendlichen gegen Machtmissbrauch und Übergriffe. Die Vorschrift konkretisiert den unbestimmten Rechtsbegriff „persönliche Eignung" in § 72 Abs. 1 Satz 1 SGB VIII. Ihr liegt der Gedanke zugrunde, dass bestimmte Personen aufgrund ihres bisherigen Verhaltens als **nicht geeignet gelten**, Aufgaben in der Kinder- und Jugendhilfe wahrzunehmen.[640] Für die Frage der Eignung und um die einschlägigen Vorstrafen in Erfahrung zu bringen, schafft § 72a SGB VIII einen rechtlichen Rahmen, um dies anhand der **Führungszeugnisse** zu überprüfen.

§ 72a Abs. 1 SGB VIII verbietet dem Träger der öffentlichen Jugendhilfe die **Beschäftigung und Vermittlung** solcher Personen ohne einen Beurteilungsspielraum. Dazu ist der Träger der öffentlichen Jugendhilfe verpflichtet, in der Regel („sollen") bei der **Einstellung** und in **regelmäßigen Abständen** ein **Führungszeugnis** vorlegen zu lassen. Die Träger der freien Jugendhilfe unterliegen nicht unmittelbar dem SGB VIII und damit der Regelung in § 72a SGB VIII. Deshalb sollen die Träger der öffentlichen Jugendhilfe durch **Vereinbarungen** mit Trägern von Einrichtungen und Diensten der Jugendhilfe sowie mit Vereinen nach § 54 SGB VIII sicherstellen, dass auch diese keine wegen einer der oben genannten Straftaten vorbestraften Personen **(hauptamtlich) beschäftigen**. § 72a Abs. 3 und Abs. 4 SGB VIII betreffen wegen einer der obigen Straftaten auch verurteilte Personen, die **ehrenamtlich oder nebenberuflich** in der Kinder- und Jugendhilfe Kinder oder Jugendliche beaufsichtigen, betreuen, erziehen, ausbilden oder mit diesen in einen vergleichbaren Kontakt

639 Vgl. § 72a SGB VIII.
640 BT-Drs. 15/3676, S. 39.

treten. Die Vorschrift schließt mit einer eigenständigen speziellen **Datenschutzregelung**, die den §§ 61 ff. SGB VIII vorgeht.[641]

Zusammenfassung

- § 72a SGB VIII unterscheidet zwischen hauptamtlich sowie neben- und ehrenamtlich Beschäftigten und der Regelung für öffentliche und freie Träger der Jugendhilfe.
- § 72a Abs. 1 und 2 SGB VIII bezieht sich auf Tätigkeiten von hauptamtlich Beschäftigten von öffentlichen Trägern der Jugendhilfe sowie auf die Pflicht mit den freien Trägern entsprechende Vereinbarungen abzuschließen.
- § 72a Abs. 3 und Abs. 4 SGB VIII regelt den Umgang mit neben- und ehrenamtlich tätigen Personen in der Kinder- und Jugendhilfe.
- § 72a Abs. 5 SGB VIII beinhaltet die erforderlichen Datenschutzregelungen somit den Umgang mit den zu erhebenden und erhobenen Informationen.

2.5.4 Führungszeugnisse für alle Mitarbeiter*innen der öffentlichen Jugendhilfe

§ 72a Abs. 1 Satz 1 SGB VIII verbietet dem **Träger der öffentlichen Jugendhilfe** einschlägig rechtskräftig **vorbestrafte Personen** für die Wahrnehmung der Aufgaben in der Kinder- und Jugendhilfe **zu beschäftigen oder zu vermitteln**. Diese Regelung stellt sich als geltendes Beschäftigungs- und Vermittlungsverbot dar. Wenn sich eine Person entsprechend strafbar gemacht hat und verurteilt wurde, steht es nicht im Ermessen des Trägers der öffentlichen Jugendhilfe, diese Person zu beschäftigen. Vielmehr ist eine Beschäftigung bzw. Vermittlung grundsätzlich ausgeschlossen.

Definition:

- Unter dem Begriff „**Beschäftigung**" ist eine abhängige, weisungsgebundene und entgeltliche Tätigkeit zu verstehen. Beurteilungsmaßstab für die Frage, ob ein Beschäftigungsverhältnis vorliegt oder nicht, stellt § 7 Abs. 1 SGB IV dar. Unbeachtlich ist, ob die Beschäftigung in Voll- oder Teilzeit

641 Wiesner, in: Wiesner/Wapler, SGB VIII, § 72a SGB VIII Rn. 47.

ausgeübt wird. Die Beschäftigung muss sich auf die Wahrnehmung der Aufgaben der Kinder- und Jugendhilfe im Sinne von § 2 SGB VIII beziehen.

- Mit dem Begriff der „**Vermittlung**" von Personen sind solche gemeint, die in der Regel nicht beim Träger der öffentlichen Jugendhilfe beschäftigt sind, wie z. B. bei Pflegepersonen in Kindertagespflege oder Vollzeitpflege[642] oder auch adoptionswillige Personen oder Personen im Rahmen von Vormund- und Pflegschaft.

Eine Einleitung eines Ermittlungsverfahrens oder die Erhebung einer Anklage reichen nicht aus.[643] Dann kommt allerdings eine **fehlende Eignung** nach § 72 Abs. 1 SGB VIII in Betracht.[644] Letzteres gilt bei einer rechtskräftigen Verurteilung wegen einer anderen Straftat, die die persönliche Eignung der betroffenen Person in Frage stellen kann.[645]

Definition:

Bei der Personengruppe geht es im Einzelnen um Personen, die wegen einer der folgenden Straftaten rechtskräftig vorbestraft sind wegen:

- Verletzung der Fürsorge- oder Erziehungspflicht (§ 171 StGB),
- sexuellem Missbrauchs von Schutzbefohlenen (§ 174 StGB),
- sexuellem Missbrauchs von Gefangenen, behördlich Verwahrten oder Kranken und Hilfebedürftigen in Einrichtungen (§ 174a StGB),
- sexuellem Missbrauchs unter Ausnutzung einer Amtsstellung (§ 174b StGB),
- sexuellem Missbrauchs unter Ausnutzung eines Beratungs-, Behandlungs- oder Betreuungsverhältnisses (§ 174c StGB),

642 Vgl. §§ 43 Abs. 2 Satz 4, 44 Abs. 2 Satz 2 SGB VIII.

643 Vgl. hierzu aber die Mitteilungspflichten der Strafverfolgungsbehörden nach § 5 KKG, Nr. 35 MiStra, ausführlich hierzu Kapitel 3.9.

644 Möller, in: Möller, Praxiskommentar, SGB VIII, § 72a Rn. 4; vgl. hierzu auch: § 72a Abs. 5 Satz 1 Nr. 3 Buchst. b SGB VIII.

645 Wiesner, in: Wiesner/Wapler, SGB VIII, § 72a Rn. 9.

- sexuellem Missbrauchs von Kindern (§ 176 StGB),
- schwerem sexuellen Missbrauch von Kindern (§ 176a StGB),
- sexuellem Missbrauchs von Kindern mit Todesfolge (§ 176b StGB),
- sexueller Übergriffe, sexueller Nötigung, Vergewaltigung (§ 177 StGB),
- sexueller Übergriffe, sexueller Nötigung oder Vergewaltigung mit Todesfolge (§ 178 StGB),
- sexuellem Missbrauchs widerstandsunfähiger Personen (§ 179 StGB),
- Förderung sexueller Handlungen Minderjähriger (§ 180 StGB),
- Ausbeutung von Prostituierten (§ 181 StGB),
- Zuhälterei (§ 181a StGB),
- sexuellem Missbrauchs von Jugendlichen (§ 182 StGB),
- exhibitionistischen Handlungen (§ 183 StGB),
- Erregung öffentlichen Ärgernisses (§ 183a StGB),
- Verbreitung pornographischer Schriften (§ 184 StGB),
- Verbreitung gewalt- und tierpornographischer Schriften (§ 184a StGB),
- Verbreitung, Erwerb und Besitz jugendpornographischer Schriften (§ 184c StGB),
- Zugänglichmachen pornographischer Inhalte mittels Rundfunk oder Telemedien; Abruf kinder- und jugendpornographischer Inhalte mittels Telemedien (§ 184d StGB),
- Veranstaltung und Besuch kinder- und jugendpornographischer Darbietungen (§ 182e StGB),
- Ausübung verbotener Prostitution (§ 184f StGB),
- jugendgefährdender Prostitution (§ 184g StGB),
- sexueller Belästigung (§ 184i StGB),
- Förderung von sexuellen Übergriffen, sexueller Nötigung, Vergewaltigung oder sexueller Belästigung in einer Gruppe (§ 184j StGB),

- Verletzung des Intimbereichs durch Bildaufnahmen (§ 184k StGB),
- Inverkehrbringens, Erwerbs und Besitzes von Sexpuppen mit kindlichem Erscheinungsbild (§ 184l StGB),
- Verletzung des höchstpersönlichen Lebensbereichs durch Bildaufnahmen (§ 201a StGB),
- Misshandlung von Schutzbefohlenen (§ 225 StGB),
- Menschenhandel (§ 232 StGB),
- Zwangsprostitution (§ 233a StGB),
- Ausbeutung der Arbeitskraft (§ 233 StGB),
- Ausbeutung unter Ausnutzung einer Freiheitsberaubung (§ 233a StGB),
- Menschenraubs (§ 234 StGB),
- Entziehung Minderjähriger (§ 235 StGB) oder
- Kinderhandel (§ 236 StGB).

Um den **Beschäftigungsausschluss von Personen**, welche rechtskräftig wegen einer der aufgeführten Straftaten verurteilt worden sind, umsetzen zu können, sollen sich die Träger der öffentlichen Jugendhilfe bei der **Einstellung** oder **Vermittlung** und **in regelmäßigen Abständen** von den betroffenen Personen ein **erweitertes Führungszeugnis zur Vorlage bei einer Behörde**[646] vorlegen lassen. Die regelmäßigen Abstände binnen derer das erfolgen soll, sind im Gesetz nicht näher konkretisiert. Regelmäßige Abstände könnten in diesem Zusammenhang Zeitabstände von **nicht unter drei und nicht über fünf Jahren** sein.[647]

2.6 Führungszeugnisse bei Beschäftigten der freien Jugendhilfe und Vormundschaftsvereinen

§ 72a Abs. 2 und 4 SGB VIII verpflichtet die öffentlichen Träger über ihren unmittelbaren Tätigkeitsbereich hinaus durch Vereinbarungen mit den **Trägern der freien Jugendhilfe** und den **Vereinen**[648]

646 Vgl. § 30 Abs. 5 und § 30a Abs. 1 BZRG.

647 Vgl. DIJuF-Rechtsgutachten, Themengutachten TG-1118. 87 % der Jugendämter haben sich für einen regelmäßigen Zeitabstand von fünf Jahren entschieden (Smessaert, in: Münder/Meysen/Trenczek, Frankfurter Kommentar SGB VIII, § 72a Rn. 32).

648 Vgl. § 54 SGB VIII.

sicherzustellen, dass auch diese keine einschlägig vorbestraften Personen[649] zur Leistungserbringung einsetzen („hauptamtlich oder neben- oder ehrenamtlich beschäftigen"). Die Erlaubnis für Vereine, die **Pflegschaften oder Vormundschaften** nach § 54 SGB VIII übernehmen, ist somit ebenfalls an den Abschluss einer Vereinbarung nach § 72a Abs. 2 und Abs. 4 SGB VIII gebunden.

Hinweis[650]

Ist ein Sportverein ein Träger der freien Jugendhilfe, mit dem eine Vereinbarung gem. § 72a Abs. 4 SGB VIII abzuschließen ist?

Das SGB VIII hat bewusst auf eine Definition des Begriffs „Träger der freien Jugendhilfe" verzichtet, um die Vielfalt der Erscheinungsformen der freien Jugendhilfe nicht unnötigerweise zu beschränken. Als Träger der freien Jugendhilfe sind demnach alle Rechtssubjekte anzusehen, die (ggf. auch) Leistungen der Jugendhilfe erbringen, soweit sie nicht Träger der öffentlichen Jugendhilfe sind oder sonst als öffentliche Körperschaften Aufgaben der öffentlichen Jugendhilfe (z. B. §§ 82, 85 Abs. 5, § 69 Abs. 5 SGB VIII) wahrnehmen. Neben den eindeutigen Leistungen der Kinder- und Jugendhilfe wie die Kindertagesbetreuung (§§ 22 ff. SGB VIII) oder die Hilfe zur Erziehung (§§ 27 ff. SGB VIII) stehen die weniger spezifischen Leistungen im Bereich der Freizeitgestaltung und -angebote für junge Menschen (§§ 11 ff. SGB VIII). So nimmt das Recht der Kinder- und Jugendhilfe insbesondere in § 11 SGB VIII eine außerordentlich weite Beschreibung der **Jugendarbeit** vor. Als thematische Schwerpunkte der Jugendarbeit werden in § 11 Abs. 3 SGB VIII die außerschulische Jugendbildung mit verschiedenen Themenfeldern, die Jugendarbeit in **„Sport, Spiel und Geselligkeit"**, lebensweltbezogene Angebote, internationale Jugendarbeit, Kinder- und Jugenderholung und Jugendberatung genannt.

Wann immer ein Sportverein wie die Deutsche Sportjugend seinen Selbstzweck so formuliert, dass er **das Spektrum der Jugendarbeit im und durch den Sport fördert und sich als Jugendorganisation im Sinne des Kinder- und Jugendhilfegesetzes versteht**, erbringt er Leistungen der Kinder- und Jugendhilfe, zweifelsfrei immer, wenn durch die Jugendhilfe finanziell gefördert, und ist demnach als Träger der freien Jugendhilfe einzuordnen. Bei Vereinen sollte ein Blick in die **Satzung** die Frage der Zweckbestimmung und Zielsetzung klären bzw. zu einer anpassenden Klärung geführt werden.

---

649 S. hierzu die Auflistung der strafrechtlichen Verurteilungen nach § 72a Abs. 1 SGB VIII sowie Kapitel 2.5.3.

650 DIJuF-Rechtsgutachten DRG-1105, beck-online.

Der Begriff der „Sicherstellung", der sich allein auf den Träger der öffentlichen Jugendhilfe bezieht, kann nicht so verstanden werden, dass der öffentliche Träger eine Garantie zu geben hätte, dass einschlägige Personen von freien Trägern nicht beschäftigt werden.[651] Verlangt wird vielmehr lediglich, dass der **Träger der freien Jugendhilfe** dem öffentlichen Träger **eine Zusicherung erteilt**, für eine der Vereinbarung entsprechende Umsetzung der präventiven Schutzfunktion zu sorgen.[652] Die Tätigkeit, für die die Vorlage eines erweiterten Führungszeugnisses vereinbart wird, muss unter Verantwortlichkeit des freien Trägers ausgeführt werden. Für Beschäftigte, auf die der freie Träger keinen Einfluss hat (etwa Personal einer Jugendherberge oder einem Einkehrhaus, in der die Leistung angeboten und durchgeführt wird), kann keine Vereinbarung geschlossen werden.[653] Dennoch kann sich der freie Träger via Vereinbarung mit dem öffentlichen Träger dazu verpflichten, die Regelungen aus dieser Vereinbarung auch gegenüber Dritten geltend zu machen.

Definition:

Auch mit Blick auf die freien Träger sind unter „hauptamtlich Beschäftigte" diejenigen Personen zu verstehen, die eine **abhängige, weisungsgebundene und entgeltliche Tätigkeit** (in Teil- oder Vollzeit) ausüben.

---

651 Wiesner, in: Wiesner/Wapler, SGB VIII, § 72a Rn. 30.

652 Smessaert, in: Münder/Meysen/Trenczek, Frankfurter Kommentar SGB VIII, § 72a Rn. 33.

653 Vgl. Steinbüchel, LVR-Landesjugendamt Rheinland, Vereinbarungen nach § 72a Abs. 2 und 4 SGB VIII mit Trägern der freien Jugendhilfe – Vorlage von erweiterten Führungszeugnissen, S. 3.

2.7 Führungszeugnisse für nebenamtliche und ehrenamtliche Tätigkeiten

Neben- und ehrenamtlich tätige Personen müssen nicht immer ein erweitertes Führungszeugnis vorlegen.[654]

II

Definition:

- Nebenamtlich tätig ist eine Person dann, wenn sie nicht beim freien Träger angestellt ist, sondern einen **Aushilfs- oder Honorarvertrag** hat oder wenn sie als **freie Mitarbeitende entgeltlich** tätig ist.
- Im Gegensatz dazu erfolgt die **ehrenamtliche Tätigkeit** unentgeltlich oder lediglich gegen eine Aufwandsentschädigung bzw. einen Auslagenersatz, also aufgrund eines **freiwilligen bürgerschaftlichen Engagements.**

Die Vorlage eines erweiterten Führungszeugnisses ist nur erforderlich, wenn die Person in Wahrnehmung von Aufgaben der Kinder- und Jugendhilfe **Kinder oder Jugendliche beaufsichtigt, betreut, erzieht oder ausbildet oder einen vergleichbaren Kontakt hat** und auf Grund von Art, Intensität und Dauer des Kontakts dieser Personen mit Kindern und Jugendlichen ein erhöhtes Gefährdungspotential besteht.

Steht die neben- oder ehrenamtliche Tätigkeit in einem **pädagogischen Kontext** ist die Pflicht für die Vorlage eines Führungszeugnisses klar. Aber auch bei Tätigkeiten, die nicht pädagogischer Art sind, kann der Kontakt mit den Kindern so gestaltet sein, dass für diese Personen ein Führungszeugnis eingereicht werden muss. Maßstab ist die Frage, ob bei den Kontakten die Möglichkeit zum **Aufbau eines Vertrauensverhältnisses,** auch über die unmittelbare Begegnung hinausgesehen, besteht.[655] Es muss sich um solche Tätigkeiten handeln, die geeignet sind, eine besondere Nähe, ein Vertrauensverhältnis oder auch Macht bzw. Abhängigkeit zwischen ehrenamtlich oder nebenamtlich tätiger Person und Minderjährigen aufzubauen und ggf. in der Folge zu missbrauchen. Da sich Macht und entsprechende Abhängigkeiten aber auch durch schwer fassbare situative und subjektive Faktoren ergeben, wird nachfolgend

---

654 Vgl. § 72a Abs. 3 und Abs. 4 SGB VIII.
655 BT-Drs 17/6256, 25.

empfohlen, für die Entscheidung über einen Verzicht auf die Vorlagepflicht zusätzlich Tätigkeitsmerkmale heranzuziehen, die den Missbrauch von Vertrauen oder Macht bzw. von Abhängigkeit Minderjähriger erschweren.[656] Es wird empfohlen ggf. Gründe für die Entscheidung einer Nichtvorlage zu dokumentieren und diese in regelmäßigen Abständen zu überprüfen.

Hinweis[657]

Als Entscheidungshilfe werden nachfolgende Kriterien empfohlen:

- Je geringer die Wahrscheinlichkeit eines **nicht kontrollierten Kontaktes** zu Kindern oder Jugendlichen ist (Abgrenzungsaspekt: Tätigkeit kollegial kontrolliert oder allein),
- je geringer die Möglichkeit **nicht einsehbarer Nähe** bei einem Kontakt zu Minderjährigen ist (Abgrenzungsaspekt: öffentliches Umfeld, Gruppe – „geschlossener" Raum, Einzelfallarbeit),
- je weniger die **Tätigkeit im Kontakt** mit dem Kind bzw. Jugendlichen sich **wiederholt** (Abgrenzungsaspekt: einmalig oder häufig wiederkehrend),
- je geringer die **zeitliche Ausdehnung** des Kontaktes ist (Abgrenzungsaspekt: kurzzeitig oder über Tag und Nacht),

... desto eher ist davon auszugehen, dass für die Tätigkeit auf die Einsichtnahme in das Führungszeugnis der ehren- oder nebenamtlich tätigen Person verzichtet werden kann.

Das Gesetz verpflichtet den **Träger der öffentlichen Jugendhilfe**, vor Ort auszuhandeln, bei welchen Tätigkeiten von neben- bzw. ehrenamtlich Tätigen aufgrund der Art, Intensität und Dauer des Kontakts mit Kindern und Jugendlichen diese ein Führungszeugnis vorlegen müssen (**Umsetzungskonzept bzw. Gewaltschutzkonzept**).[658]

Beispiel:

In einer Kindertageseinrichtung engagiert sich ein Musikpädagoge im Ruhestand ehrenamtlich und bietet den Kindern einmal in der Woche im Rahmen eines Instrumentenkarussells für 1 Stunde an, unterschiedliche Instrumente auszuprobieren und

656 AGJ/BAGLJÄ, Handlungsempfehlung Nr. 111, S. 30, 31.
657 AGJ/BAGLJÄ, Handlungsempfehlung Nr. 111, S. 30, 31.
658 DIJuF-Rechtsgutachten, in: JAmt 2016, 200.

gemeinsam zu musizieren. Die „Musikstunde" findet in der Kita statt und interessierte Kinder finden sich in einem gesonderten Raum ein. Das „Projekt" ist mit den Eltern besprochen und deren Zustimmung liegt kindbezogen vor.

Teilweise nutzen die pädagogischen Fachkräfte der Kita die Gruppenteilung für andere pädagogische Projekte mit den übrigen Kindern. Die Kinder sind teilweise allein mit dem Musikpädagogen in der „Musikstunde". Für diese ehrenamtliche Tätigkeit wird ein erweitertes Führungszeugnis benötigt, da ein entsprechender wiederholter (Allein-) Kontakt besteht und letztlich Vertrauensverhältnis zu den Kindern aufgebaut werden kann.

2.8 Datenschutzvorschriften

Im letzten Absatz der Rechtsvorschrift[659] wird regelt, welche im erweiterten Führungszeugnis **enthaltenen Daten erhoben und gespeichert** werden dürfen. Die Regelung bezieht sich sowohl auf die Träger der öffentlichen als auch die der freien Jugendhilfe.

Hinweis

Von den im erweiterten Führungszeugnis enthaltenen Daten dürfen erhoben und gespeichert werden:

- das Datum der **Einsicht** in das Führungszeugnisses[660]
- das **Datum** der Ausstellung des Führungszeugnisses[661]
- die Information, ob die das Führungszeugnis betreffende Person wegen einer **einschlägigen Straftat**[662] **rechtskräftig verurteilt** wurde[663], aber nicht welche Straftat oder
- wegen einer **sonstigen Straftat**, die sie im Umgang mit Kindern und Jugendlichen als ungeeignet erscheinen lassen.[664]

659 Vgl. § 72a Abs. 5 SGB VIII.
660 Vgl. § 72a Abs. 5 Satz 1 Nr. 1 SGB VIII.
661 Vgl. § 72a Abs. 5 Satz 1 Nr. 2 SGB VIII.
662 Vgl. § 72a Abs. 1 SGB VIII.
663 Vgl. § 72a Abs. 5 Satz 1 Nr. 3 Buchst. a SGB VIII.
664 Vgl. § 72a Abs. 5 Satz 1 Nr. 3 Buchst. a SGB VIII.

Die Träger der öffentlichen und freien Jugendhilfe dürfen die gespeicherten Daten nur verarbeiten, soweit dies **erforderlich** ist, um die **Eignung einer Person** für diejenige Tätigkeit, die Anlass zu der Einsichtnahme in das Führungszeugnis gewesen ist, **zu prüfen.**[665]

Die Aufgabe der Einsichtnahme ist beim Träger einer bestimmten verantwortlichen Person zuzuordnen. Diese Person ist nicht berechtigt Dritte über Ergebnisse der Einsichtnahme zu informieren. Die erhobenen Daten sind vor dem Zugriff **Unbefugter zu schützen.**[666]

II

Die Daten müssen unverzüglich **gelöscht** werden, wenn im Anschluss an die Einsichtnahme die beabsichtigte Tätigkeit nicht aufgenommen wird.[667] Lag eine einschlägige Straftat vor, so ist der Zweck der Einsichtnahme und damit der Grund für eine Speicherung mit Ablehnung des Bewerbers bzw. der Bewerberin beendet. Spätestens **sechs Monate nach Beendigung** der Tätigkeit sind die Daten zu löschen[668] und es erfolgt keine Archivierung mit den Personalunterlagen.

In diesem Zusammenhang sein darauf hingewiesen, dass weder das Original noch eine Kopie des erweiterten Führungszeugnisses vom Arbeitgeber entgegengenommen und abgelegt wird. Nach Einsichtnahme verbleibt das erweiterte Führungszeugnis bei der haupt-, neben- bzw. ehrenamtlichen Person.

---

665 Vgl. § 72a Abs. 5 Satz 2 SGB VIII.
666 Vgl. § 72a Abs. 5 Satz 3 SGB VIII.
667 Vgl. § 72a Abs. 5 Satz 4 SGB VIII.
668 Vgl. § 72a Abs. 5 Satz 5 SGB VIII.

III. Kooperation und Netzwerkarbeit

III. Kooperation und Netzwerkarbeit

3.1 Kinderschutz als Kooperations- und Netzwerkarbeit

III

Kinderschutz wird heute als bereichs- und **professionsübergreifende Aufgabe** verstanden. Denn im Zuge gesetzlicher Neuregelungen im Kinderschutz wird von Seiten des Gesetzgebers[669] verstärkt die Idee der Verantwortungsgemeinschaft[670] verfolgt, bei der ein kooperativer Kinderschutz vorgesehen ist der multiprofessionelles und interdisziplinäres Handeln erfordert und zudem Akteure außerhalb der Kinder- und Jugendhilfe einbezieht. Maßgebliches Gesetz stellt das **Gesetz zur Kooperation und Information im Kinderschutz** (KKG) dar.[671] An den Anfang des Gesetzes wurden die verfassungsrechtlichen Vorgaben zum Elternrecht gestellt und die Aufgaben der staatlichen Gemeinschaft beschrieben.[672] Das staatliche Wächteramt, welches durch die staatliche Gemeinschaft auszuüben ist, umfasst nach der Gesetzesbegründung allgemeine Maßnahmen zur Verbesserung der elterlichen Erziehungskompetenz, individuelle bedarfsgerechte Hilfen für Familien und Kinder in spezifischen Risikolagen und rechtfertigt staatliche Maßnahmen zur Abwendung einer (bereits eingetretenen) Gefährdung des Kindeswohls. Auch an dieser Gefährdungsschwelle genießen unterstützende Maßnahmen Vorrang vor eingreifenden Interventionen, die das Elternrecht beschneiden, soweit hierdurch die (weitere) Gefährdung des Kindes oder Jugendlichen wirkungsvoll abgewendet werden kann.[673] Ebenfalls sind im KKG die **Angebote „Früher Hilfen"** geregelt: hierfür ist die Vorhaltung eines möglichst frühzeitigen, koordinierten und multiprofessionellen Angebots im Hinblick auf die weitere Entwicklung von Kindern vor allem in den ersten Lebensjahren für Mütter und Väter sowie bereits für schwangere Frauen und werdende Väter maßgeblich.[674] In

---

[669] Vgl. Gesetz zur Stärkung eines aktiven Schutzes von Kindern und Jugendlichen (Bundeskinderschutzgesetz – BkiSchG) vom 22. 12. 2011 (BGBl. I S. 2975) sowie Kinder- und Jugendstärkungsgesetz (KJSG) vom 3. Juni 2021 (BGBl. I S. 1444).

[670] Vgl. zum Wächteramt durch die staatliche Gemeinschaft: Art. 6 Abs. 2 Satz 2 GG, § 1 Abs. 2 SGB VIII und § 1 Abs. 2 und 3 KKG sowie Kapitel 2.2.1.

[671] Vgl. hierzu auch Kapitel 2.4.1.1.

[672] Vgl. § 1 Abs. 2 und Abs. 3 KKG.

[673] Begründung zum Gesetz zur Stärkung eines aktiven Schutzes von Kindern und Jugendlichen (Bundeskinderschutzgesetz – BKiSchG) in: BT-Drs. 17/6256, S. 17.

[674] Vgl. die Definition in § 1 Abs. 4 Satz 2 KKG und in Bezug auf zu erbringende Leistungen: § 16 Abs. 3 SGB VIII.

Anlehnung an einzelne Landesgesetze sollen außerdem durch § 3 KKG auf der Ebene der örtlichen Träger der öffentlichen Jugendhilfe **Netzwerkstrukturen** unterschiedlicher Fachrichtungen und Behörden sowie Einzelpersonen zur vernetzten Zusammenarbeit beim Kinderschutz geschaffen bzw. ausgebaut werden.[675] Die Rechtsvorschrift gibt den Aufbau und die Weiterentwicklung flächendeckend verbindlicher Netzwerkstrukturen im Bereich Früher Hilfen und im Kinderschutz vor. Dies soll mit dem Ziel geschehen, dass eine gegenseitige Information über das jeweilige Angebots- und Aufgabenspektrum, die Klärung struktureller Fragen der Angebotsgestaltung und -entwicklung, sowie eine Abstimmung von Verfahren im Kinderschutz erfolgt.

Hinweis

Der gesetzliche Auftrag zur Schaffung von Netzwerkstrukturen stellt keine Ermächtigung zur Übermittlung von personenbezogenen Daten zwischen den einzelnen Akteuren dar.[676] Hierzu bedarf es entweder einer datenschutzrechtlichen Einwilligung oder einer Rechtsgrundlage, welche eine Übermittlung erlaubt.[677]

Außerdem benennt das KKG ausdrücklich die **Familienhebammen** als zu fördernde Profession im Bereich der Frühen Hilfen.[678] Familienhebammen sind examinierte Hebammen mit einer landesrechtlich geregelten Zusatzqualifikation.[679] Nach Auffassung des Gesetzgebers kommt ihnen aufgrund ihres spezifischen Aufgabenprofils eine Schlüsselrolle zu. Sie können sowohl einem medizinischen als auch einem psychosozialen Unterstützungsbedarf Rechnung tragen und haben unmittelbaren Zugang zu Familien. Sie seien daher eine zentrale Unterstützung von Müttern und Vätern und hätten eine wichtige Lotsenfunktion.[680]

---

675 Vgl. Bohnert in: Hauck/Noftz, SGB VIII, § 8a SGB VIII Rn. 46.
676 BT-Drs. 17/6256, S. 18.
677 Vgl. hierzu ausführlich Kapitel 1.8.2.
678 Vgl. § 3 Abs. 4 KKG.
679 Vgl. zu den Qualifizierungsmöglichkeiten die Informationen der Landesfachstelle-Familienhebammen in Mecklenburg-Vorpommern: https://familienhebammen-in-mv.de/BerufsbegleitendeQualifizierung.
680 BT-Drs. 17/6256, S. 18.

Hinweis

In Mecklenburg-Vorpommern werden Familien in belastenden Lebenssituationen durch speziell ausgebildete Familienhebammen und Familien-Gesundheits- und Kinderkrankenpflegende (FGKiKP) betreut. Die Frühen Hilfen sind netzwerkartig in jedem Landkreis und jeder kreisfreien Stadt organisiert. Netzwerkkoordinierende bringen Angebote aus unterschiedlichen Bereichen wie insbesondere dem Gesundheitswesen, der Frühförderung, Kinder- und Jugendhilfe sowie der Schwangerschaftsberatung zusammen und stimmen diese aufeinander ab. Zu den präventiven Angeboten zählen z. B. Lotsendienste, Eltern-Kind-Gruppen, offene Eltern-Kind- bzw. Familien-Treffs und regionale Anlaufstellen. Übergeordnet verantwortlich agieren die Landeskoordinierungsstelle Frühe Hilfen Mecklenburg-Vorpommern sowie die Landesfachstelle Familienhebammen (und Familien-Gesundheits- und Kinderkrankenpflegerinnen) Mecklenburg-Vorpommern.[681]

Für die Träger der öffentlichen Jugendhilfe formuliert § 81 SGB VIII ein allgemeines **Zusammenarbeitsgebot** mit anderen Stellen und öffentlichen Einrichtungen, deren Tätigkeit sich auf die Lebenssituation junger Menschen und ihrer Familien auswirkt. In einem nicht abschließenden[682] Katalog werden dann Träger und Institutionen dieser Art aufgelistet.[683]

3.2 Kooperation und Amtshilfe

Im Rahmen einer Kooperation zwischen verschiedenen Jugendämtern oder anderen Behörden kann das **Rechtsinstitut der Amtshilfe**[684] von Relevanz sein. Amtshilfe wird verstanden als die eigene Leistung **ergänzende Hilfe**, die **eine Behörde** der **ersuchenden Behörde** auf deren Anforderung hin leistet, um im Sinne einer Unterstützungshandlung eigene Aufgaben angemessener erledigen zu können.

---

681 Vgl. hierzu: https://www.familienhebammen-in-mv.de.
682 Vgl. hierzu die Formulierung „insbesondere" in § 81 SGB VIII.
683 Vgl. § 81 Nr. 1 bis 13 SGB VIII.
684 Vgl. Art. 35 GG, § 3 SGB X, § 4 VwVfG MV.

Hinweis

Amtshilfe wird nur unter Behörden geleistet, nicht aber zwischen einer Behörde und Privatpersonen oder juristischen Personen des Privatrechts.[685] Freie Träger sind weder zur Amtshilfe verpflichtet, noch besteht ihnen gegenüber eine Amtshilfepflicht.

Amtshilfe kann auch nicht innerhalb einer Behörde, also im Jugendamt zwischen den einzelnen Ämtern geleistet werden, da Amtshilfe nur zwischen Behörden möglich ist.[686]

Eine Behörde kann insbesondere dann um Amtshilfe ersuchen, wenn sie eine Amtshandlung aus rechtlichen und tatsächlichen Gründen nicht selbst vornehmen oder notwendige Tatsachen nicht selbst ermitteln kann oder wenn sie Urkunden oder sonstige Beweismittel aus dem Besitz der ersuchten Behörde benötigt.[687] Dagegen ist ein **Amtshilfeersuchen ausgeschlossen**, wenn die ersuchte Behörde aus rechtlichen Gründen dazu nicht in der Lage ist oder dadurch dem Wohl des Bundes oder eines Landes erhebliche Nachteile bereitet würden.[688] Dieser zwingende Hinderungsgrund für eine Amtshilfe umfasst vor allem Verbote der Informationsweitergabe aus Gründen des **Datenschutzes**.[689] Entsprechend hat der Gesetzgeber im Gesetzgebungsverfahren ausdrücklich betont, dass bei der Amtshilfe das **Sozialgeheimnis**[690] zu beachten ist.[691] Die ersuchte Behörde ist insbesondere zur Vorlage von Urkunden oder Akten(-teilen) sowie zur Erteilung von Auskünften **nicht verpflichtet**, wenn die Vorgänge nach einem Gesetz oder ihrem Wesen nach **geheim gehalten werden müssen**. Zudem enthält das Gesetz eine Aufzählung von Fällen, in welchen es im Ermessen der ersuchten Behörde steht, die **Amtshilfe zu verweigern**.[692] In diesem Zusammenhang ist insbesondere von Belang, wenn die ersuchte Behörde die Amtshilfe verweigert, weil sie durch die Amtshilfe ihre **eigenen Aufgaben** (im Rahmen der Kinder- und Jugendhilfe) ernstlich gefährden würde.[693]

---

685 Mit Ausnahme sog. Beliehener, also Privatpersonen oder juristische Personen des Privatrechts, denen Befugnisse der Verwaltung übertragen worden sind.

686 Palsherm in: Schlegel/Voelzke, jurisPK-SGB X, § 3 Rn. 18 m. w. N.; vgl. zu der verwaltungsinternen Zusammenarbeit ausführlich Kapitel 3.3.

687 Vgl. § 4 Abs. 1 SGB X.

688 Vgl. § 4 Abs. 2 SGB X.

689 Palsherm in: Schlegel/Voelzke, jurisPK-SGB X, § 4 Rn. 24 m. w. N.

690 Vgl. § 35 SGB I, ausführlich hierzu Kapitel 1.5.1.

691 Vgl. BT-Drs. 8/2034, S. 30 zu §§ 3 bis 7.

692 Vgl. § 4 Abs. 3 SGB X.

693 Vgl. § 4 Abs. 3 Nr. 3 SGB X.

Hält die ersuchte Behörde sich zur **Amtshilfe nicht für verpflichtet**, teilt sie der ersuchenden Behörde ihre Auffassung mit. Besteht diese auf der Amtshilfe, entscheidet über die Verpflichtung zur Amtshilfe die gemeinsame Aufsichtsbehörde oder, sofern eine solche nicht besteht, die für die ersuchte Behörde zuständige Aufsichtsbehörde.[694]

3.3 Verwaltungsinterne Zusammenarbeit

3.3.1 Zusammenarbeit im Team

III

Im Rahmen der praktischen sozialpädagogischen Arbeit in der Kinder- und Jugendhilfe bestehen häufig Unsicherheiten, wie mit datenschutzrechtlichen Fragen bei der **Zusammenarbeit im Team** umzugehen ist. Wie bereits dargestellt, kommt es bei der rechtlichen Beurteilung zunächst darauf an, ob bei einem Datenaustausch im Team datenschutzrechtlich überhaupt eine **Datenübermittlung** vorliegt.[695] Bei der Weitergabe von personenbezogenen Daten **innerhalb einer verantwortlichen Stelle** handelt es sich nämlich nicht um eine Übermittlung im Sinne des Datenschutzrechts. Ob jemand der verantwortlichen Stelle zu zuordnen ist, hängt im Einzelfall von der jeweiligen Funktion ab.[696] Keine Datenübermittlung stellt deshalb der Austausch innerhalb einer **„Funktionseinheit"** dar. Bei der Funktionseinheit handelt es sich z. B. um das Sachgebiet innerhalb des Jugendamtes, das nach dem **Geschäftsverteilungsplan für die Bearbeitung des Falles** (intern) zuständig ist.[697] Dies folgt auch aus dem **Grundsatz der Zweckbindung**, der eine der wichtigsten „Informationssperren"[698] auch in der Kinder- und Jugendhilfe darstellt.[699] Er beinhaltet, dass die betroffene Person die Informationen dem Jugendamt nur für einen bestimmten Zweck (in einem konkret-individuellen Fall) überlässt, also z. B. für die Gewährung der Hilfe zur Erziehung[700] oder zur Erfüllung von Aufgaben im Rahmen der Sicherung des Kindeswohls.

Zudem bestimmt der Gesetzgeber sowohl in Bezug auf die Ausgestaltung der Hilfeplanung als auch bei der Einschätzung des Gefähr-

---

694 Vgl. § 4 Abs. 5 SGB X.

695 Vgl. hierzu ausführlich Kapitel 1.11.1.

696 Ernst in: Paal/Pauly, DS-GVO, Art. 4 Rn. 60.

697 Kunkel in: Kunkel/Kepert/Pattar, SGB VIII, § 61 Rn. 63 unter Hinweis auf § 67 Abs. 4 SGB X.

698 Vgl. Art 5 Abs. 1 Buchst. b DSGVO sowie Frenzel in: Paal/Pauly, DS-GVO, Art. 5 Rn. 23.

699 Vgl. § 64 Abs. 1 SGB VIII sowie Kapitel 1.11.1.

700 Kunkel in: Kunkel/Kepert/Pattar, SGB VIII, § 61 Rn. 63 sowie Hoffmann in: Münder/Meysen/Trenczek, Frankfurter Kommentar SGB VIII, § 61 Rn. 49.

dungsrisikos das Zusammenwirken mehrerer Fachkräfte (einer Funktionseinheit). In diesen Sinne umfasst die Funktionseinheit Sozialer Dienst des Jugendamtes neben den zugeordneten Sozialarbeitenden auch die entsprechenden Leitungskräfte.

Hinweis

Ein Austausch der Informationen z. B. mit Kolleg*innen, die für die Vertretung zuständig sind, oder mit der jeweiligen Teamleitung, die die fachliche Aufsicht ausübt, stellt deshalb typischerweise keine Weitergabe der Daten im datenschutzrechtlichen Sinne dar.

Allerdings bedeutet dies nicht, dass auch die der Fachkraft im Rahmen der Fallarbeit sog. **anvertrauten Daten**[701] automatisch an die anderen Mitglieder der Funktionseinheit weitergegeben werden dürfen. Sie unterliegen innerhalb und außerhalb der verantwortlichen Stelle dem **besonderen Vertrauensschutz**, welcher nur in den gesetzlich beschriebenen Ausnahmefällen durchbrochen werden darf.[702]

Vor der Weitergabe an eine andere Fachkraft ist zudem zu prüfen, ob die Aufgabenerfüllung es im Sinne einer Erforderlichkeit zulässt, die Sozialdaten zu **anonymisieren** oder zu **pseudonymisieren**. Dies entspricht dem Grundsatz der Datenminimierung[703] und gilt nicht nur für die Übermittlung an Fachkräfte außerhalb des Verantwortlichen, sondern auch für die **Nutzung von Daten**, also schon innerhalb der verantwortlichen Stelle.[704] So ist es z. B. im Einzelfall im Rahmen einer fachlichen Beratung nicht zwingend erforderlich personenbezogene Daten zu übermitteln.

III

In der praktischen Zusammenarbeit sind in der Kinder- und Jugendhilfe die **kollegiale Beratung**[705] und **Supervision** zentral für die Sicherung der Arbeitsqualität und tragen zur Qualifizierung und Qualitätssicherung der Arbeit bei. [706]

701 Vgl. § 65 SGB VIII sowie hierzu ausführlich Kapitel 1.11.2.
702 Vgl. § 65 Abs. 1 Satz 1 Nr. 1 bis 6 SGB VIII sowie ausführlich Kapitel 1.11.2.
703 Vgl. Art. 5 Abs. 1 Buchst. c DSGVO sowie Kapitel 1.2.3.
704 Kunkel in: Kunkel/Kepert/Pattar, SGB VIII, § 64 Rn. 11, der darauf hinweist, dass insoweit § 64 Abs. 2a SGB VIII zu kurz greift.
705 Synonyme Begriffe sind Kollegiale Praxisberatung, Kollegiale Fallbesprechung, Kollegiale Fallberatung und Intervision.
706 Werling, in: Böllert, Kompendium Kinder- und Jugendhilfe, S. 633.

Definition: Kollegiale Beratung

Kollegiale Beratung bezeichnet eine strukturierte Form von Fallberatung, die in einer Gruppe von mehreren Fachkräften regelmäßig und ohne externe Leitung, also „kollegial" durchgeführt wird. Bei der Fallberatung werden Fragen, Probleme und Schwierigkeiten, die eine Fachkraft aus ihrer beruflichen Praxis zu einem Fall hat vorstellt, mit Beteiligung aller Anwesenden reflektiert und gemeinsam mögliche Lösungsansätze entwickelt.[707] Eine Übermittlung personenbezogener Daten ist hier in vielen Fällen nicht erforderlich.

Auch wenn ausschließlich eine kollegiale Beratung im Team stattfindet, ist jeweils kritisch zu prüfen, ob im Sinne des Grundsatzes der Datenminimierung der Fall anonymisiert oder pseudonymisiert beraten werden kann. Erst recht gilt diese Maßgabe konsequenterweise bei einer kollegialen Beratung mit Fachkräften, die außerhalb der verantwortlichen Stelle bzw. Funktionseinheit tätig sind.[708]

Beispiel:

Im Kinderschutzverfahren findet sich eine besonders gesetzlich geregelte Vorgabe zur kollegialen Beratung in § 8a SGB VIII:

Nach § 8a Abs. 1 Satz 1 SGB VIII hat die fallführende Fachkraft beim Vorliegen gewichtiger Anhaltspunkte für eine Kindeswohlgefährdung das Gefährdungsrisiko **im Zusammenwirken mit mehreren Fachkräften einzuschätzen.**[709] Eine kollegiale Beratung wird in dieser Situation mithin für die Fachkräfte im Jugendamt zwingend gesetzlich vorgeschrieben. Die gemeinsame Risiko- und Gefährdungseinschätzung ist als festes Beratungssetting zu organisieren, das in der Durchführung methodisch strukturiert und in Verlauf und Ergebnis nachvollziehbar dokumentiert wird.[710]

Die Jugendämter und Landesjugendämter sind verpflichtet, die fachlichen Qualifikationen ihrer Mitarbeitenden zu erhalten und

707 Ryschka/Tietze, in: Ryschka/Solga/Mattenklott, S. 110.
708 Vgl. § 64 Abs. 2a SGB VIII.
709 Vgl. hierzu ausführlich Kapitel 2.3.2.1.
710 Vgl. Radewagen in: Möllers, Praxiskommentar SGB VIII, § 8a Rn. 12.

weiterzuentwickeln. Dazu gehören nach den gesetzlichen Vorgaben **Fortbildung** und **Praxisberatung.**[711] Unter Praxisberatung, die häufig auch als **Supervision** genutzt wird, ist die Beratung von Fachkräften durch speziell weitergebildete Praxisberater*innen zu verstehen.[712]

Definition: Supervision:[713]

„Supervision ist ein regelgeleitetes Verfahren der Reflexion laufender Arbeitsprozesse und dient dem Entwurf von Handlungsalternativen in sozialen Berufen. Das Ziel der Supervision ist der Schutz und die Förderung der Klientel Sozialer Arbeit und zugleich der Erhalt und die Entwicklung der beruflichen Wirkungsmöglichkeiten der Teilnehmenden. Beides dient auch der Professionalisierung Sozialer Arbeit. Supervision ist ein integriertes Arbeitsmittel professioneller Sozialer Arbeit. Sie fördert das Selbst- und Fremdverstehen des beruflichen Handelns in den komplexen Aktionsfeldern und regt die personale Entwicklung der Professionellen an."

III

Beispiel[714]**:**

Im Rahmen einer Supervision werden Hinweise auf **gewichtige Anhaltspunkte für Kindeswohlgefährdungen im Supervisionsprozess** deutlich, die bisher nicht oder nicht in dieser Deutlichkeit von der fallführenden Fachkraft gesehen wurden. In dieser Situation ist zu klären, wie die Hinweise in den Prozess des Kinderschutzverfahrens Eingang finden. Vor allem differierende oder kontroverse Sichtweisen und Bewertungen müssen dabei nachvollziehbar dargelegt werden. In einem **Supervisionskonzept** ist grundsätzlich zu regeln, wie die Beteiligten mit einer solchen Fallsituation umgehen sollen und welche klaren Vorgaben vereinbart sind. Dabei sollte berücksichtigt werden, dass **Leitungsverantwortung und Fachaufsicht der Organisation nicht auf die Supervisor*innen** „delegiert" werden dürfen.

---

711 Vgl. § 72 Abs. 3 SGB VIII.

712 Vgl. Wiesner in: Wiesner/Wapler, SGB VIII, § 72 Rn. 18.

713 Krauß in: Thole, Grundriss sozialer Arbeit, S. 603; vgl. auch die ethischen Leitlinien der Deutsche Gesellschaft für Supervision und Coaching (DGSv).

714 Beispiel nach Thiesmeier/Schrapper, in: JAmt 2022, 569, 574 f.

3.3.2 Zusammenarbeit innerhalb des Jugendamtes

3.3.2.1 Sozialer Dienst und Wirtschaftliche Jugendhilfe

Zur Bearbeitung des Falles gehört auch dessen wirtschaftliche Seite, auch wenn diese nach Geschäftsverteilungsplan als Aufgabe einer anderen Funktionseinheit zu geordnet ist.

Die funktionale Einheit schließt also die Bearbeitung eines Einzelfalls im Fachteam aber auch die spezifische Bearbeitung in der sog. **Wirtschaftlichen Jugendhilfe** oder der Registratur usw. ein.[715] Allerdings ist auch hier die Erforderlichkeit der Datenweitergabe stets zu prüfen: z. B. ist keine Datenweitergabe der vollständigen ASD-Akte an die Wirtschaftliche Jugendhilfe erforderlich, damit diese im Rahmen der Gewährung von Hilfe zur Erziehung oder zur wirtschaftlichen Absicherung von Schutzmaßnahmen tätig werden kann.[716]

III

3.3.2.2 Pflegekinderhilfe

Typischerweise wird davon ausgegangen, dass in den Jugendämtern das ASD-Team die zentrale Steuerungsfunktion in Sachen Kinderschutz innehat. Werden gewichtige Anhaltspunkte für eine Gefährdung des Kindeswohls im Rahmen der Gewährung von Jugendhilfeleistungen oder im Rahmen von anderen Aufgaben in anderen Funktionseinheiten des Jugendamtes festgestellt, sind diese an die für den Kinderschutz zuständigen Fachkräfte weiterzugeben und können insoweit eine verpflichtende Aktivität des Jugendamtes im Rahmen von § 8a Abs. 1 SGB VIII auslösen.[717]

Für den **Pflegekinderdienst** ist der Schutzauftrag Teil seiner originären Pflichten nach der neu eingefügten Vorschrift in § 37b SGB VIII.[718] Durch diese Rechtsvorschrift soll nach der Gesetzesbegründung den Rechten von Kindern und Jugendlichen[719] Rechnung getragen werden; außerdem sollen die damit korrespondierenden **Schutzpflichten des Staates** im Hinblick auf Kinder und Jugendlichen in Pflegefamilien konkretisiert werden.[720] Der Pflegekinderdienst ist nach dieser Rechtsnorm verpflichtet, die Anwendung von **Schutzkonzepten**[721] bei Pflegeverhältnissen sicherzustellen.

---

[715] Kunkel in: Kunkel/Kepert/Pattar, SGB VIII, § 61 Rn. 63.
[716] Hundt, Datenschutz als Vertrauensschutz, S. 27 m. w. N.
[717] Vgl. hierzu ausführlich Kapitel 2.3.2.1.
[718] Wiesner, in: Wiesner/Wapler, SGB VIII, Anh. 1 Rn. 25.
[719] Aus Art. 2 Abs. 1 i. V. m. Art. 6 Abs. 2, Satz 1 GG und aus Art. 3 Abs. 2 UN-KRK.
[720] BT-Drs. 19/26107, S. 89, 90.
[721] Nach Maßgabe des neuen § 37b Abs. 1 SGB VIII mit Verweis auf § 79a Satz 2 SGB VIII.

Hinweis

Die Gesetzbegründung[722] bezieht sich bei der Implementierung der Schutzkonzepte explizit auf die Ergebnisse des Fostercare-Projekts, das zusätzlich zu Gefährdung von Pflegekindern auch die allgemeine Sicherung ihrer Rechte betont hat.[723]

So soll der Kinderschutz in der Pflegekinderhilfe auf mehreren Ebenen sichergestellt werden: Auf der ersten Ebene ist auch hier **bei gewichtigen Anhaltspunkten für eine Kindeswohlgefährdung** die Gefährdung einzuschätzen. Die Pflegepersonen sind als Erziehungsberechtigte hierbei einzubeziehen (§ 8a Abs. 1 Satz 2 SGB VIII).

Eine zweite Ebene bezieht sich auf institutionelle Schutzfaktoren mit dem Ziel, sichere Orte zu schaffen und eine Gefährdung schon präventiv zu verhindern, etwa durch die Stärkung der Rechte auf Förderung und Beteiligung junger Menschen.[724]

Zudem sind **Beschwerdemöglichkeiten für Kinder oder Jugendliche**, die vorübergehend oder dauerhaft in einer Pflegefamilie leben, zu gewährleisten. Die Beschwerdemöglichkeit muss während der gesamten Dauer des Pflegeverhältnisses bestehen bleiben und kann über eine Ombudsstelle[725], eine Kontaktperson beim Pflegekinderdienst oder durch das Jugendamt selbst ausgeübt werden.[726]

Hinweis

Soweit der Pflegekinderdienst bei fachgerechter Aufgabenerfüllung auch kontinuierlich mit der Herkunftsfamilie der in Pflege genommenen Kinder in Berührung ist, kann allerdings auch hier eine **besondere Initiativpflicht entstehen**, wenn **Anhaltspunkte für eine Gefährdung anderer Kinder oder Jugendlicher erkennbar** werden.[727]

722 BT-Drs. 19/26107, S. 90.

723 Vgl. zum Fostercare-Projekt: Fegert/Gulde/Henn/Husmann/Kampert/Röseler/Rusack/Schröer/Wolff/Ziegenhain, in: JAmt 2020, 234 f.

724 Eschelbach/Schönecker, in: Münder/Meysen/Trenczek, Frankfurter Kommentar, § 37b Rn. 2.

725 Vgl. § 9a SGB VIII.

726 BT-Drs. 19/26107, S. 90.

727 Vgl. Wiesner, in: Wiesner/Wapler, SGB VIII, Anh. 1 Rn 25.

3.3.2.3 Vormund-, Pfleg- und Beistandschaft

Eine Sonderrolle nimmt innerhalb der Institution Jugendamt die **Vormundschaft** und **Pflegschaft** sowie die Beistandschaften wahr: Das Führen einer Vormundschaft und Pflegschaft muss funktionell, organisatorisch und personell von den übrigen Aufgaben des Jugendamtes getrennt werden.[728] Es gelten für diese Bereiche ausdrücklich nicht die allgemeinen Sozialdatenschutzregelungen der Kinder- und Jugendhilfe, sondern ausschließlich die Regelung in § 68 SGB VIII.[729] Das Jugendamt hat jede Vormundschaft oder Pflegschaft, die bei ihm anhängig wird, auf eine seiner Fachkräfte zur Ausübung zu übertragen, weshalb diese im Rahmen der Personensorge die Rechtshandlungen für das Kind im eigenen Namen vornimmt[730] bzw. dessen Interessen vertritt. Diese müssen von Amts wegen, nämlich wegen ihrer Funktion als gesetzliche Vertretung bzw. Vertretung der Kindesinteressen, rechtzeitig über Gefährdungsinformationen informiert werden und entsprechend in ein Kinderschutzverfahren im Sinne der Personensorge- bzw. Erziehungsberechtigten einbezogen werden.[731] In diesem Zusammenhang obliegt es der Fachkraft, in eigenem Namen Anträge auf die Gewährung von Kinder- und Jugendhilfe, z. B. Hilfe zur Erziehung zu stellen oder ausreichenden Schutz für des Kindeswohls zu fordern. Insbesondere die Fachkräfte, die die Vormundschaft oder Pflegschaft führen, sind in eigener Person zu beraten und an der Hilfe- bzw. Schutzplanung zu beteiligen.[732]

3.4 Verwaltungsinterne Kontrolle in der Kinder- und Jugendhilfe

3.4.1 Formlose Rechtsbehelfe

Im Rechtsbehelfsverfahren soll die Zweckmäßigkeit und Rechtmäßigkeit von Verwaltungsentscheidungen auf Antrag von Betroffenen überprüft werden. Man unterscheidet formlose und förmliche Rechtsbehelfe. Die Dienstaufsichtsbeschwerde ist ein **formloser Rechtsbehelf**, mit dem das **persönliche Verhalten** einer angestellten Person im öffentlichen Dienst oder im Beamtenstatus gerügt wird. Ziel der Dienstaufsichtsbeschwerde ist es, **dienstaufsichtsrechtliche**

---

[728] Vgl. § 55 Abs. 5 SGB VIII.
[729] Vgl. § 61 Abs. 2 SGB VIII.
[730] Vgl. § 55 Abs. 2 Satz 1 SGB VIII.
[731] Vgl. Wiesner, in: Wiesner/Wapler, SGB VIII, Anh. 1 Rn. 25a.
[732] Vgl.§ 36 Abs. 2 Satz 2 SGB VIII.

Maßnahmen gegen diese Person zu veranlassen und damit das dienstliche Verhalten zu verbessern und ein Fehlverhalten zu korrigieren. Sie ist neben und unabhängig von einem förmlichen Rechtsbehelf zulässig und kann **ohne Einhaltung einer Frist** erhoben werden.[733] Eine Entscheidung ergeht, ohne dass hierfür Verwaltungsgebühren erhoben werden. Alle dazu erforderlichen Informationen und personenbezogenen Daten der Beschwerde selbst bzw. der internen Bearbeitung sind bis zur Beendigung des Verfahrens zu speichern.

Definition[734]:

Die **Dienstaufsicht** erstreckt sich auf den Aufbau, die innere Ordnung, die Ausstattung, die allgemeine Geschäftsführung und die Personalangelegenheiten einer Behörde. Sie ist eine Aufgabe zur Steuerung einer hierarchisch gegliederten Organisation. Inhalt der Dienstaufsicht im weiteren Sinn kann es sein, die organisatorischen Abläufe innerhalb der Behörde zu überwachen und zu steuern. Da sie die Beobachtung und Bewertung der Erfüllung der Pflichten der Mitarbeitenden zum Gegenstand hat, kann sie im engeren Sinne auch als „Personalaufsicht" verstanden werden. In diesem engeren Sinne wird sie definiert als die personalrechtliche Aufsicht über die Pflichterfüllung der Amtswalter*innen im Innenverhältnis durch die Dienstvorgesetzten.

Die Dienstaufsicht der Jugendamtsleitung als solches beschränkt sich auf alle Bedienstete des Jugendamts, mit Ausnahme der Amtsvormünder*innen und Ergänzungspfleger*innen, denen in diesem Rahmen eine auch dienstrechtliche Sonderstellung zukommt und die weitestgehend weisungsfrei sind. Deren Aufsicht erfolgt im Wesentlichen durch das örtlich zuständige Familiengericht.[735]

---

733 Vgl. § 7 Nr. 3 VwKostG M-V.
734 Vgl. Bouhatta, in: NJOZ 2021, 577.
735 Vgl. Bouhatta, in: NJOZ 2021, 577 sowie § 1802 Abs. 2 Sätze 1 und 3 i. V. m. § 1862 Abs. 3 BGB.

Definition:

Unter dem Begriff der **Fachaufsicht** versteht man die inhaltliche, aufgabenbezogen Kontrolle einer übergeordneten Behörde gegenüber Sachentscheidungen einer nachgeordneten Ebene. Sie umfasst sowohl die Rechtmäßigkeit der Sachentscheidung als auch die Zweckmäßigkeit bei der Ermessensausübung. Dementsprechend richtet sich die **Fachaufsichtsbeschwerde** an die Behörde, der die Aufsicht über die Behörde zusteht, die für eine Einrichtung zuständig ist, bzw. eine Maßnahme getroffen hat. Sie regt an, den Vorgang oder eine Entscheidung inhaltlich zu überprüfen.

Zudem hat jede*r hat das Recht, sich einzeln oder in Gemeinschaft mit anderen schriftlich mit Bitten oder Beschwerden an die zuständigen Stellen[736] und an die Volksvertretung[737] zu wenden. In angemessener Frist ist ein begründeter Bescheid zu erteilen.[738] Es handelt sich hierbei um das sog. **Petitionsrecht**. Geschäftsfähigkeit ist zur Ausübung des Eingabenrechts nicht erforderlich. Es genügt, dass die Person in der Lage ist, ihr Anliegen verständlich zu äußern.[739] Mithin können auch betroffene Kinder und Jugendliche vom Petitionsrecht Gebrauch machen.[740]

In diesem Zusammenhang sind neben dem Beschwerdeanliegen auch die personenbezogenen Daten der beschwerdeführenden Person zu verarbeiten.

3.4.2 Widerspruchsverfahren als förmlicher Rechtsbehelf

Bei dem Widerspruchsverfahren handelt es sich um eine sog. **verwaltungsinterne Rechtskontrolle**, da ohne Einschaltung eines Gerichtes die Verwaltung ihr eigenes Handeln überprüft. Im Gegensatz zum formlosen Rechtsbehelf verpflichtet der Widerspruch die Verwaltung zu einer sachlichen Entscheidung über Rechtmäßigkeit und Zweckmäßigkeit der angefochtenen Entscheidung der Behörde.

---

736 Z. B. können dies auch Bürgerbeauftragte sein (vgl. §§ 5 ff. PetBüG M-V).

737 Petitionsausschuss im Landtag (Art. 35 Verf M-V, §§ 67 f. Geschäftsordnung des Landtages Mecklenburg-Vorpommern).

738 Vgl. Art. 17 GG sowie Art. 10 Verf M-V.

739 Vgl. § 1 Abs. 2 Satz 2 PetBüG M-V.

740 Vgl. hierzu alternativ die mögliche ombudschaftliche Beratung der Kinder und Jugendlichen, Kapitel 3.13.

Ziel des Widerspruchs ist es, entweder einen belastenden Verwaltungsakt aufzuheben oder einen begünstigenden Verwaltungsakt durchzusetzen, der zunächst abgelehnt wurde.

Beispiel:

Die Eltern beantragen eine sozialpädagogische Familienhilfe (§ 31 SGB VIII) im Rahmen der Hilfen zur Erziehung (§ 27 SGB VIII). Ihr Antrag wird durch einen entsprechenden Bescheid des Jugendamtes abgelehnt. Sie überlegen, welche förmlichen Möglichkeiten sie haben, um den Bescheid nochmals rechtlich und aus sozialpädagogischer Sicht überprüfen zu lassen. Gegen die ablehnende Entscheidung ist der Rechtsbehelf „Widerspruch" möglich.

Die **Widerspruchsfrist** beträgt einen Monat.[741] Die Frist beginnt am Tag nach der Bekanntgabe des Bescheids[742] und endet an dem Tag des folgenden Monats, der mit seiner Benennung dem Tag der Bekanntgabe des Bescheids entspricht.[743] Fehlt dem Bescheid die Rechtsbehelfsbelehrung oder ist diese fehlerhaft, beträgt die Widerspruchsfrist ein Jahr.[744]

Das Widerspruchsverfahren stellt aber andererseits auch ein **gerichtliches Vorverfahren** dar, weil seine Durchführung regelmäßig[745] die Voraussetzung für die Zulässigkeit einer verwaltungsgerichtlichen Klage ist. Dementsprechend sind die **Rechtsgrundlagen** für die Durchführung des Widerspruchsverfahrens für den Bereich der Kinder- und Jugendhilfe in der Verwaltungsgerichtsordnung (VwGO) zu finden.[746] Insofern ist in diesem Zusammenhang auf eine sorgfältige Dokumentation des Verwaltungshandelns hinzuweisen.

Der Widerspruch hat bei der Anfechtung eines Verwaltungsakts grundsätzlich eine sog. **aufschiebende Wirkung** (Suspensiveffekt).[747]

---

741 Vgl. § 70 VwGO.

742 Vgl. § 57 Abs. 2 VwGO i. V. m § 222 ZPO i. V. m. § 187 Abs. 1 BGB.

743 Vgl. § 188 Abs. 2 BGB: z. B. Bekanntgabe am 6. 2., Fristbeginn am 7. 2., Fristende mit Ablauf des 6. 2.

744 Vgl. § 70 Abs. 2, § 58 VwGO.

745 Vgl. hierzu zum fakultativen Vorverfahren in bestimmten Bereichen in M-V: § 13a GerStrukGAG M-V.

746 Vgl. § 62 SGB X: Zwar handelt es sich um eine sozialrechtliche Materie, für die aber nicht die Sozialgerichtsbarkeit zuständig ist, weil deren Zuständigkeit abschließend in § 51 SGG geregelt ist. Vielmehr ist in Angelegenheiten der Kinder- und Jugendhilfe der Rechtsweg zu den Verwaltungsgerichten eröffnet (§ 40 Abs. 1 VwGO).

747 Vgl. § 80 Abs. 1 VwGO.

Das bedeutet, dass der Verwaltungsakt nicht bestandskräftig wird und deshalb nicht vollstreckt werden darf. Keine aufschiebende Wirkung besteht aber, wenn dies gesetzlich geregelt ist, z. B. in Fällen, in denen die **sofortige Vollziehung des Verwaltungsaktes** im öffentlichen Interesse oder im überwiegenden Interesse der Beteiligten von der Behörde besonders angeordnet worden ist.[748] In diesem Fall besteht die Möglichkeit, die aufschiebende Wirkung im **einstweiligen Rechtsschutzverfahren am Verwaltungsgericht** wieder herstellen zu lassen.[749]

Beispiel:

Bei der Entscheidung, eine Inobhutnahme[750] durch das Jugendamt durchzuführen, handelt es sich um einen **Verwaltungsakt** (§ 31 SGB X).[751] Er kann in schriftlicher, mündlicher oder in anderer Form ergehen.[752] Die Inobhutnahme kann daher vom Jugendamt auch konkludent erklärt werden.[753] Mündliche Verwaltungsakte, die insbesondere bei der Inobhutnahme wegen der besonderen Situation und Dringlichkeit z. B. im Zuge einer unmittelbaren Gefahrenabwehr häufig und unverzüglich[754] notwendig werden können, bedürfen auf Verlangen der Betroffenen der schriftlichen Bestätigung.[755] Aus Gründen der Rechtssicherheit und Transparenz sollte die Entscheidung über die Inobhutnahme ggf. im Nachhinein schriftlich bestätigt bzw. abgefasst werden. Erheben die Personensorgeberechtigten **Widerspruch gegen die Inobhutnahme**, entfaltet der Widerspruch aufschiebende Wirkung[756] und die Inobhutnahme kann daher so lange nicht durchgeführt werden, wie die aufschiebende Wirkung des Widerspruchs andauert.[757] Es bedarf in diesem Zusammen-

748 Vgl. § 80 Abs. 2 Nr. 4 VwGO.
749 Vgl. § 80 Abs. 5 VwGO.
750 Vgl. hierzu ausführlich Kapitel 2.3.3. sowie §§ 42, 42a ff. SGB VIII.
751 Weiterführend zum Ineinandergreifen des Familien- und Verwaltungsrechts bei der Inobhutnahme: Zimmermann, in: NZFam 2021, 64 f.
752 Vgl. § 33 Abs. 2 Satz 1 SGB X.
753 Vgl. Dürbeck in: Wiesner/Wapler, SGB VIII, § 42 Rn. 67.
754 Vgl. § 121 BGB: „ohne schuldhaftes Zögern".
755 Vgl. § 33 Abs. 2 Satz 2 SGB X.
756 Vgl. § 80 Abs. 1 VwGO; anders beim Widerspruch im Rahmen der Inobhutnahme von unbegleiteten Minderjährigen, welcher aufgrund des § 42f Abs. 3 SGB VIII per se keine aufschiebende Wirkung hat.
757 Vgl. hierzu VG Düsseldorf, Beschluss vom 12. Juli 2013 – 19 L 1243/13; VG München, Beschluss vom 9. August 2022 – M 18 S 22.3726; VG Würzburg, Beschluss vom 20. Juli 2022 – W 3 S 22.1108.

hang mithin der **Anordnung der sofortigen Vollziehung**.[758] Da mit einer Inobhutnahme dringende Gefährdungen für das Wohl des Kindes oder Jugendlichen abgewehrt werden sollen, wird eine sofortige Vollziehung der Inobhutnahme den überwiegenden Interessen des jungen Menschen sowie dem öffentlichen Interesse entsprechen. Das Jugendamt, das die Inobhutnahme erlassen hat, darf daher die sofortige Vollziehung des Verwaltungsaktes anordnen. Es hat das besondere Interesse an der **sofortigen Vollziehung** des Verwaltungsaktes **schriftlich zu begründen**.[759] Einer solchen schriftlichen Begründung bedarf es unmittelbar nicht bei der Abwehr dringender Gefahren (z. B. drohende Nachteile für das Leben oder die Gesundheit des Kindes oder Jugendlichen).[760] Gefahr im Verzug liegt aber nur vor, wenn die Abwehr der Gefahr keinen Aufschub duldet, wenn also gerade das Anfertigen der regelmäßig erforderlichen formellen Rechtfertigung für die Anordnung der sofortigen Vollziehung die Beseitigung der Gefahr verzögern oder gar vereiteln würde.[761] In diesem Fall sollte das Jugendamt spätestens nach der erfolgten Inobhutnahme in der Lage sein, **umgehend** die Anordnung des Sofortvollzuges schriftlich zu begründen.

Im Falle der Anordnung der sofortigen Vollziehung kann beim Verwaltungsgericht beantragt werden, die **aufschiebende Wirkung des Widerspruchs wiederherzustellen**.[762] Der Antrag kann auch von einem sorgeberechtigten Elternteil allein gestellt werden, weil jeder Elternteil den Eingriff in sein grundrechtlich geschütztes Sorgerecht unabhängig vom anderen sorgeberechtigten Elternteil gerichtlich überprüfen lassen können muss.[763]

III

Hält die Behörde den Widerspruch für begründet, **so hilft sie ihm ab** und entscheidet über die Kosten.[764] Das bedeutet, dass die betroffene Person mit ihrem Begehren Recht erhält. Hilft die Behörde dem Widerspruch nicht ab, so ergeht ein **Widerspruchsbescheid**.[765] Dieser ist schriftlich zu begründen, mit einer Rechtsbehelfsbelehrung zu

---

758 Vgl. § 80 Abs. 2 Satz 1 Nr. 4 VwGO.
759 Vgl. § 80 Abs. 3 Satz 1 VwGO.
760 Vgl. § 80 Abs. 3 Satz 2 VwGO sowie Dürbeck in: Wiesner/Wapler, SGB VIII, § 42 Rn. 67.
761 Vgl. VG München v. 21. 12. 2020 – M 18 S 20.6711 – juris Rn. 26.
762 Vgl. § 80 Abs. 5 VwGO.
763 Vgl. VG Würzburg v. 28. 07. 2020 – W 3 S 20.894 – juris Rn. 34.
764 Vgl. § 72 VwGO.
765 Vgl. § 73 VwGO.

versehen und förmlich zuzustellen und kann dann durch ein Klageverfahren beim Verwaltungsgericht überprüft werden.

Im Verwaltungsverfahren kann im Zuge der Prüfung und zur Vorbereitung der gerichtlichen Entscheidung die Fallakte des Jugendamtes zugezogen werden.[766]

3.4.3 Rechnungsprüfung

III

Die örtliche **Rechnungsprüfung** ist eine kommunale Selbstverwaltungsaufgabe und dient der Kontrolle der Verwaltung durch die Kreis- bzw. Stadtvertretung. Verantwortlich für die örtliche Rechnungsprüfung ist der Rechnungsprüfungsausschuss, welcher sich in seiner Aufgabenwahrnehmung des Rechnungsprüfungsamtes bedient. Landkreise und Gemeinden über 20.000 Einwohner*innen sind verpflichtet ein Rechnungsprüfungsamt einzurichten.[767] Zu den Aufgaben der örtlichen Rechnungsprüfung zählt u. a. die Prüfung der **Rechtmäßigkeit, Zweckmäßigkeit und Wirtschaftlichkeit** der Verwaltung.[768]

Beispiel [769]:

Zur **Prüfung der Wirtschaftlichkeit** gehört auch z. B. die Prüfung, ob ein Kostenbeitrag richtig berechnet und erhoben worden ist, auch, ob eine besondere Härte[770] vorliegt. Auch die Prüfung des Nachrangs (in der Jugendhilfe nach § 10 SGB VIII) und die Verfolgung von Kostenerstattungsansprüchen gehören zur Prüfung der Wirtschaftlichkeit.

3.4.4 Jugendhilfeausschuss

In der Konzeption des SGB VIII hat jeder örtliche Träger der Jugendhilfe ein zweigliedriges Jugendamt einzurichten.[771] Diese setzt sich aus dem **Jugendhilfeausschuss als einem beschließenden Ausschuss** des örtlichen Trägers der öffentlichen Jugendhilfe[772] und **der Verwaltung des Jugendamts** zusammen.[773] Die Aufgaben der örtlichen Träger der öffentlichen Jugendhilfe werden durch das Jugendamt

[766] Vgl. hierzu Kapitel 3.11.2.
[767] Vgl. § 1 KPG M-V.
[768] Vgl. §§ 3 Abs. 1 Nr. 5 KPG M-V.
[769] Vgl. hierzu Kunkel, in: ZKJ 2016, 9, 10.
[770] Vgl. § 92 Abs. 5 Satz 1 SGB VIII.
[771] Vgl. § 69 Abs. 3 SGB VIII i. V. m. § 1 Abs. 2 KJHG-OrG M-V.
[772] Vgl. § 4 Abs. 1 KJHG-Org M-V.
[773] Vgl. § 70 Abs. 1 SGB VIII.

wahrgenommen.[774] Der Jugendhilfeausschuss ist gesetzlich und satzungsgemäß[775] nicht mit dem alltäglichen Gesetzesvollzug, also mit dem sogenannten laufenden Geschäft der Verwaltung, in diesem Sinne nicht mit den Aufgaben der Kinder- und Jugendhilfe nach § 2 SGB VIII, sondern nur mit **allgemeinen Grundsatz- und Strukturfragen** betraut.[776] Der **Landesjugendhilfeausschuss**[777] befasst sich mit allen dem überörtlichen Träger der öffentlichen Jugendhilfe obliegenden Aufgaben. Er ist an Gesetzgebungsverfahren, Richtlinien und Empfehlungen, die die Kinder- und Jugendhilfe betreffen, frühzeitig durch die Landesregierung zu beteiligen.[778]

Beispiel:

Die Entscheidungen, welche **Grundsätze und Maßstäbe für die Bewertung der Qualität** (§ 79a Satz 1 SGB VIII) in den unterschiedlichen Handlungsfeldern der Kinder- und Jugendhilfe zugrunde gelegt werden sollen und nach welchen Verfahrensweisen die Qualitätsentwicklung innerhalb des Jugendamtes realisiert werden soll, haben grundlegende Bedeutung für die gesamte örtliche Jugendhilfe und sind daher nicht als Geschäft der laufenden Verwaltung (§ 70 Abs. 2 SGB VIII) anzusehen, sondern **Aufgaben im Jugendhilfeausschuss.**[779] Dazu gehört ausdrücklich nach § 79a Satz 1 Nr. 3 SGB VIII auch der Prozess der **Gefährdungseinschätzung nach § 8a SGB VIII**.

In Abgrenzung dazu ist es **nicht** Aufgabe des örtlichen oder überörtlichen Jugendhilfeausschusses sich mit Einzelfällen oder Beschwerden zu befassen und in diesem Zusammenhang auch aus datenschutzrechtlichen Gründen Einblick in entsprechende Unterlagen (Fallakten oder Dokumentationen zu Beschwerden) zu nehmen.

---

774 Vgl. § 70 Abs. 2 SGB VIII, § 1 Abs. 2 KJHG-Org M-V.

775 Jedes Jugendamt verfügt über eine eigene Satzung die auf der Grundlage der §§ 5, 92 Abs. 1 und 3 der Kommunalverfassung für das Land Mecklenburg-Vorpommern (KV M-V) und der §§ 70 und 71 SGB VIII in Verbindung mit § 3 KJHG-Org M-V und der Hauptsatzung des Landkreises oder der kreisfreien Stadt nach Beschlussfassung durch den Kreistag oder die Stadtverordnetenversammlung erlassen wird.

776 Vgl. Schön, in: Wiesner/Wapler, SGB VIII, § 70 Rn. 12; vgl. zur Festlegung der Höhe der laufenden Geldleistung an Tagespflegepersonen durch den Jugendhilfeausschuss: OVG Greifswald, Urteil vom 03. 12. 2019 – 1 LB 70/18 OVG, BeckRS 2019, 48487.

777 Die Geschäfte des Landesjugendhilfeausschusses M-V werden durch die Verwaltung des Landesjugendamtes beim Kommunalen Sozialverband Mecklenburg-Vorpommern geführt.

778 Vgl. § 10 Abs. 1 KJHG-Org M-V.

779 Vgl. Schön, in: Wiesner/Wapler, SGB VIII, § 79a Rn. 4.

3.4.5 Datenschutzrechtliche Einordnung der Aufsichts-, Kontroll- und Disziplinarbehörden

Der Sozialdatenschutz nach § 35 SGB I[780] gilt auch gegenüber **Aufsichts-, Kontroll- und Disziplinarbehörden**. Personenbezogene Daten dürfen nur übermittelt werden, wenn eine gesetzliche Grundlage dies erlaubt. Eine solche ausdrückliche Rechtsgrundlage findet sich in den Sozialdatenschutzregelungen des SGB X.[781] Danach ist ein Übermitteln von **Sozialdaten für die Erfüllung der gesetzlichen Aufgaben der Rechnungshöfe**[782] und allen **Aufsichts-, Kontroll- und Disziplinarbehörden** zulässig.[783] Zu diesen Aufsichts-, Kontroll- und Disziplinarbehörden zählt auch ein **Petitionsausschuss**[784] oder ein **Parlamentarischer Untersuchungsausschuss**.[785] Zur Kontrolle in diesem Sinne zählt auch das **Widerspruchsverfahren**[786] und das Spruchstellenverfahren nach der Fürsorgerechtsvereinbarung.[787]

III

Kein Kontrollorgan[788] ist hingegen der **Jugendhilfe- oder Landesjugendhilfeausschuss**, da diesen nur Grundsatzangelegenheiten, aber nicht die Kontrolle von Einzelfällen der laufenden Verwaltung zugewiesen sind.[789]

Beispiel[790]:

Der **Jugendhilfeausschuss** wird auch **nicht** etwa dadurch **zu einem Kontrollorgan**, dass die Vertretungskörperschaft (Kreistag bzw. Gemeinderat/Stadtverordnetenversammlung) beschließt, ein Handeln der Verwaltung des Jugendamts zu untersuchen (z. B. bei Ausführung des Schutzauftrages nach § 8a SGB VIII) und damit den Jugendhilfeausschuss beauftragt. Ein solcher Beschluss wäre rechtswidrig, weil er die Zuständigkeitsregelungen verletzen würde.[791]

---

[780] Vgl. hierzu Kapitel 1.5.1.

[781] Vgl. § 69 Abs. 5 SGB VIII.

[782] Landesrechnungshof Mecklenburg-Vorpommern: https://www.lrh-mv.de

[783] § 69 Abs. 5 SGB X verweist auf die anderen Stellen, die in § 67c Abs. 3 Satz 1 SGB X aufgeführt sind.

[784] Landtag Mecklenburg-Vorpommern Petitionsausschuss, Lennéstraße 1, 19053 Schwerin, Tel: 0385 / 525-1514, Fax: 0385 / 525-1515

[785] Vgl. Hoffmann, in: Münder/Meysen/Trenczek, Frankfurter Kommentar, § 64 Rn. 77 unter Hinweis auf DIJuF-Rechtsgutachten vom 17. 07. 2008, JAmt 2008, 474.

[786] Fromm, in: Schlegel/Voelzke, jurisPK-SGB X, § 69 Rn. 50; zum Klageverfahren vor dem VG s. Kapitel 3.11.2.

[787] Kunkel, in: Kunkel/Kepert/Pattar, SGB VIII, § 61 Rn. 139.

[788] Vgl. § 67c Abs. 3 Satz 1 SGB X.

[789] Vgl. Kunkel, in: ZKJ 2016, 9, 12.

[790] Vgl. hierzu Kunkel, in: ZKJ 2016, 9, 12.

[791] Vgl. zu den Aufgaben des Jugendhilfeausschusses oben Kapitel 3.4.4.

Ein Einzelfall könnte allenfalls einen Anlass darstellen, das Verfahren der Verwaltung generell mit Blick auf fachliche Standards oder Rechtskonformität zu untersuchen. Die Vertretungskörperschaft kann einen Untersuchungsausschuss einsetzen, in dem Mitglieder des Jugendhilfeausschusses vertreten sein können.

Im Rahmen der Aufsichts- und Kontrollaufgaben dürfen auch Daten übermittelt werden, die dem Jugendamt durch eine **schweigepflichtige Person**[792] **zugänglich** gemacht worden sind und für welche der verlängerte Geheimnisschutz[793] gilt.[794] Damit wird der Aufsichts- und Kontrollaufgabe **ein höherer Rang eingeräumt** als anderen Aufgaben.[795]

Hinweis

In diesem Zusammenhang ist zu fragen, wie im Rahmen der Aufsichts- und Kontrollaufgaben mit den sog. **anvertrauten Daten**[796] umzugehen ist, für welche ein besonderer Vertrauensschutz insbesondere nach dem SGB VIII besteht.

Soweit die **betroffene Person selbst Aufsichts- oder Kontrollmaßnahmen initiiert**, ist in diesen Fällen eine Übermittlungs- bzw. Offenbarungs- bzw. Weitergabebefugnis aufgrund einer (konkludenten) Einwilligung[797] anzunehmen. Dies gilt auch, wenn sich die betroffene Person z. B. an das Bundespräsidialamt, den Petitionsausschuss, einzelne Abgeordnete, den Jugendhilfeausschuss, den Sozialausschuss, den kommunalen Kinderbeauftragten oder Bürgerbeauftragten[798] wendet und diese dann das Jugendamt um Aktenüberlassung bitten.[799] Allerdings stellt sich die Frage, auf welchen Empfängerkreis (etwa alle Mitglieder des jeweiligen Ausschusses oder nur bestimmte Mitglieder) sich die Einwilligung bezieht.[800]

---

792 Vgl. § 203 Abs. 1, Abs. 4 StGB, vgl. hierzu Kapitel 1.15.2.

793 Vgl. hierzu Kapitel 1.11.3.

794 Denn nach § 76 Abs. 2 Nr. 2 SGB X sind die Einschränkungen einer Übermittlung des § 76 SGB X bei einer Datenübermittlung nach § 69 Abs. 5 SGB X ausdrücklich nicht einschlägig.

795 Kunkel, in: ZKJ 2016, 9. 10 sowie Bouhatta, in: NJOZ 2021, 577, 579.

796 Vgl. § 65 SGB VIII sowie ausführlich Kapitel 1.11.2.

797 Vgl. § 65 Abs. 1 Satz 1 Nr. 1 SGB VIII sowie Art. 4 Nr. 11 DSGVO; ausführlich zur konkludenten Einwilligung s. Kapitel 1.8.3.2.

798 Vgl. §§ 5 ff. PetBüG M-V.

799 Vgl. Kunkel, in: Kunkel/Kepert/Pattar, SGB VIII, § 61 Rn. 137 sowie ausführlich Bouhatta, in: NJOZ 2021, 577, 579.

800 Vgl. Hoffmann, in: Münder/Meysen/Trenczek, Frankfurter Kommentar SGB VIII, § 64 Rn. 80.

Die Weitergabe anvertrauter Daten einer dritten Person wird regelmäßig nur mit dessen Einwilligung möglich sein, da andernfalls der Erfolg der Leistung gefährdet[801] werden würde.

Darüber hinaus ist aufgrund der gegenüber der Schweigepflicht **höherrangigen Mitteilungspflicht**[802] an das Kontrollorgan eine Weitergabe anvertrauter Daten im Einzelfall legitimiert.[803]

Im Sinne einer vertrauensvollen Zusammenarbeit wird empfohlen die Familien mit Verweis auf die Rechtmäßigkeit über die Datenweitergabe zu informieren.

Allerdings ist, wie in der Kinder- und Jugendhilfe, immer zu prüfen, ob nicht die Übermittlung von **anonymisierten oder pseudonymisierten Daten** ausreichend[804] sind, was sich schon aus dem Erforderlichkeitsgrundsatz[805] ergibt und bei der Rechnungsprüfung meist der Fall sein wird.[806] So wird vielfach auch eine Kontrolle von Stichproben ohne die gesamte Weitergabe von personenbezogenen Daten ausreichen.[807]

Beispiel[808]**:**

Im Rahmen der Rechnungsprüfung wäre die **Vorlage des Hilfe- oder Schutzplans** oder anderer sozialpädagogischer Bewertungen bzw. medizinischer oder psychologischer Diagnosen nicht erforderlich und angemessen.

801 Vgl. § 64 Abs. 2 SGB VIII.
802 Vgl. § 64 Abs. 2 SGB VIII.
803 Vgl. Kunkel, in: Kunkel/Kepert/Pattar, SGB VIII, § 61 Rn. 137 sowie ausführlich Bouhatta, in: NJOZ 2021, 577, 579; andere Auffassung: Walther, in: Wiesner/Wapler, Anh. 4 § 69 Rn. 10.
804 Vgl. § 64 Abs. 2a SGB VIII sowie ausführlich Kapitel 1.11.1.
805 Der Grundsatz der Verhältnismäßigkeit ist bei jedem Eingriff in Rechte zu beachten (Art. 20 GG).
806 Vgl. Hoffmann, in: Münder/Meysen/Trenczek, Frankfurter Kommentar SGB VIII, § 64 Rn. 79.
807 Vgl. Kunkel, in: ZKJ 2016, 9, 11: für die Erfüllung der Prüfungsaufgaben ist ein „totaler Aktensturz" nicht erforderlich.
808 Vgl. hierzu Kunkel, in: ZKJ 2016, 9, 10.

3.4.6 Hinweisgeberschutzgesetz

Ein neues internes Kontrollinstrument – auch im öffentlichen Dienst[809] – stellen die Hinweise an entsprechende Meldestellen dar, welche durch das **Hinweisgeberschutzgesetz** (HinSchG)[810] gewährleistet werden.

Das Hinweisgeberschutzgesetz regelt den Schutz von natürlichen Personen, die im Zusammenhang mit ihrer beruflichen Tätigkeit oder im Vorfeld einer beruflichen Tätigkeit Informationen über Verstöße erlangt haben und diese an die nach diesem Gesetz vorgesehenen Meldestellen melden oder offenlegen (**hinweisgebende Personen**).[811] Darüber hinaus werden Personen geschützt, die Gegenstand einer Meldung oder Offenlegung sind, sowie sonstige Personen, die von einer Meldung oder Offenlegung betroffen sind.[812] Personen mit Beamtenstatus oder Personen im öffentlichen Dienst können frei wählen, ob sie an eine (behörden-) interne oder direkt an externe Meldestellen melden möchten.[813]

III

Hinweis

Das Hinweisgeberschutzgesetz enthält insbesondere Vorschriften,

- über die Einrichtung und das Verfahren sog. **interner Meldestellen**, an die die Informationen vertraulich weitergegeben werden können,
- Vorgaben zur Einrichtung und zum Verfahren von sog. **externen Meldestellen** des Bundes und der Länder,
- Regelungen zu den Voraussetzungen, unter denen Informationen über (Rechts-) Verstöße der Öffentlichkeit zugänglich gemacht werden dürfen,
- Schutzmaßnahmen zu Gunsten hinweisgebender Personen, beispielsweise in Form eines Verbots von Repressalien

§2 HinSchG enthält einen umfassenden **Katalog an Verstößen**, die Gegenstand einer Meldung oder Offenlegung sein können. Dabei könnten

809 Vgl. hierzu ausführlich: Thönnes, in: NVwZ 2023, 1047 f. sowie Nitschke/Krebs, in: NVwZ 2023, 1053 f.

810 Gesetz für einen besseren Schutz hinweisgebender Personen (Hinweisgeberschutzgesetz – HinSchG) vom 31. Mai 2023 (BGBl. I Nr. 140), durch welches die europäische sog. Whistleblowing-Richtlinie (RL 2019/1937/EU v. 23. 10. 2019) umgesetzt wird.

811 Vgl. § 1 Abs. 1 HinSchG.

812 Vgl. § 1 Abs. 1 HinSchG.

813 Vgl. § 7 Abs. 1 Satz 1 HinSchG.

unter anderem folgende Verstöße im Rahmen des Kinderschutzes und Datenschutzes besondere Relevanz haben:

- Verstöße gegen Strafvorschriften (z. B. bei Körperverletzungs- oder Sexualdelikten oder Verstößen gegen die Schweigepflicht nach § 203 StGB)
- Verstöße gegen die DSGVO (z. B. Verstöße bei der Verarbeitung von Daten und der Einhaltung des Datenschutzes).

Nach § 8 HinSchG haben die Meldestellen die **Vertraulichkeit der Identität** der folgenden Personen zu wahren:

1. der hinweisgebenden Person, sofern die gemeldeten Informationen Verstöße betreffen, die in den Anwendungsbereich dieses Gesetzes fallen, oder die hinweisgebende Person zum Zeitpunkt der Meldung hinreichenden Grund zu der Annahme hatte, dass dies der Fall sei,
2. der Personen, die Gegenstand einer Meldung sind, und
3. der sonstigen in der Meldung genannten Personen.

Soweit die **hinweisgebende Person** zum Zeitpunkt der Meldung bzw. Offenlegung hinreichend Grund zu der Annahme hatte, dass die von ihr dargelegten Informationen zu Verstößen der Wahrheit entsprechen und in den sachlichen Anwendungsbereich des Hinweisgeberschutzgesetz fallen, wird sie durch ein umfassendes **Repressalienverbot** geschützt.[814] Dieses untersagt Repressalien jedweder Art, also ungerechtfertigte benachteiligende Handlungen oder Unterlassungen wie beispielsweise Kündigungen, Versetzungen, Abmahnungen, Aufgabenverlagerungen, Rufschädigungen oder auch Mobbing.[815] Entsprechende Handlungen oder Unterlassungen können den genannten Meldestellen zum Zweck der Verfolgung ebenfalls mitgeteilt werden.

3.5 Jugendamt und Träger der freien Jugendhilfe

3.5.1 Verhältnis öffentliche und freie Jugendhilfe

Mit dem Nebeneinander von **Trägern der öffentlichen Jugendhilfe** und den **Trägern der freien Jugendhilfe** wird u. a. mit Verweis auf das Reichsjugendwohlfahrtsgesetz (RJWG) aus dem Jahr 1922 an

814 Vgl. § 36 Abs. 1 Satz 1 HinSchG.
815 Nolte/Schoch, in: jurisPR-Compl 3/2023 Anm. 4.

lange subsidiär geprägte Traditionslinien angeknüpft.[816] Die Leistungen der Kinder- und Jugendhilfe[817] werden nach dem SGB VIII von Trägern der freien Jugendhilfe und von Trägern der öffentlichen Jugendhilfe erbracht, während die anderen Aufgaben originäre Aufgaben der Träger der öffentlichen Jugendhilfe darstellen.[818]

Beispiel:

Bei der **Anordnung einer Inobhutnahme** handelt es sich um eine **andere Aufgabe** der Kinder- und Jugendhilfe (§ 2 Abs. 3 Nr. 1 SGB VIII), die nur von einer Behörde im Sinne des § 1 Abs. 2 SGB X vorgenommen werden kann. Die Befugnis, durch Verwaltungsakt zu entscheiden, ob eine Inobhutnahme erfolgt, ist **nicht auf freie Träger übertragbar**, während eine Beteiligung an der Durchführung und Ausführung (z. B. die Unterbringung und pädagogische Betreuung) durch anerkannte freie Träger im Rahmen eines öffentlich-rechtlichen Vertrages[819] möglich ist.

III

Bei der in § 3 Abs. 1 SGB VIII vorgegebene **Träger- und Angebotsvielfalt** („Vielfalt von Trägern mit unterschiedlichen Wertorientierungen und die Vielfalt von Inhalten, Methoden und Arbeitsformen")[820] handelt es sich um ein wichtiges **Strukturmerkmal** in der Kinder- und Jugendhilfe, welches auch im Rahmen der Förderung von Angeboten zu berücksichtigen.[821] Hierzu stehen in engem Zusammenhang die Gebote der **Achtung der Selbstständigkeit** der freien Träger sowie der **Vorrangigkeit von Maßnahmen** freier Träger (Subsidiaritätsprinzip).[822]

---

816 Vgl. Münder, in: Münder/Meysen/Trenczek, Frankfurter Kommentar SGB VIII, § 3 Rn. 2: Die Aufgaben der Wohlfahrt wurden in Deutschland jahrhundertelang vor allem von nichtstaatlichen Organisationen wie Kirchen und ihnen verbundenen Einrichtungen/Institutionen wahrgenommen. Erst nach dem Ersten Weltkrieg hat sich die Struktur der heutigen Jugend- und Wohlfahrtsverbände herausgebildet.

817 Vgl. § 2 Abs. 2 SGB VIII.

818 Vgl. § 3 Abs. 1 SGB VIII.

819 Vgl. § 3 Abs. 3 Satz 2, § 76 Abs. 1 SGB VIII.

820 Sog. Pluralismusgebot.

821 Für die Frage der Finanzierung der Kindertageseinrichtungen, z. B. BVerwG, NJOZ 2010, 1583 (1586) sowie Urteil vom 26. 10. 2023 – 5 C 6.22.

822 Vgl. § 4 Abs. 1 und Abs. 2 SGB VIII.

3.5.2 Einbeziehung von Leistungserbringern in den Schutzauftrag

Mit den Trägern von Einrichtungen und Diensten der freien Jugendhilfe sind entsprechende **Vereinbarungen zum Schutzauftrag bei Kindeswohlgefährdungen** abzuschließen.[823] Zwar richtet sich der Programmsatz[824], Kinder und Jugendliche vor Gefahren für ihr Wohl zu schützen, an alle Akteure, die im Bereich der Kinder- und Jugendhilfe tätig sind.[825] Auch wenn Träger von Einrichtungen und Diensten der Kinder- und Jugendhilfe in ihren Hilfe- oder Schutzkontexten Mitverantwortung für den Schutz von Kindern und Jugendlichen tragen, begründen die Leistungsverpflichtungen des SGB VIII, nur für die Träger der öffentlichen Jugendhilfe unmittelbare rechtliche Gesamtverantwortlichkeiten.[826] Deshalb sieht § 8a Abs. 4 SGB VIII vor, dass der Auftrag an freie Träger mit einer Vereinbarung zu verknüpfen ist, welche klare **Qualitätsstandards** im Rahmen des Schutzauftrages bei Kindeswohlgefährdungen beinhaltet. Die Einrichtungen und Dienste in freier Trägerschaft, die durch die Vereinbarung verpflichtet werden, die fachlichen Standards entsprechend einzuhalten, geben diese Vorgaben intern an **alle ihre Mitarbeitenden** weiter. Dies betrifft in besonderer Weise nicht nur die unmittelbaren Aufgaben zum Schutz von Kindern und Jugendlichen gem. § 8a SGB VIII, sondern auch die entsprechend anzuwendenden datenschutzrechtlichen Regelungen nach §§ 61 ff. SGB VIII.[827]

Exkurs

Es besteht aufgrund der Trägerautonomie und der fehlenden gesetzlichen Verpflichtung durch das SGB VIII **keine Pflicht zum Vertragsabschluss** durch Träger der freien Jugendhilfe. Der Leistungserbringer unterliegt keinen Weisungen des Jugendamtes. Grundlegend für die Akzeptanz und Wirksamkeit ist es dabei bedeutsam, dass die Vereinbarungen im Wege einer partnerschaftlichen Zusammenarbeit gemeinsam entwickelt werden, es also kein „Verhandlungsdiktat" vonseiten des Trägers der öffentlichen Jugendhilfe gibt.[828] Der Erlass eines Verwaltungsaktes durch das Jugendamt gegenüber dem Träger der freien

[823] Vgl. § 8 Abs. 4 SGB VIII sowie ausführlich Kapitel 2.4.2.1.
[824] Vgl. in § 1 Abs. 3 Nr. 4 SGB VIII.
[825] Wapler, in: Wiesner/Wapler, SGB VIII, § 8a Rn. 63.
[826] Vgl. § 3 Abs. 2 Satz 2 SGB VIII sowie allgemein für Träger von Sozialleistungen: §§ 12, 27 Abs. 2, 31 SGB I; vgl. hierzu ausführlich Hundt, in: AFET Bundesverband für Erziehungshilfen e. V., Richtig beteiligt? Rolle der Berufsgeheimnisträger*innen im Kinderschutz, S. 26 f.
[827] Vgl. hierzu ausführlich Kapitel 1.14.1.
[828] Wapler in: Wiesner, SGB VIII, § 8a Rn. 71.

Jugendhilfe ist nicht möglich. Daher besteht **keine Möglichkeit für das Jugendamt**, den Abschluss einer Vereinbarung nach § 8a Abs. 4 SGB VIII zwangsweise durchzusetzen.[829]

Allerdings sieht das SGB VIII für Träger von betriebserlaubnispflichtigen Einrichtungen[830] ausdrücklich die Pflicht zum **Vorhalten von Schutzkonzepten** vor[831] und macht allgemein den Betrieb einer Einrichtung davon abhängig, dass das Wohl der Kinder und Jugendlichen in der Einrichtung gewährleistet ist. Für freie Träger, die **Eingliederungshilfeleistungen**[832] erbringen, sind die Entwicklung und Umsetzung eines auf die Einrichtung oder Dienstleistungen zugeschnittenen **Gewaltschutzkonzepts** ebenfalls Pflicht.[833] Eine Weigerung eine Vereinbarung nach § 8a Abs. 4 SGB VIII abzuschließen, dürfte mit diesen Verpflichtungen kollidieren.

3.5.3 Hilfe- und Schutzplan

Definition[834]:

Hilfeplanung ist der Oberbegriff für die in § 36 SGB VIII vorgegebenen Elemente eines Hilfeprozesses. Als Hilfeplanung bezeichnet man somit den Gesamtprozess von der Beratung und Beteiligung über die Bedarfsfeststellung und Aufstellung des Hilfeplans bis hin zur Beendigung einer Einzelfallhilfe.

Der **Hilfeplan** ist das Protokoll des Hilfeplangesprächs, dessen Richtigkeit durch die Unterschriften der Beteiligten i. d. R. bestätigt wird und Bestandteil des Bewilligungsbescheides ist. Er ist ein zentrales fachliches Steuerungsinstrument für einzelfallbezogene Hilfen[835] in der Kinder- und Jugendhilfe.

Gleichermaßen kann dies für den Kontext der Sicherung des Kindeswohls gem. § 8a SGB VIII geltend gemacht werden und analog einer Schutzplanung bzw. eines Schutzplans übersetzt werden.

---

829 Vgl. J. Kepert, in: Kepert/Dexheimer/Feist-Ortmanns/Kepert/Macsenaere, Praxishandbuch Kinderschutz, S. 103.

830 Vgl. § 45a SGB VIII.

831 Vgl. § 45 Abs. 2 Satz 2 Nr. 4 SGB VIII.

832 Vgl. § 35a SGB VIII.

833 Vgl. § 37a SGB IX sowie zu Schutzkonzepten bei der Erbringung von Legasthenie- und Dyskalkulietherapien: DIJuF-Rechtsgutachten 3. 8. 2023, JAmt 2023, 540.

834 Vgl. hierzu BAGLJÄ, Handlungsempfehlung 118, S. 11.

835 Hilfe zur Erziehung nach den §§ 27 ff. SGB VIII, Eingliederungshilfe für seelisch behinderte Kinder und Jugendliche nach § 35a SGB VIII sowie Hilfe für junge Volljährige nach § 41 und § 41a SGB VIII.

Der **Hilfeplan oder der Schutzplan** sind Bestandteile eines gemeinsamen, kooperativen Beratungs-, Planungs-, Hilfegestaltungs- oder Schutzprozesses.[836] Im SGB VIII ist ausdrücklich geregelt, dass sich die Familien am Prozess der Entscheidung über die Gewährung der Hilfen auch im Kontext ggf. notwendiger Schutzmaßnahmen aktiv beteiligen, sich bewusst für die Hilfe entscheiden und an deren Ausgestaltung mitwirken. Das Jugendamt steuert den gesamten Hilfe- oder Schutzprozess und der Hilfe- oder Schutzplan ist Bestandteil der Entscheidung über die längerfristig zu gewährende Hilfe.[837] Der Hilfe- bzw. Schutzplan bereitet die Entscheidung des Jugendamtes über die konkrete Hilfebewilligung vor; er konkretisiert mithin den Rechtsanspruch auf Hilfe oder Schutz nach dem SGB VIII.

Hinweis[838]

Der Hilfe- oder Schutzplan **ist kein Verwaltungsakt**, kein öffentlich-rechtlicher Vertrag und auch keine Nebenbestimmung. Er hat keine rechtsverbindlichen Wirkungen gegenüber den Betroffenen, anderen Personen, Einrichtungen oder Diensten. Erst der Bescheid über die Bewilligung von Leistungen bildet den Verwaltungsakt. In diesem Sinne ist z. B. der Hilfeplan zum Bestandteil des Bewilligungsbescheides zu machen.

Mit der Entscheidung für eine konkrete Hilfe wandelt sich das Verhältnis zwischen Leistungsberechtigten, Jugendamt und Leistungserbringer: Letzterer erbringt nun eine konkrete Dienstleistung für die Kinder, Jugendlichen und Sorgeberechtigten auf der Grundlage des kontraktierten Hilfe- oder Schutzplans. Er übernimmt damit die Verantwortung für die inhaltliche und methodische Ausgestaltung der Hilfe und erstellt eigene Erziehungspläne oder individuelle Schutzpläne.[839]

Der Hilfe- oder Schutzplan ist nicht statisch, sondern bildet eine fortlaufend zu verändernde Arbeitsgrundlage.[840] Er dient der Koordinierung der Aktivitäten des Jugendamtes und anderer im Rahmen der Hilfe- ober Schutzgewährung beteiligter Einrichtungen, Stellen und Dienste.[841]

---

836 Gallep in: Wiesner/Wapler, SGB VIII, § 36 Rn. 73.

837 Vgl. Schönecker/Meysen, in: Münder/Meysen/Trenczek, Frankfurter Kommentar SGB VIII, § 36 Rn. 48.

838 von Koppenfels-Spies, in: Schlegel/Voelzke, jurisPK-SGB VIII, § 36 Rn. 30 m. w. N.

839 BAGLJÄ, Handlungsempfehlung 118, S. 18.

840 Vgl. Stähr in: Hauck/Noftz, SGB VIII, § 36 Rn. 29.

841 Vgl. Schönecker/Meysen, in: Münder/Meysen/Trenczek, Frankfurter Kommentar SGB VIII, § 36 Rn. 51.

In den Hilfe- oder Schutzplan fließen aber auch die Sichtweisen, Lebenskonzepte und Perspektiven der Leistungsberechtigten ein.[842] Auch wenn der Hilfe- oder Schutzplan den Hilfe- oder Schutzprozess kontinuierlich begleitet und die Grundlage der zu gewährenden Hilfen bildet, ist er etwas anderes als der **Erziehungsplan der durchführenden Einrichtungen und Dienste**.[843] Dieser Plan ist integraler Bestandteil des Hilfeplans, ebenso wie Berichte über den Verlauf und die Wirkung von Hilfen (sog. „Entwicklungsberichte") sowie möglicher weiterer (Schutz-)Bedarf aus Sicht der Einrichtungen und Dienste.[844]

Hinweis[845]

Bei der Anforderung von sog. „**Entwicklungsberichten**" im Laufe des Hilfe- oder Schutzprozesses ergibt sich folgendes **Spannungsfeld**:

- Einerseits stellt die Hilfe zur Erziehung nach der Vorstellung des Gesetzgebers eine gemeinsam gestaltete sozialpädagogische Dienstleistung dar. Die Beteiligungsrechte der betroffenen Kinder und Jugendlichen sowie der Personensorge- bzw. Erziehungsberechtigten sind durch das Jugendamt entsprechend zu wahren. Die Subjektstellung der Betroffenen im Prozess der Hilfeplanung wird ergänzt durch das **besonders geschützte Vertrauensverhältnis** zwischen den sozialpädagogischen Fachkräften der Einrichtungen und Dienste der freien Träger und den betroffenen Familien (faktische Geltung des Sozialdatenschutzes[846] sowie strafbewehrte Schweigepflicht).
- Andererseits ist eine fachliche Beteiligung der sozialpädagogischen Fachkräfte der Träger der freien Jugendhilfe in der Regel für die weitere Entscheidung über die Gewährung der Leistungen durch das Jugendamt und die Hilfeplanung erforderlich, wenn die öffentliche Jugendhilfe die Leistung in Zusammenarbeit mit freien Trägern der Jugendhilfe leistet.

Dieses Spannungsfeld ist in der Praxis anhand folgender Überlegungen aufzulösen:

- Bei der **Bedarfsfeststellung** im Rahmen der Hilfeplanung sind die Personensorge- bzw. Erziehungsberechtigten sowie Kinder und Jugendliche unmittelbar in den Prozess einzubeziehen, so dass alle fachlichen Informationen, die bei den Betroffenen selbst erhoben werden können, vom Jugendamt im Rahmen des **Direkterhebungsgrundsatzes** (vgl. § 62 Abs. 2 Satz 1 SGB VIII)[847] bei diesen zu erfragen sind.

842 Hartleben-Baildon/Feddeler, in: Möller, Praxiskommentar SGB VIII, § 36 Rn. 7.
843 Vgl. Stähr in: Hauck/Noftz, SGB VIII, § 36 Rn. 34.
844 Vgl. Hartleben-Baildon/Feddeler, in: Möller, Praxiskommentar SGB VIII, § 36 Rn. 7.
845 Der Text wurde teilweise entnommen aus: Hundt, Datenschutz in der Kinder- und Jugendhilfe, S. 92 – 94.
846 Vgl. hierzu ausführlich Kapitel 1.14.
847 Vgl. hierzu ausführlich Kapitel 1.9.1.

- Die fachliche Einschätzung der mit der Leistungserbringung beauftragten sozialpädagogischen Fachkräfte im Rahmen von sog. **Entwicklungsberichten**, sind von ihnen entsprechend § 62 SGB VIII bei den Kindern und Jugendlichen bzw. Personensorgeberechtigten zu erheben und entsprechend § 69 Abs. 1 Nr. 2 SGB X an das Jugendamt zu übermitteln. Der **Zweck der Datenerhebung** ist gegenüber betroffenen Personen transparent zu machen und über die spätere Übermittlung an das Jugendamt zu informieren (§ 62 Abs. 2 Satz 2 SGB VIII, Art. 5 Abs. 1 Buchst. a und b, Art. 13 DSGVO). Entsprechend § 64 Abs. 2 SGB VIII haben die sozialpädagogischen Fachkräfte vor einer Übermittlung zu entscheiden, ob dadurch der Erfolg einer von ihnen erbrachten Leistung in Frage gestellt wird.
- Für die Übermittlung von sog. **anvertrauten Daten**[848] in den Entwicklungsberichten benötigen die sozialpädagogischen Fachkräfte entsprechend § 65 Abs. 1 Satz 1 Nr. 1 SGB VIII in der Regel eine **Einwilligung** (eine Ausnahme könnte bei Verdacht einer Kindeswohlgefährdung vorliegen, § 8a Abs. 4 Satz 3 SGB VIII). Die Einwilligung[849] wird für einen bestimmten Fall erteilt (Art. 4 Nr. 11 DSGVO), so dass ein allgemeiner Hinweis auf die Erstellung und Übermittlung von Entwicklungsberichten, z. B. im Hilfeplan oder im Aufnahmevertrag einer stationären Einrichtung, für eine „Generaleinwilligung" nicht ausreicht.
- Die betroffenen Familien sind im Rahmen ihrer sozialverwaltungsrechtlichen **Mitwirkungspflichten** (§ 60 Abs. 1 Satz 1 Nr. 1 SGB I) gegenüber dem Jugendamt verpflichtet, sowohl bei der Erhebung der erforderlichen Daten mitzuwirken als auch bei der Erteilung der erforderlichen Auskünfte durch die sozialpädagogischen Fachkräfte der Einrichtungen und Dienste, wenn die Daten für die (weitere) Hilfeleistung erforderlich sind.

Bei laufenden Hilfen, in denen Hinweise auf Kindeswohlgefährdung sichtbar werden, sowie bei neu eingerichteten Hilfen aufgrund entsprechender Gefährdungslagen, stellt sich damit in besonderer Weise die Frage nach dem **Verhältnis von Schutzauftrag und Hilfegewährung**:[850]

Liegen gewichtige Anhaltspunkte für eine Kindeswohlgefährdung vor, sind Hilfen zur Erziehung in der Regel erforderlich, um den Schutz der Kinder oder Jugendlichen zu gewährleisten und deren Wohl wiederherzustellen. Die Inanspruchnahme von Hilfen insbesondere der Kinder- und Jugendhilfe kann auch über das Familiengericht angeord-

848 Vgl. hierzu ausführlich Kapitel 1.11.2.
849 Vgl. hierzu ausführlich Kapitel 1.8.3.1.
850 BAGLJÄ, Handlungsempfehlung 118, S. 74.

net werden.[851] Im Rahmen des familiengerichtlichen Verfahrens ist der Hilfeplan bzw. spezielle gesetzlich bestimmte Auszüge aus diesem entsprechend vorzulegen.[852] Bei gewichtigen Anhaltspunkten für eine Kindeswohlgefährdung ist es sinnvoll und notwendig, die Hilfeplanung durch eine eigene **separate Schutzplanung** zu ergänzen bzw. zeitweilig zu ersetzen.[853] In diesem Sinne sollte der Schutzplan zum bestimmenden Teil des Hilfeplanes gemacht werden.

Exkurs

In diesem Zusammenhang werden häufig sog. **Schutzvereinbarungen**[854] zwischen dem Jugendamt und den Personensorgeberechtigten ggf. unter Beteiligung der Erziehungsberechtigten abgeschlossen. Dabei ist zwischen sog. unterstützenden und einschränkenden Schutzvereinbarungen zu unterscheiden.[855]

Unterstützende Schutzvereinbarungen sind nach dieser Unterscheidung solche, mit denen das Jugendamt kooperativ versucht, eine drohende Kindeswohlgefährdung durch das Angebot von Hilfen abzuwenden. Eine solche Vereinbarung ist grundsätzlich zulässig, sie lässt sich unschwer auf § 8a Abs. 1 Satz 2 SGB VIII stützen.[856]

Bei den **einschränkenden Schutzvereinbarungen** versucht das Jugendamt die Abwendung einer Kindeswohlgefährdung dadurch zu erreichen, dass in einer Vereinbarung mit den Personensorgeberechtigten ggf. auch hier unter Einbeziehung der Erziehungsberechtigten bestimmte Handlungsgebote und -verbote aufgestellt werden, z. B. Drogenscreening zum Nachweis einer Abstinenz von Betäubungsmitteln.[857] Diese Ge- und Verbote stellen regelmäßig einen Eingriff in das Sorgerecht und damit in das in Art. 6 Abs. 2 Satz 1 GG geschützte Elternrecht dar.

Wird eine unzulässige einschränkende Schutzvereinbarung auf Grund eines bestehenden gesetzlichen Verbotes abgeschlossen, hat dies zur Folge, dass sie als öffentlich-rechtlicher Vertrag nach § 58 Abs. 1 SGB X i. V. m. § 134 BGB nichtig ist.[858]

---

851 Vgl. § 1666 Abs. 3 Nr. 1 BGB.

852 Vgl. § 50 Abs. 2 Satz 2, 3 SGB VIII sowie ausführlich Kapitel 3.8.1.

853 BAGLJÄ, Handlungsempfehlung 118, S. 74.

854 VG Cottbus, Beschluss vom 31.08.2020 – 8 L 388/20, BeckRS 2020, 21502: Als Rechtsgrundlage für eine Schutzvereinbarung wird § 8a Abs. 1 SGB VIII angenommen.

855 Vgl. Akman/Keesen, in: NZFam 2023, 884, 887.

856 Vgl. Akman/Keesen, in: NZFam 2023, 884, 886; offenbar gegenüber allen Schutzvereinbarungen kritisch: Kepert, in: Kunkel/Kepert/Pattar, SGB VIII, § 42 Rn. 139.

857 Beispiel nach Kepert, in: Kunkel/Kepert/Pattar, SGB VIII, § 42 Rn. 139.

858 Vgl. Akman/Keesen, in: NZFam 2023, 884, 887 unter Hinweis darauf, dass Eingriffe in das verfassungsrechtlich geschützte Elternrecht (Art. 6 Abs. 2 Satz 1 GG) im Regelfall nur durch das Familiengericht im Verfahren nach § 1666 BGB stattfinden dürfen.

3.6 Jugendamt und Schule

3.6.1 Lehrkräfte an öffentlichen und privaten Schulen

Lehrkräfte an öffentlichen und privaten Schulen sind im Rahmen des Gesetzes zur Kooperation und Information im Kinderschutz (KKG) zur **Durchführung eines (eigenständigen) Kinderschutzverfahrens** verpflichtet.[859] Die Lehrkräfte:

- Nehmen eigenverantwortlich eine eigene Einschätzung vor, ob gewichtige Anhaltspunkte für eine Kindeswohlgefährdung vorliegen (Risikoeinschätzung) und ob sich diese sich ggf. als Gefährdung für das Kindeswohl auswirken (Gefährdungseinschätzung),
- haben einen Anspruch auf Fachberatung durch eine insoweit erfahrene Fachkraft (Übermittlung von pseudonymisierten Daten),
- erörtern mit den Erziehungsberechtigten sowie dem Kind oder der bzw. dem Jugendlichen die Situation, soweit hierdurch der wirksame Schutz nicht in Frage gestellt wird,
- wirken bei den Erziehungsberechtigten auf die Inanspruchnahme von Hilfe hin und
- informieren das Jugendamt, falls die Gefährdung nicht anders abgewendet werden kann. Zu diesem Zweck sind die jeweiligen Lehrkräfte befugt, **dem Jugendamt die erforderlichen Daten** mitzuteilen.[860] Diese Rechtsvorschrift erlaubt es der Lehrkraft, die erforderlichen personenbezogenen Daten an das Jugendamt zu übermitteln. Die Betroffenen sind vorab darauf hinzuweisen, es sei denn das damit der wirksame Schutz des Kindes oder Jugendlichen in Frage gestellt wird.[861]
- Die Lehrkräfte sollen daraufhin, über die Gefährdungseinschätzung und das weitere Vorgehen des Jugendamtes im Rahmen einer zeitnahen Rückmeldung (Anlage) informiert werden. Auf Grundlage dieser Rechtnorm können die entsprechenden Daten durch das Jugendamt an die Lehrkraft übermittelt werden.[862]
- Das Jugendamt entscheidet, sofern dies nach eigener fachlicher Einschätzung erforderlich ist, ob Personen, die gem. § 4 Abs. 3 KKG dem Jugendamt Daten übermittelt haben, in geeigneter

---

[859] Vgl. § 4 Abs. 1 Nr. 7 KKG sowie hierzu ausführlich Kapitel 2.4.1.2

[860] Vgl. § 4 Abs. 3 Satz 2 KKG.

[861] Vgl. § 4 Abs. 3 Satz 1 KKG

[862] Vgl. § 4 Abs. 4 KKG sowie hierzu ausführlich Kapitel 2.4.1.3.

Weise an der Gefährdungseinschätzung zu beteiligen und damit auch darüber, welche Daten in diesem Zusammenhang zu offenbaren sind.[863]

Daneben ist auch **landesrechtlich im Schulgesetz** die Zusammenarbeit der Lehrkräfte mit dem Jugendamt im Kinderschutz ausdrücklich vorgeschrieben: In § 4 Abs. 5 Satz 6 und 7 SchulG M-V wird geregelt, dass für das Wohl der Schülerinnen und Schüler durch die Schule jedem **Anschein von Vernachlässigung, Misshandlung oder anderen Gefährdungen des Kindeswohls** nachzugehen ist. Die Schule entscheidet in diesem Zusammenhang rechtzeitig über die **Einbeziehung des Jugendamtes** oder anderer zuständiger Stellen. Für Schülerinnen und Schüler, die durch **Schul- oder Unterrichtsabwesenheit** bzw. **Schulverweigerung**, auffällig sind, können kooperative Erziehungs- und Bildungsangebote eingerichtet werden.[864]

III

Auch diesbezüglich stellen die Schule und Schulverwaltung wichtige Kooperationspartner der Jugendhilfe dar[865], so wird jeweils ein*e Vertreter*in des örtlichen Trägers der öffentlichen Jugendhilfe zu den Sitzungen der Schulkonferenz eingeladen und soll mit beratender Stimme teilnehmen.[866] Dieses Kooperationsgebot zeigt sich auch im Rahmen der sog. **kooperativen Erziehungs- und Bildungsangebote**, die zusätzlich Leistungen der Jugendhilfe umfassen. Diese können im Einvernehmen mit den örtlichen Trägern der öffentlichen Jugendhilfe an Schulen eingerichtet und durchgeführt werden.[867] Die zuständige Schulbehörde entscheidet, ob Schülerinnen und Schüler die kooperativen Erziehungs- und Bildungsangebote nutzen dürfen.[868] Für deren Aufnahme bedarf es der Zustimmung des örtlichen Trägers der öffentlichen Jugendhilfe.[869] Die Teilnahme an kooperativen Erziehungs- und Bildungsangeboten wird dann auf die Erfüllung der Schulpflicht angerechnet.[870] Die notwendigen personenbezogenen Daten zur Planung und Durchführung solcher Angebote können mit Zustimmung der Eltern im Rahmen deren Mitwirkungspflicht übermittelt werden. Wird diese Zustimmung

---

863 Vgl. § 8a Abs. 1 Nr. 2 SGB VIII
864 Vgl. § 59a Abs. 2 SchulG M-V.
865 Vgl. allgemein zur Kooperationsgebot der Kinder- und Jugendhilfe mit Schulen und Stellen der Schulverwaltung: § 81 Nr. 4 SGB VIII sowie § 40 sowie § 59 Satz 2 SchulG M-V.
866 Vgl. § 76 Abs. 4 Satz 1 SchulG M-V.
867 Vgl. § 59 Satz 2 SchulG M-V.
868 Vgl. § 59a Abs. 4 Satz 1 SchulG M-V.
869 Vgl. § 59a Abs. 4 Satz 2 SchulG M-V.
870 Vgl. § 59a Abs. 3 SchulG M-V.

nicht erteilt und ist eine drohende bzw. bestehende Gefährdung des Kindeswohls damit nicht abzuwenden, informiert die Schule gem. § 4 Abs. 3 KKG das Jugendamt.

Hinweis

An den Schulen sind entsprechende **Teams für Gewaltprävention** und **Krisenintervention** zu bilden, die die Notfallpläne für die jeweilige Schule vervollständigen und Lehrkräfte auf mögliche Notfälle vorbereiten. Die Schulleiter*innen verantworten und kontrollieren die Notfallpläne und im Ernstfall die angemessene Umsetzung aller eingeleiteten Maßnahmen. Dies gilt insbesondere für:

- Gewaltvorfälle (Mord, Totschlag, Suizid, Körperverletzungen, Extremismus, Geiselnahme, Amok, Raub, Erpressung, Sexualdelikte) sowie deren Androhung und
- Sachbeschädigung/Vandalismus (zum Beispiel Brandstiftung, Graffiti).[871]

Eine umfassende **Gesundheitserziehung** an den Schulen verbunden mit einer **sucht- und gewaltpräventiven Erziehungsarbeit** erfordert die Kooperation mit den hierfür zuständigen Einrichtungen und Beratungsstellen. Die Schulen arbeiten vor Ort zusammen mit den Ordnungs- und Gesundheitsämtern, den öffentlichen und freien Trägern der Jugendhilfe, den Sucht- und Drogenberatungsstellen, den örtlichen Polizeidienststellen, den kirchlichen Trägern, den Krankenkassen sowie den Sportvereinen, den Unterstützungseinrichtungen für gewaltbetroffene Frauen und Kinder und den kommunalen Präventionsräten.[872]

Für jede Schule wird durch die Lehrerkonferenz eine Lehrkraft für die Dauer von fünf Jahren als **Beauftragter für Gesundheit, Sucht- und Gewaltprävention** benannt.

Datenschutzrechtlich gilt hier keine besondere Fürsorgepflicht, sofern zur Vorbereitung und Durchführung von Präventionsangeboten keine personenbezogenen Daten verarbeitet werden.

Der **Datenschutz für die Lehrkräfte** richtet sich nach der DSGVO, dem Landesdatenschutzgesetz Mecklenburg-Vorpommern sowie

---

871 Vgl. hierzu die Verwaltungsvorschrift für den Umgang mit Notfällen an den öffentlichen Schulen des Landes Mecklenburg-Vorpommern vom 29. Januar 2010 – 200H-3211-05/576 –.

872 Vgl. hierzu die Verwaltungsvorschrift „Gesundheitserziehung, Sucht- und Gewaltprävention an den Schulen des Landes Mecklenburg-Vorpommern" vom 20. November 2007 – 280 D-3211-05/518.

nach § 70 SchulG M-V i. V. m. der Schuldatenschutzverordnung. Lehrkräfte an öffentlichen Schulen unterliegen zudem **als Angestellte im öffentlichen Dienst oder Beamte** der **strafbewehrten Schweigepflicht.**[873]

3.6.2 Schulsozialarbeit

Vor dem Hintergrund der wachsenden Bedeutung der Schulsozialarbeit als Leistung der Kinder- und Jugendhilfe wurde, klarstellend in § 13a Satz 1 SGB VIII mit der Einführung des Kinder- und Jugendstärkungsgesetzes (KJSG) ein **rechtlicher Rahmen für die Gewährung von Leistungen der Schulsozialarbeit im Rahmen der Kinder- und Jugendhilfe** definiert.[874] Bis zur Einführung der Rechtsvorschrift wurde Schulsozialarbeit als Unterfall der Jugendsozialarbeit nach § 13 SGB VIII verstanden.[875]

Die Schulsozialarbeit ist in § 13a SGB VIII als **Infrastrukturangebot**[876] angelegt, dass sich, vergleichbar der Jugendarbeit, an alle Kinder und Jugendlichen wendet, sich aber bei Unterstützungsbedarfen individuell und damit einzelfallbezogen konkretisiert. Danach umfasst Schulsozialarbeit sozialpädagogische Angebote nach dem ersten Abschnitt im Zweiten Kapitel des SGB VIII (§§ 11 bis 14), die jungen Menschen am Ort Schule zur Verfügung gestellt werden (§ 13a Satz 1 SGB VIII). Dabei geht § 13a SGB VIII im Grundsatz davon aus, dass der Träger der Schulsozialarbeit **nicht Teil des Schulwesens** ist. Es findet vorbehaltlich landesrechtlicher Regelungen gerade **keine Schulsozialarbeit „nach Weisung"** durch Schulleitung oder sonstige staatliche Stellen der Schulverwaltung statt.[877] § 13a Satz 2 SGB VIII sieht ausdrücklich ein **Kooperationsgebot zwischen Jugendhilfe und Schule** vor.[878]

---

873 Vgl. § 203 Abs. 2 StGB sowie hierzu ausführlich Kapitel 1.15.2.

874 BT-Drs. 19/28870, S. 90, 91; durch Gesetz zur Stärkung von Kindern und Jugendlichen (Kinder- und Jugendstärkungsgesetz – KJSG) vom 3. Juni 2021 (BGBl. I S. 1444).

875 Vgl. Schön, in: Wiesner/Wapler, SGB VIII, § 81 Rn. 15a.

876 Meysen/Lohse/Schönecker/Smessaert, Das neue Kinder- und Jugendstärkungsgesetz – KJSG, Kap. 4 Rn. 8.

877 Vgl. VG Berlin, Urteil vom 15. 11. 2022, 3 K 309/21, juris, Rn. 49.

878 Vgl. allgemein zur Kooperationsgebot der Kinder- und Jugendhilfe mit Schulen und Stellen der Schulverwaltung: § 81 Nr. 4 SGB VIII sowie § 40 SchulG M-V.

Definition:
Schulsozialarbeit bzw. auch Sozialarbeit an Schule kann definiert werden als kontinuierliche Tätigkeit sozialpädagogischer Fachkräfte an der Schule in Zusammenarbeit mit Lehrkräften mit dem Ziel, Schüler*innen in ihrer individuellen, sozialen und schulischen Entwicklung zu fördern, Bildungsbenachteiligungen zu vermeiden und abzubauen, Eltern und Lehrkräfte bei der Erziehung und damit der Erfüllung des Bildungsauftrages zu beraten und bei Konflikten im Einzelfall zu helfen.[879]

Schulsozialarbeiter*innen sind im Rahmen des Gesetzes zur Kooperation und Information im Kinderschutz (KKG) ggf. i. V. m. § 8a Abs. 4 SGB VIII ebenfalls zur **Durchführung eines Kinderschutzverfahrens** verpflichtet.[880] Falls erforderlich, sind sie befugt, dem Jugendamt die erforderlichen Daten mitzuteilen.[881] Handelt es sich bei den **in der Schulsozialarbeit tätigen Personen** nicht um Berufsgeheimnisträger*innen im Sinne von § 203 Abs. 1 StGB (z. B. bei einem Abschluss als Erzieher*innen, Kindheitspädagoginnen, Heilpädagoginnen etc.)[882] stellt § 8a Abs. 4 SGB VIII die alleinige Grundlage des rechtlichen Handelns für das Kinderschutzverfahren[883] dar.

Inhalt und Umfang der **Aufgaben der Schulsozialarbeit** wird durch Landesrecht geregelt. Im SchulG M-V heißt es hier: „Die sozialpädagogische Beratung, Begleitung und Betreuung durch den örtlichen Träger der öffentlichen Jugendhilfe in Zusammenarbeit mit den jeweiligen Lehrerinnen und Lehrern, insbesondere den Klassen- und den Beratungslehrerinnen und -lehrern, dient der Unterstützung von Schülerinnen und Schülern und Erziehungsberechtigten bei der **Überwindung von Lernschwierigkeiten, Erziehungsproblemen** und beim **Übergang in die berufliche Bildung** und **während der beruflichen Bildung**. Die Schulen und die Stellen der Schulverwaltung haben mit den Trägern der öffentlichen Jugendhilfe zusammenzuarbeiten."[884]

Gem. § 13a SGB VIII kann durch Landesrecht auch bestimmt werden, dass Aufgaben der Schulsozialarbeit durch andere Stellen nach

879 Vgl. Kunkel, in: Kunkel/Kepert/Pattar, SGB VIII – Kinder- und Jugendhilfe, § 13a Rn. 2.
880 Vgl. § 4 Abs. 1 Nr. 1 KKG sowie hierzu ausführlich Kapitel 2.4.1.
881 Vgl. § 4 Abs. 3 Satz 2 KKG ggf. § 8a Abs. 4 SGB VIII.
882 Vgl. hierzu ausführlich Kapitel 2.4.1.2.
883 Vgl. hierzu ausführlich Kapitel 2.4.2.
884 Vgl. § 59 SchulG M-V.

anderen Rechtsvorschriften erbracht werden kann.[885] So ist es diesbezüglich möglich, dass auch Schule selbst diese Aufgabe in eigener Verantwortung als Schulsozialarbeit durchführt. Auch datenschutzrechtlich wären diese Fachkräfte dann ausschließlich dem Schulrecht ggf. i. V. m. § 4 KKG verpflichtet.

3.7 Jugendamt und Gesundheitsberufe

3.7.1 Kinder-, Zahn- und allgemeine Ärzteschaft, Hebammen, andere medizinische Fachberufe

Ärztinnen oder Ärzten, Zahnärztinnen oder Zahnärzten, Hebammen oder **Angehörigen eines anderen Heilberufes**, der für die Berufsausübung oder die Führung der Berufsbezeichnung eine staatlich geregelte Ausbildung erfordert, sind im Rahmen des Gesetzes zur Kooperation und Information im Kinderschutz (KKG) zur **Durchführung eines (eigenständigen) Kinderschutzverfahrens** verpflichtet.[886] Die Berufsgeheimnisträger*innen aus dem Bereich der sog. **Gesundheitsberufe**:

- nehmen eigenverantwortlich eine eigene Einschätzung vor, ob gewichtige Anhaltspunkte für eine Kindeswohlgefährdung vorliegen (Risikoeinschätzung) und ob sich diese sich ggf. als Gefährdung für das Kindeswohl auswirken (Gefährdungseinschätzung),
- haben einen Anspruch auf Fachberatung (Übermittlung von pseudonymisierten Daten),
- erörtern mit den Erziehungsberechtigten sowie dem Kind oder der bzw. dem Jugendlichen die Situation, soweit hierdurch der wirksame Schutz nicht in Frage gestellt wird,
- wirken bei den Erziehungsberechtigten auf die Inanspruchnahme von Hilfe hin und
- sollen unverzüglich das Jugendamt informieren (Informationspflicht), wenn nach deren Einschätzung eine dringende Gefahr für das Wohl der Kinder oder Jugendlichen das Tätigwerden des Jugendamtes erfordert.[887]

Ansonsten besteht eine Informationsbefugnis gegenüber dem Jugendamt. Zu diesem Zweck sind die jeweiligen Geheimnisträger*innen

---

885 Vgl. § 13a Satz 3 SGB VIII
886 Vgl. § 4 Abs. 1 Nr. 7 KKG sowie hierzu ausführlich Kapitel 2.4.1.2.
887 Vgl. § 4 Abs. 3 Satz 3 KKG sowie hierzu ausführlich Kapitel 2.4.1.3.

befugt, **dem Jugendamt die erforderlichen Daten** mitzuteilen.[888] Durch diese Regelung wird die **strafbewehrte Schweigepflicht aus § 203 StGB** für die Berufsgeheimnisträger*innen **durchbrochen** oder besteht – umgekehrt ausgedrückt – eine sog. **Offenbarungsbefugnis.**[889] Daraufhin soll durch die zuständige sozialpädagogische Fachkraft des Jugendamtes über die Gefährdungseinschätzung und das weitere Vorgehen des Jugendamtes eine **zeitnahe Rückmeldung** (Anlage) erfolgen.[890]

Auch in Bezug auf diese Berufsgruppen entscheidet das Jugendamt, sofern dies nach eigener fachlicher Einschätzung erforderlich ist, ob diese in geeigneter Weise an der Gefährdungseinschätzung zu beteiligen und damit auch darüber, welche Daten in diesem Zusammenhang zu offenbaren sind.[891]

3.7.2 Gesundheitsämter

Das Kinderschutz heute als **bereichs- und professionsübergreifende Aufgabe** verstanden wird, wurde bereits ausführlich dargestellt.[892] Durch das Gesetz zur Kooperation und Information im Kinderschutz (KKG)[893] wurde das Ziel des Aufbaus und der Weiterentwicklung von verbindlichen Strukturen der Zusammenarbeit der Leistungsträger und Institutionen im Kinderschutz, insbesondere im **Bereich der Frühen Hilfen** nochmals ausdrücklich gesetzlich normiert. Zum Netzwerk Kinderschutz zählen nach § 3 Abs. 2 KKG u. a. Einrichtungen und Dienste der öffentlichen und freien Jugendhilfe, **Gesundheitsämter**, Sozialpädiatrische Zentren, Frühförderstellen, Ärztinnen und Ärzte, Familienhebammen etc.[894]

Im Rahmen **Kinder- und Jugendärztlicher Dienste** bieten die **Gesundheitsämter** Säuglings-, Kinder- und Jugendberatung ergänzend zu vorhandenen Einrichtungen an. Besonders gefährdete Säuglinge, Kinder und Jugendliche sollen aufgesucht werden, um ihnen oder ihren Personensorgeberechtigten Beratung anzubieten.[895] Außerdem führen die Gesundheitsämter bei Kindern vor der Einschulung sowie während der Schulzeit regelmäßig Untersuchungen mit dem Ziel durch, Krankheiten und Fehlentwicklungen frühzeitig zu erkennen

---

888 Vgl. § 4 Abs. 3 Satz 2 KKG.
889 Vgl. hierzu ausführlich Kapitel 2.4.1.3.
890 Vgl. § 4 Abs. 4 KKG sowie hierzu ausführlich Kapitel 2.4.1.3.
891 Vgl. § 8a Abs. 1 Nr. 2 SGB VIII
892 Vgl. hierzu ausführlich Kapitel 3.1.
893 Vgl. § 3 Abs. 2 KKG.
894 Vgl. hierzu ausführlich Kapitel 3.1.
895 Vgl. § 15 ÖGDG M-V.

und den Gesundheits- und Entwicklungsstand der Kinder festzustellen, soweit dies für schulische Entscheidungen bedeutsam ist.[896] Soweit zur Vorbereitung einer Entscheidung nach dem Schulgesetz **schulärztliche Untersuchungen, schulpsychologische** oder **diagnostische Feststellungen** erforderlich werden, sind insbesondere Kinder und Jugendliche bzw. deren Eltern verpflichtet, entsprechende Untersuchungen zuzulassen und an wissenschaftlich anerkannten Testverfahren teilzunehmen.[897]

Hinweis

Zur Förderung der **Teilnahme an Kinderuntersuchungen** nach § 26 SGB V ist nach § 15b ÖGDG M-V folgendes Verfahren vorgesehen:

- Alle Ärzte und Krankenhäuser im Land Mecklenburg-Vorpommern, die eine Kindervorsorgeuntersuchung durchführen, müssen dies der **Servicestelle für Kinder-Früherkennungsuntersuchungen** des Landesamtes für Gesundheit und Soziales (LAGuS) melden.
- Die Servicestelle gleicht die eingegangenen Teilnahmemeldungen mit den Daten der Einwohnermeldeämter ab. Wird anhand der vorliegenden Daten ermittelt, dass ein Kind im angegebenen Zeitraum **seine Untersuchung nicht** wahrgenommen hat bzw. diese noch nicht gemeldet wurde, versendet die Servicestelle ein Erinnerungsschreiben an die Sorgeberechtigten. Bis zur Kinderuntersuchung U5 nach Abschnitt B der Kinder-Richtlinien weist die Servicestelle auf die nächstfolgende Kinderuntersuchung hin; ab der Kinderuntersuchung U6 erinnert sie daran, die Kinderuntersuchung nachzuholen. Gehen trotz Erinnerung der Eltern durch die Servicestelle wiederum keine Teilnahmebestätigungen ein, ist die Servicestelle verpflichtet, das **zuständige Gesundheitsamt zu informieren**.
- Auf der Grundlage der Unterrichtung durch die Servicestelle bietet das zuständige **Gesundheitsamt** jeder zur Personensorge berechtigten Person des Kindes, welches nicht an einer Kinderuntersuchung teilgenommen hat, **aufsuchende Hilfe**[898] an und gibt Hinweise auf Leistungen dieses Gesetzes sowie auf andere unterstützende Maßnahmen. Insbesondere berät das zuständige Gesundheitsamt über den Inhalt und Zweck der Früherkennungsuntersuchungen und weist auf den Sinn der Durchführung einer ausstehenden Untersuchung durch eine Ärztin oder einen Arzt hin. Bei Bedarf vermittelt es hierzu die notwendigen Kontakte.

---

896 Vgl. § 15 ÖGDG M-V.
897 Vgl. § 58 SchulG M-V sowie SchulGesPflVO M-V.
898 Vgl. hierzu § 2 Abs. 2 ÖGDG M-V.

III

- Wird dieses Hilfsangebot nicht wahrgenommen oder ergeben sich **Anhaltspunkte für eine Misshandlung, Vernachlässigung oder einen sexuellen Missbrauch eines Kindes**, nimmt das zuständige Gesundheitsamt **sofort Kontakt mit dem zuständigen Jugendamt auf**, damit dieses unverzüglich zum Schutze des Kindes tätig wird. Aufgrund dieses gesetzlich bestimmten Auftrages ist es erlaubt, die notwendige personenbezogene Daten zur Erfüllung dieser Rechtsnorm an die zuständigen Stellen zu übermitteln.

3.8 Jugendamt und Familiengericht

3.8.1 Kooperation mit dem Familiengericht[899]

Nach der Vorschrift zur Mitwirkung des Jugendamtes im familiengerichtlichen Verfahren unterstützt das **Jugendamt das Familiengericht** bei allen Maßnahmen, die die Sorge für die Person von Kindern und Jugendlichen betreffen.[900] Verfahrensrechtlich ist das Familiengericht verpflichtet das Jugendamt im **familiengerichtlichen Verfahren anzuhören.**[901] In diesem Zusammenhang unterrichtet das Jugendamt über angebotene und erbrachte Leistungen sowie deren Wirkung, bringt erzieherische und soziale Gesichtspunkte zur Entwicklung des Kindes oder des Jugendlichen ein und weist auf weitere Möglichkeiten der Hilfe und ggf. notwendige Schutzmaßnahmen hin.[902]

Hinweis

Für bestimmte Familiensachen (z. B. in Kinderschutzverfahren) wird das Jugendamt zum familiengerichtlichen Verfahren mittels Antragstellung **als Beteiligter** mit eigenen Prozessrechten hinzugezogen (**Muss-Beteiligung** kraft Hinzuziehung).[903]

Als Beteiligter werden dem Jugendamt weitreichende **Rechte eingeräumt**, hierzu gehören insbesondere:[904]

- Recht auf Akteneinsicht[905]
- Schriftsätze und andere Dokumente übersandt zu bekommen

[899] Teilweise entnommen aus Hundt, Kinderschutz nach dem Kinder- und Jugendstärkungsgesetz, Kapitel 6.1.
[900] Vgl. § 50 Abs. 1 Satz 1 SGB VIII.
[901] Vgl. § 162 Abs. 1 Satz 1 FamFG.
[902] Vgl. § 50 Abs. 2 Satz 1 SGB VIII.
[903] Vgl. § 7 Abs. 2 Nr. 2 FamFG.
[904] Vgl. § 7 Abs. 2 Nr. 2 FamFG.
[905] Vgl. § 13 FamFG.

- Anregung, bestimmte Personen außerhalb eines Termins anzuhören[906]
- Anregung, einen bestimmten Sachverständigen auszuwählen
- Anregung oder Antrag, dem Sachverständigen bestimmte Fragen zu stellen
- Ersuchen, vorab zu den Beweisfragen Stellung nehmen zu können
- Kontrollieren, ob das Gericht dem Sachverständigen eine Frist gesetzt hat
- Recht, zum Ergebnis einer förmlichen Beweisaufnahme Stellung zu nehmen[907]
- Anregung oder Antrag, dass der Sachverständige sein schriftliches Gutachten im Termin mündlich erläutern möge
- Recht, Ablehnungsgesuche wegen Besorgnis der Befangenheit (in Bezug auf Richter*innen oder Sachverständige)
- Beschleunigungsrüge erheben.

Das Jugendamt hat gegen die Beschlüsse des Familiengerichts ein **eigenes Beschwerderecht** (Anlage Checkliste Rechtsbehelfe des Jugendamtes).[908]

Exkurs

Die **Mitwirkung des Jugendamtes im familiengerichtlichen Verfahren** ist abzugrenzen von den Aufgaben des Jugendamts im Rahmen der **Amtsvormundschaft oder der Amtspflegschaft**:[909] in Bezug auf die familiengerichtliche Mitwirkung hat das Jugendamt seinen sozialpädagogischen Sachverstand gemäß den fachlichen Standards in das gerichtliche Verfahren umfassend einzubringen. Hingegen ist das Jugendamt im Rahmen der Amtsvormundschaft oder Amtspflegschaft allein den Interessen des Kindes verpflichtet. Welche Fachkräfte im Jugendamt die Aufgaben der Mitwirkung wahrnehmen, ist eine Frage der amtsinternen Organisation. Wegen der Gefahr möglicher Interessenkonflikte ist es jedoch unzulässig, wenn die Fachkraft in einem Verfahren die Aufgabe der Mitwirkung und zugleich für das betroffene Kind bereits die Aufgaben im Rahmen der Amtsvormundschaft oder Amtspflegschaft wahrnimmt.[910]

---

906 Vgl. § 33 Abs. 1 Satz 2 FamFG.

907 Vgl. § 30 Abs. 4 FamFG.

908 Vgl. § 59 Abs. 3 FamFG i. V. m § 162 Abs. 3 Satz 2 FamFG; hierzu ausführlich Ernst, in: Ernst/Lohse, Praxishandbuch Familiengerichtlicher Kinderschutz, S. 206 f.

909 Vgl. Wabnitz, in: Schlegel/Voelzke, jurisPK-SGB VIII, § 50 Rn.

910 Vgl. DIJuF-Rechtsgutachten 06. 09. 2013, in: JAmt 2014, 33 f.

Die Jugendämter sind **verpflichtet**, in Erstverfahren und Überprüfungsverfahren wegen **Kindeswohlgefährdung** sowie Verfahren zum Erlass oder Aufhebung einer **(Dauer-) Verbleibensanordnung** sowie von **Unterbringungssachen** den **Hilfeplan**[911] **dem Familiengericht** in Bezug auf die gesetzlich bestimmten Inhalte[912] vorzulegen. In sonstigen **Sorge- und Umgangsverfahren** sollen sie auf Verlangen des Familiengerichts den Hilfeplan vorlegen, wenn das Familiengericht diesen anfordert.[913]

Hinweis

Die **Vorlagepflicht** beschränkt sich auf folgende Inhalte:[914]

- auf das Ergebnis der Bedarfsfeststellung,
- die vereinbarte Art der Hilfegewährung einschließlich der hiervon umfassten Leistungen sowie
- das Ergebnis etwaiger Überprüfungen dieser Feststellungen.

Nicht von der Vorlagepflicht umfasst sind damit insbesondere Gesprächsprotokolle, s. g. Entwicklungsberichte[915] und andere Unterlagen, die im Rahmen der Hilfeplanung erstellt bzw. vorgelegt oder eingeholt wurden, aber nur Grundlage der im Hilfeplan festgehaltenen Ergebnisse sind.[916]

Die **datenschutzrechtlichen Vorschriften** der zur Mitwirkung des Jugendamtes im familiengerichtlichen Verfahren bleiben unberührt, so dass die auch ansonsten geltenden Regelungen weiter uneingeschränkt anzuwenden sind.[917] Grundsätzlich dürfen Daten, die von den sozialpädagogischen Fachkräften des Jugendamtes ausdrücklich für die Mitwirkung in einem familiengerichtlichen Verfahren erhoben worden sind, von ihnen an das Familiengericht übermittelt werden, denn das Jugendamt nimmt durch das Übermitteln

911 Vgl. § 36 SGB VIII; vgl. hierzu ausführlich Kapitel 3.5.3.
912 Vgl. § 50 Abs. 2 SGB VIII
913 Vgl. § 50 Abs. 2 Satz 2, 3 SGB VIII. Der Vorschlag des Bundesrats, die geplante Neuregelung zu streichen, weil der Vorlagepflicht des gesamten Hilfeplans datenschutzrechtliche Bedenken entgegenstehen und zu befürchten ist, dass vertrauensvolle Absprachen zwischen allen Beteiligten nur schwer gelingen dürften, konnte sich im Gesetzgebungsverfahren nicht durchsetzen, BT-Drs. 19/27481, S. 21.
914 Vgl. § 50 Abs. 2 Satz 3 SGB VIII.
915 Vgl. hierzu ausführlich Kapitel 3.5.3.
916 BT-Drs. 19/28870, S. 96.
917 Dies wird insbesondere durch den Hinweis in § 50 Abs. 2 Satz 5 SGB VIII auf § 64 Abs. 2 und § 65 Abs. 1 Satz 1 Nr. 1 und Nr. 2 SGB VIII verdeutlicht.

eine eigene Aufgabe, nämlich die der Mitwirkung im familiengerichtlichen Verfahren, wahr. Die entsprechende **Übermittlungsbefugnis** des Jugendamtes an das Familiengericht ergibt sich in Bezug auf §§ 8a Abs. 2 und 50 SGB VIII aus § 69 Abs. 1 Satz 1 Nr. 1 SGB X.[918] Die Betroffenen sind bei der Erhebung über den Zweck der personenbezogenen Datenverarbeitung entsprechend zu informieren.

Von sozialpädagogischen Fachkräften dürfen im Rahmen des Kinderschutzauftrages auch die **anvertrauten Daten**, die unter dem besonderen Schutz des § 65 SGB VIII[919] stehen, an das Familiengericht zur Erfüllung der Aufgaben nach § 8a Abs. 2 SGB VIII weitergegeben werden. Fehlt eine **Einwilligung der betroffenen Person**, ist dies aber nur unter der **engen Voraussetzung**, dass angesichts einer Gefährdung des Wohls eines Kindes oder eines Jugendlichen ohne diese Mitteilung eine für die Gewährung von Leistungen notwendige gerichtliche Entscheidung nicht ermöglicht werden könnte.[920] Dies bedeutet im Hinblick auf die Pflicht zur Vorlage des entsprechend gesetzlich bestimmten Auszuges aus dem Hilfeplan, dass **keine Vorlagepflicht** besteht, wenn es an der **Einwilligung des Berechtigten**[921] fehlt oder wenn das **Familiengericht auch ohne die Vorlage des Hilfeplans dazu in der Lage ist**, eine hinreichend sichere Grundlage für eine am Kindeswohl orientierte Entscheidung zu treffen.[922]

Zudem ist zwingend nach § 64 Abs. 2 SGB VIII von der sozialpädagogischen Fachkraft zu prüfen, ob durch die Übermittlung der anvertrauten Daten **nicht der Erfolg einer zu gewährenden Hilfeleistung und hier insbesondere zum Schutz in Frage** gestellt wird. Ob der Erfolg einer Jugendhilfeleistung zur Abwendung der Kindeswohlgefährdung (z. B. eine Hilfe zur Erziehung) in Frage gestellt wird und damit die sozialrechtliche Übermittlungsbefugnis eine Grenze erfährt, obliegt allein der Einschätzung der jeweils zuständigen sozialpädagogischen Fachkraft des Jugendamtes und dies im Kontext der Gefährdungseinschätzung im Zusammenwirken mehrerer Fachkräfte, die auch die Verantwortlichkeit für die Zulässigkeit der Bekanntgabe von Sozialdaten durch ihre Weitergabe an einen Dritten trägt.[923] Wird die Mitwirkung durch eine fehlende Kooperation (Bereitschaft) oder fehlende Einsicht (Fähigkeit) der Eltern und/oder der Kinder oder Jugendlichen erschwert, hat das Jugendamt dem

918 DIJuF-Rechtsgutachten vom 10. 10. 2011, in: JAmt 2012, 87.
919 Vgl. § 65 Abs. 1 Nr. 2 SGB VIII und hierzu ausführlich Kapitel 1.11.2.
920 Vgl. § 65 Abs. 1 Satz 1 Nr. 2 SGB VIII.
921 Vgl. § 65 Abs. 1 Satz 1 Nr. 1 SGB VIII.
922 Vgl. § 65 Abs. 1 Nr. 2 SGB VIII sowie BT-Drs. 19/28870, S. 96.
923 Vgl. § 67d Abs. 1 Satz 1 SGB X.

Familiengericht eine entsprechende Rückmeldung zu machen. Gerade in diesen Fällen ist von Bedeutung, dass das Jugendamt als sachverständige, anzuhörende Fachbehörde ein **Akteneinsichtsrecht** im öffentlichen Interesse besitzt[924] und das Familiengericht dem Jugendamt daher Antragsschriften und -erwiderungen, Sachverständigengutachten, Stellungnahmen von Verfahrensbeiständen etc. übermitteln darf bzw. ggf. auch muss.[925]

Zusammenfassung

Vorlage des Hilfeplans im familiengerichtlichen Verfahren durch das Jugendamt[926]

In Erstverfahren und Überprüfungsverfahren wegen Kindeswohlgefährdung sowie Verfahren zum Erlass oder Aufhebung einer (Dauer-) Verbleibensanordnung sowie von Unterbringungssachen ist der **Hilfeplan dem Familiengericht vorzulegen**.

Diese Vorlagepflicht ist beschränkt auf folgende Inhalte:

- auf das Ergebnis der Bedarfsfeststellung,
- die vereinbarte Art der Hilfegewährung
- einschließlich der hiervon umfassten Leistungen sowie
- das Ergebnis etwaiger Überprüfungen dieser Feststellungen.

Dies gilt nicht:

- bei **anvertrauten Daten**, wenn es an der Einwilligung des Berechtigten fehlt oder wenn das Familiengericht auch ohne die Vorlage des Hilfeplans dazu in der Lage ist, eine hinreichend sichere Grundlage für eine am Kindeswohl orientierte Entscheidung zu treffen (§ 50 Abs. 2 Satz 5, § 65 Abs. 1 Satz 1 Nr. 1 und Nr. 2 SGB VIII).
- wenn durch die Übermittlung der Daten der **Erfolg einer zu gewährenden Hilfeleistung in Frage gestellt wird** (§ 50 Abs. 2 Satz 5, § 64 Abs. 2 SGB VIII).

3.8.2 Zusammenarbeit mit den Verfahrensbeiständen

Im familiengerichtlichen Verfahren wurde mit dem **Verfahrensbeistand eine spezielle Interessenvertretung des Kindes** geschaffen, die zwar dessen Interessen im familiengerichtlichen Verfahren zur

---

924 Vgl. § 13 Abs. 2 FamFG, vgl. oben.
925 Hoffmann, FPR 2011, 304, 306.
926 Vgl. § 50 Abs. 2 Satz 2, 3 SGB VIII.

Geltung bringen soll, ohne jedoch ein zusätzlicher gesetzlicher Vertreter des Minderjährigen zu sein.[927] Anknüpfend an Art. 3 Abs. 1 UN-KRK („best interest of the child") und der gesetzlichen Konzeption des Kindeswohls[928] handelt der Verfahrensbeistand zur Feststellung des **Interesses des Kindes** nicht als gesetzlicher Vertreter, sondern im eigenen Namen. Das Familiengericht hat dem minderjährigen Kind in Kindschaftssachen, die seine Person betreffen, einen fachlich und persönlich geeigneten Verfahrensbeistand zu bestellen, soweit dies **zur Wahrnehmung der Interessen des Kindes erforderlich** ist.[929] Dies kann im Bedarfsfall auch durch das Jugendamt angeregt werden. Die Bestellung **ist stets erforderlich**, wenn die teilweise oder vollständige Entziehung der Personensorge nach den §§ 1666 und 1666a BGB, der Ausschluss des Umgangsrechts nach § 1684 BGB oder eine Verbleibensanordnung nach § 1632 Abs. 4 oder § 1682 BGB in Betracht kommt.[930]

III

Der Verfahrensbeistand hat Zugang zu allen das Kind betreffenden Informationen, die zur unmittelbaren Interessenvertretung erforderlich sind. Die zu diesem Zweck erhobenen Daten stellt er beschränkt auf die Interessenvertretung des Kindes dem Familiengericht zur Verfügung. Ggf. in Gesprächen mit dem Kind gewonnene Informationen unterliegen gegenüber Dritten, so auch gegenüber den Eltern oder der fallzuständigen Fachkraft des Jugendamtes, der Vertraulichkeit.

Hinweis[931]

Die Bestellung des Verfahrensbeistands hat so früh[932] wie möglich zu erfolgen, damit er bzw. das Kind mit dessen Unterstützung Einfluss auf die Gestaltung und den Ausgang des Verfahrens nehmen kann.[933] Erscheint aus der Perspektive der mitwirkenden Fachkräfte des Jugendamtes die Bestellung eines Verfahrensbeistands erforderlich, haben diese die **Bestellung gegenüber dem Familiengericht anzuregen**.

Das Verhältnis von Verfahrensbeiständen und dem Jugendamt ist **nicht immer ohne Spannungen**. Anders als der Verfahrensbeistand ist das Jugendamt nicht eindeutig auf die Interessen des Kindes oder Jugendlichen ausgerichtet, sondern ist dem Kindeswohl verpflichtet und hat das

927 Vgl. Stockmann, in: Grandel/Stockmann, Familienrecht, Verfahrensbeistand, Rn. 1.
928 Vgl. BT-Drs. 16/6308, S. 239; vgl. hierzu auch Kapitel 2.2.2.2.
929 Vgl. § 158 Abs. 1 Satz 1 FamFG.
930 Vgl. § 158 Abs. 2 Nr. 1 bis 3 FamFG.
931 Hoffmann/Trenczek, in: Münder/Meysen/Trenczek, Frankfurter Kommentar SGB VIII, Anh. II, Rn. 90.
932 Vgl. § 158 Abs. 1 Satz 2 FamFG.
933 Vgl. BT-Drs. 16/6308, S. 239.

Familiensystem als Ganzes im Blick.[934] Es ist in diesem Zusammenhang im Gegensatz zum Verfahrensbeistand auch verpflichtet, den Eltern Hilfe und Unterstützung anzubieten. Zudem geht es in vielen familiengerichtlichen Verfahren, insbesondere in Kindesschutzverfahren häufig implizit auch um eine Bewertung des bisherigen Vorgehens des Jugendamtes.

3.9 Jugendamt und Polizei, Staatsanwaltschaft und Strafjustiz

3.9.1 Kooperation nach § 5 KKG

Durch das Kinder- und Jugendstärkungsgesetz (KJSG)[935] wurde eine Verpflichtung von **Strafverfolgungsbehörde und Strafgerichten** eingeführt, das **Jugendamt** zum Schutz von Minderjährigen **unverzüglich zu informieren**, wenn in einem **Strafverfahren** gewichtige Anhaltspunkte für eine Kindeswohlgefährdung bekannt werden.[936] Dazu sollen die für die Einschätzung des Gefährdungsrisikos erforderlichen Daten und Tatsachen an das Jugendamt mitgeteilt werden. Das Jugendamt verfügt über die nötige Expertise auf diese Grundlage zum einen eine eigene Gefährdungseinschätzung vorzunehmen und zum anderen zu entscheiden, ob Maßnahmen im Kinderschutz erforderlich sind und, bejahendenfalls, welche konkreten Schritte insoweit vorgenommen werden sollten. Daher besteht ihm gegenüber die Mitteilungspflicht.[937] Als weitere Adressaten kommen auch die **Landesjugendämter** oder vergleichbare Institutionen als betriebserlaubniserteilende Behörden im Falle ihrer Zuständigkeit in Betracht.[938] Diese Regelung soll zu einer stärkeren und vor allem rechtzeitigen **Kommunikation und Kooperation** zwischen den für die Strafverfolgung zuständigen Behörden und den Trägern der öffentlichen Jugendhilfe führen.[939]

[934] Vgl. § 1 Abs. 1 und 3 SGB VIII.
[935] Gesetz zur Stärkung von Kindern und Jugendlichen (Kinder- und Jugendstärkungsgesetz – KJSG) vom 3. Juni 2021 (BGBl. I S. 1444).
[936] Vgl. § 5 Abs. 1 KKG.
[937] Vgl. BT-Drs. 19/28870, S. 102.
[938] Vgl. BT-Drs. 19/28870, S. 102.
[939] Vgl. BT-Drs. 19/26107, S. 122.

Definition:

Zu den **Strafverfolgungsbehörden** gehören neben den **Staatsanwaltschaften** und den **Polizeibehörden** auch die Dienststellen im Bereich der **Zollverwaltung**, der **Steuerfahndung** sowie die der **Finanzverwaltung** im Bereich des Abgabenrechts.

Durch die Formulierung „in einem **Strafverfahren**" werden erfasst das:

- Erkenntnisverfahren, nämlich das **Ermittlungsverfahren** nach §§ 160 f. StPO,
- **Zwischenverfahren** ab Erhebung der öffentlichen Klage gem. §§ 170 f. StPO,
- **Hauptverfahren** ab Erlass des Eröffnungsbeschlusses nach § 203 StPO
- **Vollstreckungsverfahren** nach §§ 449 f. StPO, das nach § 451 StPO durch die Staatsanwaltschaft als Vollstreckungsbehörde geführt wird.

III

Wann **gewichtige Anhaltspunkte für eine Gefährdungslage** vorliegen, wird **beispielhaft** beschrieben:[940] Gewichtige Anhaltspunkte für eine Gefährdungslage können insbesondere vorliegen, wenn Kinder und Jugendliche mit der Person, gegen die hinsichtlich der bezeichneten Straftaten ermittelt wird, **in häuslicher Gemeinschaft** leben. Die häusliche Gemeinschaft knüpft an den tatsächlichen gewöhnlichen Aufenthalt sowohl der Betroffenen als auch der Kinder oder der Jugendlichen an.[941] Entsprechendes gilt, wenn diese Person ein **Umgangsrecht** mit einem Kind oder einer bzw. einem Jugendlichen hat. Die Aufzählung von **beispielhaften Straftatbeständen** umfassen sowohl allgemein-sittliche Schutzaspekte als auch Schutz vor sexualisierter und körperlicher Gewalt, sei es im Elternhaus, in Institutionen oder von dritter Seite.[942]

---

940 Vgl. § 5 Abs. 2 KKG.
941 Vgl. BT-Drs. 19/26107, S. 123.
942 Vgl. BT-Drs. 19/26107, S. 122.

Hinweis

Folgende Straftatbestände werden beispielhaft in der gesetzlichen Regelung aufgeführt: Neben § 171 StGB, in dem die Verletzung der Fürsorge und Erziehungspflichten unter Strafe gestellt wird, werden hier die Straftaten gegen die sexuelle Selbstbestimmung (§§ 174 bis 180, 182, §§ 184b bis 184e StGB), gegen Kinderpornographie (§§ 184b bis 184e StGB), gegen Leib und Leben (§ 225 StGB, die Misshandlung von Schutzbefohlenen), auch andere Straftaten, die Menschenhandel, Zwangsprostitution, Ausbeutung, Menschenraub, die Entziehung Minderjähriger und den Kinderhandel (§§ 232 bis 233a, 234, 235, und 236 StGB) betreffen, aufgeführt.

In § 5 Abs. 1 Satz 2 KKG wird präzisiert, welche Stellen bei Strafverfolgungsbehörden und Gerichten die Mitteilungen an das Jugendamt oder Landesjugendamt ausführen und verantworten, nämlich **Staatsanwält*innen und Richter*innen** und nicht sonstige Mitarbeiterinnen und Mitarbeiter.[943] Der Gesetzgeber geht damit davon aus, dass im **Ermittlungsverfahren** Polizeibehörden, deren Mitarbeiter*innen von gewichtigen Anhaltspunkten für eine Gefährdung des Wohls eines Kindes oder Jugendlichen erfahren, die Staatsanwaltschaft informieren, damit diese die Mitteilung an den Träger der öffentlichen Jugendhilfe anordnet.

Auch hier steht den Beteiligten bei der Einschätzung der gewichtigen Anhaltspunkte für eine Kindeswohlgefährdung ein Anspruch auf **Fachberatung durch eine insoweit erfahrene Fachkraft** zu.[944] Wird die Fachberatung durch die insoweit erfahrene Fachkraft in Anspruch genommen, sind die Daten zuvor zu pseudonymisieren.[945]

Liegen die **Voraussetzungen für die Information des Jugendamtes vor**, sieht die gesetzliche Regelung[946] vor, dass die Strafverfolgungsbehörde oder das Gericht die aus ihrer Sicht zur Einschätzung des Gefährdungsrisikos **erforderlichen Daten** dem Träger der öffentlichen Jugendhilfe auf Basis einer richterlichen oder staatsanwaltschaftlichen Anordnung übermittelt.[947] Mit den erforderlichen

943 Vgl. BT-Drs. 19/28870, S. 102.
944 Vgl. § 5 Abs. 1 Satz 3, § 4 Abs. 2 KKG.
945 Vgl. § 5 Abs. 1 Satz 3, § 4 Abs. 2 Satz 2 KKG.
946 Vgl. § 5 Abs. 1 Satz 1 letzter Halbs. KKG.
947 Vgl. § 5 Abs. 1 Satz 2 KKG.

Daten[948] wird klargestellt, dass nicht gesamte Akten, sondern nur die Teile der staatsanwaltschaftlichen oder gerichtlichen Akten übersandt oder übermittelt werden dürfen, die dem Jugendamt eine Einschätzung des Gefährdungsrisikos ermöglichen.[949]

Die Regelung im KKG werden ergänzt durch die Vorgaben in der **Anordnung über Mitteilungen in Strafsachen** (MiStra) sowie den entsprechenden landesrechtlichen Regelungen. Nach Nr. 35 MiStra können neben den **Jugendämtern** auch die **Familiengerichte** informiert werden. Außerdem sieht die Regelung vor, dass in Strafsachen gegen einen Elternteil wegen einer an seinem minderjährigen Kind begangenen rechtswidrigen Tat die **Erhebung der öffentlichen Klage** oder die **Einstellung des Verfahrens wegen Schuldunfähigkeit** dem Familiengericht und dem Jugendamt mitzuteilen sind.[950] Außerdem werden in Strafsachen, die eine Gefährdung von Kindern und Jugendlichen erkennen lassen, sowie in Jugendschutzsachen[951] dem Jugendamt Ort und Zeit der **Hauptverhandlung** mitgeteilt.[952]

In dem Gesetz über die öffentliche Sicherheit und Ordnung in Mecklenburg-Vorpommern[953] finden sich die Rechtsgrundlagen für die Speicherung, Übermittlung und sonstige Verarbeitung **personenbezogener Daten durch die Polizei.**[954]

Beispiel:

Nach einem erfolgten Polizeieinsatz bei häuslicher Gewalt und eventueller Wegweisung des Täters oder der Täterin bzw. Aussprechen eines Betretungsverbotes erhält eine **Interventionsstelle** von der Polizei die Kontaktdaten der betroffenen Person. Auch in Fällen von Beziehungs- oder Trennungsstalking übermittelt die Polizei nach einem Einsatz die Kontaktdaten an die zuständige Interventionsstelle. Die Mitarbeitenden der Interventionsstellen nehmen Kontakt zum Opfer auf und bieten Beratung an. Zur **Krisenintervention** gehört das Erstellen einer Gefährdungsprognose, eines persönlichen Sicherheitsplans, das Prüfen und Einleiten rechtlicher Maßnahmen und die psychosoziale Beratung.

[948] Nicht nur personenbezogene Daten.
[949] Vgl. Streichsbier, in: Schlegel/Voelzke, jurisPK-SGB VIII, § 5 KKG Rn. 17.
[950] Vgl. Nr. 35 Abs. 3 MiStra.
[951] Vgl. § 26 Abs. 1 Satz 1 GVG.
[952] Vgl. Nr. 35 Abs. 4 MiStra.
[953] Sicherheits- und Ordnungsgesetz (SOG M-V).
[954] Vgl. § 36, §§ 39 – 39h SOG M-V.

An alle fünf Interventionsstellen[955] im Land Mecklenburg-Vorpommern sind spezielle **Kinder- und Jugendberatungsstellen** angegliedert, die spezifische und altersgerechte Unterstützung und Hilfe anbieten.[956]

Werden **personenbezogene Daten von Kindern oder Jugendlichen ohne Kenntnis der Sorgeberechtigten** von der Polizei verarbeitet, sind die Sorgeberechtigten durch die verantwortliche Stelle zu benachrichtigen, sobald die Aufgabenerfüllung hierdurch nicht mehr gefährdet ist. Die Benachrichtigung kann zurückgestellt werden, solange zu befürchten ist, dass die Benachrichtigung zu erheblichen Nachteilen für das Kind führt.[957]

3.9.2 Übermittlung von Daten an die Polizei, Staatsanwaltschaft und Gericht durch die Jugendämter

Auf ein entsprechendes **Ersuchen** können anlassbezogen für Aufgaben der **Polizeibehörden**, der **Staatsanwaltschaften, Gerichte** sowie der **Behörden der Gefahrenabwehr** nach dem in dem Gesetz[958] enthaltenen, abschließenden Katalog wenig sensible **„Standarddaten"** vom Jugendamt im Wege der Amtshilfe übermittelt werden.

Hinweis

Es dürfen nur **folgende Angaben** im Sinne von **„Standarddaten"** übermittelt werden:

Name, Vorname, Geburtsdatum, Geburtsort, derzeitige Anschrift der betroffenen Person, ihr derzeitiger oder zukünftiger Aufenthaltsort sowie Namen, Vornamen oder Firma und Anschriften ihrer derzeitigen Arbeitgeber/Dienstherren.

Andere personenbezogene Daten (z. B. Informationen über die familiäre Situation, die Übermittlung von sozialpädagogischen Einschätzungen etc.) dürfen nicht erfragt und durch das Jugendamt übermittelt werden.

Die Aufzählung der s. g. „Standarddaten" ist insoweit abschließend.

[955] Vgl. https://www.cora-mv.de/index.php/hilfenetz, derzeit in Neubrandenburg, Rostock, Schwerin, Stralsund, und Wolgast

[956] Vgl. § 52 SOG M-V.

[957] Vgl. § 46b SOG M-V.

[958] Vgl. § 68 Abs. 1 SGB X.

Eine Pflicht zur Amtshilfe für das Jugendamt **besteht nicht**, wenn sich die ersuchende Stelle (Polizeibehörden, Staatsanwaltschaft etc.) die Daten auf andere Weise beschaffen kann, z. B. durch eine **Anfrage beim Einwohnermeldeamt**, aber auch bei privaten Dritten.[959] Nur die Leitung der ersuchten Stelle, deren Stellvertretung oder allgemeine Stellvertreterin oder eine besonders bevollmächtigte bedienstete Person ist befugt, über das Übermittlungsersuchen zu entscheiden.[960] Für die Jugendhilfe ist dies die Jugendamtsleitung oder stellvertretende Leitung oder eine spezielle ausgewählte und bevollmächtige Person (z. B. ASD-Leitung). Insofern kann bei etwaigen Anfragen auch an diese bevollmächtigten Personen verweisen werden.

Beispiel:

Ein Polizeibeamter ruft bei einer Fachkraft im Jugendamt an und möchte zur familiären Situation einer Großfamilie, die sich teilweise im Leistungsbezug befindet, nähere Auskünfte (wer hat mit wem Umgang, wie sind die familiären Verhältnisse etc.). Zum einen bezieht sich das Auskunftsersuchen **nicht auf sog. Standarddaten**, weshalb eine Auskunft schon deshalb ausscheidet. Zum anderen ist die einzelne **sozialpädagogische Fachkraft nicht befugt**, die Auskunft zu erteilen, sondern nur die Leitung, stellvertretende Leitung oder eine speziell hierfür bestimmte Person im Amt. Zu einer Auskunft gehört bereits, ob die Familie bekannt ist oder im Sinne einer Negativauskunft gerade nicht beim Jugendamt bekannt ist. Deshalb sollte die einzelne sozialpädagogische Fachkraft grundsätzlich auf die Zuständigkeit der Leitung bei Auskunftsersuchen verweisen und weder dazu Stellung nehmen, ob die Familie im Jugendamt bekannt ist oder keine anderen personenbezogenen Daten auch nicht im Sinne einer Negativauskunft übermitteln.

Der Übermittlung der ersuchten „Standarddaten“ an die Polizeibehörden, die Staatsanwaltschaft, Gerichte sowie die Behörden der Gefahrenabwehr dürfen **keine schutzwürdigen Belange der Betroffenen** entgegenstehen.[961]

Zudem darf der Grund des Ersuchens **nicht länger als sechs Monate** zurückliegen. Zu den Justizbehörden zählt auch die Zentrale

959 Vgl. § 68 Abs. 1 Satz 2 SGB X.
960 Vgl. § 68 Abs. 3 SGB X.
961 Vgl. § 65 SGBVIII (hierzu ausführlich Kapitel 1.11.2) sowie § 76 SGBVIII (hierzu ausführlich Kapitel 1.11.3).

Behörde[962], die ein Justizverwaltungsverfahren nach dem Internationalen Familienrechtsverfahrensgesetzes[963] betreibt. Durch diese Übermittlungsbefugnis werden etwa in Fällen von der Entführung eines Kindes oder in Vermisstenfällen die behördlichen Möglichkeiten verbessert, dessen Aufenthaltsort ausfindig zu machen.

Darüber hinaus kann das Jugendamt gem. § 69 Abs. 1 Nr. 2 SGB X personenbezogene Daten zur Durchführung eines Strafverfahrens mitteilen, wenn dies im Zusammenhang steht mit der **Erfüllung einer Aufgabe nach dem SGB VIII**. Ob ein Zusammenhang mit der Erfüllung einer SGB VIII-Aufgabe besteht, beurteilt das Jugendamt.

III

Beispiel:

Strafverfahren im Zusammenhang mit einer sozialgesetzlichen Aufgabenerfüllung sind z. B. denkbar bei Fällen von Leistungsbetrug, Hausfriedensbruch oder Sachbeschädigung in den Räumen des Jugendamtes, Körperverletzung an Beschäftigten des Jugendamts im Dienst, aber auch bei Strafverfahren gegen die sozialpädagogische Fachkraft des Jugendamts wegen des Verdachts einer strafbaren Handlung im Dienst.[964]

Eine **Übermittlung der Daten und Akten durch das Jugendamt** ist **im Strafverfahren** nur zulässig, soweit sie zur Durchführung eines Strafverfahrens wegen eines **Verbrechens** oder **wegen einer sonstigen Straftat von erheblicher Bedeutung** erforderlich ist.[965]

Definition:

Verbrechen sind rechtswidrige Taten, die im Mindestmaß mit Freiheitsstrafe von einem Jahr oder darüber bedroht sind, wie z. B. sexueller Missbrauch von Kindern gem. § 176 StGB.[966] Diese werden von den sog. **Vergehen** abgegrenzt, die im Mindestmaß mit einer geringeren Freiheitsstrafe oder mit Geldstrafe bedroht sind.[967]

962 Vgl. § 68 Abs. 1a SGB X (Bundesamt für Justiz); vgl. hierzu auch den Exkurs zu grenzüberschreitenden Fällen in Kapitel 2.3.2.1.
963 Vgl. § 3 Abs. 2 IntFamRVG.
964 Smessaert, DIJuF-Themengutachten – 1128, Kap. 1.4.
965 Vgl.§ 73 Abs. 1 SGB X.
966 Vgl. § 12 Abs. 1 StGB.
967 Vgl. § 12 Abs. 2 StGB.

Da sich aus dem Gesetz keine eigenständige Definition des Begriffs **„Straftat von erheblicher Bedeutung"** ergibt, muss das nach § 73 Abs. 3 SGB X zuständige Gericht entscheiden, ob eine solche vorliegt. **Anhaltspunkte** dafür, dass eine „Straftat von erheblicher Bedeutung" vorliegt, können z. B. die Schadenshöhe (bei Betrug), die Schwere des erlittenen Körperschadens (bei Körperverletzung) oder auch ein besonderes öffentliches Interesse an der Strafverfolgung (bei extremistischen Taten oder Taten mit sexuellem Hintergrund) sein.[968] Sind diese Voraussetzungen nicht gegeben, weil es in dem Strafverfahren um die Aufklärung und Verfolgung von **Vergehen ohne erhebliche Bedeutung** geht, ist dennoch ein begrenztes Übermitteln von Sozialdaten zulässig.[969] In diesem Falle ist die Übermittlung auf die s. g. Standarddaten beschränkt.[970] Eine Übermittlung der Daten ist nur während der Durchführung eines Strafverfahrens möglich, daher können für die Verfolgung von Ordnungswidrigkeiten und auch für die Durchführung der Strafvollstreckung keine Daten übermittelt werden.[971]

III

Zudem ist zwingend eine entsprechende **richterliche Anordnung** erforderlich.[972] Die richterliche Anordnung muss speziell darauf gerichtet sein, die dem Sozialgeheimnis unterliegenden personenbezogenen Daten zu übermitteln und muss die Rechtsgrundlagen hierfür nennen; ein **richterlicher Haftbefehl** hat eine andere Zielsetzung und ist daher **nicht ausreichend,** ebenso wenig hat die **Staatsanwaltschaft eine Anordnungskompetenz.**[973] Nicht das Jugendamt, sondern die auskunftsbegehrende Stelle sorgt für die richterliche Anordnung.

Das Jugendamt ist an die Entscheidung des Gerichts gebunden. Liegt die richterliche Anordnung vor, können Daten nicht nur dem Gericht übermittelt werden, sondern auch den Strafverfolgungsbehörden, also der Staatsanwaltschaft und der Polizei als Hilfsorgan der Staatsanwaltschaft.[974]

---

968 Westphal, in: Rolfs/Giesen/Meßling/Udsching, BeckOK Sozialrecht, § 73 SGB X Rn. 4.

969 Vgl. § 73 Abs. 2 SGB X.

970 Nach § 73 Abs. 2 SGB X, der auf den Wortlaut des § 72 Abs. 1 Satz 2 SGB X verweist, ist „die Übermittlung auf Angaben über Name und Vorname sowie früher geführte Namen, Geburtsdatum, Geburtsort, derzeitige und frühere Anschriften der betroffenen Person sowie Namen und Anschriften ihrer derzeitigen und früheren Arbeitgeber beschränkt."

971 Westphal, in: Rolfs/Giesen/Meßling/Udsching, BeckOK Sozialrecht, § 73 SGB X Rn. 4.

972 Vgl. § 73 Abs. 3 SGB X.

973 Hoffmann, in: Münder/Meysen/Trenczek, Frankfurter Kommentar SGB VIII, § 64, Rn. 90 sowie Smessaert, DIJuF-Themengutachten – 1128, Kap. 1.4.

974 Vgl. § 163 StPO, § 152 GVG.

Verweigert die Behörde Jugendamt die Herausgabe von Akten, kann eine **Beschlagnahme** gem. § 94 Abs. 2 StPO erfolgen. Diese wird grundsätzlich richterlich[975] angeordnet und ist nur bei Gefahr im Verzuge auch durch Staatsanwaltschaft und Polizei direkt im Zuge unmittelbarer Gefahrenabwehr möglich.

Hinweis

In Bezug auf die **Anordnung einer Beschlagnahme von Akten des Jugendamts** ist insbesondere zu prüfen:

- die genaue Bezeichnung der zu beschlagnahmenden Akten (oder ggf. nur Aktenteilen),
- die Feststellung, dass die zu beschlagnahmenden Akten von potenzieller Bedeutung für das konkrete Strafverfahren sind,
- die Feststellung, dass eine sozialrechtliche Übermittlungsbefugnis besteht und daher kein sich aus dem Sozialdatenschutz ergebendes Beschlagnahmeverbot besteht,
- die Feststellung der Verhältnismäßigkeit der Beschlagnahme der Akten.[976]

Kommt das Jugendamt der Verpflichtung zur Datenübermittlung im Rahmen des Strafverfahrens nach, muss es sein analoges oder auch digitales „Datenpaket" mit einem Hinweis auf die Geheimhaltungspflicht des Empfängers[977] (**„Datenschutzstempel"**) versehen.[978] Der Empfang des „Datenpaketes" ist schriftlich zu bestätigen (Wer, an wen und wann?).

Hinweis

Gegen die **gerichtliche Anordnung** zur Datenübermittlung kann das **Rechtsmittel der Beschwerde**[979] eingelegt werden. Die Beschwerde entfaltet keine Vollzugshemmung.[980] Allerdings kann gesondert ein Antrag auf Anordnung der Aussetzung der Vollziehung gestellt werden.[981]

975 Nach § 98 StPO.
976 DIJuF-Rechtsgutachten vom 22. 03. 2013, JAmt 2013, 258, 259.
977 Vgl. § 78 Abs. 1 SGB X.
978 Kunkel/Kepert/Pattar, SGB VIII, § 61, Rn. 172.
979 Vgl. § 304 StPO.
980 Vgl. § 307 Abs. 1 StPO.
981 DIJuF-Rechtsgutachten vom 22. 03. 2013, in: JAmt 2013, 258, 259 sowie DIJuF-Rechtsgutachten 20. 3. 2020, in: JAmt 2020, 205.

Sind Sozialdaten an Polizeibehörden, Staatsanwaltschaften, Gerichte oder Behörden der Gefahrenabwehr übermittelt worden, dürfen diese die Daten unabhängig vom Zweck der Übermittlung sowohl für **Zwecke der Gefahrenabwehr** als auch für **Zwecke der Strafverfolgung und der Strafvollstreckung** speichern, verändern, nutzen, übermitteln, in der Verarbeitung einschränken oder löschen.[982]

3.9.3 Aussage im Strafverfahren[983]

Grundsätzlich besteht gegenüber den Strafgerichten und gegenüber der Staatsanwaltschaft eine Pflicht zur Aussage, welche bei Weigerung mit Zwangsmitteln, also Ordnungsgeld oder Ordnungshaft, durchsetzbar ist.[984] Eine **Pflicht zur Aussage im Strafverfahren** besteht nicht, wenn diese Person sich auf ein Auskunfts- oder Zeugnisverweigerungsrecht berufen. Neben dem **Auskunftsverweigerungsrecht** nach § 55 StPO, wonach niemand gezwungen werden soll, gegen sich selbst auszusagen oder dem **Zeugnisverweigerungsrecht aus persönlichen Gründen**, ist vorliegend vor allem das **Zeugnisverweigerungsrecht aus beruflichen Gründen** von Bedeutung. In der Strafprozessordnung (StPO) wird bestimmten, ausdrücklich benannten Berufsgruppen über das, was ihnen jeweils in dieser beruflichen Eigenschaft anvertraut worden oder bekannt geworden ist, ein Zeugnisverweigerungsrecht aus beruflichen Gründen eingeräumt.[985] Der im Gesetz enthaltene Katalog mit unterschiedlichen Personengruppen ist abschließend geregelt. Wegen des öffentlichen Interesses an einer funktionierenden Rechtspflege bzw. einer vollständigen Wahrheitsermittlung im Strafverfahren wollte der Gesetzgeber einen eng gewählten, beruflich begründeten Ausnahmekatalog ohne analoge Ausweitung des Anwendungsbereiches.[986] Er unterscheidet sich von dem in § 203 Abs. 1 StGB enthaltenen Katalog, wonach der Kreis der strafrechtlich zum Schweigen verpflichteten Personengruppen deutlich weiter gezogen ist als der Kreis der zum Zeugnisverweigerungsrecht berechtigen Berufsgruppen.

Zu den Berufsgruppen, denen nach dem Gesetz ausnahmsweise ein Zeugnisverweigerungsrecht einräumt wird, gehören **Mitglieder oder**

---

982 Vgl. § 78 Abs. 1 Satz 6 SGB X.
983 Teilweise entnommen aus, Hundt, Datenschutz in der Kinder- und Jugendhilfe, S. 155.
984 Vgl. § 70 StPO, § 161a Abs. 2 i. V. m. § 70 StPO.
985 Vgl. § 53 Abs. 1 StPO.
986 BVerfGE 33, 367.

Beauftragte einer anerkannten Beratungsstelle nach den §§ 3 und 8 des Schwangerschaftskonfliktgesetzes über das, was ihnen in dieser Eigenschaft anvertraut worden oder bekanntgeworden ist.[987] Zudem gehören zu den Berufsgruppen auch **Berater*innen für Fragen der Betäubungsmittelabhängigkeit in einer Beratungsstelle,** die eine Behörde oder eine Körperschaft, Anstalt oder Stiftung des öffentlichen Rechts anerkannt oder bei sich eingerichtet hat, die über das, was ihnen in dieser Eigenschaft anvertraut worden oder bekanntgeworden ist zu schweigen.[988]

III

Hinweis

Sozialarbeiter*innen und Sozialpädagog*innen (§ 203 Abs. 1 Nr. 5 StGB) und auch Suchtberater*innen, die nicht unter die oben genannten Ausnahmeregelungen fallen, **können sich nicht auf ein entsprechendes berufliches Zeugnisverweigerungsrecht im strafgerichtlichen Gerichtsverfahren** berufen.

Nach der Rechtsprechung des Bundesverfassungsgerichts ist diese grundsätzliche Entscheidung des Gesetzgebers verfassungsrechtlich nicht zu beanstanden.[989]

Exkurs

Allerdings könnte im Einzelfall ausnahmsweise und unter ganz besonders strengen Voraussetzungen ein **Zeugnisverweigerungsrecht unmittelbar aus der Verfassung folgen.**[990] Würde beispielsweise durch die Zeugenaussage einer sozialpädagogischen Fachkraft über ein Kind die Sozialarbeit in einem sozialen Brennpunkt gefährdet, steht den beeinträchtigten beruflichen Interessen die Bedeutung der Zeugnispflicht für die Gewährleistung einer wirksamen Strafverfolgung gegenüber.[991]

Personen des öffentlichen Diensts (z. B. sozialpädagogische Fachkräfte im Jugendamt), haben aber unabhängig davon, ob sie den Status als Beamte innehaben oder als Angestellte des öffentlichen

987 Vgl. § 53 Abs. 1 Nr. 3 Buchst. a StPO.
988 Vgl. § 53 Abs. 1 Nr. 3 Buchst. b StPO.
989 BVerfG, NStZ 1988, 418; BVerfGE 33, 367, 376 ff.; 44, 353, 378.
990 BVerfGE 33, 367, 374 f. m. w. N.
991 Beispiel aus: Papenheim, Schweigepflicht, S. 119.

Diensts beschäftigt sind, eine **Zeugnispflicht mit Genehmigungsvorbehalt.**[992] Das bedeutet, dass Angehörige des öffentlichen Dienstes nur aussagen dürfen, wenn und soweit ihnen von der obersten Dienstbehörde eine **Aussagegenehmigung** erteilt worden ist. Das Erfordernis der Aussagegenehmigung beruht auf der Pflicht zur Amtsverschwiegenheit. Durch die Aussagegenehmigung werden Angehörige des öffentlichen Diensts im Rahmen der erteilten Aussagegenehmigung von ihrer **Pflicht zur Amtsverschwiegenheit entbunden** und das auf ihre Verschwiegenheitspflicht beruhende Aussagehindernis beseitigt. Da jede Aussage einer Fachkraft des Jugendamts jedoch zugleich eine Übermittlung von Sozialdaten beinhaltet, ist ebenfalls zu prüfen, ob überhaupt eine Befugnis zu einer entsprechenden Übermittlung von Daten besteht. Eine „Zeugenaussage" ohne erteilte Aussagegenehmigung stellt somit einen Verstoß gegen die Pflicht zur Amtsverschwiegenheit dar. Andererseits schützt das begründete Versagen einer Aussagegenehmigung die Fachkraft auch für einem möglichen Loyalitätskonflikt in Bezug auf die weitere sozialpädagogische Arbeit mit Betroffenen.

Das gleiche wird für Fachkräfte im Dienst kirchlicher Körperschaften des öffentlichen Rechts angenommen, zumindest soweit diese in privat-rechtlicher Form organisiert sind.[993] Die **Entscheidung über die Genehmigung bindet das Strafgericht** sowohl im Falle der Erteilung als auch bei (teilweiser) Versagung.[994] Im Falle fehlender oder offensichtlich unzutreffender Begründung hat das Gericht, sofern es die richterliche Aufklärungspflicht[995] gebietet, Gegenvorstellung, notfalls Dienstaufsichtsbeschwerde zu führen, wenn konkrete Anhaltspunkte vorliegen, die zunächst versagte Genehmigung erteilen.[996] **Gegen die Versagung der Genehmigung** ist für **jeden Prozessbeteiligten**, der ein rechtliches Interesse an der Vernehmung des Zeugen hat (nicht das Gericht und die Staatsanwaltschaft) der Verwaltungsrechtsweg mit einer Verpflichtungsklage eröffnet.[997]

---

992 Vgl. § 54 StPO.

993 Papenheim, Schweigepflicht, S. 119; Smessaert, DIJuF-Themengutachten – 1128, Kap. 2.5 m. w. N.

994 BGHSt 17, 382, 384.

995 Vgl. § 244 Abs. 2 StPO.

996 BGH NStZ 81, 70.

997 Dölling/Duttge/Rössner, Gesamtes Strafrecht, § 54 StPO, Rn. 9 m. w. N.

Hinweis

Der **Genehmigungsvorbehalt** findet auf sozialpädagogische Fachkräfte, die bei **freien Trägern der Jugendhilfe oder freiberuflich** tätig sind, grundsätzlich **keine Anwendung**. Etwas anderes gilt dann, wenn der freie Träger nicht originär, sondern im Auftrag des öffentlichen Trägers (derivativ) gem. § 76 SGB VIII tätig wird.[998]

Bestehen Zeugnis- bzw. Offenbarungspflichten liegt bei einer Aussage auch **kein Verstoß gegen die strafrechtliche Schweigepflicht nach § 203 StGB** vor, was sich aus dem Umkehrschluss aus § 53 StPO ergibt.[999]

3.10 Jugendamt und Ausländerbehörde

3.10.1 Übermittlungsersuchen und Anfragen an das Jugendamt[1000]

Im Aufenthaltsgesetz (AufenthG) ist die **Datenübermittlung** durch öffentliche Stellen, wie die Jugendämter, ausdrücklich geregelt. Die Systematik in den §§ 87 und 88 AufenthG sieht eine grundsätzliche Unterscheidung in zwei Gruppen vor: **Übermittlung auf Ersuchen** und **Übermittlung von Amts wegen**, wobei sich letztere Gruppe wiederum in mehrere Fallsituationen aufgliedert.

§ 87 AufenthG beschreibt die Übermittlungspflichten des Jugendamtes als öffentliche Stelle an die **Ausländerbehörden**. Neben den Ausländerbehörden können dies auch die **Bundespolizei**, der **Zoll**, die **Auslandsvertretungen in Pass- und Visaangelegenheiten** oder die **Landespolizeibehörden**, z. B. bei Abschiebung oder Festnahme, sein.[1001] Für die Übermittlungspflicht nach § 87 Abs. 1 AufenthG ist erforderlich, dass ein entsprechendes **Ersuchen der Ausländerbehörde** an das Jugendamt gerichtet wird, soweit es für die dort genannten Zwecke erforderlich ist. In der Vorschrift werden verschiedene Fallkonstellationen aufgeführt, in denen die öffentlichen Stellen unverzüglich zur Mitteilung an die Ausländerbehörde verpflichtet sind, wenn sie im Zusammenhang mit der Erfüllung ihrer

998 Kunkel, in: Kunkel/Kepert/Pattar, SGB VIII, § 61 Rn. 222 sowie Simon, in: Jugendhilfe 2018, S. 461, 463

999 Schruth, in: ZKI 2018, 84, 86

1000 Teile sind entnommen aus Hundt, Praxishandbuch Familie und Migrationsrecht, Kapitel 8.

1001 Vgl. hierzu§ 86 Abs. 1, § 71 AufenthG.

Aufgaben und hier nicht nur im Kontext von Kinderschutz von den entsprechenden Umständen Kenntnis erlangen, mithin auch ohne, dass ein Ersuchen der Ausländerbehörde vorliegt, also von Amts wegen (sog. **Spontanmitteilungspflicht**).

Nach § 88 Abs. 1 AufenthG hat die **Übermittlung personenbezogener Daten und sonstiger Angaben** an die Ausländerbehörde allerdings zu **unterbleiben**, soweit **besondere gesetzliche Verwendungsregelungen** entgegenstehen. Dieser Regelung entspricht dem in § 35 Abs. 3 SGB I bestimmten Grundsatz: Bei einer Kollision zwischen der sozialrechtlichen Pflicht zur Wahrung des Sozialgeheimnisses und einer Datenübermittlung aufgrund von gesetzlichen Mitteilungspflichten gilt grundsätzlich **„Vorfahrt" für das Sozialgeheimnis.**[1002] Es besteht nur dann eine Ausnahme von diesem Grundsatz, wenn **ausdrücklich bestimmte Übermittlungsbefugnisse** eingeräumt werden.[1003]

Hinweis

Aufgrund des Wortlauts von § 71 Abs. 2 Nr. 1 SGB X ist eine **Übermittlungsbefugnis des Jugendamtes auf Ersuchen der Ausländerbehörden** über die sog. Standardangaben[1004] hinaus (z. B. Name, Vorname, Geburtsdatum etc.) nur nach **§ 71 Abs. 2 Nr. 1 d) SGB X** gegeben.[1005] Diese Rechtsvorschrift sieht nur dann eine zulässige Übermittlung von Sozialdaten durch das Jugendamt an die Ausländerbehörde vor, wenn **Angaben über das zu erwartende soziale Verhalten** für die **Entscheidung über den weiteren Aufenthalt** oder die **Beendigung des Aufenthalts der ausländischen Person**, bei der ein Ausweisungsgrund vorliegt, erforderlich sind. Bei der Übermittlung von Daten steht der Grundsatz der Sicherung des Kindeswohls als gesetzlicher Auftrag im Mittelpunkt des Abwägungsprozesses.

1002 Vgl. hierzu ausführlich: Kunkel, in: Kunkel/Kepert/Pattar, SGB VIII, § 61 Rn. 219.

1003 Dies ist vorliegend in § 71 Abs. 2 Nr. 1 SGB X für die Mitteilungspflicht des Jugendamtes gegenüber der Ausländerbehörde auf Ersuchen und in § 71 Abs. 2 Nr. 2 SGB X für die Spontanmitteilungspflicht geregelt worden.

1004 Vgl. § 68 SGB X.

1005 DIJuF-Rechtsgutachten 14. 11. 2016, in: JAmt 2016, 602 m. w. N. zum Meinungsstand.

Beispiel:

Bei der Entscheidung über eine Ausweisung, kommt insbesondere der Frage der **Ausübung des Personensorgerechts** oder des **Umgangs** der betroffenen ausländischen Person mit ihren in Deutschland lebenden Kindern eine besondere Bedeutung zu.[1006] Für die Geltendmachung von besonderen aufenthaltsrechtlichen Bleibeinteressen ist es erforderlich, dass das bestehende Personensorgerecht oder das Umgangsrecht **tatsächlich ausgeübt** wird. In diesem Fall ist also datenschutzrechtlich für das Jugendamt die Möglichkeit eröffnet, aufgrund seiner Kenntnisse eine dementsprechende Sozialprognose gegenüber der Ausländerbehörde abzugeben, um die Bleibeinteressen der betroffenen Person insbesondere aus der Perspektive der Sicherung des Kindeswohls zu belegen.

Dagegen sind **Ersuchen der Ausländerbehörden** mit der Bitte um andere Auskünfte[1007] **nicht erlaubt.**

Allerdings stehen die **Übermittlungspflichten nach dem AufenthG** unter dem Vorbehalt, dass nach § 88 Abs. 1 AufenthG keine weiteren **besonderen Verwendungsregelungen** entgegenstehen. Für die Kinder- und Jugendhilfe gelten aufgrund des gesetzlichen Auftrages die **besondere Datenschutzregelungen**, die entsprechende Anwendung finden.[1008] Außerdem genießen auch die Amts- und Berufsgeheimnisse einen Vorrang vor der Übermittlungspflicht.[1009] Mithin ist die **Übermittlungspflicht nach dem AufenthG bei s. g. Berufsgeheimnisträger*innen**[1010] **ausdrücklich ausgeschlossen.**

1006 Vgl. § 53 Abs. 2, § 55 Abs. 1 Nr. 4, § 55 Abs. 2 Nr. 3 und Nr. 5 AufenthG.
1007 Vgl. § 35 Abs. 3 SGB I, § 88 Abs. 1 AufenthG.
1008 Vgl. §§ 61 bis 68 SGB VIII, insbesondere der besondere Vertrauensschutz nach § 65 SGB VIII.
1009 Vgl. § 88 Abs. 1 AufenthG.
1010 Vgl. § 203 StGB sowie hierzu ausführlich Kapitel 1.15.2.

Hinweis

Eine s. g. **Offenbarungsbefugnis**[1011] sieht das AufenthG für die schweigepflichtigen Personen für folgende Situationen vor, in denen Daten übermittelt werden dürfen:

- wenn dies zur Abwehr von **erheblichen Gefahren für Leib und Leben** der ausländischen Person oder von Dritten erforderlich ist, die ausländische Person die **öffentliche Gesundheit gefährdet** und besondere Schutzmaßnahmen zum Ausschluss der Gefährdung nicht möglich sind oder von der ausländischen Person nicht eingehalten werden oder
- wenn die **ausländische Person Heroin, Kokain oder ein vergleichbar gefährliches Betäubungsmittel** verbraucht und nicht zu einer erforderlichen der Rehabilitation dienenden Behandlung bereit ist oder sich ihr entzieht und deshalb ein schwerwiegendes Ausweisungsinteresse besteht und die Daten für die Feststellung erforderlich sind, ob diese Voraussetzungen vorliegen.

III

Exkurs

Ausdrücklich ausgenommen von jeglicher Pflicht zur **Datenübermittlung an die Ausländerbehörden** sind folgende öffentliche Stellen: **Schulen, Bildungs- und Erziehungseinrichtungen**.[1012]

Eine **besondere Pflicht zur Datenübermittlung durch das** Jugendamt an die Ausländerbehörde ist im Rahmen des Verfahrens zur Überprüfung von **missbräuchlichen Vaterschaftsanerkennungen** eingeführt worden: Bestehen konkrete Anhaltspunkte für eine missbräuchliche Anerkennung der Vaterschaft, hat die beurkundende Stelle (z. B. Urkundsperson beim Jugendamt[1013]) dies der zuständigen Ausländerbehörde mitzuteilen und die Beurkundung auszusetzen.[1014] Denn erkennt die **Urkundsperson beim Jugendamt** im Rahmen des Beurkundungsvorgangs Anzeichen für einen Missbrauch, ist eine Anhörung der betroffenen Person durchzuführen und ihr die Gelegenheit zu geben, die Verdachtsgründe auszuräumen. Dabei soll die betroffene Person die Darlegungslast treffen.[1015] Die

[1011] Vgl. § 88 Abs. 2 AufenthG.
[1012] Vgl. § 87 Abs. 1 AufenthG.
[1013] Vgl. § 59 Abs. 1 Nr. 1 SGB VIII.
[1014] Vgl. § 1597a Abs. 2 Satz 1 AufenthG.
[1015] BT-Drs. 18/12415, S. 21.

Betroffenen sind in diesem Zusammenhang über die **Erhebung der personenbezogenen Daten** zu informieren[1016] und das **Ergebnis der Anhörung ist aktenkundig** zu machen.

Hinweis
Eine sozialrechtliche Übermittlungsbefugnis im Rahmen des Urkundsverfahrens findet sich in § 69 Abs. 1 Nr. 1 SGB X. Mit der Übermittlung der Feststellungen zum Missbrauchsverdacht erfüllt die Urkundsperson beim Jugendamt ihre Aufgabe nach § 59 SGB VIII i. V. m. § 1597a Abs. 2 Satz 1 BGB.

3.10.2 Auskünfte aus dem Ausländerzentralregister an das Jugendamt

Umgekehrt kann das **Jugendamt** die **Registerbehörde**[1017] um die **Übermittlung der Grunddaten** sowie **folgender Daten nach § 18d AZRG** ersuchen:

Abweichende Namensschreibweisen, andere Namen, Aliaspersonalien und Angaben zum Ausweispapier, Nummer des Auskunftsnachweises (AKN-Nummer), Angaben zum aufenthaltsrechtlichen Status und zu den für oder gegen die ausländische Person getroffenen aufenthaltsrechtlichen Entscheidungen, Angaben zum Asylverfahren, die Anschrift im Bundesgebiet, freiwillig gemachte Angaben zu Telefonnummern und E-Mail-Adressen, begleitende minderjährige Kinder und Jugendliche, Elternteile, Ehegatten und Lebenspartner jeweils mit Familienname und Vornamen, das zuständige Bundesland, die zuständige Aufnahmeeinrichtung und Ausländerbehörde, bei unbegleiteten minderjährigen Kindern und Jugendlichen das zuständige Jugendamt, die Durchführung der Gesundheitsuntersuchung nach dem AsylG sowie die Untersuchung auf Vorliegen einer ansteckungsfähigen Lungentuberkulose nach dem Infektionsschutzgesetz, jeweils mit Ort und Datum, die Feststellung, dass keine medizinischen Bedenken gegen die Aufnahme in eine Einrichtung der gemeinschaftlichen Unterbringung bestehen und die Durchführung von Impfungen mit Art, Ort und Datum der jeweiligen Impfung.

1016 Vgl. Art. 13 DSGVO.

1017 Das Ausländerzentralregister wird vom Bundesamt für Migration und Flüchtlinge (BAMF – Registerbehörde) geführt (§ 1 Abs. 1 AZRG). Das Bundesverwaltungsamt verarbeitet und nutzt die Daten im Auftrag und nach Weisung des BAMF, soweit das BAMF die Daten nicht selbst verarbeitet und nutzt (§ 1 Abs. 2 AZRG).

3.11 Jugendamt und Zivil- bzw. Verwaltungsgerichte

3.11.1 Übermittlung von personenbezogenen Daten bei gewichtigen Anhaltspunkten für eine Kindeswohlgefährdung durch Zivilgerichte

Für die ordentliche Gerichtsbarkeit, die keine Strafsachen sind, wurde durch die Änderungen des Kinder- und Jugendstärkungsgesetz (KJSG) ebenfalls eine Regelung zur Übermittlung von personenbezogenen Daten im Kinderschutz eingeführt.[1018] Die Übermittlung personenbezogener Daten an das Jugendamt ist zulässig, wenn die Kenntnis dieser Daten aus der Sicht der ordentlichen Gerichtsbarkeit zur **Prüfung gewichtiger Anhaltspunkte für die Gefährdung des Wohls eines Kindes oder einer bzw. eines Jugendlichen erforderlich** ist.[1019]

III

3.11.2 Verwaltungsgerichtliches Verfahren

Sind die betroffene Familien nicht mit der Entscheidung der Verwaltung bzw. der **Widerspruchsbehörde**[1020] einverstanden, so ist ein **Klageverfahren** im Verwaltungsrechtsweg[1021], also zu Verwaltungsgerichten möglich. In der Verwaltungsgerichtsordnung sind dazu unterschiedliche Klagearten vorgesehen.

Beispiel:

Die **Anfechtungsklage**[1022] richtet sich gegen belastende Verwaltungsakte, wie z. B. eine Inobhutnahme[1023], während sich die **Verpflichtungsklage**[1024] als der Regelfall für Klagen darstellt, mit denen eine Sozialleistung begehrt wird, über die durch Verwaltungsakt zu entscheiden ist und die abgelehnt oder über die nicht entschieden wurde, wie z. B. einen abgelehnten Antrag auf eine sozialpädagogische Familienhilfe nach erfolglosem Widerspruchsverfahren.[1025]

1018 Vgl. § 17 Nr. 5 EGGVG.
1019 Vgl. § 13 Abs. 2 i. V. m. § 17 Nr. 5 GVG.
1020 Vgl. hierzu ausführlich Kapitel 3.3.3.2.
1021 Zwar handelt es sich um eine sozialrechtliche Materie, für die aber nicht die Sozialgerichtsbarkeit zuständig ist, weil deren Zuständigkeit abschließend in § 51 SGG geregelt ist. Vielmehr ist in Angelegenheiten der Kinder- und Jugendhilfe der Rechtsweg zu den Verwaltungsgerichten eröffnet (§ 40 Abs. 1 VwGO).
1022 Vgl. § 42 Abs. 1 VwGO.
1023 Vgl. hierzu Kapitel 2.3.3. (Inobhutnahme) und Kapitel 3.4.2. (Widerspruch gegen eine Inobhutnahme).
1024 Vgl. § 42 Abs. 1 VwGO.
1025 Vgl. § 31 SGB VIII.

Alle Klagen sind **schriftlich oder zur Niederschrift (Protokoll)** bei dem zuständigen Verwaltungsgerichts einzureichen[1026], dessen Adresse sich regelmäßig aus der Rechtsmittelbelehrung des Widerspruchsbescheids ergibt. Die Klage muss den Kläger, den Beklagten und den Streitgegenstand enthalten.[1027]

Die Klage wird **an den Beklagten zugestellt**, zugleich ergeht die Aufforderung zur schriftlichen Stellungnahme. Für die Klageerwiderung kann eine Frist gesetzt werden.[1028]

III

Die Behörde, also das Jugendamt, ist zur **Vorlage der Verwaltungsvorgänge (Jugendamtsakte)** sowie zu sonstigen Auskünften gegenüber dem Verwaltungsgericht verpflichtet.[1029] Die Beteiligten können die Gerichtsakten und die dem Gericht vorgelegten Akten einsehen.[1030] Das Akteneinsichtsrecht bezieht sich sowohl auf die Gerichtsakten als auch auf die dem Gericht vorgelegten Akten, also z. B. die Jugendamtsakten. In diesem Zusammenhang sei auf die Sorgfaltspflicht in Bezug auf die Anforderungen an eine ordnungsgemäße Aktenführung hingewiesen.

Beispiel:

Sollte sich in der Jugendamtsakte nach einer **Gewaltvorfall** die Adressen der Opfer, die Gewaltschutz erhalten, befinden, müsste bei der Vorlage der Verwaltungsvorgänge darauf geachtet werden, dass die Adresse pseudonymisiert wird. Denn die Gegenseite hat jederzeit die Möglichkeit der Akteneinsicht bei Gericht. Gleiches gilt auch für den Fall, dass Kinder nach Vorfällen häuslicher Gewalt oder nach sexuellen Übergriffe im Sinne des „Opferschutzes" geschützt untergebracht werden mussten.

3.11.3 Zeugnisverweigerungsrecht in anderen gerichtlichen Verfahren

Sozialpädagogische Fachkräfte haben in allen gerichtlichen Verfahren, mit Ausnahme des Strafverfahrens[1031], ein **Zeugnisverweigerungsrecht aus beruflichen Gründen**, wenn ihnen Tatsachen in der

[1026] Vgl. § 81 Abs. 1 VwGO.
[1027] Vgl. § 82 Abs. 1 Satz 1 VwGO.
[1028] Vgl. § 85 VwGO.
[1029] Vgl. § 99 VwGO sowie zur Aktenführung und der Beweiskraft der Akten als öffentlichen Urkunden ausführlich Kapitel 1.10.1.
[1030] Vgl. § 100 VwGO.
[1031] Vgl. hierzu ausführlich Kapitel 3.9.3.

Erwartung anvertraut werden, dass keine Weitergabe an Dritte erfolgt.

Dies ist ausdrücklich in § 383 Abs. 1 Nr. 6 ZPO für **bürgerlich-rechtliche Streitigkeiten** geregelt. Danach sind zur Verweigerung des Zeugnisses berechtigt, „Personen, denen kraft ihres Amtes, Standes oder Gewerbes Tatsachen anvertraut sind, deren Geheimhaltung durch ihre Natur oder durch gesetzliche Vorschrift geboten ist, in Betreff der Tatsachen, auf welche die Verpflichtung zur Verschwiegenheit sich bezieht." Sozialpädagogische Fachkräfte nicht nur des Jugendamtes sind durch § 203 StGB, also „durch gesetzliche Vorschrift" zur Geheimhaltung der ihnen anvertrauten Tatsachen verpflichtet.

Zusammenfassung

In folgenden anderen Gerichtsverfahrensordnungen wird im Hinblick auf ein Zeugnisverweigerungsrecht auf die **Regelung in der ZPO unmittelbar Bezug** genommen, nämlich für das:

- **arbeitsgerichtliche Verfahren** in § 46 Abs. 2 ArbGG,
- **familiengerichtliche Verfahren** in § 29 Abs. 2 FamFG,
- **sozialgerichtliche Verfahren** in § 118 Abs. 1 SGG,
- **verwaltungsgerichtliche Verfahren** in § 98 VwGO.

3.12 Jugendamt und Mitarbeitende von Zollbehörden

Das Kinderschutzverfahren[1032] ist auch durch Mitarbeitende der **Zollbehörden** anzuwenden. Das vorgesehene Kinderschutzverfahren entspricht in weiten Teilen dem Verfahren der Berufsgeheimnisträger*innen.[1033]

Exkurs

Der Gesetzgeber begründet die **Einbeziehung der Mitarbeitenden der Zollbehörden**, wie folgt:[1034]

Die Mitarbeiter*innen der Hauptzollämter, die nichtsteuerlichen, öffentlich-rechtlichen Geldforderungen der bundesunmittelbaren Körper-

[1032] Nach § 4 Abs. 5 mit Verweis auf Abs. 2 und 3 KKG.

[1033] § 4 Abs. 5 KKG verweist auf § 4 Abs. 2 und 3 KKG; vgl. zum Verfahren der Berufsgeheimnisträger*innen Kapitel 2.4.1.3.

[1034] Vgl. BT-Drs. 19/26107, S. 121 f.

schaften und Anstalten des öffentlichen Rechts wie der **Bundesagentur für Arbeit** und der **gesetzlichen Krankenkassen** vollstrecken, könnten im Rahmen der **Vollstreckungsmaßnahmen Hinweise auf mögliche Gefährdungen des Kindeswohls** durch Vollstreckungsschuldner*innen oder sonstige Personensorgeberechtigte erlangen. Bei der Vollstreckung auf der Grundlage des § 66 SGB X sind die Mitarbeiter*innen der Hauptzollämter zur Wahrung des Sozialgeheimnisses nach § 35 SGB I verpflichtet. Nach den geltenden Regelungen der §§ 68 bis 73 SGB X ist bisher die Übermittlung von Daten über die mögliche Gefährdung des Kindeswohls an das Jugendamt nicht zulässig. Um einen möglichst lückenlosen Schutz von Kindern und Jugendlichen zu gewährleisten, werden **die betroffenen Mitarbeitenden zur Datenübermittlung an das Jugendamt befugt**.

Bei der Einschätzung der gewichtigen Anhaltspunkte für eine Kindeswohlgefährdung steht den Mitarbeitenden der Zollbehörden ein Anspruch auf **Fachberatung durch eine insoweit erfahrene Fachkraft** zu.[1035] Wird die Fachberatung durch die insoweit erfahrene Fachkraft in Anspruch genommen, regelt § 4 Abs. 2 Satz 2 KKG die Befugnis zur Übermittlung der dafür erforderlichen Daten sowie die Pflicht zuvor die Daten vor der **Übermittlung zu pseudonymisieren**.

Halten die Mitarbeitenden der Zollbehörden aufgrund der Gefährdungssituation ein Tätigwerden des Jugendamtes für erforderlich, sind sie **befugt**, das **Jugendamt zu informieren**, falls die Gefährdung nicht anders abgewendet werden kann[1036]. Der Information des Jugendamtes muss zudem grundsätzlich ein entsprechender **Hinweis an die Betroffenen** (das sind die Erziehungsberechtigten und das Kind oder die bzw. der Jugendliche) vorausgehen, um die Transparenz im Verfahren zu gewährleisten. Eine Ausnahme besteht wiederum dann, wenn damit der wirksame Schutz des Kindes oder der bzw. des Jugendlichen in Frage gestellt wird, was für die Berufsgruppe eher schwierig abzuschätzen sein dürfte.[1037]

Eine **Rückmeldung des Jugendamtes** an die Mitarbeitenden der Zollbehörden ist hingegen ausdrücklich nicht vorgesehen.[1038]

1035 Vgl. § 4 Abs. 5, Abs. 2 Satz 1 KKG.

1036 Vgl. § 4 Abs. 5, Abs. 3 Satz 1 und 2 KKG.

1037 Vgl. § 4 Abs. 5, Abs. 3 Satz 1, 2. Halbs. KKG.

1038 § 4 Abs. 4 KKG (Rückmeldung durch die Jugendämter) bezieht sich nur auf die in § 4 Abs. 1 KKG vorgesehenen Berufsgruppen und nicht auf § 4 Abs. 5 KKG. Denn § 4 Abs. 5 KKG verweist nur auf die entsprechende Anwendung von § 4 Abs. 2 und 3 KKG und lässt § 4 Abs. 4 KKG aus.

3.13 Ombudschaftliche Beratung

Mit dem Kinder- und Jugendstärkungsgesetz (KJSG) wurde mit § 9a SGB VIII eine Regelung zur Einrichtung und zur Arbeit von **Ombudsstellen**[1039] im SGB VIII neu verankert. Ombudsstellen versuchen durch ihre auf Verfahrensgerechtigkeit abzielende Vorgehensweise die bestehenden **strukturellen Machthierarchien (Machtasymmetrien) auszugleichen**. Die Ratsuchenden sind in der Regel nicht nur in ihren persönlichen Ressourcen (Ausdrucks- und Sprachkompetenz, Durchsetzungsfähigkeit, berufliche Ausbildung, Wissen um die sozialpädagogischen und rechtlichen Spezifika der Kinder- und Jugendhilfe etc.) unterlegen, sie befinden sich zudem in einer von Krise(n) geprägten Lebenssituation, die ihren Hilfebedarf ausmacht, über den wiederum die Fachkräfte der Kinder- und Jugendhilfe als Professionelle entscheiden.[1040]

III

Die Ombudsstellen arbeiten unabhängig und sind u. a. gegenüber dem Jugendamt fachlich und dienstrechtlich nicht weisungsgebunden.[1041]

Ombudschaftliche Beratung fokussiert sich auf jugendhilfebezogene Konflikte und Dissenslinien, die zur Klärung der Beratung und Vermittlung bedürfen. Der Jugendhilfebezug von zu beratenden Konflikten in der Ombudschaft wird vom Gesetz mit der Formulierung „im Zusammenhang mit Aufgaben der Kinder- und Jugendhilfe nach § 2" weit und umfassend definiert, bezieht sich also auf das gesamte Aufgaben- und Leistungsspektrum des SGB VIII.[1042] Im Unterschied zu anderen Beratungsangeboten der Kinder- und Jugendhilfe geht es nicht um die Bearbeitung psychosozialer, erziehungsbezogener oder anderer Probleme, sondern spezifisch **um Konflikte mit Fachkräften bzw. Trägern der Kinder- und Jugendhilfe**.[1043]

1039 Der Begriff „Ombud" kommt aus dem skandinavischen Raum und bezeichnet eine Person, die als unabhängige Stelle beauftragt war/ist, Missstände in der öffentlichen Verwaltung anzugehen (Smessaert, in: Münder/Meysen/Trenczek, Frankfurter Kommentar SGB VIII, § 9a Rn. 4 m. w. N.).

1040 Vgl. Smessaert, in: Münder/Meysen/Trenczek, Frankfurter Kommentar SGB VIII, § 9a Rn. 6.

1041 Vgl. § 9a Satz 2 SGB VIII.

1042 Vgl. Schruth, in: Schlegel/Voelzke, jurisPK-SGB VIII, 9a Rn.

1043 Smessaert, in: Münder/Meysen/Trenczek, Frankfurter Kommentar SGB VIII, § 9a Rn. 5 unter Hinweis auf die Initiative des Bundesrates nach dem Wort „Beratung" das Wort „in" im laufenden Gesetzgebungsverfahren einzuführen, um die Funktion der Ombudsstellen als niederschwellige Anlaufstellen in Konfliktfällen auch hinsichtlich ihre Beratungsaufgabe hervorzuheben und diese von der allgemeinen Beratung zu Angeboten und Leistungen der Kinder- und Jugendhilfe abzugrenzen (BR Drs. 19/27481, 5, 48; BT-Drs. 19/28870, 90).

Zusammenfassung

Konfliktparteien sind eben gerade nicht verschiedenen Adressat*innen[1044] untereinander, vielmehr muss der Konflikt zwischen **den ratsuchenden Betroffenen** und **ihrem Gegenüber auf Seiten der öffentlichen oder freien Kinder- und Jugendhilfe** (in der Regel professionelle Fachkräfte des zuständigen Jugendamtes oder freien Trägers) bestehen.[1045]

III

Die Rechtsgrundlage in § 9a SGB VIII vermittelt den Ombudsstellen auch **kein eigenes Mandat zur Konfliktklärung**, diese handeln vielmehr allein im Auftrag der Ratsuchenden und müssen ggf. auch akzeptieren, wenn sich diese gegen eine Wahrnehmung gegebener Rechte entscheiden.[1046] Die Ombudsstellen haben gem. § 9a SGB VIII keine Befugnisse im sozial-, verwaltungs-, zivil- und/oder strafrechtlichem Sinne.

Hinweis

Im Rahmen des Kinderschutzes können dennoch eigene Handlungspflichten der Fachkräfte in den Ombudsstellen entstehen. Denn auch sie sollten über entsprechende Vereinbarungen nach § 8a Abs. 4 SGB VIII[1047] verpflichtet werden, bei **gewichtigen Anhaltspunkten für eine Kindeswohlgefährdung** tätig zu werden.[1048] Ombudspersonen haben selbst ebenfalls Anspruch auf Beratung durch insoweit erfahrene Fachkräfte. Bei Kinderschutzfällen im Kontext stationärer Einrichtungen ist zu prüfen, ob mit den Ratsuchenden gemeinsam eine Klärung mit den Trägern der Einrichtung und/oder eine Mitteilung an die Betriebserlaubnisbehörde Abhilfe schaffen kann.[1049]

1044 In § 9a SGB VIII heißt es: Adressat*innen der Ombudsstellen sind junge Menschen und ihre Familien.

1045 Vgl. Smessaert, in: Münder/Meysen/Trenczek, Frankfurter Kommentar SGB VIII, § 9a Rn. 5.

1046 Vgl. Smessaert, in: Münder/Meysen/Trenczek, Frankfurter Kommentar SGB VIII, § 9a Rn. 8.

1047 Vgl. zu den Vereinbarungen nach § 8a Abs. 4 SGB VIII ausführlich Kapitel 2.4.2.1 sowie 3.5.2.

1048 Vgl. Smessaert, in: Münder/Meysen/Trenczek, Frankfurter Kommentar SGB VIII, § 9a Rn. 5.

1049 Vgl. Smessaert, in: Münder/Meysen/Trenczek, Frankfurter Kommentar SGB VIII, § 9a Fußnote 19.

Ombudsstellen haben im **Sozialverwaltungsverfahren keine eigenen Rechte** erhalten. Die Ombudspersonen können z. B. über § 13 SGB X für die Beteiligten Rechte wahrnehmen. Im Vordergrund steht hierbei das Recht der Beteiligten, sei es der Eltern oder der jungen Menschen, sich vertreten zu lassen.[1050] Die Beistandschaft bei Verhandlungen und Besprechungen im Sozialverwaltungsverfahren ist ebenfalls über § 13 Abs. 4 SGB X geregelt, so dass junge Menschen und ihre Eltern sich bei einer Begleitung auf diese Vorschrift stützen können. Alle Rechte der Ombudsstelle leiten sich aus dem Auftrag ab, so dass vor jedweder fallbezogenen Kommunikation entsprechende datenschutzrechtliche Einwilligungen und Schweigepflichtentbindungserklärungen (Anlage) bei den Betroffenen einzuholen sind.

3.14 Jugendamt im Umgang mit Presse- und Medienvertreter*innen

Für den Umgang der Jugendämter mit Presse- und Medienvertreter*innen (im weiteren Presse) gelten aus Sicht der Jugendhilfe keine gesonderten datenschutzrechtlichen Regelungen. Dennoch ist diese Schnittstelle eine der sensiblen Bereiche mit grundsätzlich öffentlicher Wirkung.

Sinnvoll ist es ergänzend zu den eigenen gesetzlichen Vorgaben zum Datenschutz einen Blick auf das Presserecht zu werfen, um den Pressevertreter*innen mit einer souveränen und klaren Kommunikation zu begegnen.

Die Presse erfüllt grundsätzlich eine öffentliche Aufgabe, indem sie insbesondere in Angelegenheiten von öffentlichem Interesse (Erfüllung des Schutzauftrages bei Kindeswohlgefährdung durch die Jugendhilfe) Nachrichten beschafft und verbreitet, Stellung nimmt, Kritik übt, auf andere Weise an der Meinungsbildung mitwirkt oder der Bildung dient.[1051]

Zunächst ist diesbezüglich festzustellen, dass die Presse gemäß geltendem Landesrecht[1052] ein grundsätzliches Informationsrecht hat. In diesem Sinne hat die Presse gegenüber Behörden ein Recht auf Auskunft.[1053] Die Behörden sind verpflichtet, den Vertretern der Presse die der Erfüllung ihrer öffentlichen Aufgabe[1054] dienende

1050 Vgl. § 13 Abs. 1 bis 3 SGB X.
1051 § 3 Abs. 1 PrG M-V
1052 Pressegesetz für das Land Mecklenburg-Vorpommern (Landespressegesetz – LPrG M-V)
1053 § 4 Abs. 1 LPrG M-V
1054 § 18a LprG regelt verbindlich die Verarbeitung personenbezogener Daten durch die Presse.

Auskünfte zu erteilen.[1055] Dieses Pflicht der Behörden bzw. im Umkehrschluss das Recht der Presse ist jedoch in Bezug auf wesentliche Aspekte gesetzlich eingeschränkt. So können durch das Jugendamt Auskünfte insbesondere mit Blick auf sensible Kinderschutzfälle verweigert werden, wenn:

- hierdurch die sachgemäße Durchführung von schwebenden (Kinderschutz-) Verfahren oder Verwaltungsvorgängen (Prozess der Gefährdungseinschätzung oder Hilfegewährung) zu Lasten Dritter (u. a. Kinder, Familien, vermeintliche Verursacher) vereitelt, erschwert, verzögert oder gefährdet werden könnte,
- ein überwiegendes öffentliches oder schutzwürdiges privates Interesse (Schutz von Mitarbeitenden des Jugendamtes oder unmittelbar Betroffener) verletzt würde,
- Vorschriften über die Geheimhaltung (§ 203 StGB) oder den Datenschutz (DSGVO, § 61 ff. SGB VIII) entgegenstehen,
- ihr Umfang das zumutbare Maß (Anzahl der geforderten Pressegespräche oder Interviews zu Lasten der Fallarbeit des ASD) überschreitet.[1056]

Zu den genannten Verweigerungsgründen ist ein weiterer hinzuzuzählen, der sich jedoch im Gegensatz zum Pressegesetz unmittelbar geltend für Mitarbeitende des Jugendamtes direkt aus dem SGB VIII ergibt.

- So ist eine Übermittlung von personenbezogenen Daten für die Erfüllung von Aufgaben nach § 69 SGB X auch an die Presse einschränkend nur zulässig, soweit dadurch der Erfolg einer zu gewährenden Leistung zur Hilfe oder zum Schutz von Kindern und Jugendlichen nicht in Frage gestellt wird.[1057]

Im Kontext dieser Einschränkungen sind Anordnungen bzw. Dienst- oder Verfahrensanweisungen, die es den Mitarbeitenden des Jugendamtes verbieten Auskünfte an die Presse überhaupt (u. a. Kontaktverbote), in eine bestimmten Richtung (u. a. über bestimmte Berufsgruppen z. B. eigene Mitarbeitende) oder in Form periodischer Druckwerke (u. a. Infobrief, Newsletter) allgemein verbieten, unzulässig.[1058]

[1055] § 4 Abs. 2 LPrG M-V
[1056] § 4 Abs. 3 LPrG M-V
[1057] Vgl. § 62 Abs. 2 SGB VIII
[1058] § 4 Abs. 4 LPrG M-V

Wenn das Jugendamt beabsichtigt Informationen zu veröffentlichen, ist zu beachten, dass allen Pressevertreter*innen die amtlichen Bekanntmachungen gleichzeitig zur Verfügung gestellt werden.[1059]

In der Folge hat die Presse im Rahmen ihrer Sorgfaltspflicht alle Nachrichten vor ihrer Verbreitung mit der nach den Umständen gebotenen Sorgfalt insbesondere auf Wahrheit und Inhalt zu prüfen. Darüber hinaus trägt die Presse im Rahmen ihrer Berichterstattung besondere Verantwortung für die Privatsphäre der Betroffenen.[1060]

Unter Beachtung all der genannten rechtlichen Bestimmungen[1061] in Bezug auf die Ausgestaltung der Zusammenarbeit zwischen Jugendamt und Presse sollen von Seiten der Jugendhilfe wesentliche Aspekte im Sinne einer fachlichen Grundhaltung beachtet werden:

- zuvörderst die betroffenen Kinder und Familien würdigen und schützen,
- authentisch in Bezug auf die eigene Arbeit bleiben,
- Verantwortungen benennen und ggf. (er-)klären,
- offene und ggf. noch zu klärende Fragen selbstkritisch ansprechen.[1062]

[1059] § 4 Abs. 5 LPrG M-V

[1060] § 5 LPrG M-V

[1061] Insbesondere Art. 6 Abs. 1, Abs. 3 DSGVO unter Beachtung von §§ 67b Abs. 1 und 67c SGB X i. V. m. § 64 SGB VIII

[1062] Vgl. Arbeitsgruppe Fachtagungen Jugendhilfe im Deutschen Institut für Urbanistik Aktuelle Beiträge zur Kinder- und Jugendhilfe 72. Das Jugendamt im Spiegel der Medien. Hilfen und Hinweise im Umgang mit Medien/ Krisenmanagement. 2009, S. 20. https://backend.repository.difu.de/server/api/core/bitstreams/fa750f4b-3438-43e3-ab53-13d889e4cfdc/content

IV. Anlagen

Entbindung von der Schweigepflicht (gem. § 203 StGB)

Hiermit entbinde(n) ich/wir:

Vor-/Nachname | Geburtsdatum

Vor-/Nachname | Geburtsdatum

PLZ/Wohnort | Straße/Hausnummer

Frau/Herrn:

Name der*des Mitarbeiter*in

von/aus:

Stempel oder Name der Einrichtung/Institution

gegenüber dem/den: ☐ Jugendamt ☐ Sozialamt ☐ Gericht ☐ Schulamt

☐

vertreten durch:

Name der*des Mitarbeiter*in

von der Schweigepflicht.

Diese Erklärung gilt bis:

Sie dient folgendem Zweck:

Sie bezieht sich im Einzelnen auf folgende Unterlagen bzw. personenbezogene Daten:

Die Entbindung von der Schweigepflicht berechtigt die*den oben bestimmte*n Mitarbeiter*in nicht, die erhaltenen Informationen gegenüber dritten Personen zu verwenden. Mir ist bekannt, dass ich diese Erklärung zur Entbindung von der Schweigepflicht jederzeit mit Wirkung für die Zukunft widerrufen kann.

Ort/Datum | Unterschrift Personensorgeberechtigte*r – junge*r Volljährige*r

Verteiler: ☐ Adressat*in ☐ Personensorgeberechtigte*r ☐ junge*r Volljährige*r

☐ Akte (Sachgebiet) ☐

IV

§ 203 StGB - Verletzung von Privatgeheimnissen

(1) Wer unbefugt ein fremdes Geheimnis, namentlich ein zum persönlichen Lebensbereich gehörendes Geheimnis oder ein Betriebs- oder Geschäftsgeheimnis, offenbart, das ihm als

1. Arzt, Zahnarzt, Tierarzt, Apotheker oder Angehörigen eines anderen Heilberufs, der für die Berufsausübung oder die Führung der Berufsbezeichnung eine staatlich geregelte Ausbildung erfordert,
2. Berufspsychologen mit staatlich anerkannter wissenschaftlicher Abschlußprüfung,
3. Rechtsanwalt, Kammerrechtsbeistand, Patentanwalt, Notar, Verteidiger in einem gesetzlich geordneten Verfahren (...)
4. Ehe-, Familien-, Erziehungs- oder Jugendberater sowie Berater für Suchtfragen in einer Beratungsstelle, die von einer Behörde oder Körperschaft, Anstalt oder Stiftung des öffentlichen Rechts anerkannt ist,
5. Mitglied oder Beauftragten einer anerkannten Beratungsstelle nach den §§ 3 und 8 des Schwangerschaftskonfliktgesetzes,
6. staatlich anerkanntem Sozialarbeiter oder staatlich anerkanntem Sozialpädagogen (...)

anvertraut worden oder sonst bekanntgeworden ist, wird mit Freiheitsstrafe bis zu einem Jahr oder mit Geldstrafe bestraft.

*

(2) Ebenso wird bestraft, wer unbefugt ein fremdes Geheimnis, namentlich ein zum persönlichen Lebensbereich gehörendes Geheimnis (...) offenbart, das ihm als

1. Amtsträger,
2. für den öffentlichen Dienst besonders Verpflichteten, (...)
5. öffentlich bestelltem Sachverständigen, der auf die gewissenhafte Erfüllung seiner Obliegenheiten auf Grund eines Gesetzes förmlich verpflichtet worden ist (...)

anvertraut worden oder sonst bekanntgeworden ist. Einem Geheimnis im Sinne des Satzes 1 stehen Einzelangaben über persönliche oder sachliche Verhältnisse eines anderen gleich, die für Aufgaben der öffentlichen Verwaltung erfasst worden sind; Satz 1 ist jedoch nicht anzuwenden, soweit solche Einzelangaben anderen Behörden oder sonstigen Stellen für Aufgaben der öffentlichen Verwaltung bekanntgegeben werden und das Gesetz dies nicht untersagt.

*

(6) Handelt der Täter gegen Entgelt oder in der Absicht, sich oder einen anderen zu bereichern oder einen anderen zu schädigen, so ist die Strafe Freiheitsstrafe bis zu zwei Jahren oder Geldstrafe.

Checkliste KWG

für Berufsgeheimnisträger gem. § 4 KKG

Achtung: Dieser Schritt wird nur durchgeführt, wenn Sie weitere Gefahren für das Kind ausschließen können.

Achtung: Ihr Verfahren endet mit der Information an das Jugendamt.

Sie können Sich dazu durch eine insoweit erfahrene Fachkraft beraten lassen. ①

Dokumentieren Sie jeden Schritt Ihrer Entscheidung so genau wie möglich.

Ja/Nein

1. Erkennen und Beraten

Ich habe Anhaltspunkte für eine Gefährdung wahrgenommen. ☐ ☐

Ich habe mich im Team/Kinderschutzgruppe dazu beraten. Die Anhaltspunkte für eine Gefährdung bleiben bestehen. ☐ ☐ → Verfahrensende

Wenn Ja: Ich habe von meinem Anspruch auf Beratung durch eine insoweit erfahrene Fachkraft Gebrauch gemacht. ① ☐ ☐

Wenn Ja: Ich habe die Daten für die Beratung pseudonymisiert. ☐ ☐

2. Erörterung der Situation

Erhöhe ich die **Gefährdung** für das Kind/den Jugendlichen, wenn ich die **Eltern**② in die Gefährdungseinschätzung einbeziehe? ☐ ☐ → Sprechen Sie die Eltern nicht an und informieren Sie das Jugendamt.

Wenn Nein: Ich erörtere die Situation mit den Eltern. ☐ ☐

Erhöhe ich die **Gefährdung** für das Kind/den Jugendlichen, wenn ich das **Kind** an der Gefährdungseinschätzung beteilige? ☐ ☐ → Beteiligen Sie das Kind nicht.

Wenn Nein: Ich beteilige das Kind. ☐ ☐

3. Hinwirkung auf Inanspruchnahme von Hilfen

Den **Eltern Hilfen** anzubieten erhöht die Gefährdung für das Kind. ☐ ☐

Dem **Kind Hilfen** anzubieten erhöht die Gefährdung. ☐ ☐ → Bieten Sie keine Hilfe an und informieren Sie das Jugendamt.

Ich als Verantwortliche*r kann der Familie Hilfen aus meinem System anbieten bzw. auf Hilfen anderer verweisen. ③ ☐ ☐

Die angebotenen/empfohlenen Hilfen sind ausreichend und wirksam. ☐ ☐ → Verfahrensende

1). Wenn Nein: Ich kann alternative Hilfen anbieten oder darauf verweisen. ☐ ☐ → Verfahrensende

2). Wenn Nein: Hilfen, die ich anbieten oder auf die ich verweisen kann, reichen nicht aus oder ich bin unsicher, ob sie wirken. ☐ ☐

Die Eltern sind nicht bereit oder in der Lage Hilfen, die ich anbiete oder auf die ich verweisen kann, anzunehmen oder umzusetzen. ☐ ☐

4. Information an das Jugendamt, die Polizei

Ich habe das Jugendamt über die gewichtigen Anhaltspunkte schriftlich informiert und eine Empfangsbestätigung entgegen genommen. ☐ ☐

Aufgrund akuter Gefährdung habe ich das Jugendamt und ggf. die Polizei informiert. ④ ☐ ☐

Ich habe die Eltern über meine Schritte informiert. ☐ ☐

Ich habe das Kind über meine Schritte informiert. ☐ ☐

Insoweit erfahrene Fachkraft - Beratung zur Gefährdungseinschätzung und Hilfsangeboten:

Name:______________________ Tel: ____________________ Mail: ________________________

Hinweis: Zur Beratung steht auch die "Medizinische Kinderschutzhotline" (0800-19 210 00) zur Verfügung.

① Den Kontakt zu einer insoweit erfahrenen Fachkraft erhalten Sie über Ihr örtliches Jugendamt.

② Der Begriff Eltern umfasst alle Erziehungsberechtigten des jungen Menschen und meint damit u. a. auch zeitweilig Erziehungsbeauftragte, wie Lebenspartner*innen, Großeltern, Heimerzieher*innen, Ergänzungspfleger*innen oder Vormünder*innen.

③ Lassen Sie sich durch die insoweit erfahrene Fachkraft auch zu geeigneten Hilfeformen vor allem der Jugendhilfe und den entsprechenden Hilfsangeboten in Ihrem Umfeld informieren.

④ Bei akuter Gefährdung ist gem. § 4 Abs. 3 Satz 3 KKG unverzüglich das Jugendamt zu informieren. Bei Gefahr für Leib und Leben informieren Sie zudem die Polizei.

5. Auflage 2023

§ 4 Gesetz zur Kooperation und Information im Kinderschutz (KKG)

(1) Werden

1. Ärztinnen oder Ärzten, Zahnärztinnen oder Zahnärzten Hebammen oder Entbindungspflegern oder Angehörigen eines anderen Heilberufes, der für die Berufsausübung oder die Führung der Berufsbezeichnung eine staatlich geregelte Ausbildung erfordert,
2. Berufspsychologinnen oder -psychologen mit staatlich anerkannter wissenschaftlicher Abschlussprüfung,
3. Ehe-, Familien-, Erziehungs- oder Jugendberaterinnen oder -beratern sowie
4. Beraterinnen oder Beratern für Suchtfragen in einer Beratungsstelle, die von einer Behörde oder Körperschaft, Anstalt oder Stiftung des öffentlichen Rechts anerkannt ist,
5. Mitgliedern oder Beauftragten einer anerkannten Beratungsstelle nach den §§ 3 und 8 des Schwangerschaftskonfliktgesetzes,
6. staatlich anerkannten Sozialarbeiterinnen oder -arbeitern oder staatlich anerkannten Sozialpädagoginnen oder -pädagogen oder
7. Lehrerinnen oder Lehrern an öffentlichen und an staatlich anerkannten privaten Schulen

in Ausübung ihrer beruflichen Tätigkeit gewichtige Anhaltspunkte für die Gefährdung des Wohls eines Kindes oder eines Jugendlichen bekannt, so sollen sie mit dem Kind oder Jugendlichen und den Erziehungsberechtigten die Situation erörtern und, soweit erforderlich, bei den Erziehungsberechtigten auf die Inanspruchnahme von Hilfen hinwirken, soweit hierdurch der wirksame Schutz des Kindes oder des Jugendlichen nicht in Frage gestellt wird.

(2) Die Personen nach Absatz 1 haben zur Einschätzung der Kindeswohlgefährdung gegenüber dem Träger der öffentlichen Jugendhilfe Anspruch auf Beratung durch eine insoweit erfahrene Fachkraft. Sie sind zu diesem Zweck befugt, dieser Person die dafür erforderlichen Daten zu übermitteln; vor einer Übermittlung der Daten sind diese zu pseudonymisieren.

(3) Scheidet eine Abwendung der Gefährdung nach Absatz 1 aus oder ist ein Vorgehen nach Absatz 1 erfolglos und halten die in Absatz 1 genannten Personen ein Tätigwerden des Jugendamtes für erforderlich, um eine Gefährdung des Wohls eines Kindes oder eines Jugendlichen abzuwenden, so sind sie befugt, das Jugendamt zu informieren; hierauf sind die Betroffenen vorab hinzuweisen, es sei denn, dass damit der wirksame Schutz des Kindes oder des Jugendlichen in Frage gestellt wird. Zu diesem Zweck sind die Personen nach Satz 1 befugt, dem Jugendamt die erforderlichen Daten mitzuteilen. Die Sätze 1 und 2 gelten für die in Absatz 1 Nummer 1 genannten Personen mit der Maßgabe, dass diese unverzüglich das Jugendamt informieren sollen, wenn nach deren Einschätzung eine dringende Gefahr für das Wohl des Kindes oder des Jugendlichen das Tätigwerden des Jugendamtes erfordert.

(4) Wird das Jugendamt von einer in Absatz 1 genannten Person informiert, soll es dieser Person zeitnah eine Rückmeldung geben, ob es die gewichtigen Anhaltspunkte für die Gefährdung des Wohls des Kindes oder Jugendlichen bestätigt sieht und ob es zum Schutz des Kindes oder Jugendlichen tätig geworden ist und noch tätig ist. Hierauf sind die Betroffenen vorab hinzuweisen, es sei denn, dass damit der wirksame Schutz des Kindes oder des Jugendlichen in Frage gestellt wird.

§ 34 Strafgesetzbuch (StGB)

Wer in einer gegenwärtigen, nicht anders abwendbaren Gefahr für Leben, Leib, Freiheit, Ehre, Eigentum oder ein anderes Rechtsgut eine Tat begeht, um die Gefahr von sich oder einem anderen abzuwenden, handelt nicht rechtswidrig, wenn bei Abwägung der widerstreitenden Interessen, namentlich der betroffenen Rechtsgüter und des Grades der ihnen drohenden Gefahren, das geschützte Interesse das beeinträchtigte wesentlich überwiegt. Dies gilt jedoch nur, soweit die Tat ein angemessenes Mittel ist, die Gefahr abzuwenden.

§ 203 StGB

(1) Wer unbefugt ein fremdes Geheimnis, namentlich ein zum persönlichen Lebensbereich gehörendes Geheimnis oder ein Betriebs- oder Geschäftsgeheimnis, offenbart, das ihm als 1. Arzt, Zahnarzt, Tierarzt, Apotheker oder Angehörigen eines anderen Heilberufs, der für die Berufsausübung oder die Führung der Berufsbezeichnung eine staatlich geregelte Ausbildung erfordert,...

anvertraut worden oder sonst bekanntgeworden ist, wird mit Freiheitsstrafe bis zu einem Jahr oder mit Geldstrafe bestraft.

IV

Rückmeldung des Jugendamtes zu einer Mitteilung einer Kindeswohlgefährdung

gem. § 4 Abs. 4 Gesetz zur Kooperation und Information im Kinderschutz (KKG)

Ihre Mitteilung vom:

durch:

zum*r Minderjährigen: geb. am:

wohnhaft in:

Sehr geehrte*r Frau/Herr ,

Sie haben dem örtlich zuständigen Jugendamt gewichtige Anhaltspunkte für das Wohl eines Kindes oder eines*r Jugendlichen gemäß § 4 Abs. 4 KKG (Beratung und Übermittlung von Informationen durch Berufsgeheimnisträger bei Kindeswohlgefährdung) mitgeteilt, da nach Ihrer Einschätzung diesbezüglich eine dringende Gefahr besteht und Sie das Tätigwerden des Jugendamtes für erforderlich halten.

Ich habe Ihre Mitteilung gemäß § 8a Abs. 1 SGB VIII (Schutzauftrag bei Kindeswohlgefährdung) erhalten und entsprechend geprüft. Dazu möchte ich Ihnen als fallzuständige*r Sozialarbeiter*in folgende Rückmeldung geben.

Die durch Sie mitgeteilten gewichtigen Anhaltspunkte für die Gefährdung des Wohls des o.g. Kindes bzw. des*r Jugendlichen:

☐ haben sich bestätigt. ☐ haben sich nicht bestätigt. ☐ konnten noch nicht abschließend geprüft werden.

Im Weiteren ist das Jugendamt zur Abwendung einer (möglichen) Gefährdung:

☐ nicht tätig geworden. ☐ beendend tätig geworden. ☐ weiterhin tätig.

Das Jugendamt:

☐ hat die Sorgeberechtigten auf diese Rückmeldung an Sie bereits hingewiesen.
☐ wird die Sorgeberechtigten auf diese Rückmeldung an Sie noch hinweisen.
☐ wird die Sorgeberechtigten auf diese Rückmeldung an Sie nicht hinweisen, da sonst ggf. der wirksame Schutz des Kindes oder des*r Jugendlichen in Frage gestellt wird.
☐ kann Ihnen nach Prüfung gemäß § 64 Abs. 2 SGB VIII i. V. m. § 69 SGB X keine Rückmeldung geben, weil dadurch der Erfolg einer zu gewährenden Leistung in Frage gestellt wird.

Dies Rückmeldung an Sie erfolgt gemäß § 4 Abs. 4 KKG und unter Beachtung der geltenden datenschutzrechtlichen Bestimmungen. Für Ihre Mitteilung und das damit verbundene Engagement möchte ich mich bedanken.

Mit freundlichem Gruß

Ort/Datum | im Auftrag | Unterschrift/Stempel

IV

Abbildungen Seite 263 bis Seite 279

- Rechtsbehelfe des Jugendamts im familiengerichtlichen Verfahren
- Beschwerde im Hauptsacheverfahren
- Antrag/Anregung zur Abänderung im Hauptsacheverfahren
- Antrag/Anregung auf Durchführung einer mündlichen Verhandlung bei einstweiliger Anordnung im schriftlichen Verfahren
- Antrag/Anregung auf Durchführung des Hauptsacheverfahrens bei einstweiliger Anordnung im schriftlichen Verfahren
- Beschwerde bei einstweiliger Anordnung im mündlichen Verfahren
- Antrag/Anregung auf Durchführung eines Hauptsacheverfahrens bei einstweiliger Anordnung aufgrund mündlicher Verhandlung
- Antrag/Anregung zur Änderung/Aufhebung bei einstweiliger Anordnung im mündlichen Verfahren

vgl. Deutsches Institut für Jugendhilfe und Familienrecht e.V. (DIJuF): Beschwerdemöglichkeiten des Jugendamts in Kindschaftsverfahren vor dem Familiengericht 2017

Rechtsbehelfe des Jugendamtes
im familiengerichtlichen Verfahren

1. Definition

Rechtsbehelfe dienen der Änderung familiengerichtlicher Entscheidungen. Ein Rechtsmittel ist auch ein Rechtsbehelf, aber einer, der die formelle Rechtskraft einer familiengerichtlichen Entscheidung hemmt und den Rechtsstreit in die nächsthöhere Instanz befördert.

Ein Rechtsmittel im Rahmen eines familiengerichtlichen Verfahrens ist eine gesetzlich bestimmte Form des Rechtsbehelfes. Sein Zweck dient der Überprüfung eines anfechtbaren Beschlusses des Familiengerichtes. Damit steht der Begriff des Rechtsmittels synonym für die Anfechtung einer im vorliegenden Fall familiengerichtlichen Entscheidung. In diesem Sinne sind Rechtsmittel Anträge auf Überprüfung gerichtlicher Entscheidungen, die dem Rechtsschutzbegehren des Antragsstellers (des Jugendamtes) nicht oder nur teilweise entsprechen. Die anzuwendenden Rechtsbehelfe bzw.Rechtsmittel der Anregung, des Antrages oder der Beschwerde sollen zur Abänderung oder Aufhebung eines Beschlusses oder zur Änderung der Gestaltung des weiteren familiengerichtlichen Verfahrens führen.

2. Anwendungshinweise

Die Übersicht informiert über die möglichen Rechtsbehelfe, deren Voraussetzungen sowie über Gründe und Bedenken, wie auch die Handlungsschritte, im Sinne einer Abwägungshilfe.

Übersicht über die Rechtsbehelfe des Jugendamtes			
	im **Hauptsacheverfahren**		Beschwerde
			Antrag/Anregung auf Abänderung
	bei **einstweiliger Anordnung**	im **schriftlichen Verfahren**	Antrag/Anregung auf Durchführung einer mündlichen Verhandlung
			Antrag/Anregung auf Durchführung eines Hauptsacheverfahrens
		im **mündlichen Verfahren**	Beschwerde
			Antrag/Anregung auf Durchführung eines Hauptsacheverfahrens
			Antrag/Anregung auf Abänderung/Aufhebung

IV

Rechtsbehelfe des Jugendamtes
im familiengerichtlichen Verfahren

3. Auswahl und Einsatz

3.1 Bei der Auswahl und beim Einsatz von Rechtsbehelfen sollte beachtet werden, dass:

... dies immer eine Einzelfallentscheidung darstellt.
... im Vorfeld zur Abwägung eine kollegiale Beratung genutzt werden sollte.
... die Information und ggf. die Beteiligung der Leitung ratsam ist.
... eine Rechtsberatung zu empfehlen ist.

3.2 Im Einzelfall kann der Einsatz von Rechtsbehelfen bedeuten, dass:

... es generell sowohl im Hauptsacheverfahren als auch im Verfahren der einstweiligen Anordnung das Rechtsmittel der Anhörungsrüge gem. § 44 FamFG (wegen Verletzung des Rechts auf rechtliches Gehör) und der entsprechenden Gegenvorstellung gibt.
... sich die Zusammenarbeit mit den Personensorgeberechtigten verändert.
... es zu einer Verzögerung der familiengerichtlichen Entscheidung kommt.
... zusätzlicher Zeitaufwand nötig ist.
... ein höherer Personalbedarf entsteht.
... ein bestimmtes Kostenrisiko besteht.

Notizen

Beschwerde
im Hauptsacheverfahren

HINWEIS: Trifft das Amtsgericht als Familiengericht einen verfahrensabschließenden Beschluss in einer Kindschaftssache (Endentscheidung), kann dagegen durch das Jugendamt binnen eines Monats Beschwerde gem. § 58 FamFG eingelegt werden.

Ja/Nein

1. Prüfen der Voraussetzungen und Gründe

1.1 Prüfen der Grundvoraussetzungen

Seit Bekanntgabe des Beschlusses ist weniger als ein Monat vergangen. ☐ ☐

Wenn Ja: **Ich prüfe, ob einer der folgenden Gründe gegeben ist.**

1.2 Prüfen der Gründe

Es besteht die begründete Möglichkeit auf Wiedereinsetzung des Antrags bei unverschuldeter Fristversäumnis. ☐ ☐

Eigene Rechte nach § 59 Abs. 1 FamFG wurden verletzt und ich kann diese geltend machen. ☐ ☐

Ich nehme als mitwirkende Behörde am Verfahren das Kindesinteresse wahr und kann Gründe das Kindeswohl betreffend geltend machen. (§ 59 Abs. 3 FamFG, § 162 Abs. 2 FamFG) ☐ ☐

Ich kann Rechte des Kindes als Vertreter*in des Kindes geltend machen, da eine Amtsvormundschaft/-pflegschaft besteht. ☐ ☐

Ich kann als Amtsvormund/-pfleger*in eigenes (Sorge-)Recht geltend machen. ☐ ☐

Aus den oben genannten Gründen ergibt sich die rechtliche Möglichkeit für eine Beschwerde. ☐ ☐

2. Reflektieren der Gründe und Bedenken

2.1 Begründet sich, da:

die Durchsetzung der Rechte des Kindes gegen nachteilige familiengerichtliche Entscheidungen u. U. zur Abwendung einer Kindeswohlgefährdung geboten ist. ☐ ☐

bei einem späteren Abänderungsverfahren das Amtsgericht an die Feststellungen des Beschwerdebeschlusses gebunden ist. ☐ ☐

die Klärung grundsätzlicher materiell-rechtlicher und verfahrensrechtlicher Fragen auch für andere Verfahren in erster Instanz hilfreich ist. ☐ ☐

die Kompetenz des Jugendamts gegenüber dem Familiengericht gestärkt wird. ☐ ☐

die Entscheidung eines OLG-Senats gegenüber der Familie eine höhere Akzeptanz hat als die des örtlichen Familiengerichts. ☐ ☐

Beschwerde
im Hauptsacheverfahren

2.2 Zu bedenken ist, dass: **Ja/Nein**

ein laufendes Beschwerdeverfahren bei längerer Dauer und offenem Ergebnis die notwendige Weiterentwicklungen in der Familie hemmen kann. ☐ ☐

die Zusammenarbeit mit der Familie mit großer Wahrscheinlichkeit schwieriger wird, wenn das Jugendamt in der Rolle des Wächteramts auftritt und so in eine Gegnerstellung zur Familie rückt. ☐ ☐

mit einem Kompetenzverlust gegenüber Familie und Familiengericht zu rechnen ist, wenn das Jugendamt mit seiner Beschwerde unterliegt. ☐ ☐

dies eine Belastung des Kindes durch erneute Anhörung(en) bedeuten kann. ☐ ☐

dies zu einem Loyalitätskonflikt des Kindes gegenüber den Eltern führen kann. ☐ ☐

der Aufwand für Schriftverkehr und die Wahrnehmung von Terminen beim OLG hoch ist. ☐ ☐

die Beschwerde mit einem Kostenrisiko verbunden ist. ☐ ☐

Unter Beachtung der Gründe und Bedenken entscheide ich mich für eine Beschwerde im Hauptsacheverfahren. ☐ ☐ → ☒

Wenn Ja: **Ich lege innerhalb der Beschwerdefrist beim Amtsgericht schriftlich begründet Beschwerde ein und setzte nachfolgende Handlungsschritte um.**

3. Umsetzen weiterer Handlungsschritte

Ich stelle zusätzlich einen Antrag auf Erlass einer einstweiligen Anordnung oder auf Aussetzung der Vollziehung beim OLG (§ 64 Abs. 3 FamFG). ☐ ☐

Ich begründe möglichst zügig und ggf. unter Vorlage des Hilfeplans (§ 50 Abs. 2 SGB VIII), warum die getroffene Entscheidung des Familiengerichts zu ändern ist. ☐ ☐

Ich rege an, eine mündliche Verhandlung vor dem Senat durchzuführen. ☐ ☐

Ich rege an, eine Entscheidung durch den gesamten Senat und nicht nur durch Einzelrichter*innen treffen zu lassen. ☐ ☐

Notizen

Antrag/Anregung zur Abänderung
im Hauptsacheverfahren

HINWEIS: Auch wenn eine familiengerichtliche Entscheidung zur Hauptsache bereits rechtskräftig ist, kann ggf. bei Änderungen in den tatsächlichen Umständen in einem neuen Verfahren die Abänderung der Entscheidung gem. § 1696 BGB beantragt werden.

1. Prüfen der Voraussetzungen und Gründe — **Ja/Nein**

1.1 Prüfen der Grundvoraussetzungen

Der gerichtliche Beschluss betrifft nicht die elterliche Sorge oder den Umgang. ☐ ☐ → ☒

Wenn ja: **Ich prüfe, ob einer der folgenden Gründe gegeben ist.**

1.2 Prüfen der Gründe

Ich stelle eine positive Entwicklung in der Familie fest und befürworte die Aufhebung der nach §§ 1666 ff. BGB beschlossenen Maßnahmen. ☐ ☐

Ich habe eine negative Entwicklung in der Familie festgestellt und möchte dem Familiengericht eine Gefährdungsmitteilung mit Anregung zu Maßnahmen gegen Kindeswohlgefährdung oder der Ausweitung bereits beschlossener Maßnahmen übermitteln. ☐ ☐

Ich möchte aufgrund einer aktuell bestehenden Kindeswohlgefährdung eine Änderung der Umgangsvereinbarung geltend machen. ☐ ☐

Aus den oben genannten Gründen ergibt sich die rechtliche Möglichkeit für die Anregung zur Änderung eines gerichtlichen Beschlusses. ☐ ☐ → ☒

2. Reflektieren der Gründe und Bedenken

2.1 Begründet sich, da:

die Beschwerdefrist bereits abgelaufen ist und eine Abänderung auch nach Ablauf der Frist möglich ist. ☐ ☐

der Sachverhalt sich geändert hat und die Entscheidung entsprechend angepasst werden muss. ☐ ☐

ich meinem Schutzauftrag gem. § 8a Abs. 2 SGB VIII nachkommen muss. ☐ ☐

das Kostenrisiko gegenüber dem Beschwerdeverfahren geringer ist. ☐ ☐

Antrag/Anregung zur Abänderung
im Hauptsacheverfahren

2.2 Zu bedenken ist, dass: **Ja/Nein**

das Familiengericht an seinen bisherigen Tatsachenfeststellungen und Bewertungen festhalten kann und eine Anregung auf Änderung somit ineffektiv ist. ☐ ☐

Unter Beachtung der Gründe und Bedenken entscheide ich mich für eine/n Antrag/Anregung zur Änderung im Hauptsacheverfahren. ☐ ☐ → ☒

Wenn Ja: **Ich rege an bzw. beantrage unverzüglich eine Abänderung und setze nachfolgende Handlungsschritte um.**

3. Umsetzen weiterer Handlungsschritte

Ich dokumentiere die Sachverhaltsentwicklung (Fakten) umfassend und belegbar ggf. unter Vorlage des Hilfeplans (§ 50 Abs. 2 SGB VIII). ☐ ☐

Ich informiere bei Sachverhaltsänderung unverzüglich (§ 121 Abs. 1 BGB) das Familiengericht gem. § 8a Abs. 2 SGB VIII. ☐ ☐

Notizen

Antrag/Anregung auf Durchführung einer mündlichen Verhandlung

bei einstweiliger Anordnung im schriftlichen Verfahren

HINWEIS: Ist in einer Familiensache ein Beschluss im einstweiligen Anordnungsverfahren ohne mündliche Verhandlung ergangen, kann ein Antrag auf erneute Entscheidung aufgrund mündlicher Verhandlung gem. § 54 Abs. 2 FmFG gestellt werden. Dies gilt auch dann, wenn das Familiengericht den Erlass einer einstweiligen Anordnung – z. B. nach § 1666 BGB – abgelehnt hat.

1. Prüfen der Voraussetzungen und Gründe — **Ja/Nein**

1.1 Prüfen der Grundvoraussetzungen

- Es ist noch keine Entscheidung im einstweiligen Anordnungsverfahren mit mündlicher Verhandlung ergangen. ☐ ☐ → ☒
- Hinter der Entscheidung steht keine freiheitsentziehende Maßnahme. ☐ ☐ → ☒

Wenn Ja: **Ich prüfe, ob einer der folgenden Gründe gegeben ist.**

1.2 Prüfen der Gründe

- Eine mündliche Verhandlung gewährleistet eine angemessenere Entscheidung zur Sicherung des Kindeswohls. ☐ ☐

Aus dem oben genannten Grund ergibt sich die rechtliche Möglichkeit für einen Antrag/Anregung auf Durchführung einer mündlichen Verhandlung. ☐ ☐ → ☒

2. Reflektieren der Gründe und Bedenken

2.1 Begründet sich, da:

- es mir im nächsten Schritt eine Beschwerde ermöglicht. ☐ ☐
- eine mündliche und damit persönliche Erörterung der Situation möglich ist. ☐ ☐
- es schneller zur Änderung der einstweiligen Anordnung führen kann als bei Einleitung eines Hauptsacheverfahrens. ☐ ☐
- dies unabhängig von der Einleitung eines Hauptsacheverfahrens möglich ist. ☐ ☐

2.2 Zu bedenken ist, dass:

- dies eine Belastung des Kindes durch erneute Anhörung(en) bedeuten kann. ☐ ☐
- dies zu einem Loyalitätskonflikt des Kindes gegenüber den Eltern führen kann. ☐ ☐

Unter Beachtung der Gründe und Bedenken entscheide ich mich für eine/n Antrag/Anregung auf Durchführung einer mündlichen Verhandlung. ☐ ☐ → ☒

Antrag/Anregung auf Durchführung einer mündlichen Verhandlung

bei einstweiliger Anordnung im schriftlichen Verfahren

Wenn Ja: **Ich stelle einen Antrag auf bzw. rege die Durchführung einer mündlichen Verhandlung an und setze nachfolgende Handlungsschritte um.**

Ja/Nein

3. Umsetzen weiterer Handlungsschritte

Ich lege bereits mit dem Antrag dar, warum neu zu entscheiden ist, damit das Familiengericht frühestmöglich von Amts wegen ermitteln kann. ☐ ☐

Ich stelle zudem einen Antrag auf Aussetzung der Vollstreckung gem. § 55 FamFG. ☐ ☐

Notizen

Antrag/Anregung auf Durchführung des Hauptsacheverfahrens

bei einstweiliger Anordnung im schriftlichen Verfahren

HINWEIS: Anstelle eines Antrags auf Aufhebung/Abänderung einer einstweiligen Anordnung bzw. auf erneute Entscheidung aufgrund mündlicher Verhandlung nach § 54 FamFG, kann auch die Einleitung eines Hauptsacheverfahrens beantragt oder angeregt werden. Ein Beschluss in der Hauptsache setzt eine einstweilige Anordnung außer Kraft. Das Hauptsacheverfahren kann sowohl parallel zu einem Antrag auf Aufhebung oder Änderung nach § 54 FamFG, als auch während eines Beschwerdeverfahrens gegen die einstweilige Anordnung eingeleitet werden.

1. Prüfen der Voraussetzungen und Gründe — **Ja/Nein**

1.1 Prüfen der Grundvoraussetzungen

Ein Hauptsacheverfahren wurde noch nicht eingeleitet. ☐ ☐ → ☒

Es gibt in Folge einer einstweiligen Anordnung gem. § 52 Abs. 1 S. 2 FamFG keine einzuhaltende Wartefrist von 3 Monaten. ☐ ☐ → ☒

Wenn Ja: **Ich prüfe, ob einer der folgenden Gründe gegeben ist.**

1.2 Prüfen der Gründe

Die Durchfürung eines Hauptsacheverfahrens gewährleistet eine angemessenere Entscheidung zur Sicherung des Kindeswohls. ☐ ☐

Aus dem oben genannten Grund ergibt sich die rechtliche Möglichkeit für eine/n Antrag bzw. Anregung auf Durchführung des Hauptsacheverfahrens. ☐ ☐ → ☒

2. Reflektieren der Gründe und Bedenken

2.1 Begründet sich, da:

es mir eine umfassende Sachverhaltsermittlung ermöglicht. ☐ ☐

ich die gerichtlichen Endentscheidungen im Hauptsacheverfahren nicht nur in Fällen § 57 S. 2 FamFG anfechten kann. ☐ ☐

ich es unabhängig von Abänderungsverfahren nach § 54 FamFG oder Beschwerdeverfahren einleiten kann. ☐ ☐

2.2 Zu bedenken ist, dass:

mit einer längeren Verfahrensdauer zu rechnen ist. ☐ ☐

es keine sofortige Änderung einer einstweiligen Anordnung bewirkt. ☐ ☐

Antrag/Anregung auf Durchführung des Hauptsacheverfahrens

bei einstweiliger Anordnung im schriftlichen Verfahren

Ja/Nein

Unter Beachtung der Gründe und Bedenken entscheide ich mich für eine/n Antrag bzw. Anregung auf Durchführung des Hauptsacheverfahrens. ☐ ☐ → ☒

Wenn Ja: **Ich stelle einen Antrag auf bzw. rege die Durchführung des Hauptsacheverfahrens an und setzte nachfolgende Handlungsschritte um.**

3. Umsetzen weiterer Handlungsschritte

Mit Anregung/Antrag lege ich dar, warum zusätzlich zum einstweiligen Anordnungsverfahren ein Hauptsacheverfahren eingeleitet werden soll, weil eine umfassendere Sachverhaltsermittlung erforderlich ist. ☐ ☐

Notizen

Beschwerde

bei einstweiliger Anordnung im mündlichen Verfahren

HINWEIS: Ist mündlich über eine einstweilige Anordnung verhandelt worden, ist eine Beschwerde gegen die getroffene Entscheidung in Familiensachen grundsätzlich ausgeschlossen (§ 57 S. 1 FamFG). Dies gilt aber nicht für die in § 57 S. 2 FamFG ausdrücklich aufgezählten Verfahrensgegenstände und in Bezug auf § 151 Nr. 6 und 7 FamFG.

1. Prüfen der Voraussetzungen und Gründe

Ja/Nein

1.1 Prüfen der Grundvoraussetzungen

	Ja	Nein
Es wurde mündlich bereits über die einstweilige Anordnung verhandelt.	☐	☐ → X
Seit Bekanntgabe des Beschlusses sind weniger als zwei Wochen verstrichen.	☐	☐ → X

Wenn Ja: **Ich prüfe, ob einer der folgenden Gründe gegeben ist.**

1.2 Prüfen der Gründe

	Ja	Nein
Die Entscheidung betrifft gem. § 57 FamFG die elterliche Sorge (Teilbereich/Beschränkung).	☐	☐
Die Entscheidung betrifft gem. § 57 FamFG die Herausgabe des Kindes an den anderen Elternteil.	☐	☐
Die Entscheidung betrifft gem. § 57 FamFG den Verbleib des Kindes bei einer Pflege- oder Bezugsperson.	☐	☐
Die Entscheidung betrifft gem. § 57 FamFG einen Antrag nach §§ 1 u. 2 Gewaltschutzgesetz und das Kind lebt im Haushalt.	☐	☐
Die Entscheidung betrifft gem. § 57 FamFG eine Ehewohnungssache und das Kind lebt im Haushalt.	☐	☐
Die Entscheidung betrifft die Genehmigung von freiheitsentziehender Unterbringung und freiheitsentziehenden Maßnahmen nach § 1631b BGB, auch in Verbindung mit den §§ 1800 und 1915 BGB (§ 151 Nr. 6 FamFG).	☐	☐
Die Entscheidung betrifft die Genehmigung oder Anordnung einer freiheitsentziehenden Unterbringung, freiheitsentziehenden Maßnahme oder ärztlichen Zwangsmaßnahme bei einem*r Minderjährigen nach den Landesgesetzen über die Unterbringung psychisch Kranker (§ 151 Nr. 7 FamFG).	☐	☐
Aus den oben genannten Gründen ergibt sich die rechtliche Möglichkeit für eine Beschwerde.	☐	☐ → X

IV

IV

Beschwerde
bei einstweiliger Anordnung im mündlichen Verfahren

Ja/Nein

2. Reflektieren der Gründe und Bedenken

2.1 Begründet sich, da:

die Durchsetzung der Rechte des Kindes gegen nachteilige familiengerichtliche Entscheidung u. U. zur Abwendung einer Kindeswohlgefährdung geboten ist. ☐ ☐

bei einem späteren Abänderungsverfahren das Familiengericht an die Feststellungen des Beschwerdebeschlusses gebunden ist. ☐ ☐

die Klärung grundsätzlicher materiell-rechtlicher und verfahrensrechtlicher Fragen auch für andere Verfahren in erster Instanz hilfreich ist. ☐ ☐

2.2 Zu bedenken ist, dass:

ein laufendes Beschwerdeverfahren bei längerer Dauer und offenem Ergebnis die Weiterentwicklungen in der Familie hemmen kann. ☐ ☐

die Zusammenarbeit mit der Familie mit großer Wahrscheinlichkeit schwieriger werden kann, wenn das Jugendamt in der Rolle des Wächteramts auftritt und so in eine Gegnerstellung zur Familie rückt. ☐ ☐

mit einem Kompetenzverlust gegenüber Familie und Familiengericht zu rechnen ist, wenn das Jugendamt mit seiner Beschwerde unterliegt. ☐ ☐

dies eine Belastung des Kindes durch erneute Anhörung(en) bedeuten kann. ☐ ☐

dies zu einem Loyalitätskonflikt des Kindes gegenüber den Eltern führen kann. ☐ ☐

der Aufwand für Schriftverkehr und Wahrnehmung von Terminen beim OLG hoch sein kann. ☐ ☐

die Beschwerde mit einem Kostenrisiko verbunden sein kann. ☐ ☐

Unter Beachtung der Gründe und Bedenken entscheide ich mich für eine Beschwerde. ☐ ☐ → ✕

Wenn Ja: **Ich lege innerhalb der Beschwerdefrist beim Amtsgericht schriftlich begründet Beschwerde ein und setzte nachfolgende Handlungsschritte um.**

3. Umsetzen weiterer Handlungsschritte

Ich stelle zusätzlich einen Antrag auf Erlass einer einstweiligen Anordnung oder auf Aussetzung der Vollziehung beim OLG (§ 64 Abs. 3 FamFG). ☐ ☐

Ich begründe möglichst zügig und ggf. unter Vorlage des Hilfeplans (§ 50 Abs. 2 SGB VIII), warum die getroffene Entscheidung des Familiengerichts zu ändern ist. ☐ ☐

Beschwerde

bei einstweiliger Anordnung im mündlichen Verfahren

	Ja/Nein
Ich rege an, eine mündliche Verhandlung vor dem Senat durchzuführen.	☐ ☐
Ich rege an, eine Entscheidung durch den gesamten Senat und nicht nur durch Einzelrichter*innen treffen zu lassen.	☐ ☐

Notizen

Antrag/Anregung auf Durchführung eines Hauptsacheverfahrens

bei einstweiliger Anordnung aufgrund mündlicher Verhandlung

HINWEIS: Anstelle eines Antrags auf Aufhebung/Abänderung einer einstweiligen Anordnung bzw. auf erneute Entscheidung aufgrund mündlicher Verhandlung nach § 54 FamFG kann auch die Einleitung eines Hauptsacheverfahrens beantragt oder angeregt werden. Ein Beschluss in der Hauptsache setzt die einstweilige Anordnung außer Kraft. Das Hauptsacheverfahren kann sowohl parallel zu einem Antrag auf Aufhebung oder Änderung nach § 54 FamFG als auch während eines Beschwerdeverfahrens gegen die einstweilige Anordnung eingeleitet werden.

IV

1. Prüfen der Voraussetzungen und Gründe

Ja/Nein

1.1 Prüfen der Grundvoraussetzungen

Ein Hauptsacheverfahren wurde noch nicht eingeleitet. ☐ ☐ → ☒

Es gibt in Folge einer einstweiligen Anordnung gem. § 52 Abs. 1 S. 2 FamFG keine einzuhaltende Wartefrist von 3 Monaten. ☐ ☐ → ☒

Wenn Ja: **Ich prüfe, ob einer der folgenden Gründe gegeben ist.**

1.2 Prüfen der Gründe

Der Sachverhalt hat sich verändert. ☐ ☐

Der Sachverhalt stellt sich anders dar als vom Gericht bei der Entscheidung angenommen. ☐ ☐

Aus den oben genannten Gründen ergibt sich die rechtliche Möglichkeit für einen Antrag auf Durchführung eines Hauptsacheverfahrens. ☐ ☐ → ☒

2. Reflektieren der Gründe und Bedenken

2.1 Begründet sich, da:

ein Beschluss im Hauptsacheverfahren eine einstweilige Anordnung außer Kraft setzt. ☐ ☐

ein Hauptsacheverfahren eine umfassendere Sachverhaltsermittlung ermöglicht. ☐ ☐

Endentscheidungen im Hauptsacheverfahren in allen Kindschaftsverfahren anfechtbar sind, nicht nur in Fällen § 57 S. 2 FamFG. ☐ ☐

das Hauptsacheverfahren unabhängig von Abänderungsverfahren nach § 54 FamFG oder Beschwerdeverfahren eingeleitet werden kann. ☐ ☐

gem. § 54 Abs. 2 FamFG nach dem die Beschwerde eingelegt ist, die erste Instanz gem. § 54 Abs. 4 FamFG die Entscheidung nicht mehr aufheben oder ändern kann. ☐ ☐

Antrag/Anregung auf Durchführung eines Hauptsacheverfahrens

bei einstweiliger Anordnung aufgrund mündlicher Verhandlung

Ja/Nein

2.2 Zu bedenken ist, dass:

mit einer längeren Verfahrensdauer zu rechnen ist.

damit keine sofortige Änderung einer einstweiligen Anordnung bewirkt wird.

Unter Beachtung der Gründe und Bedenken entscheide ich mich für eine/n Antrag /Anregung zur Durchführung eines Hauptsacheverfahrens. ☐ ☐ → ☒

Wenn Ja: **Ich stelle einen Antrag auf bzw. rege die Durchführung eines Hauptsacheverfahrens an und setzte nachfolgende Handlungsschritte um.**

3. Umsetzen weiterer Handlungsschritte

Ich lege bereits mit Antrag/Anregung dar, warum zusätzlich zum einstweiligen Anordnungsverfahren ein Hauptsacheverfahren eingeleitet werden soll und eine umfassendere Sachverhaltsermittlung erforderlich ist. ☐ ☐

Notizen

IV

Antrag/Anregung zur Änderung/Aufhebung

bei einstweiliger Anordnung im mündlichen Verfahren

HINWEIS: Weil einstweilige Anordnungsentscheidungen nur begrenzt mit der Beschwerde anfechtbar sind und nicht in materielle Rechtskraft erwachsen, sieht § 54 Abs. 1 FamFG vor, dass Entscheidungen in einem einstweiligen Anordnungsverfahren unabhängig davon, ob der Beschluss aufgrund mündlicher Verhandlung oder ohne vorherige mündliche Verhandlung ergangen ist oder unter § 57 S. 2 FamFG fällt, jederzeit aufgehoben oder abgeändert werden können.

1. Prüfen der Voraussetzungen und Gründe — **Ja/Nein**

1.1 Prüfen der Grundvoraussetzungen

Es ist aktuell kein Beschwerdeverfahren anhängig. ☐ ☐ → ☒

Wenn Ja: **Ich prüfe, ob einer der folgenden Gründe gegeben ist.**

1.2 Prüfen der Gründe

Der Sachverhalt hat sich verändert. ☐ ☐

Der Sachverhalt stellt sich anders dar als vom Gericht bei der Entscheidung angenommen. ☐ ☐

Aus den oben genannten Gründen ergibt sich die rechtliche Möglichkeit für eine/n Antrag bzw. Anregung zur Änderung/Aufhebung. ☐ ☐ → ☒

2. Reflektieren der Gründe und Bedenken

2.1 Begründet sich, da:

mir eine mündliche Erörterung der neuen Situation ermöglicht wird. ☐ ☐

dies eine Änderung der Entscheidung im einstweiligen Anordnungsverfahren auch noch nach Ablauf der Beschwerdefrist ermöglicht. ☐ ☐

das Kostenrisiko im Bezug auf Rechtsanwaltskosten gegenüber dem Beschwerdeverfahren geringer ist. ☐ ☐

es mir einen neuen Weg zum OLG eröffnet. ☐ ☐

2.2 Zu bedenken ist, dass:

eine Änderung der ursprünglichen Tatsachenfeststellungen und der Rechtsansicht des Familiengerichts aus meiner Sicht wenig wahrscheinlich sind. ☐ ☐

Antrag/Anregung zur Änderung/Aufhebung

bei einstweiliger Anordnung im mündlichen Verfahren

Ja/Nein

Unter Beachtung der Gründe und Bedenken entscheide ich mich für eine/n Antrag/Anregung zur Änderung/Aufhebung. ☐ ☐ → ☒

Wenn Ja: **Ich stelle einen Antrag bzw. rege eine Änderung/Aufhebung an und setzte nachfolgende Handlungsschritte um.**

3. Umsetzen weiterer Handlungsschritte

Ich lege bereits mit Antrag/Anregung dar, was sich verändert hat bzw. von welchem Sachverhalt tatsächlich auszugehen ist, damit das Familiengericht diesbezüglich frühestmöglich von Amts wegen ermitteln kann. ☐ ☐

Ich stelle zudem einen Antrag auf Aussetzung der Vollstreckung (§ 55 FamFG). ☐ ☐

Notizen

V. Literaturverzeichnis

Achterfeld, Verpflichtung zur Asylantragstellung während der Inobhutnahme – „Neue" Herausforderung für Jugendämter?, in: JAmt 2017, 349 f.

AFET Bundesverband für Erziehungshilfe e. V., Richtig beteiligt? Rolle der Berufsgeheimnisträger*innen im Kinderschutz, AFET-Veröffentlichung Nr. 78/2019

AGJ/BAGLJÄ, Handlungsempfehlung Nr. 111: Handlungsempfehlungen zum Bundeskinderschutzgesetz, 2012

Ahne/Witt/Fegert, Die medizinische Kinderschutzhotline: Beratung für Fachkräfte aus den Bereichen Gesundheit, Kinder- und Jugendhilfe und Familiengerichtsbarkeit, in: JAmt 2021, 309 f.

Akman/Keesen, Die Schutzvereinbarung mit dem Jugendamt, in: NZFam 2023, 884 f.

BAGLJÄ, Handlungsempfehlung Nr. 118: Qualitätsmaßstäbe und Gelingensfaktoren für die Hilfeplanung gemäß § 36 SGB VIII, 2015

Becker/Mörsberger, „Endlich die Missverständnisse in Sachen Garantenpflicht abbauen!", in: JAmt 2018, 178 f.

Beckmann, Elterliche Selbstbestimmung im Kinderschutz, 1. Aufl. 2021

Beckmann/Lohse, SGB VIII-Reform: Überblick über den Entwurf eines Kinder- und Jugendstärkungsgesetzes, in: JAmt 2021, 178 f.

Blum-Maurice/Hiller/Ladenburger, Strafverfahren wegen sexuellen Missbrauchs von Kindern und Jugendlichen, in: JAmt 2020, 357 f.

Böllert, Kompendium Kinder- und Jugendhilfe, 2018

Bouhatta, Dienst- und Fachaufsicht als Grenze des sozialen Datenschutzes im Jugendamt?, in: NJOZ 2021, 577 f.

Dettenborn, Kindeswohl und Kindeswille, 6. Aufl. 2021

Deutschen Institut für Jugendhilfe und Familienrecht e. V. (DIJuF), Ärztlichen Versorgung Minderjähriger nach sexueller Gewalt ohne Einbeziehung der Eltern, Expertise, 2018

Deutscher Kinderschutzbund Landesverband NRW e. V., Kinderschutz im Wandel, 1. Aufl. 2018

Deutscher Kinderschutzbund Landesverband NRW e. V., Kinderschutz und Kinderrechte, 1. Aufl. 2019

Dick, Praxishandbuch Recht für soziale Beratung, 1. Aufl. 2023

DIJuF-Rechtsgutachten vom 20. 3. 2020, Aktenherausgabe an die Strafverfolgungsbehörden, in: JAmt 2020, 205.

DIJuF-Rechtsgutachten vom 22. 11. 2022, Auslösen der Rückmeldepflicht des Jugendamts nach § 4 Abs. 4 KKG, in dem die Meldung über gewichtige Anhaltspunkte durch einen Mitarbeiter vorgenommen wird, der Berufsgeheimnisträger i. S. d. § 4 Abs. 1 KKG ist, in: JAmt 2023, 71 f.

DIJuF-Rechtsgutachten 22. 03. 2013, Beschlagnahme von Akten des Jugendamts für die Durchführung eines Strafverfahrens wegen eines Verbrechens, in: JAmt 2013, 258 f.

DIJuF-Rechtsgutachten DRG-1110 vom 26. 03. 2012, Datenschutz Weitergabe an Gerichte/andere Behörden Einleitung von Strafverfahren, beck-online

DIJuF-Rechtsgutachten vom 25. 05. 2018, Datenübermittlung durch Fachkräfte der Kinder- und Jugendhilfe oder durch Lehrer/-innen an die Polizei zum Zweck der Gefährdungseinschätzung/-abwendung bei vermuteter Radikalisierung, in: JAmt 2018, 560 f.

DIJuF-Rechtsgutachten DRG-1110 vom 26. 03. 2012, Einleitung von Strafverfahren aufgrund von Mitteilungen des öffentlichen Trägers der Jugendhilfe, beck-online

DIJuF-Rechtsgutachten 18. 1. 2016, Fallbeispiele und Fragestellungen zur Umsetzung des § 72a SGB VIII, in: JAmt 2016, 200 f.

DIJuF-Rechtsgutachten 14. 11. 2016, Leistungen nach SGB VIII als schädliche Leistungen iSd AufenthG und Übermittlungsbefugnis von Daten an die Ausländerbehörde, in: JAmt 2016, 602 f.

DIJuF-Rechtsgutachten 3. 8. 2023, Pflicht zur Anwendung von Schutzkonzepten durch Erbringer von Legasthenie- und Dyskalkulietherapien, in: JAmt 2023, 540 f.

DIJuF-Rechtsgutachten DRG-1105 vom 11. 03. 2013, Polizeiliches Führungszeugnis nach § 72a SGB VIII für neben- und ehrenamtlich Tätige, beck-online

DIJuF-Rechtsgutachten vom 09. 12. 2021, Rückmeldung an Erzieherinnen nach einer Information des Jugendamts über eine (mögliche) Kindeswohlgefährdung, in: JAmt 2022, 98 f.

DIJuF-Rechtsgutachten vom 26. 5. 2017, Strafrechtliche Verantwortung von Mitarbeitern des Jugendamts, in: JAmt 2017, 436 f.

DIJuF-Rechtsgutachten, TG-1118, Tätigkeitsausschluss nach § 72a SGB VIII/ Führungszeugnisse, beck-online

DIJuF-Rechtsgutachten vom 10. 10. 2011, Übermittlung von Daten im Rahmen der Mitwirkung an das Familiengericht; Übermittlung von Daten des ASD an das Familiengericht; Akteneinsicht eines nicht sorgeberechtigten Elternteils in die Akten des ASD; Akteneinsicht eines nicht sorgeberechtigten Elternteils in die Akten aus der Mitwirkung in einem familiengerichtlichen Verfahren, in: JAmt 2012, 87 ff.

DIJuF-Rechtsgutachten vom 4. 2. 2022, Vereinbarungen mit Kindertagespflegepersonen zum Vorgehen bei Wahrnehmung gewichtiger Anhaltspunkte für eine Kindeswohlgefährdung, in: JAmt 2022, 155 f.

DIJuF-Rechtsgutachten vom 22. 11. 2012, Verweigerung der Entgegennahme anonymer Mitteilungen über Kindeswohlgefährdungen, in: JAmt 2013, 27 f.

DIJuF-Rechtsgutachten 06. 09. 2013, Vormundschaftsrecht: Abgrenzung der Aufgabe Mitwirkung im familiengerichtlichen Verfahren zu den Aufgaben des Jugendamts als Amtsvormund oder -pfleger, in: JAmt 2014, 33 – 34

DIJuF-Rechtsgutachten vom 08. 01. 2008, Zulässigkeit von Fotoaufnahmen von Wohnung bzw. Kind gegen den Willen der Eltern zur Dokumentation des Vorgehens bei Kindeswohlgefährdungen? In: JAmt 2008, 23 f.

DIJuF-Rechtsgutachten vom 17. 07. 2008, Zulässigkeit des Übermittelns von Daten im Rahmen der Prüfung einer Petition, in: JAmt 2008, 474

DIJuF-Stellungnahme 27. 9. 2022, Zulässigkeit des Informationsaustauschs mit Berufsgeheimnisträgerinnen im Rahmen der Gefährdungseinschätzung, in: JAmt 2022, 546 f.

V

Döhringer/Möhrsberger/Wapler, Garanten für den Kinderschutz, 1. Aufl. 2023

Dölling/Duttge/Rössner, Gesamtes Strafrecht, 3. Aufl. 2013

Epping/Hillgruber, Grundgesetz, 3. Aufl. 2020

Ernst/Lohse, Praxishandbuch Familiengerichtlicher Kinderschutz, 1. Aufl. 2022

Eschelbach, Sozialdatenschutz bei der Prüfung der örtlichen Zuständigkeit, der Informationsübermittlung bei Fallübergaben und der Kostenerstattung zwischen öffentlichen Jugendhilfeträgern, in: JAmt 2020, 66 f.

Fegert/Gulde/Henn/Husmann/Kampert/Röseler/Rusack/Schröer/Wolff/Ziegenhain, Qualitätsstandards für Schutzkonzepte in der Pflegekinderhilfe, in: JAmt 2020, 234 f.

Fischer, StGB, 70. Aufl. 2023

Fritsch, Möglichkeiten und Grenzen in der Kooperation von Jugendhilfe und Polizei, in: ZJJ 2011, 393 f.

Gerstein, Neuregelungen für die Kindertagespflege durch das KJSG, in: JAmt 2022, 422 f.

Gierschmann/Schlender/Stentzel/Veil, Kommentar Datenschutz-Grundverordnung, 1. Aufl. 2018

Goldberg/Radewagen, Die geplanten Änderungen des § 4 KKG durch das Kinder- und Jugendstärkungsgesetz (KJSG) – Ein Bärendienst für den Kinderschutz?!, in: JAmt 2020, 620 f.

Goldberg/Radewagen, Pränataler Kinderschutz in der Kinder- und Jugendhilfe, in: JAmt 2023, 258 f.

Grandel/Stockmann, Familienrecht, 3. Aufl. 2021

Hau/Poseck, BeckOK BGB, 66. Edition Stand: 01.01.2023

Hauck/Noftz, SGB VIII, Stand 2023

Heghmanns, Zur strafrechtlichen Verantwortung im Kinderschutz, in: JAmt 2018, 230 f.

Heimann/Berthold/Clemens/Witt/Fegert, Vorgehen bei „Gewichtigen Anhaltspunkten" für eine Kindeswohlgefährdung aus Sicht der Heilberufe, in: JAmt 2021, 68 ff.

Hoffmann, Aufgaben des Jugendamts im Kontext familiengerichtlicher Verfahren in: FPR 2011, 304 f.

Hoffmann, Einwilligung der betroffenen Person als Legitimationsgrundlage eines datenverarbeitenden Vorgangs im Sozialrecht nach dem Inkrafttreten der DSGVO, in: NZS 2017, 807 f.

Hoffmann, Notwendige Praxisumstellung bei Einwilligung in datenverarbeitende Vorgänge, in: JAmt 2018, 2 f.

Hundt, Datenschutz als Vertrauensschutz, 2. Aufl, 2020 (SFBB)

Hundt, Datenschutz in der Kinder- und Jugendhilfe, 1. Aufl. 2019

Hundt, Kinderschutz nach dem Kinder- und Jugendstärkungsgesetz, 1. Aufl. 2021

Hundt, Kindeswohlgefährdung erkennen und vermeiden, 1. Aufl. 2014

Hundt, Praxishandbuch Familie und Migrationsrecht, 1. Aufl. 2020

Kepert, Sozialdatenschutz in der Kinder- und Jugendhilfe, 1. Aufl. 2020

Kepert/Dexheimer/Feist-Ortmanns/Kepert/Macsenaere, Praxishandbuch Kinderschutz für Fachkräfte und insoweit erfahrene Fachkräfte, 1. Aufl. 2021

Kindhäuser/Hilgendorf, Strafgesetzbuch, Lehr- und Praxiskommentar, 9. Aufl. 2022

Kindler/Gerber/Lillig, Wissenschaftliche Analyse zum Kinderschutzhandeln des Allgemeinen Sozialen Dienstes im Landkreis Breisgau-Hochschwarzwald im Todesfall des Kindes A., Deutsches Jugendinstitut e. V., 2016

Kipker/Voskamp, Sozialdatenschutz in der Praxis, 1. Aufl. 2021

Kunkel, Das gesamte Jugendhilferecht in der Rechtsprechung, in: ZFSH SGB 2018, 624 ff.

Kunkel, Kontrollbefugnis und Datenschutz in der Jugendhilfe, in: ZKJ 2016, 9 ff.

Kunkel/Kepert/Pattar, SGB VIII – Kinder- und Jugendhilfe, 8. Auflage 2022

Lehmann/Radewagen/Stücker, Vertrauensschutz in der Kinder- und Jugendhilfe, in: Jugendhilfe 2018, 429 ff.

Lohrenscheidt, Einführung – Kinderrechte sind Menschenrechte in: Die Menschenrechte von Kindern und Jugendlichen stärken, DIM 2006, S. 6 ff.

Lohse/Beckmann/Ehlers, Rechtlicher Rahmen des Vorgehens von Einrichtungen bei Verdacht auf sexualisierte Gewalt gegen Kinder, in: JAmt 2023, 98

*Luciano,*Ungeborenes Leben als Leben im Sinne des Kindeswohlschutzes?, in: ZKJ 2023, 129 ff.

Luthe/Nellissen, jurisPK-SGB VIII, 3. Aufl. 2022

Mann/Sennekamp/Uechtritz, Verwaltungsverfahrensgesetz, 2. Aufl. 2019

Merchel/Meysen/Nonninger, Handbuch Allgemeiner Sozialer Dienst (ASD), 2012

Meysen/Eschelbach, Das neue Bundeskinderschutzgesetz, 1. Aufl. 2012

Meysen/Lohse/Schönecker/Smessaert, Das neue Kinder- und Jugendstärkungsgesetz – KJSG, 1. Aufl. 2022

Maywald, Kinderschutz in der Kita, 1. Aufl. 2009

Möller, Praxiskommentar SGB VIII, 3. Aufl. 2023

Möllers, Juristische Methodenlehre, 2. Aufl. 2019

Mörsberger, Das Strafrecht als Prima Ratio des SGB VIII? Zu den andauernden Irritationen um die Haftungsrisiken im Kinderschutz (Teil 1), zugleich eine Erwiderung auf Bringewat, in: ZKJ 2013, 21 f.

Münder/Meysen/Trenczek, Frankfurter Kommentar SGB VIII, 9. Auflage 2022

Nitschke/Krebs, Whistleblowing im öffentlichen Dienst: Impulse für die Dienstpflicht zur „Denunziation" durch das Hinweisgeberschutzgesetz?, in: NVwZ 2023, 1053 f.

Nolte/Schoch, Die Bedeutung des neuen Hinweisgeberschutzgesetzes für die Praxis – Teil 1, in: jurisPR-Compl 3/2023 Anm. 4

Paal/Pauly, Datenschutz-Grundverordnung Bundesdatenschutzgesetz, 2. Aufl. 2018

Palandt, Bürgerliches Gesetzbuch, 77. Aufl. 2018

Pehl/Knödler, Datenschutz und Schweigepflicht in der Sozialen Arbeit, 2020

Plagemann, Münchener Anwaltshandbuch Sozialrecht, 5. Auflage 2018

Papenheim, Schweigepflicht, Datenschutz und Zeugnisverweigerungsrecht im sozial-caritativen Dienst, 1. Aufl. 2008

Radewagen, Vertrauensschutz im Kinderschutz, 2. Aufl. 2022

Radewagen/Lehmann/Stücker, Zur Verwendung des Begriffs „Auflage" durch Jugendhilfeträger im Rahmen eines Schutzplans bei Kindeswohlgefährdung, in: JAmt 2018, 10 ff.

Richter/Krappmann/Wapler, Kinderrechte, 1. Aufl. 2020

Röthel/Heiderhoff, Kinderrechte – Nutzen und Nachteile, 2018

Rolfs/Giesen/Kreikebohm/Udsching, BeckOK Sozialrecht, 70. Edition, 1. 9. 2023

Rolf/Körner/Krasney/Mutschler, beck-online.GROSSKOMMENTAR, Stand: 15. 05. 2023

Rossa, Kinderrechte, 2013

Roßnagel, Das neue Datenschutzrecht, 1. Aufl. 2018

Rüpke/v.Lewinski/Eckhardt, Datenschutzrecht, 1. Aufl. 2018

Ryschka/Solga/Mattenklott, Praxishandbuch Personalentwicklung, 3. Aufl. 2010

van Santen/Seckinger, Kooperation: Mythos und Realität einer Praxis. Eine empirische Studie zur interinstitutionellen Zusammenarbeit am Beispiel der Kinder- und Jugendhilfe, 2003

Schellhorn/Fischer/Mann/Kern, SGB VIII, 4. Aufl. 2012

Schlegel/Voelzke, jurisPK-SGB X, 3. Aufl. 2023

Schlingloff, Akteneinsichts-, Informations- und Auskunftsrechte gegenüber der öffentlichen Verwaltung, in: JA 2022, 137 ff.

Schmahl, Kinderrechtskonvention, 2. Aufl. 2017

Schönke/Schröder, StGB Kommentar, 30. Aufl. 2019

Schönecker/Dittmann-Wolf/Lillig/Gerber/Meysen, Expertise: Wie kann im Kinderschutz ein Austausch verschiedener Akteurinnen und Akteure vor dem Hintergrund der bestehenden datenschutzrechtlichen Regelungen ermöglicht werden?, Deutsches Jugendinstitut e. V. in Kooperation mit Nationales Zentrum Frühe Hilfen, 2020

Schone/Tenhaken, Kinderschutz in Einrichtungen und Diensten der Jugendhilfe, 2012

Schott, Kritische Anmerkungen zu rechtstheoretischen Denkansätzen über das Kindeswohl, 1. Aufl. 2020

Schruth, An der Zeit: die Reform des Zeugnisverweigerungsrechts für die sozial Arbeit, in: ZKJ 2018, 84 f.

Simon, Soziale Arbeit benötigt ein strafprozessuales Zeugnisverweigerungsrecht, in: Jugendhilfe 2018, 461 f.

Smessaert, Die strafbewehrte Schweigepflicht nach § 203 StGB, Themengutachten TG-1156 in: Themengutachten, DIJuF-Rechtsgutachten, 1. Auflage, Edition 46, 2023

Smessaert, Übermittlung von Daten an die Strafverfolgungsbehörden und Zeugnisverweigerungsrechte?, in: DIJuF-Themengutachten – 1128

Smessaert/Binder, Allgemeine Grundsätze des Datenschutzes, Themeneinführung, TE-1143 in: Themengutachten, DIJuF-Rechtsgutachten, 1. Auflage, Edition 45, 2023

Staudinger, Kommentar zum Bürgerlichen Gesetzbuch mit Einführungsgesetz und Nebengesetzen, Buch 4: Familienrecht, Neubearbeitung 2020

Steinbüchel, LVR-Landesjugendamt Rheinland, Vereinbarungen nach § 72a Abs. 2 und 4 SGB VIII mit Trägern der freien Jugendhilfe – Vorlage von erweiterten Führungszeugnissen, 2014

Sydow, Europäische Datenschutzgrundverordnung, 1. Aufl. 2017

Thiesmeier/Schrapper, Supervision im Kinderschutz – Zwischen Beratung und Aufsicht, 2021

Thönnes, Der Hinweis auf den geheimen Rechtsbruch, in: NVwZ 2023, 1047 f.

Thole, Grundriss sozialer Arbeit, 4. Aufl. 2012

Thole/Retkowski/Schäuble, Sorgende Arrangements, 2012

Troidl, Akteneinsicht im Verwaltungsrecht, 2. Aufl. 2020

Wapler, Kinderrechte und Kindeswohl, 2015

Wiesner/Wapler, SGB VIII – Kinder- und Jugendhilfe, 6. Aufl. 2022

von Wulffen/Schütze/Siefert, SGB X, 8. Aufl. 2014

Zimmermann, Die Inobhutnahme und das Ineinandergreifen des Verwaltungs- und Familienrechts, in: NZFam 2021, 64 ff.

Zitelmann, Kindeswohl und Kindeswille im Spannungsfeld von Pädagogik und Recht, 1. Aufl. 2001

Wissenschaftliche Dienste des Deutschen Bundestages, Zum Schutz des Ungeborenen bei einer Drogen- oder Alkoholsucht der Schwangeren, WD 9 – 3000 – 093/19

VI. Stichwortverzeichnis

VI

VI

VI

VI

VI

VI